矿产经济学

KUANGCHAN JINGJIXUE

主 编 成金华

副主编 吴巧生 陈 军

中国地质大学出版社有限责任公司
ZHONGGUO DIZHI DAXUE CHUBANSHE YOUXIAN ZEREN GONGSI

图书在版编目(CIP)数据

矿产经济学/成金华主编. —武汉：中国地质大学出版社有限责任公司，2012.8
（献给中国地质大学建校60周年）
ISBN 978-7-5625-2901-9 （2016.1 重印）

Ⅰ.①矿…
Ⅱ.①成…
Ⅲ.①矿业经济-经济学
Ⅳ.①F407.1

中国版本图书馆 CIP 数据核字(2012)第 207338 号

矿产经济学

成金华 主 编
吴巧生 陈 军 副主编

责任编辑：陈 琪　　责任校对：代 莹

出版发行：中国地质大学出版社有限责任公司（武汉市洪山区鲁磨路 388 号）　邮政编码：430074
电　话：(027)67883511　传　真：67883580　E-mail：cbb @ cug. edu. cn
经　销：全国新华书店　http://www. cugp. cug. edu. cn

开本：787 毫米×1 092 毫米 1/16　字数：368 千字　印张：14.375
版次：2012 年 8 月第 1 版　印次：2016 年 1 月第 2 次印刷
印刷：武汉教文印刷厂　印数：1501—2500

ISBN 978-7-5625-2901-9　定价：36.00 元

如有印装质量问题请与印刷厂联系调换

前言

矿产资源是人类社会重要的生产和生活资料，在人类文明的传承中起到了基础性的支持作用。在快速推进工业化、城市化的背景下，人类社会需求的无限性和矿产资源的有限性及不可再生性，使许多矿产资源日渐稀缺。过度开发和使用矿产资源也使一些国家和地区的生态环境受到很大破坏。矿产资源已经成为许多国家经济社会发展的重要制约因素。正确认识经济发展与矿产资源开发利用的关系，实施可持续发展战略，促进人与自然和谐发展，寻求矿产资源节约集约利用和清洁利用的方式方法，是人类社会进入工业文明以来必须解决的重要课题。

20世纪30年代，霍特林(Hotelling)发表了矿产资源经济学的经典论文《可耗竭资源的经济学》，美国采矿和冶金工程学会编写了第一本《矿产经济学》。这是直接面对工业化进程和矿产资源消耗的社会现实而作出的积极的理论探索与实践总结，为人们如何有效把握矿产资源的社会经济特性而展开更加有效的生产、积累、储备和消费过程提供了有益的启示。其后，经过产业界和学者们漫长的积极探索，尤其是20世纪80年代以来人类社会对资源和环境问题的争论越来越多，矿产资源经济学作为一门新兴学科得到了长足的发展，一些高等院校和研究机构的学者发表了大量的研究文章，出版了一批教材和著作，矿产经济学的学科体系基本成熟。

本教材是由中国地质大学(武汉)从事矿产经济和能源经济教学、科研的几位教师集体编写而成。具体分工是：第一章，由成金华编写；第二章、第三章，由张欢编写；第四章、第五章、第九章，由李世祥编写；第六章、第十章、第十一章，由陈军编写；第七章，由彭赟编写；第八章，由吴巧生编写。全书由成金华负责结构设计、修改和定稿。

本教材的编写吸收了国内外已有的研究成果，在此向有关作者和出版机构表示衷心的感谢！对于引用部分，我们尽可能在书中加注或在每章内容后列出参考文献，疏漏之处，敬请谅解。由于时间仓促，加上编者水平有限，书中错误与不足在所难免，恳请读者包涵并不吝批评指正。

编　者

二〇一二年三月

目录

第一章 绪 论 ……………………………………………………………… (1)

第一节 矿产资源的经济性质……………………………………………… (1)

一、矿产资源的稀缺性 ……………………………………………………… (1)

二、矿产资源的公共性 ……………………………………………………… (1)

三、矿产资源开发利用的外部性 …………………………………………… (2)

第二节 矿产经济学的产生与发展……………………………………………… (3)

一、矿产经济学的定义 ……………………………………………………… (3)

二、矿产经济学的产生 ……………………………………………………… (3)

三、矿产经济学的发展 ……………………………………………………… (4)

四、矿产经济学的学科特征 ………………………………………………… (5)

第三节 矿产经济学的研究对象、任务和内容 ………………………………… (6)

一、矿产经济学的研究对象 ………………………………………………… (6)

二、矿产经济学的研究任务 ………………………………………………… (6)

三、矿产经济学的研究内容 ………………………………………………… (7)

第二章 矿产资源需求 …………………………………………………… (10)

第一节 矿产资源需求的主要影响因素及特征 ……………………………… (10)

一、影响矿产资源需求的主要因素…………………………………………… (10)

二、矿产资源需求的波次性规律…………………………………………… (12)

第二节 矿产资源需求的消费者行为 ………………………………………… (13)

一、矿产资源消费者需求曲线……………………………………………… (13)

二、矿产资源需求弹性…………………………………………………………………………（14）
第三节　矿产资源消费的基本规律 ………………………………………………………（17）
一、经济发展与矿产资源消费的规律……………………………………………………（17）
二、人均矿产资源消费的规律……………………………………………………………（18）
三、矿产资源消费强度的规律……………………………………………………………（19）
四、矿产资源消费速率变化规律…………………………………………………………（20）
五、矿产资源循环再利用的规律…………………………………………………………（20）

第三章　矿产资源供给 ………………………………………………………………（23）

第一节　矿产资源供给的特性 ……………………………………………………………（23）
一、矿产资源供给的含义与性质…………………………………………………………（23）
二、矿产资源供给的技术经济储量分类…………………………………………………（24）
第二节　矿产资源供给的生产者行为 ……………………………………………………（25）
一、矿产资源供给曲线……………………………………………………………………（25）
二、矿产资源供给的价格弹性……………………………………………………………（26）
第三节　矿产资源供给保障与储备 ………………………………………………………（29）
一、矿产资源供给安全……………………………………………………………………（29）
二、矿产资源保障程度……………………………………………………………………（29）
三、矿产资源储备…………………………………………………………………………（30）

第四章　矿产品市场与价格 …………………………………………………………（33）

第一节　矿产品市场及其结构 ……………………………………………………………（33）
一、矿产品市场的概念及特征……………………………………………………………（33）
二、矿产品市场结构………………………………………………………………………（33）
三、矿业组织………………………………………………………………………………（35）
第二节　矿产品期货市场 …………………………………………………………………（36）
一、矿产品期货市场的概念………………………………………………………………（36）
二、世界主要矿产品期货市场……………………………………………………………（37）
三、国内大宗矿产品期货市场概况………………………………………………………（39）
第三节　世界及国内矿产品市场格局 ……………………………………………………（40）
一、世界矿产品市场格局及特点…………………………………………………………（40）
二、中国矿产品市场格局及特点…………………………………………………………（44）
第四节　矿产品价格 ………………………………………………………………………（46）
一、矿产品价格的内涵……………………………………………………………………（46）

二、矿产品的需求价格与供给价格……………………………………………………(47)
三、矿产品价格均衡……………………………………………………………………(48)
四、矿产品价格的影响因素……………………………………………………………(48)
五、矿产资源价格改革…………………………………………………………………(49)

第五章 矿业权市场 ……………………………………………………………(53)

第一节 矿业权 …………………………………………………………………………(53)
一、矿业权的基本概念…………………………………………………………………(53)
二、矿业权资产…………………………………………………………………………(53)
三、矿业权的权能………………………………………………………………………(54)
四、矿业权收益…………………………………………………………………………(56)
第二节 矿业权市场及其基本经济关系 ……………………………………………(57)
一、矿业权市场的内涵及特征…………………………………………………………(57)
二、矿业权一级市场和二级市场………………………………………………………(57)
三、矿业权市场的基本经济关系………………………………………………………(58)
第三节 矿业权市场运行 ……………………………………………………………(58)
一、矿业权市场运行机制………………………………………………………………(58)
二、我国矿业权市场交易现状…………………………………………………………(63)
三、我国矿业权市场中介发展现状……………………………………………………(63)
第四节 矿业权市场管理制度 ………………………………………………………(65)
一、国外矿业权市场管理制度…………………………………………………………(65)
二、国内矿业权市场管理制度…………………………………………………………(66)

第六章 矿产资源的优化配置 ……………………………………………………(70)

第一节 可持续发展的福利观 ………………………………………………………(70)
一、帕累托效率的改进和成本—收益分析方法的扩展………………………………(70)
二、最低安全标准………………………………………………………………………(71)
三、代际公平……………………………………………………………………………(72)
第二节 矿产资源的最优耗竭 ………………………………………………………(73)
一、不可再生资源的最优利用原则……………………………………………………(73)
二、确定最优耗竭率的基本条件………………………………………………………(74)
三、最优耗竭模型………………………………………………………………………(76)
四、最优耗竭的影响因素………………………………………………………………(80)
五、垄断条件下最优耗竭率的确定……………………………………………………(83)

六、代际最优耗竭率的确定…………………………………………………………………（85）
第三节　代际均衡与最优经济增长 ………………………………………………………（85）
一、霍华思模型…………………………………………………………………………………（85）
二、代际资源财富失衡与转移……………………………………………………………（87）
三、最优可持续经济增长模型……………………………………………………………（89）
第四节　不可逆性和资源保护 ……………………………………………………………（92）
一、经济过程中不可逆性的性质和意义…………………………………………………（92）
二、不可逆性的模型化…………………………………………………………………………（94）

第七章　矿产资源开发的外部性与治理 ……………………………………………（99）

第一节　外部性一般理论 ……………………………………………………………………（99）
一、外部性的内涵………………………………………………………………………………（99）
二、外部性产生的经济解释 ……………………………………………………………（100）
第二节　矿产资源开发外部性表现形式…………………………………………………（102）
一、外部性相关利益主体 …………………………………………………………………（102）
二、矿产资源开发利用资源外部性 ……………………………………………………（102）
三、矿产资源开发对生态环境的外部性 ………………………………………………（104）
四、矿产资源代际利用外部性 …………………………………………………………（106）
第二节　矿产资源开发外部性治理………………………………………………………（107）
一、矿产资源帕累托最优定价法则 ……………………………………………………（107）
二、规制市场失灵和政府失灵 …………………………………………………………（110）
三、产权界定与市场交易 …………………………………………………………………（112）
四、社会道德教育和舆论监督 …………………………………………………………（112）

第八章　矿产资源战略评价…………………………………………………………………（115）

第一节　矿产资源战略评价概述…………………………………………………………（115）
一、矿产资源战略评价的内涵与界定 …………………………………………………（115）
二、矿产资源战略评价的类型 …………………………………………………………（119）
第二节　矿产资源战略评价理论…………………………………………………………（120）
一、复杂系统理论 ……………………………………………………………………………（121）
二、协同理论 …………………………………………………………………………………（122）
三、控制理论 …………………………………………………………………………………（124）
四、基于科学发展观的矿产资源系统协调发展模式 ………………………………（124）
五、矿产资源系统协调优化配置模型 …………………………………………………（125）

第三节　矿产资源战略评价模型与指标体系的构建…………（126）
一、矿产资源地质属性模型…………（126）
二、矿产资源技术经济评价模型…………（128）
三、矿产资源环境影响评价模型…………（131）
四、矿产资源社会效益（需求）评价模型…………（131）
五、矿产资源综合评价模型…………（133）
六、矿产资源战略评价指标体系的构建…………（134）

第九章　能源矿产开发利用经济问题…………（136）

第一节　能源矿产的种类与分布…………（136）
一、能源矿产的概念、种类及特点…………（136）
二、我国主要能源矿产的分布…………（137）
第二节　能源矿产资源评价…………（138）
一、新一轮国土资源大调查启动前的能源矿产资源评价…………（138）
二、新一轮国土资源大调查启动后的能源矿产资源评价…………（141）
第三节　工业化、社会发展与能源矿产开发利用…………（141）
一、工业化与能源矿产资源开发利用…………（141）
二、社会发展与能源矿产开发利用…………（149）
第四节　能源安全与政策…………（151）
一、能源安全的重要性…………（151）
二、能源供求与国家安全…………（152）
三、能源安全及能源经济政策…………（153）

第十章　金属矿产开发利用的经济问题…………（156）

第一节　金属矿产开发利用的经济意义…………（156）
一、金属矿产的技术经济特征…………（156）
二、金属矿产的政治属性…………（159）
三、金属矿产在国民经济中的地位：基于国家安全的视角…………（159）
四、主要金属矿产的储量分布…………（161）
第二节　中国金属矿产经济的发展形势…………（163）
一、中国金属矿产资源禀赋与特征…………（163）
二、中国金属矿产资源供给与需求分析…………（171）
第三节　中国金属矿产开发利用战略…………（181）
一、发达国家金属矿产开发利用战略…………（181）

二、中国金属矿产开发利用问题 ……………………………………………………………… (185)
三、中国金属矿产开发利用战略 ……………………………………………………………… (187)

第十一章　非金属矿产开发利用的经济问题 ………………………………………………… (190)

第一节　非金属矿产开发利用的经济意义 ………………………………………………… (190)
一、非金属矿产在国民经济中的地位 …………………………………………………… (190)
二、非金属矿产的用途 …………………………………………………………………… (191)
三、主要非金属矿产的储量分布 ………………………………………………………… (192)
四、非金属矿产的需求与供给 …………………………………………………………… (198)
五、非金属矿产市场与国际贸易 ………………………………………………………… (201)
第二节　中国非金属矿产经济的发展形势 ………………………………………………… (205)
一、中国非金属矿产业发展现状 ………………………………………………………… (205)
二、中国非金属矿产开发:机遇与挑战 …………………………………………………… (210)
三、中国非金属矿产可持续发展的未来方向 …………………………………………… (213)
第三节　资源安全与中国非金属矿产发展战略 …………………………………………… (214)
一、资源安全视角下的非金属矿产开发 ………………………………………………… (214)
二、中国非金属矿产的发展战略 ………………………………………………………… (215)
三、中国非金属矿产发展战略实施的保障机制 ………………………………………… (217)

第一章 绪论

第一节 矿产资源的经济性质

一、矿产资源的稀缺性

在某一特定时空中，相对于人类欲望无限性及欲望的无限增长而言，特定资源的供给总是有限的，假设无法在短时间内找到替代品，或者稀缺资源本身的再生难以满足人类无限欲望的需求期望，资源的稀缺性便呈现出来。经济学之所以产生，其根本原因就在于资源的稀缺性。没有稀缺性，就没有经济学。保罗·A.萨缪尔森在其《经济学》一书中这样写道："如果资源是无限的，生产什么、如何生产和为什么生产就不会成为问题。如果能够无限量地生产每一种物品，或者，如果人类的需要已完全满足，那么，某一种物品是否生产得过多是无关紧要的事情，劳动与原料是否配合得恰当也是无关紧要的事情……研究经济学或'寻求经济的办法'就会没有什么必要。"

矿产资源是在漫长的地质历史时期中特定地质条件下长期演化而形成的自然物质，在自然界中的存量有限。作为现代经济社会发展基础的矿产资源仅赋存于地球上的部分地区，其存量随着大规模的开发利用而下降。随着人类社会经济不断发展，各国工业化和城市化对矿产资源消费的需求在数量上日益增长，在品种和质量上的要求也逐渐提高，在既定的资源存量下，人类欲望的无限性凸显了矿产资源的稀缺性。为争夺这些稀缺资源，资源的供求结构和供求行为日益多样化、复杂化，有的甚至上升为国际政治军事行为。在需求刚性的推动下，矿产资源随着供给量逐渐减少，其价格也在逐年攀升。人类社会进入20世纪以来，部分矿产资源已经不能满足人类的需要。许多矿山和资源开采区都处于资源危机阶段，资源不足和由于开发利用矿产资源而导致的环境污染已严重影响社会经济的可持续发展。

因为资源的稀缺性，所以人类的经济及一切活动需要面临选择问题，即如何把既定的资源分配到各种商品的生产上，以使人类获得的满足程度最大。围绕这一问题，经济学界引发出了关于经济基本问题与解决对策（即经济政策）的争论，不同学者有着不同的观点并由此形成了观点各异的经济学流派。社会发展离不开矿产资源的支持，发展的可持续性取决于矿产资源供给的可持续性。矿产资源的稀缺性决定了其存量固定且有限，增加目前的开发利用就意味着减少未来的开发利用，当前消耗资源储量越多，可开发利用年限就越短。在矿产资源稀缺性的现实约束下，人们加强了对矿产资源开发利用问题的关注，展开了其优化配置问题的分析与研究，以促使矿产资源节约与综合利用。资源的稀缺性是经济学的重要分析前提，是分析现实矿产资源经济问题的基础。

二、矿产资源的公共性

现代经济学将非私人所有和非集体所有的产品归类为公共产品和公共资源。这类产品拥有效用的不可分割性、消费的非竞争性和受益的非排他性三个显著不同的特征，可供具有一定能力且有兴趣的单位及个人共同使用和消费，如阳光、清洁空气、公海渔业等资源。公共产品的价格往往是不固定的。与公共产品和公共资源不同，私人产品则指那些具有效用上的可分割性、消费上的竞争性和受益上的排他性的产品。这类产品可以被分割成许多可以买卖的单位，其总供给量等于每一个消费者所消费的数量之和，如服装、食品、私人汽车和商品房等。私人产品的价格往往是固定的。

一般而言，在生产资料私有制的国家，如西方资本主义国家，矿产资源为私人所有，具有鲜明的排他性或竞争性，属于私人产品范畴。在这种情形下，矿产资源作为一般的市场产品得以开发流通。在以生产资料公有制为基础的社会主义国家，如中国，矿产资源属于国有，具有排他性。随着我国市场经济体制的逐步建立，矿产资源法律法规和矿业权许可制度确立了矿产资源的使用权主体，所有权和使用权得到了一定程度的分离。矿产资源的开发利用具有了一定的排他性，于是也具有了私人产品的特征——这些资源被国家委托的单位或集体所用，使得矿产资源的开发利用具有受益和消费的竞争性。然而，这种特殊的所有权和使用权结构导致了公有制经济条件下矿产资源开发过程中，矿业权人在使用期内具有过度利用和追求利益最大化的激励，而不考虑资源开发利用的方式和程度，导致资源的破坏和浪费。与此同时，矿产资源开采地所处的自然环境本身是公共产品或公共资源，矿业权使用者在开采矿产资源时不可避免地会对环境造成破坏和污染，如破坏土地和植被、矿山废弃物的排放和堆放等。尽管随着可持续发展观念的深入，政府部门对矿山环境问题提出了明确的治理要求，但多数矿业权人的采掘活动仍只注重矿业开发收益，忽略对矿区环境资源的保护与治理。在制度缺失和市场失灵的条件下，矿产资源开发利用出现了私人成本与社会成本的非一致性，因而，其开发利用中的个人决策往往偏离社会最优决策，结果导致“公地悲剧”、“拥挤问题”和“污染问题”。

因此，要提高矿产资源开发利用的效率和环境满意率，需要合理设计、安排矿产资源及其所依附的土地等环境资源的产权，建立这些公共资源的多元供给制度。随着人们经济理性的不断提高，对涉及国计民生、国家安全和公民基本权利的矿产资源的开发利用实施科学管理的诉求也日益增强。通过深化对矿产资源产品经济属性的认识，对矿产资源生产组织形式与分配流通行为的分析，寻求利用市场机制与政府管理相结合的手段有效供给矿产资源产品，将是兼顾公平与效率价值，提高经济、社会、资源和环境可持续发展能力的重要途径。

三、矿产资源开发利用的外部性

经济系统内不同经济单元之间存在密不可分的相互影响。在没有市场交换的情况下，一个生产单位的生产行为（或者消费者的消费行为）影响了其他生产单位（或消费者）的生产过程（或生活标准），将经济学中这种影响称为外部性。外部性可以划分为正外部性和负外部性两类，并在经济活动中经常可见，其根源在于社会成员（包括组织和个人）从事经济活动时，其成本与后果不完全由行为人承担，行为举动与行为后果存在不一致性。萨缪尔森（1992）指出：“当生产或消费对其他人产生附带的成本或效益时，外部经济效果便产生了；也就是说，成本或收益附加于他人身上，而产生这种影响的人并没有因此而付出代价或报酬；更为确切地说，外部经济效果是一个经济主体的行为对另一个经济主体的福利所产生的效果，而这种效果并没有从货币或市场交易中反映出来。”

矿产资源的开发利用作为一种生产消费行为，具有明确的外部性。矿山企业或采矿个人对某种矿产的开采，其收益受其开采行为所控制，同时也受资源成本和环境成本因素所控制。然而，工业化进程展开以来，在世界上一些国家的矿产资源开发现实中，矿区的环境成本以及资源利用后的环境影响成本较长时期内都被忽略，环境成本脱离了市场机制的约束，市场机制对矿产资源的合理开发并非有效。矿产品的冶炼和化工过程对环境会造成巨大污染。矿产品在消费中也存在明显的外部性，现代社会大量使用农药、化肥、水泥、钢铁和乙烯产品等，这些都会对人类社会和大自然造成不利影响。

因此，在一定时期内，一些国家和地区矿产资源的优化配置单靠市场手段已经呈现了低效率，市场均衡并没有使全社会的总收益最大化。为合理优化配置资源，保证整个社会的总收益最大化，必须由代表社会利益的政府进行必要的干预。通过合理的经济分析和制度安排，使矿产资源开发利用主体的经济行为所产生的社会收益或社会成本转为私人收益或私人成本，将是矿产资源保持节约与清洁利用的重要方向。

第二节　矿产经济学的产生与发展

一、矿产经济学的定义

加拿大学者麦肯齐在其编著的《矿产经济学》(*Mineral Economics*)中对矿产经济学的概念作了界定，他认为，矿产经济学是经济学的一个分支，具体研究拥有专门技术的专业部门所得的利润，即矿业中足够数量的经济效益，是将经济原理用于矿产供应过程的分析，而所谓的矿产供应过程就是把矿产从地质资源转变为可销售产品的一系列多阶段的活动。陈于恒、孙建明(1989)认为，矿产经济学是研究矿产资源在勘查、评价和开发利用过程中与矿产资源的特性、赋存和储量等相联系的经济问题。陈希廉、张玉衡(1992)指出，矿产资源在勘查、开发和加工利用过程中，要分析解决一系列具有特殊性的技术经济和管理经济问题，作为一门学科，矿产经济学是研究用以解决这些经济问题的理论、原则、方法和手段的科学。刘保顺、李克庆、袁怀雨(2009)认为，矿产经济学是一门矿产地质勘查与开发(地矿业)的技术与经济学的交叉学科，是工业技术经济学的一个分支学科，研究用于解决矿产勘查、开发生产的计划、决策、组织、管理中的经济问题，以及矿产勘查、开发生产中与地质、采矿、选矿、冶炼技术相关联的经济问题的理论、方法与技术。

综合现有对矿产经济学的认识，我们认为，矿产经济学是一门运用经济学原理和方法，研究和解决矿产资源勘探开发和利用过程中有关的经济问题的应用经济学科。它研究人类社会如何利用稀缺的矿产资源生产有价值的物品和劳务，并将它们在不同时间和空间中对不同的社会成员进行合理分配。矿产经济学的重要任务就是研究将稀缺的矿产资源尽可能持续地开发成人类所需求的商品并对其合理配置。矿产经济学所利用的经济手段和原则与普通经济学所利用的手段和原则别无二致。然而所不同的是，矿产经济学除了是经济学的分支学科之外，还深刻剖析了矿产资源勘探、储备、开发、流通、贸易和利用的重要技术及制度关系。

二、矿产经济学的产生

矿产经济学像其他经济学科一样，其起源至少可以追溯到200多年前。较早的有关矿产经济的论述起源于 1776 年亚当·斯密(Adam Smith)的《国家财富》,在这部论著中,作者主要讨论了矿区使用费(矿山租金)的计算和确定的问题。在经历了 101 年后的 1877 年,霍斯科德尔(H. D. Haskold)出版了著作《工程师评价助手》,突出了评价矿床的总利润贴现法,简称总现值(Net Present Value,NPV)。此后这一方法广泛流行和使用,并在实践中不断完善,从而出现了以矿床经济评价和矿业投资决策为主要内容的矿产经济学参考书。1931 年,霍特林(Hotelling)的经典论文《可耗竭资源的经济学》阐述了可耗竭资源价格增长率必须同贴现率相等的观点,被认为是当代资源经济学的思想起源,奠定了可耗竭资源经济学的基础,开创了可耗竭资源持续利用的研究领域,也为矿产经济学的发展提供了可以借鉴和支持的理论。20 世纪 30 年代美国华盛顿布鲁金斯学会联合美国采矿和冶金工程学会,由 T. G. 特利昂和 E. C. 艾克尔执笔,于 1932 年出版了第一本《矿产经济学》。

三、矿产经济学的发展

20 世纪中叶,矿产经济学在美国真正成为一门独立的学科。当时,西方国家关注的主要问题包括矿产品的长期可供性和来自前苏联、南非的重要战略性矿产品供应中断所导致的威胁等。围绕这些问题,矿产经济学主要研究矿产勘查开发中的经济评价和投资决策,同时触及矿产资源的分布、采选、利用,以矿产为基础的工业规划和发展,矿产品贸易,矿产在经济发展中的作用,矿产对国际、国内经济的影响等问题。这一时期首要代表性著作有加拿大 B. W. 麦肯齐的《矿产经济学》和印度 R. K. 辛哈等的《矿产经济学》。

与此同时,经济学家通过扩展主流增长模型,将包含矿产资源在内的自然资源加入到经济增长模型,分析资源约束下的最优增长路径,以此讨论经济增长和自然资源的关系。处于初步形成阶段的资源经济学还将自然资源作为一种要素投入纳入到了生产函数之内。Vousden、Solow、Stiglitz、Dasgupta 和 Heal 还将资源存量作为效用函数的自变量展开了资源问题的研究。20 世纪 70 年代末, Charles W. Howe 在其《自然资源经济学》中,阐述了自然资源在经济增长中的意义,重点论述了自然资源如矿产资源的经济问题,讲述了自然资源的属性,公享资源的管理,自然资源非市场效益的评价、稀缺度量,自然资源最优利用条件、项目经济分析、帕累托效率等问题①。Rashe 和 Tatom 在 1977 年首次将能源使用引入 Cobb-Douglas 生产函数,他们力图寻求能源利用和经济增长之间更符合实际过程的基本规律,这为矿产资源与经济增长关系的研究提供了全新的视角。可见,早期的矿产经济学主要研究的是经济学的传统内容,如市场分析(主要矿产品的价格和需求预测)、工程技术经济评价、垄断和反垄断以及资源开发利用与经济增长等问题。

20 世纪 70 年代,中国地质学界一些学者开始注意到地质工作中一些值得研究的经济问题,并试图通过对这些问题的研究提高地质工作的经济效益。矿产经济问题作为矿山建设布局及项目可行性研究中的一个内容得以体现,并出现了“地质经济研究”领域,后逐渐演化产生了“地质经济学”学科。一些高校纷纷开设了“地质经济”、“地质经济学”课程,“地质技术经济及地质管理现代化研究会”、“中国地质经济学会”、“中国地质矿产经济学会”等学术组织也

① 20 世纪初期,自然资源经济学的研究就开始萌芽,并且朝着两个方向发展。一是自然资源学与经济学的结合,把自然资源当作一门经济学科来系统研究;二是继承从纯经济学角度研究自然资源的优化配置问题。前者的开创者是美国的 R. T. Ely 和 E. W. Morehous,他们 1924 年合作出版的《土地经济学原理》被认为是自然资源经济学科建立的奠基之作。详见:成金华,吴巧生. 中国自然资源经济学研究综述. 中国地质大学学报(社会科学版),2004(3),第 47 页。

先后得以建立，为矿产经济学在中国的建立和发展作出了重要贡献。由于这一领域的研究人员原来主要是从事与矿产资源有关的技术和管理工作，如找矿、勘探或矿山地质工作，这一阶段的研究内容也有一定的局限性。

到了20世纪80年代，矿产经济学逐渐发展成为一个较为成熟的学科，美国矿冶工程师协会(AIME)组织了数十名矿业经济学者编著了《矿业经济学》(第四版，1985)。该书系统地反映了市场经济条件下的矿业经济学理论与研究方法框架，被认为是矿业经济学和矿产经济学的经典著作。随着国际学术交流的不断深入，中国地质矿产经济学界发现西方国家并不存在"地质经济学"这一学科，与已有的"地质经济学"研究内容相似的学科为"矿产经济学"，通过比较研究认识了"地质经济研究"或"地质经济学"的学科命名存在的不合理性，因此，针对矿产经济问题研究的学科更名为"矿产经济学"，并由此推广开来。

随着改革开放政策的实施和国家经济体制改革的深入，中国有关矿产经济问题的研究与教学工作日益广泛和深入。一些设有地质、矿产专业院系的高校在本科生、硕士生和博士生等不同的人才培养层次上开设了地质技术经济学、矿业技术经济学、矿业经济学、矿产经济学和能源经济学等课程，并设有相关的博士点和硕士点，或在一些学位点上设立相关研究方向，培养了这些方面的专门人才。学术界和一些研究机构开展了矿产资源形势及发展战略、区域资源经济及区域国土资源开发、矿产资源政策、矿产资源价值和矿产资源核算、矿产资源产业经济分析等方面的研究，获得了一批重要成果。《矿山技术经济》、《矿产经济学》、《矿产资源经济学》、《矿业经济学和能源经济学》等教材与研究论著相继出版。矿产经济学作为经济学、地质学、采矿学和选矿学等学科的交叉学科，在人们的关注中得到了蓬勃的发展。

四、矿产经济学的学科特征

矿产经济学经过漫长的产生、发展与完善的过程，已经形成了自己独特的学科特征。

第一，矿产经济学是一门自然科学技术和经济科学交叉的学科。这门学科与地质学、采矿学、选矿学、矿床学和环境科学等学科有着天然的依从关系，又与现代经济学有着密不可分的关联。其研究内容与研究方法传承了经典的经济学分析理论与方法，如需求、供给、价格、市场、效率、产权、税收、补贴、成本收益和优化配置等系列分析理论与方法。矿产资源从勘查开始，经过投资决策、矿山建设、采矿、选矿、冶炼、综合利用到环境整治，是一个非常漫长的工业过程。在此过程中，矿产经济学与上述过程的技术学科紧密结合形成专门的相关经济学分支和学科方向，如地质技术经济学、矿山技术经济学、综合利用经济评价和地质环境经济学等，这需要从系统的、发展的和辩证的视角加以科学认识。

第二，矿产经济学是一门不断完善、动态发展的系统性学科。早期的矿产经济学在介绍经济学基础理论，如投资与资金、成本、价格与利润、货币与时间以及资源禀赋优势理论、地租理论等内容的基础上，侧重于展开矿床经济评价、矿山经营参数优化、矿石综合利用分析、矿产经济风险分析等问题的研究，并形成了较为成熟的研究体系。显然，这些研究集中于矿产资源勘查与开发过程中的技术经济问题上，突出了工业化初期资源开采与供给的时代背景。随着资源勘查与开发技术的现代化和现代经济学的不断发展演进，在资源储量、布局与开发流程得到了较为确切的信息支持的背景下，矿产经济学的研究把矿产资源勘查、开发与利用各个环节的问题集成起来，研究公益性勘查和商业性矿山生产经营各个技术细节的经济问题，形成了对矿产经济系列问题的全面研究。现在，矿产经济学以早期矿产经济学的研究内容为基础，把矿产作为资源、资产与资本三位一体的资源以及资源、环境、社会、经济协调可持续发展的内容来研究，使矿产经济学的研究逐渐突破传统，推陈出新，得到了动态、系统与全面的发展。这为学科理论更好地指导经济社会发展实践提供了新鲜血液。

第三，矿产经济学是一门致力于经济社会可持续发展的应用性学科。矿产资源是推进现代化、工业化进程的物质基础，矿产资源禀赋优势和可持续供给已经成为了国家经济安全和国力强盛的保障与标志。由于矿产资源固有的稀缺性、公共性和外部性，人们对其开发利用的科学性要求日益提高，因此，矿产经济学所研究和解决的问题都直接关系到国家经济发展的效益与方向。这需要对于矿产经济的普遍性和特殊性问题，尤其是在不同国家、地区以及不同社会发展阶段所突显的普遍性和特殊性问题进行系统分析和深入研究，使矿产经济学分析的内容与结果服务于经济社会的繁荣与发展。

第三节　矿产经济学的研究对象、任务和内容

一、矿产经济学的研究对象

如前文所述，矿产经济学和其他部门经济学一样，是研究如何运用微观经济学、宏观经济学、地质学、采矿学和选矿学等学科的原理与方法，分析经济发展和矿产资源优化利用的矛盾，以及经济再生产和自然再生产两者之间的关系，选择经济的、自然能承受的物质变化方式，用最小的社会和资源代价实现经济社会可持续发展，并为人类创造安全稳定、持续和谐的生产生活环境的新兴学科。

矿产经济学的研究对象是客观存在的矿产经济系统，是作为传统经济学研究对象的社会经济再生产过程和作为自然矿产科学研究对象的矿产资源勘查、开发与利用过程的结合部。这是因为经济再生产过程以矿产资源的勘查、开发与利用过程为前提，而矿产资源的勘查、开发与利用过程又取决于经济再生产的方式、结构和规模。因此，矿产经济学必须研究如何使经济再生产过程与矿产资源的勘查、开发和利用过程协调地进行，以便实现生产过程持续健康稳定发展。

矿产资源在原材料和能源供给层面的基础性作用，决定着产业布局和技术结构、产品结构和城市结构的基本格局。矿产经济学研究的对象集中在社会经济再生产过程和矿产资源勘查、开发与利用过程的结合部之上。由于该结合部拥有经济和矿产资源两个子系统各自独特的内涵与分析方法，所以，我们在研究这一结合部之前，需要对这两个子系统加以充分理解和系统把握。从这一层面上讲，矿产经济学研究者必须同时具备良好的经济学理论方法方面的基础知识和地质学、采矿学、选矿学等学科的基础知识，如此方能解决各种复杂的矿产经济学问题。

二、矿产经济学的研究任务

矿产经济学的研究任务是研究如何认识和妥善处理矿产资源勘查、开采、选矿、冶炼和利用中的经济问题。具体来说，包括如下几个方面的内容。

第一，研究人类社会经济发展过程中矿产资源的安全与供给保障问题。矿产资源开发利用与经济发展之间既具有对立的一面，又有相互统一的一面。经济发展固然有造成更多资源

消耗的可能，但是，随着技术进步与经济社会的发展，人们对资源持续稳定利用的需求也越来越高，人们会采用更加理性的方法加强资源有序开发和高效节约利用，进而使矿产资源供给的可持续性进一步增强。同时，经济发展和社会进步，也会为矿产资源有效开采和高效利用提供更加有效的支持。在强大的技术与资本推动下，矿产资源勘查、开发的仪器设备会不断更新换代，矿山建设、矿石冶炼、资源替代、综合利用与环境治理的技术水平也将日益提高，这将会通过不同途径，多角度、全方位地促进矿产资源的优化配置和可持续利用。在矿产资源不断得以节约的情形下，人们生产经营活动也将面临更加广阔的资源条件空间，从而更进一步促进经济发展。同时，随着全球经济一体化和交通、信息技术的发展，更多地利用国际、国内两种资源和两个市场成为可能。因此，矿产经济学的任务之一就是研究矿产资源的供求矛盾和解决这一矛盾的措施与方法。

第二，全面认识矿产资源高效节约利用和优化配置对经济建设的促进和制约作用，研究如何使矿产资源高效节约利用和优化配置符合经济发展规律的要求，以最小的劳动消耗取得矿产资源开发利用最大化的社会效益与经济效益。要实现上述目标，就要求矿产经济学领域的研究者对关系矿产资源开发利用与社会经济发展的重大问题，如国民收入与矿产资源价值的关系、产业结构、对外贸易与矿产资源市场问题以及矿产资源产权经济问题等展开全面、深入、持久的研究，使其在促进经济发展、资源节约与社会公平等层面发挥最佳的效益。因此，矿产资源经济学家和矿产资源经济研究者不仅要为建筑矿产资源经济学的理论大厦而努力，而且要面向矿产资源经济管理实践，为解决矿产资源经济管理实践中遇到的新情况、新问题而奋斗。需要指出的是，随着社会环境的改变和矿产资源勘查开发对象的不断改变，矿产资源经济学学科建设的需要也不断增强。我们应从可持续发展的角度出发，不断创新矿产资源经济学研究的手段，扩展其研究范围，丰富其研究内容，加大对学科建设的投入，培育学科人才，争取使其在更加完善的框架体系与知识内容下，为人们全面认识矿产资源高效节约利用和优化配置对经济建设的促进和制约作用，提供最为有效的武器。

第三，全面认识经济活动对于矿产资源开发利用的积极影响和消极影响，研究如何使经济活动符合自然规律和资源发展规律的要求，以最小的资源成本实现经济迅速发展。矿产资源系统是一个经历漫长地质时期所形成的自然生态系统，这一系统内部，来自于资源、环境、人口等各个方面的要素相互作用、紧密结合、相互制约，并构成了系统固有的经济、社会与生态功能。只有把经济活动对矿产资源开发利用的影响控制在一定的范围之内，矿产资源生态系统才有能力对这些作用与影响产生补偿或适应，从而维持整个生态系统的稳定。因此，当经济活动需要改造和利用矿产资源系统时，就要研究其可能对这一系统及相关系统产生的不利影响，设法使矿产资源的开发利用在一定的承载区间展开，以免造成全局性或局部性的资源枯竭。与此同时，还要设法在矿产资源的开发利用中，注重矿区自然环境的保护，避免土壤、水资源、森林、植被等其他资源的破坏与损失，以保障资源开采地的人口、资源与环境全面协调发展，以最小的资源环境成本实现经济发展的最优目标。

三、矿产经济学的研究内容

经济学是研究经济发展规律的学科，矿产经济学作为经济学的一个分支学科，需要对矿产经济规律作深入的探究，要解释矿产经济活动或经济现象背后各个行为主体和系统要素间存在的本质的、必然的、内在的联系，进而更好地为人们提供行为选择的依据。矿产经济学在过去半个世纪的发展历史表明，其所研究的问题得到了人们的关注，并且人们的关注程度决定了其研究水平与研究方向。这突出显示了矿产经济学的应用特征与时代属性。伴随着大量矿产资源与矿产品的消耗，人们生活水平的提高和生产规模的扩大，矿产资源开发与矿产品的可供性和安全性问题，垄断和非竞争性市场的问题，矿产品的利用效率与社会公平问题，矿产品消耗所导致的环境变化与可持续发展问题等将更加受到人们的关注，因此，矿产经济学的研究内容也需要随着社会发展与公众关注的变化而不断更新完善。基于这一认识，联系矿产资源开发利用的实际，本教材对矿产经济学的研究内容作了如下安排。

(1)矿产资源的需求。从影响矿产资源需求的主要因素及其特征出发，通过阐述矿产资源需求的消费者行为理论，揭示经济发展与矿产资源消费、人均矿产资源消费、矿产资源消费强度、矿产资源消费速率变化和矿产资源循环再利用的基本规律。

(2)矿产资源的供给。从矿产资源供给的含义与性质、矿产资源供给的技术经济储量分类两个层面介绍矿产资源的供给特性，并围绕矿产资源供给曲线和矿产资源供给的价格弹性问题阐述矿产资源供给的生产者行为。同时，还从矿产资源供给安全、矿产资源保障程度以及矿产资源储备的角度介绍矿产资源供给保障与储备的基本理论。

(3)矿产品市场与价格。从矿产品市场的概念出发，在介绍矿产品期货市场发展情况的基础上，分析矿产品的市场格局和矿产品价格形成问题。

(4)矿业权市场。在理解矿业权基本内涵的基础上，概括矿业权市场及其基本经济关系，通过对矿业权市场运行机制的阐释，分析矿业权市场管理制度问题。

(5)矿产资源的优化配置。基于可持续发展的福利观，从不可再生资源的最优利用原则、最优耗竭率确定的基本条件和最优耗竭模型等方面讨论矿产资源的最优耗竭问题。同时，还对代际均衡与最优经济增长、不可逆性和资源保护等问题进行分析。

(6)矿产资源开发的外部性与治理。通过引入外部性一般理论，阐述了矿产资源开发外部性的主要表现，并从外部性对矿产资源价格的影响、外部性的帕累托最优定价以及外部性的利益关系主体三个方面阐述外部性对矿产资源配置的影响，进而分析外部性的克服手段比较及选择。

(7)矿产资源战略评价。首先从矿产资源战略评价的内涵与界定出发，在介绍矿产资源战略评价类型的基础上，通过引入矿产资源战略评价理论，系统分析矿产资源战略评价模型与指标体系的构建问题。

(8)能源矿产、金属矿产和非金属矿产勘探开发利用的经济问题。

本章参考文献

Alan Randll. 资源经济学——从经济角度对自然资源和环境政策的探讨[M]. 施以正，译. 北京：商务印书馆，1989：3 - 4

陈建宏. 矿产资源经济学[M]. 长沙：中南大学出版社，2009：13

陈希廉，张玉衡. 矿产经济学[M]. 北京：中国国际广播出版社，1992：1 - 4

陈于恒，孙建明. 矿产经济学[M]. 徐州：中国矿业大学出版社，1989：1 - 2

成金华，吴巧生. 中国矿产资源经济研究综述[J]. 中国地质大学学报(社会科学版)，2003(6)：37 - 40

成金华，吴巧生. 中国自然资源经济学研究综述[J]. 中国地质大学学报(社会科学版)，2004(3)：47

成金华. 中国矿产经济学研究现状和前景展望[J]. 理论月刊，2005(5)：5 - 7

贾锡芝. 矿产资源经济学[M]. 北京：地震出版社，1992：16 - 17

刘保顺，李克庆，袁怀雨．矿产经济学[M]．北京：冶金工业出版社，2009：4－5

马克思，恩格斯．马克思恩格斯全集(第23卷)[M]．北京：人民出版社，1992：57

孟旭光．矿产资源经济学发展构想[J]．中国矿业，2002(1)：55

保罗·A.萨缪尔森，威廉·D.诺德豪斯．经济学(第12版)[M]．北京：中国发展出版社，1992：2

O.鲁道斯基．矿产经济学：自然资源开发与管理[M]．杨昌明，李万亨，译．武汉：中国地质大学出版社，1991：3－10

王克强，赵凯，刘红梅．资源与环境经济学[M]．上海：上海财经大学出版社，2007：24－25

王玉庆．环境经济学[M]．北京：中国环境科学出版社，2002：14－22

吴尚昆，李守义，孙英男，王洪德．矿产资源经济学基本理论的发展与展望[J]．吉林大学学报(地球科学版)，2004(2)：213－214

徐曙光．国外矿产经济学的发展概略[J]．国土资源情报，2007(10)：15－16

赵丽霞，魏巍贤．能源与经济增长模型研究[J]．预测，1998(6)：32

第二章　矿产资源需求

第一节　矿产资源需求的主要影响因素及特征

一、影响矿产资源需求的主要因素

矿产资源的需求是指消费者在一定时期内，在各种可能的价格水平，愿意而且能够购买的矿产资源产品的数量。根据定义，如果消费者对某种矿产资源产品只有购买的欲望，而没有购买的能力，也不能算为需求。矿产资源的需求是指消费者既有购买欲望，又有购买能力的有效需求。在一定程度上，矿产资源需求直接表现为对矿产资源的消费规模和矿种的范围。

影响矿产资源需求的因素非常复杂，从宏观层面来看，主要包括经济增长、人口增长、工业化、城市化以及科学技术进步等因素。

（一）经济增长

经济增长是影响矿产资源消费的核心要素之一。工业革命以前，人类创造的 GDP 很少，与此相对应，石油、天然气、煤炭、钢铁、铝、铜等矿产资源的消费水平也相当低。进入 20 世纪以后，经济增长与矿产资源消费呈同步飞跃性增长。从近 100 多年全球矿产资源需求情况看，1900 年，全世界的钢消费仅 2 800 万 t，2010 年全球钢消费 12.8 亿 t，增长了 45 倍多；1990 年全球石油消费量为 2 000 万 t，到 2010 年则达到 42.8 亿 t，增长了 200 多倍；1900 年全球铝消费量仅有 1 000t，2010 年全世界共消费 4 060 万 t 铝，增长了 4 万多倍。与此同时，全球 GDP 也由 1900 年的 1.98 万亿盖凯美元猛增到 2010 年的近 74 万亿盖凯美元①，增长超过 37 倍。在短短的 110 年间，特别是 20 世纪 90 年代以后，西方主要发达国家完成工业化，中国、印度、巴西、埃及等发展中国家进入工业化中期阶段，世界经济持续快速增长，人类所消耗的矿产资源数量和所创造的财富大大超过了以往历史的总和。

（二）工业化与城市化

工业化与城市化是促使矿产资源消费快速增加的一个重要核心要素。它主要表现为经济结构和经济增长方式的转变以及社会财富的积累对矿产资源的需求快速增长。工业革命以前，农业社会对矿产资源的需求相对有限，矿产资源开发利用均维持在一个较低的发展水平。这时期，古典经济学家对矿产资源的解释也仅作为生产资料“土地”的一个组成部分，其“获得物”的价值表现为地租。近代以后，随着社会的进步和生产力的快速发展，城市手工业从农业中分离出来，工业同商业超过了农业的发展，城市人口快速增长。这时期，作为现代经

① 麦迪逊（Angus Maddison）在《世界经济 200 年回顾》《世界经济 1 000 年回顾》书中，把各国的 GDP 折算成统一化的货币标准——盖凯美元，盖凯美元又称 1990 年美元，是一种购买力评价方法，即以 1990 年美元购买力为度量标准。

济社会冶金、能源、建材、化工的主要物质来源，矿产资源开始得到大规模的利用。第一、第二次工业革命后，电力、冶金和交通工业的发展，使矿产资源成为社会经济发展的重要物质，矿产资源开发利用工业成为基础性工业，支撑着工业经济的繁荣和社会的持续发展。第三次工业革命后，主要发达国家先后进入后工业化阶段，发展中国家在20世纪70年代也开始兴起，世界矿产资源需求保持持续增长的长期趋势，矿产资源成为世界政治、经济争夺的重要物质。进入21世纪以后，中国、印度等发展中国家崛起对矿产资源形成的巨大需求，刺激矿产资源价格保持较快的上涨态势。

美国、英国等先期工业化国家和日本、韩国等新兴工业化国家的历史经验表明，工业化过程不可避免地需要大量耗费能源与矿产资源作为工业经济发展的支撑。以美国和日本为例，美国以超过300亿t石油和近50亿t钢及大量其他能源、矿产资源为代价，完成其工业化。日本则消耗了30亿t石油和近11亿t钢及大量其他矿产资源，才完成工业化（王安建，2002）。工业化的过程是人类通过劳动将自然资源快速转化为社会财富的过程，是人类发展历史进程中不可逾越的阶段。大量、快速消耗矿产资源是工业化进程的必然结果。

（三）人口增长

人类社会的发展是人口膨胀、人口城市化和工业经济发展的过程。尽管由于产业结构、生活方式和发展模式的不同，世界各国矿产资源消费总量和人均消费量各异，但无论是实现经济快速增长还是实现工业化过程，人均矿产资源消费存在最低基准，低于这个基准经济增长就会受到制约。

随着经济的发展，矿产资源的人均消费量是一个不断增长的过程。以日本和韩国为例，日本从20世纪60年代初铜的人均消费不足3kg到90年代的最大值约13kg，增长了4倍多，铝由人均不足2kg增长到近20kg，增长了近10倍；韩国铜的人均消费量从20世纪70年代中期不足1kg增长到2000年的约18kg，增长了20多倍，人均能耗由20世纪60年代初的不足200kg油当量到2000年的超过4t油当量，也增长了20多倍，而且现在还在持续增长（王安建，2002）。

衡量矿产资源消费规模包括总量和人均消费量两个层次，众多的人口和较高的人均矿产资源消费量表明，需要更多的矿产资源支持社会经济的发展。较高的工业化发展阶段需要消耗较多的矿产资源。这点由占世界人口不足15%的发达国家消费化石能源和矿产资源的规模占世界50%以上直接佐证。

虽然发展中国家人均矿产资源消费水平较低，但巨大的人口规模等同于更多的矿产资源消费。不仅如此，发展中国家人口增长率及工业化水平的提高的变化预示着世界矿产资源消费还有巨大的扩张空间。联合国经济和社会事务发展署（UNESD）预测，到2050年世界人口将达到90亿人，发展中国家人口仍占80%以上。发展中国家需求将成为未来矿产资源消费增长的主要原因。

（四）科学技术进步

科技进步极大地改变着矿产资源的利用方式和效率。一方面，科学技术进步不断拓宽已有矿产资源的用途和应用领域，促进新的矿产资源种类不断被发现并进入新的消费领域；另一方面，新理论和新技术的应用不断提高矿产资源的利用效率，降低消费强度，促进资源的替代和替代品的开发，改变矿产资源的消费结构，促使经济增长方式发生重大转变。科学技术的进步对于矿产资源消费的作用和影响遍及物质文明社会的各个领域和方面，对提高矿产资源利用范围和效率有着重要的促进作用。

二、矿产资源需求的波次性规律

矿产资源需求伴随着世界经济的发展得到扩张，世界经济发展的不均衡性使得全球矿产资源需求水平具有不均衡性特征。全球矿产资源的消费主体是西方发达工业化国家，不足世界人口15%的发达国家消费全球62%的石油、55%的天然气和50%以上的煤、金属铝、粗钢和精炼铜。占世界人口80%的发展中国家仅消费全球33%的石油、22%的天然气和32%～45%的原生铝、精炼铜、粗钢和煤。矿产资源消费的这种不均衡性也体现出工业经济发展与矿产资源需求的紧密关系。应该强调的是，发达国家矿产资源消费比率与其所占有的矿产资源储量比例极度不匹配，石油、天然气和铝等重要矿产资源的开发和消费也使人类赖以生存的地球环境进一步恶化。显然，这种国家集团之间矿产资源消费存在着的巨大不均衡性造成了现实资源的不公平分配，这不仅客观上侵占了发展中国家支撑经济发展所需的矿产资源份额，而且还危及了发展中国家社会经济可持续发展的利益，加速了世界的两极分化。

经济增长的不均衡性和矿产资源消费的波次性是全球经济发展不平衡造成的一种必然结果，是当今世界矿产资源消费的基本特征。按照目前国家间工业化循序渐进的经济发展模式，发展中国家依次陆续进入矿产资源消费波峰区，使得全球矿产资源消费具有波次性规律。主要经济体完成工业化进程在一个时期内长期存在，中期的这种不均衡性和递进波次性在相当长的一个时期内将依然存在，并将推进全球矿产资源需求持续增长。

(一)经济发展需求的波次性

从工业革命开始，地区、国家集团和国家先后由农业社会步入工业社会，地区、国家集团和国家间工业化进程及经济发展水平的差异性使得全球矿产资源消费具有递进性波次扩张特征。这种特征不仅反映在国家和地区层面上，同时也体现在人均矿产资源消费中。

欧洲在长达150多年的工业化过程中，矿产资源的消耗总量呈现递进式不断增长。20世纪90年代，其矿产资源消费达到峰值，之后呈现缓慢下降态势。北美伴随着100多年的工业化过程，其矿产资源消费亦呈递进式增长，大致在2000年左右矿产资源消费开始趋缓，矿产资源消费量下降态势初见端倪。20世纪50年代以来，日本、韩国、中国台湾地区经历了快速工业化进程，其对矿产资源的消费带动亚洲对矿产资源的需求。20世纪90年代以后中国、印度、巴西、埃及等国家进入工业化中期阶段，这些有代表性的发展中国家使得亚洲、南美洲和非洲地区矿产资源需求叠加，矿产资源消费呈递进式快速增长，其峰值远未到来。

(二)产业需求的波次性

产业经济的发展阶段是一个从农业社会→工业社会→后工业社会的发展过程。在农业社会，产业本身对矿产资源的消耗很低，矿产资源主要满足人们基本生活需要，因此，总体矿产资源消耗不高。步入工业化社会，由轻纺工业到制造业再到重化工业，矿产资源消费呈现递进式快速增长，并在工业化结束前期到达峰值区，这一时期矿产资源除满足生活需要外，主要保证工业及其相关产业发展的需要。进入后工业化社会，经济结构发生重大变化，第三产业高速发展，并与第二产业成为支撑经济发展的主体，此时矿产资源消费增速放缓或出现零增长态势，矿产资源消费总体呈现平缓或缓慢下降趋势。

(三)矿种需求的演进性

经济发展的不同状态与工业化不同时期，对矿产资源的需求类型也表现出不同的特征。根据世界上不同地区工业化发展对矿产资源投入大规模开发的先后，区域工业化发展不同阶段的矿产资源消费结构大体上划分为三大基本类型，每一种类型都有各自的主导矿种(闫军印、丁超，2009)。以工业化进程为时间轴，矿产资源利用可划分为三种类型(图 2-1)。

(1)进入工业化早期以后，开始利用化石资源，钢铁化、交通化、电气化是这时期工业化的基本特征，需要对煤、铁、铜、铅、锡等矿产资源的大量扩张利用。以煤、铁、铜、铅、锡等矿产资源为主导矿种的消费属于传统型矿产资源消费。

(2)进入工业化中期以后，汽车、高铁、飞机、重化工等产业的发展需要大量消耗石油、天然气、铝、锰、镍、钒等矿产资源。以石油、天然气、铝、锰、镍、钒等矿产资源为主导矿种的消费属于现代类型矿产资源消费。

(3)后工业化阶段的显著特征是以科技和创新作为经济增长的主要动力，高科技产业的发展依赖于铀、钴、铂、稀土元素以及钛等矿产资源消费。以铀、钴、铂、稀土元素以及钛等矿产资源为主导矿种的消费属于新型矿产资源消费。

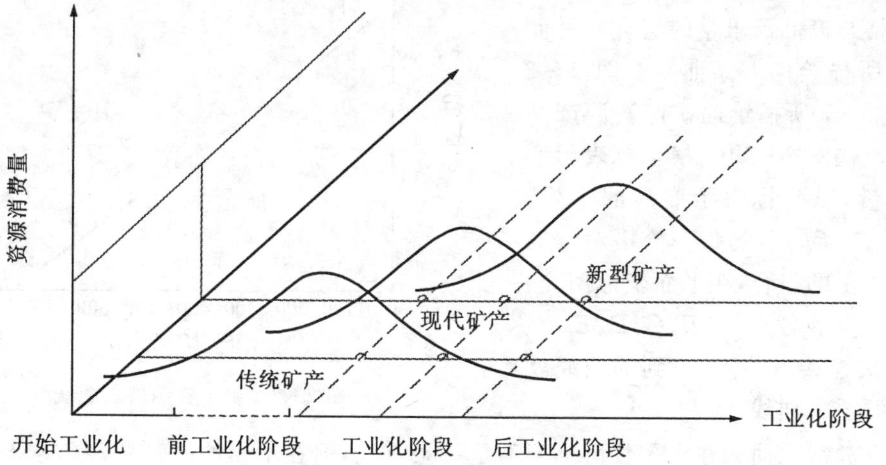

图 2-1　矿产资源演进的需求规律

第二节　矿产资源需求的消费者行为

一、矿产资源消费者需求曲线

从微观层面看，影响矿产资源需求的基本因素包括矿产资源价格、消费者的消费水平、相关商品的价格、消费者的偏好和消费者对该矿产资源产品的价格预期等。

矿产资源需求函数表示的是一种矿产资源的需求量和该矿产资源需求数量的各种因素之间的相互关系。矿产资源价格是决定矿产资源需求量的重要因素。矿产资源价格升高，消费者会减少对这种矿产资源的消费；相反，矿产资源价格降低，消费者会扩大对该种矿产资源的需求。矿产资源需求与矿产资源价格的这种变化规律，在不考虑其他影响因素作用情况下，其函数可以表示为：

$$Q^d = f(P) \tag{2.1}$$

式中，P 为矿产资源产品的价格；Q^d 为矿产资源产品的需求量。

以矿产资源价格为纵轴，矿产资源需求量为横轴，运用矿产资源需求函数可以拟合出矿产资源需求曲线。这一需求曲线具有一个明显特征，即它是向右下方倾斜的，其斜率为负值，这表示矿产资源需求量与矿产资源价格之间成反方向变动的关系。

从表 2-1 中可以看出矿产资源需求与价格之间的函数关系。例如，当商品价格为 1 时，商品的需求量为 700 单元；当商品价格为 7 时，商品的需求量为 100 单元。

表 2-1　某矿产资源商品需求表

价格—数量组合	A	B	C	D	E	F	G
价格(元)	1	2	3	4	5	6	7
需求量(单位数)	700	600	500	400	300	200	100

矿产资源商品的需求曲线是表示商品不同价格与商品需求量的组合在平面坐标图上所描绘的一条曲线。图 2-2 是根据表 2-1 所描绘的矿产资源产品需求曲线。在图 2-2 中，横坐标表示商品需求数量，纵坐标表示商品的价格。根据表 2-1 所表示的每一价格对应的商品需求数量的组合，在平面坐标图 2-2 中描绘相应的各点 A、B、C、D、E、F、G，然后顺次连接这些点，得到的曲线就是矿产资源需求曲线。

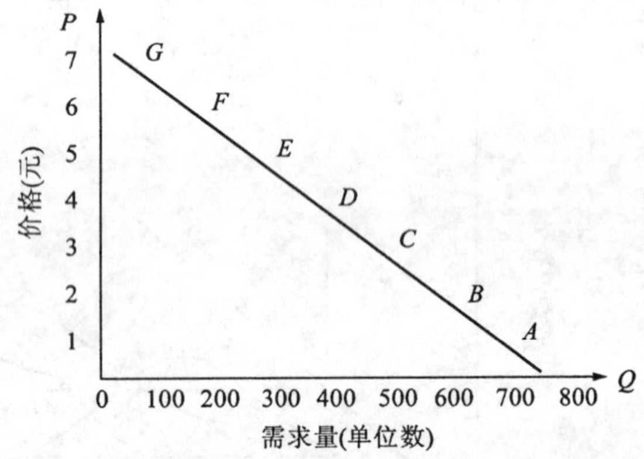

图 2-2　矿产资源需求曲线

矿产资源需求曲线在大多数情况下不是一条直线，但在不影响矿产资源需求与价格函数关系的前提下，在简化分析中，普遍采用线性的需求曲线。矿产资源需求函数的线性关系可以表示为：

$$Q^d = \alpha - \beta \cdot P \tag{2.2}$$

式中，α、β 为常数，且 $\alpha > 0$，$\beta > 0$。α 表示需求在横轴上的截距，$-\beta$ 表示需求曲线相对于价格轴的斜率，即 $-\beta = \frac{\Delta Q^d}{\Delta P}$，或 $-\beta = \lim_{\Delta p \to 0} \frac{\Delta Q^d}{\Delta P} = \frac{dQ^d}{dP}$。

二、矿产资源需求弹性

(一)矿产资源需求弹性的定义

需求的价格弹性又称为需求弹性。矿产资源需求弹性表示一定时期内矿产资源需求量变动对于该矿产资源价格变动的反应程度。或者说，表示在一定时期内，当矿产资源价格发生 1% 的变动时，所引起的该矿产资源产品需求量变化的百分比。

假定矿产资源需求相对于矿产资源价格的需求函数关系为 $Y = f(X)$，ΔX、ΔY 分别表示价格与需求量的变动量，e 为弹性系数，则矿产资源需求的弹性一般公式可以表达为：

$$e=\frac{\frac{\Delta Y}{Y}}{\frac{\Delta X}{X}}=-\frac{\Delta Y}{\Delta X}\cdot\frac{X}{Y} \tag{2.3}$$

需要指出的是，通常情况下，由于矿产资源需求量和价格是反方向变动的，$\frac{\Delta Y}{\Delta X}$ 为负值，所以，为了便于比较，就在公式(2.3)中加了个负号，这样，矿产资源需求对价格的弹性系数 e 为正值。

当矿产资源需求曲线上两点之间的变化量趋于无穷小时，需求的价格弹性要用点弹性来表示。也就是说，它表示需求曲线上某一点的需求量变动对于价格变动的反应程度。矿产资源需求的点弹性公式为：

$$e=\lim_{\Delta p\to 0}-\frac{\Delta Y}{\Delta X}\cdot\frac{X}{Y}=-\frac{\mathrm{d}Y}{\mathrm{d}X}\cdot\frac{X}{Y} \tag{2.4}$$

比较式(2.3)和式(2.4)可见，需求的价格弧弹性和点弹性的本质是相同的。它们的不同在于：前者表示价格变动量较大时的需求曲线上两点之间的弹性，而后者表示价格变动量无穷小时的需求曲线上某一点的弹性。

(二)矿产资源需求弹性的五种类型

当矿产资源的价格发生变动时，这种商品的需求量会发生变化。矿产资源需求弹性就是衡量这种变化率的反应程度。由矿产资源需求弹性所测量的矿产资源价格的变化对矿产资源需求影响可以归纳为五种情况。

第一种情况：当 $e>1$ 时，矿产资源需求量的变动大于价格的变动率，说明需求量对价格变动的反应是比较敏感的，所以 $e>1$ 被称为富有弹性。在这种情况下，矿产资源价格的下降会促进矿产资源消费；相反，矿产资源价格的上升会减少矿产资源消费。

在图 2-3 中，在矿产资源需求曲线上 a、b 两点之间是富有弹性的，两点之间的价格变动率引起一个较大的需求量的变动率。具体来看，当价格为 P_1，需求量为 Q_1 时，消费者总支出为矩形 OP_1aQ_1 的面积；当价格为 P_2，需求量为 Q_2 时，消费者总支出为矩形 OP_2bQ_2 的面积。显然，前者面积小于后者面积。这就是说，若厂商从 a 点运动到 b 点，则降价的结果会使消费者支出减少；若从 b 点运动到 a 点，则会使消费者支出增加。

具有高需求弹性的矿产资源产品一般是低附加值、储量丰富的矿产资源产品，如建筑石料、石膏等矿产资源产品。假设某种型号的矿产资源产品 $e=2$。开始时，产品价格为 10 元，需求量为 100，消费者总支出为 10 元×100＝1 000 元。当商品的价格上升 1%，即价格为 10.10元时，由于 $e=2$，所以，相应的需求量的下降率为 2%，即需求量下降为 98，消费者的支出为 10.10 元×98＝989.80 元。当商品的需求量上升 1%，即需求量为 101 时，由于 $e=2$，所以，相应的价格的下降率为 0.5%，即价格下降为 9.95 元，消费者的支出为 9.95 元×101＝1 004.95元。显然，对于厂商而言，采取降价行为，可以提高矿产资源的总收益。

第二种情况：当 $e=1$ 时，矿产资源需求量的变动正好等于价格的变动率，所以 $e=1$ 被称为单位弹性或单一弹性。在单位弹性下，由于价格的变动造成消费者对矿产资源的需求量变动所带来的支出的变动量等于由于需求量的变动所引起消费者支出的减少量或增加量。所以，在单位弹性情况下，矿产资源价格的上涨或下降对消费者的支出都没有任何影响。

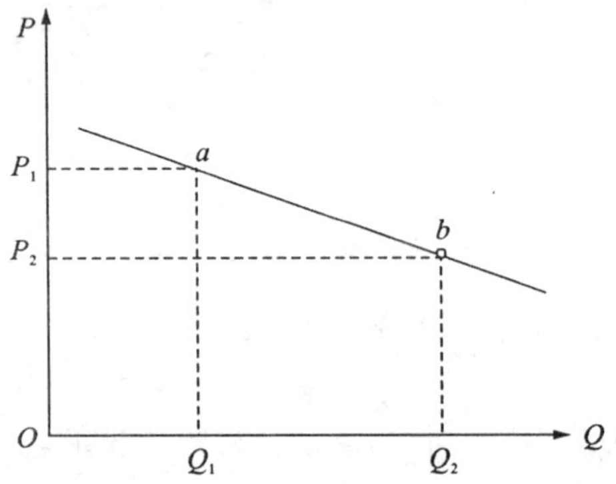

图 2-3　富有弹性的矿产资源产品需求曲线

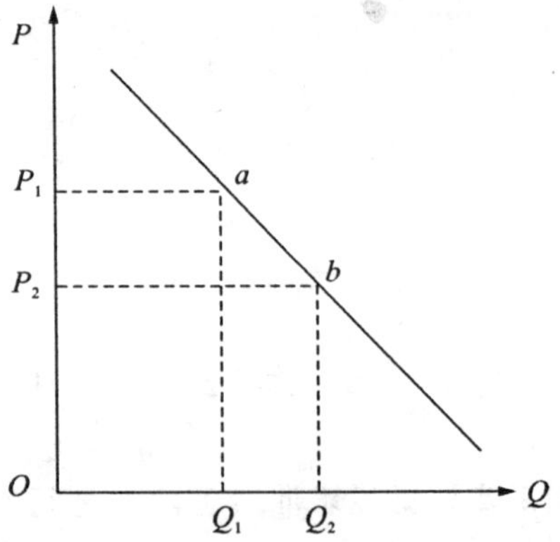

图 2-4　单位弹性的矿产资源产品需求曲线

在图 2-4 中，矿产资源需求曲线 a、b 两点之间为单位弹性。价格为 P_1 时的消费支出(即矩形 OP_1aQ_1 的面积)等于价格为 P_2 时的消费支出(即矩形 OP_2bQ_2 的面积)。显然，无论矿产资源产品价格是上升还是下降，消费者对该种矿产资源产品的支出是不变的。

第三种情况：当 $e<1$ 时，矿产资源需求量的变动小于价格的变动率，说明需求量对价格变动的反应欠敏感，所以 $e<1$ 被称为缺乏弹性。在这种情况下，由于价格的变动造成消费者对矿产资源需求量变动所带来的支出的变动量小于需求量变动所引起消费者支出的减少量或增加量。所以，在缺乏弹性情况下，矿产资源价格的上涨或下降对消费者产生的支出的变化影响较小，提高矿产资源产品价格，扩大了消费者支出，增加了厂商收益。

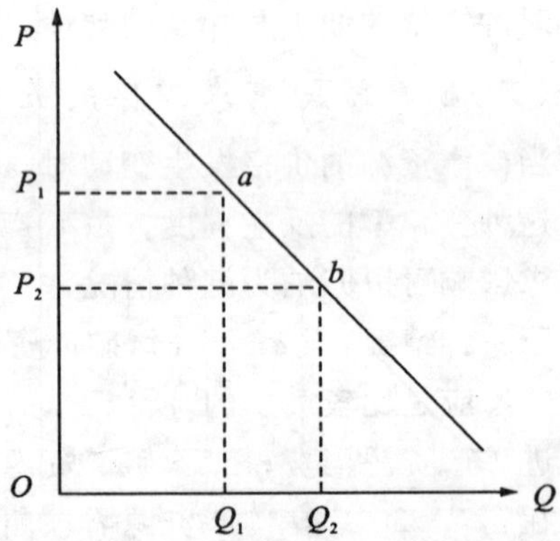

图 2-5　缺乏弹性的矿产资源产品需求曲线

在图 2-5 中，矿产资源需求曲线 a、b 两点之间为缺乏弹性。价格为 P_1 时的消费支出(即矩形 OP_1aQ_1 的面积)小于价格为 P_2 时的消费支出(即矩形 OP_2bQ_2 的面积)。显然，矿产资源产品价格上升时，消费者对该种矿产资源产品的支出是增加的。

缺乏需求弹性的矿产资源产品一般是需求量大且供小于求的矿产资源产品，如铁矿石、稀土等。假设某种型号的矿产资源产品 $e=0.5$。开始时，产品价格为 10 元，需求量为 100，消费者总支出为 10 元×100=1 000 元。当商品的价格上升 1%，即价格为 10.10 元时，由于 $e=0.5$，所以，相应的需求量的下降率为 0.5%，即需求量下降为99.5，消费者的支出为 10.10 元×99.5=1 004.95 元。当商品的需求量上升 1%，即需求量为 101 时，由于 $e=0.5$，所以，相应的价格的下降率为 2%，即价格下降为 9.8 元，消费者的支出为 9.8 元×101=989.8 元。显然，对于厂商而言，采取涨价行为，可以提高矿产资源的总收益。

第四种情况：在矿产资源需求富有弹性情况下，矿产资源价格的一个微小上升，会使需求量增加到无限大，或矿产资源价格的一个微小下降，会导致需求量减少到零。此时 $e=\infty$，这种情况被称为完全弹性。

第五种情况：在矿产资源需求缺乏弹性的情况下，无论矿产资源价格发生多大变化，需求量的变化总为零，此时 $e=0$，这种情况被称为完全无弹性。

（三）矿产资源需求交叉价格弹性

如前所述，一种商品的需求量受到多种因素的影响，相关商品的价格就是其中的一个因素。假定其他的因素都不发生变化，仅仅研究一种商品的价格变化和它的相关商品的需求量变化之间的关系。需求的交叉价格弹性表示在一定时期内一种商品的需求量的变动对于它的相关商品的价格的变动的反应程度。或者说，表示在一定时期内当一种商品的价格变化1%时所引起的另一种商品的需求量变化的百分比。它是该商品的需求量的变动率和它的相关商品的价格的变动率的比值。

假定某种矿产品 X 的需求量 Q_X 是它的相关商品 Y 的价格 P_Y 的函数，即 $Q_X=f(P_Y)$，则商品 X 的需求量的交叉价格弹性公式为：

$$e_{XY}=\frac{\frac{\Delta Q_X}{Q_X}}{\frac{\Delta P_Y}{P_Y}}=\frac{\Delta Q_X}{\Delta P_Y}\cdot\frac{P_Y}{Q_X} \tag{2.5}$$

式中，ΔQ_X 为商品 X 的需求量的变化量；ΔP_Y 为相关商品 Y 的价格的变化量；e_{XY} 为当商品 Y 的价格发生变化时商品 X 的需求交叉价格弹性系数。

当商品 X 的需求量的变化量 ΔQ_X 和相关商品 Y 的价格的变化量 ΔP_Y 为无穷小时，则商品 X 的需求交叉价格弹性公式为：

$$e_{XY}=\lim_{\Delta P_Y\to 0}\frac{\frac{\Delta Q_X}{Q_X}}{\frac{\Delta P_Y}{P_Y}}=\frac{\Delta Q_X}{\Delta P_Y}\cdot\frac{P_Y}{Q_X} \tag{2.6}$$

需求的交叉弹性系数取决于所考察两种商品的相互关系。商品间的关系可以分为两种，一种是替代关系，另一种为互补关系。一般可以简单地说，如果两种商品之间可以互相代替以满足消费者的某一种欲望，则称这两种商品之间存在着替代关系，这两种商品称为替代商品。

如果两种商品之间存在着替代关系，则一种商品的价格与它替代品的需求量之间成同方向的变动，相应需求的交叉价格弹性系数为正值。若两种商品之间存在着互补关系，则一种商品的价格与它的替代品的需求量之间成反方向的变动，相应的需求的交叉价格弹性系数为负值。

同样的道理，可以根据两种商品之间的需求的交叉价格弹性系数的符号，来判断两种商品之间的相互关系。若两种商品的需求的交叉价格弹性系数为正值，则这两种商品之间为替代关系；若为负值，则这两种商品之间为互补关系；若为零，则这两种商品之间无相互关系。

第三节　矿产资源消费的基本规律

一、经济发展与矿产资源消费的规律

经济的发展依赖于对矿产资源的消费。经济发展与矿产资源消费的规律是以国家或地区为独立考察对象，判断国家或地区经济发展过程中对矿产资源消费的趋势及变化规则。一般来讲，工业化过程是随着国内生产总值(GDP)的增长，总资源消费基本上呈线性增长模式。

这种关系可以用图 2-6 矿产资源消耗与经济发展的关系表示出来。从此图可以看出，快速工业化国家完成工业化所需要的矿产资源消费多于缓慢工业化国家矿产资源的消费规模。快速工业化国家或地区如日本、韩国、中国台湾地区等，缓慢工业化国家如英国、美国、德国等。

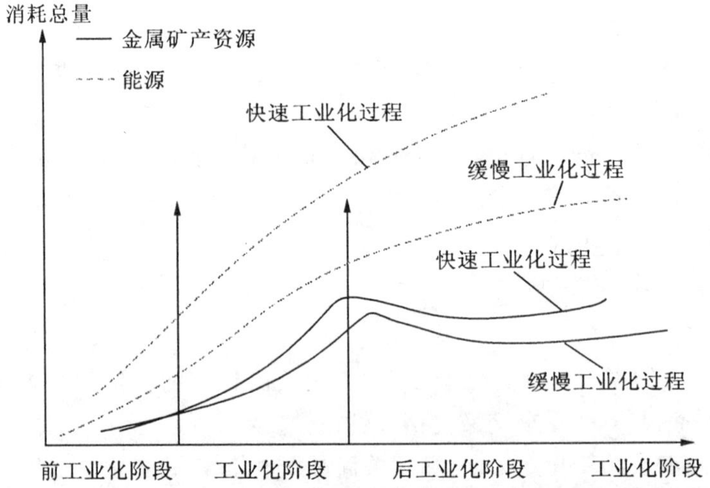

图 2-6　矿产资源消耗与经济发展的关系

经济发展依赖于矿产资源消费。如图 2-6 所示，对于能源矿产的需求，无论是工业化社会还是后工业化社会，无论是缓慢工业化还是快速工业化，能源消耗与经济增长之间存在线性的增长关系。缓慢工业化过程国家能源消费总量小于快速工业化国家，说明缓慢工业化国家能源消费增速较为缓慢。快速工业化国家在完成工业化过程中，总能源消耗增长速度较快，在进入工业化后期以后，曲线斜率变小，暗示工业化峰值之后，总能源消耗增长速度变得缓慢。

对于金属矿产资源的需求，钢、铝、铜、锌等重要金属消费随着 GDP 增长表现出先增长后降低的"钟形"增长模式。缓慢的工业化过程伴随 GDP 的增长，金属消费总量随之增加，当接近完成工业化时，金属消费达到极值点，此时社会财富积累达到一定水平。进入后工业化阶段之后，GDP 的增长不再依赖金属投入总量的增加而增长，金属消费总量开始呈现缓慢下降的趋势。与缓慢工业化过程相近，快速工业化过程中重要矿产资源消费出现"扁钟形"的特征。随着 GDP 的增长，金属消费总量快速增加，临近工业化过程完成时，金属消费达到顶峰，进入后工业化阶段之后，金属消费开始呈缓慢下降态势。

值得注意的是，当国家大小和人口接近时，快速工业化曲线位于缓慢工业化曲线之上，快速工业化国家的年金属消费总量将高于缓慢工业化国家的年金属消费总量。

二、人均矿产资源消费的规律

人均矿产资源消费量是衡量矿产资源消费水平的重要指标。剔出人口规模因素影响后的人均矿产资源消费量与人均 GDP 的动态数量关系能够更加深刻地解释经济发展阶段及其生活方式与矿产资源消费的内在联系。

世界上绝大多数国家工业化规律表明:工业化过程中人均国内生产总值(GDP)与人均矿产资源消费量之间存在互动的"S"形曲线增长关系(图 2-7)。根据这种"S"形曲线关系,随着人均 GDP 增长可以推算出矿产资源的消费总量。在农业社会时期,社会经济对矿产资源需求较少,矿产资源消费量与人均 GDP 增长的关系并不确定。进入工业化阶段以后,经济发展的重点由农业转向工业,矿产资源的人均消费开始增长。工业经济的扩张提高了人均 GDP 水平,工业需求成为人均矿产资源消费量增长的基本驱动力。一但人均 GDP 达到一定的水平,居民消费同工业消费刺激矿产资源消费量在一定时期内成倍增加。经济发展到后工业化阶段以后,社会经济对矿产资源需求将会保持一定水平,之后呈现下降趋势。

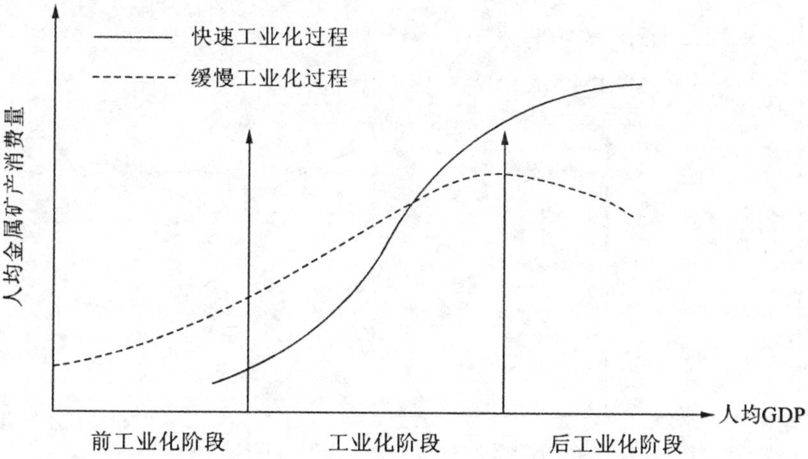

图 2-7 人均金属矿产资源消费量与人均 GDP 的关系

工业化发展的模式不同,人均 GDP 与人均矿产资源消费量之间存在的互动"S"形曲线关系有着不同的演进方式。由于缓慢工业化过程经历了较长的时间周期,"S"形曲线表现为,随着 GDP 的增加,人均矿产资源消费量呈缓慢增长的缓倾斜形态。快速工业化过程由于时间较短,人均矿产资源消费随着 GDP 的增加迅速增加,呈现陡倾形态。

以钢和铜为例。缓慢工业化国家如美国和英国在 20 世纪 50 年代和 70 年代初,人均 GDP 为 9 000～10 000 美元时,钢的人均消费量达到 440～680kg 的峰值点,在 20 世纪 40 年代和 60 年代初,人均 GDP 约为 9 000 美元左右时铜的人均消费量达到 10～11kg 的峰值点;快速工业化国家或地区,如日本、韩国和我国台湾的人均钢消费量在 20 世纪 70 年代和 90 年代,人均 GDP 为 11 000～14 000 美元时达到 660～900kg 的峰值点,铜的人均消费量分别在 1990 年和 2000 年,人均 GDP 为 15 000～16 000 美元时达到 12～29kg 的峰值点,而且韩国的人均铜消费量还在增长(王安建、王高尚等,2002)。实际上,不同矿产资源到达人均消费峰值点时间的系统滞后性特征,反映出随着科学技术进步,后工业化过程经济增长方式更加多样化以及矿产资源相互之间复杂的替代关系。

三、矿产资源消费强度的规律

矿产资源消费强度指单位 GDP 所投入的资源量,是度量单位社会经济指标中矿产资源消费多寡的尺度。矿产资源消费强度与工业化进程密切相关。工业化进程中,工业体系的建立、基础设施的建设和居民消费水平的提高，致使矿产资源消费强度一般呈现上升趋势。进入后工业化阶段后，经济增长方式的集约化，基础建设趋于完善，使资源消费强度开始下降。

缓慢工业化和快速工业化对矿产资源消费强度也存在个性差异。如图 2－8 所示，在工业化进程中，缓慢工业化国家矿产资源消费强度较快速工业化国家平缓。进入后工业化阶段，无论是快速工业化国家还是缓慢工业化国家，伴随矿产资源利用技术的进步与成熟，各国能耗强度总体降低并趋于一致。先期工业化国家和新兴快速工业化国家所展示的这种矿产资源消费强度演变规律表明，尽管当今世界节能技术日益成熟，但是在完成工业化之前，要保持经济快速发展，又要大幅度降低国家矿产资源消费强度的思路可能不够现实。

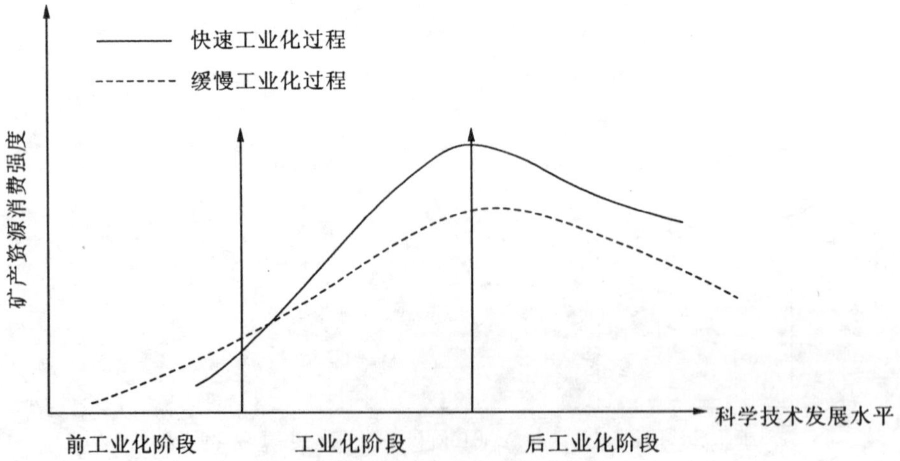

图 2－8　矿产资源消费强度的变化

四、矿产资源消费速率变化规律

矿产资源的消费速率又称为矿产资源的消费增率，是以 GDP 的增长速度为标尺来衡量资源消费的相对增长速度，也被称为资源消费的弹性系数。经济发展不同阶段，金属消费增率与 GDP 增率比较差异较大，并且出现易变性，总体具有“S”形的特征(图 2－9)。一般来讲，随着工业化发展过程，矿产资源消费速率变化存在三阶段模式：矿产资源消费速率小于 1 的前工业化阶段，大于 1 的工业化阶段和远远小于 1 的后工业化阶段。矿产资源消费速率大于 1 的工业化阶段说明，在工业化过程中，矿产资源消费增长速度都大大高于 GDP 的增长速度。这意味着要完成工业化，必须以快速、大量的矿产资源消耗为基本条件。

五、矿产资源循环再利用的规律

当铁、铜、铝等金属矿产资源制成品使用的生命周期结束时，可经过回收进行二次或多次循环再利用，进而参与再消费过程。此外，铁、铜、铝等金属矿产资源在其进行成品加工诸多环节中，均有一些边角余料难以被利用，而直接进入循环再利用。

对于铁、铜、铝等可循环再利用的矿产资源，前工业化时期和工业化时期，消费量与一次投入量同步增长，二者含义相同。随着消费总量、年消费量和一次投入量(矿山产量)的增长，金属循环再消费二次回收量存在一个增长的过程，当投入量积累到一定水平时，二次回收开

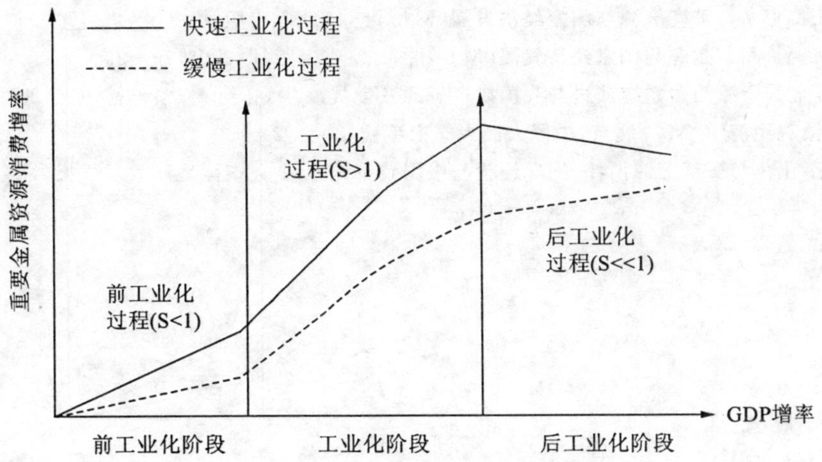

图 2-9 重要矿产资源消费增率变化

始并随着投入量的增加而呈上升趋势，二者之和基本相当于消费量。随着消费总量达到顶点并呈下降趋势，一次投入量随之发生变化，此时二次回收增加，一次投入下降，这些金属矿产品二次回收量将超过一次投入量，逐渐成为消费主体(图 2-10)。金属回收再消费揭示的规律表明，当一个国家金属消费投入积累达到一定程度、经济发展到达较高的水平时，循环再利用将会逐步成为消费供应的主体(王安建，王高尚等，2002)。

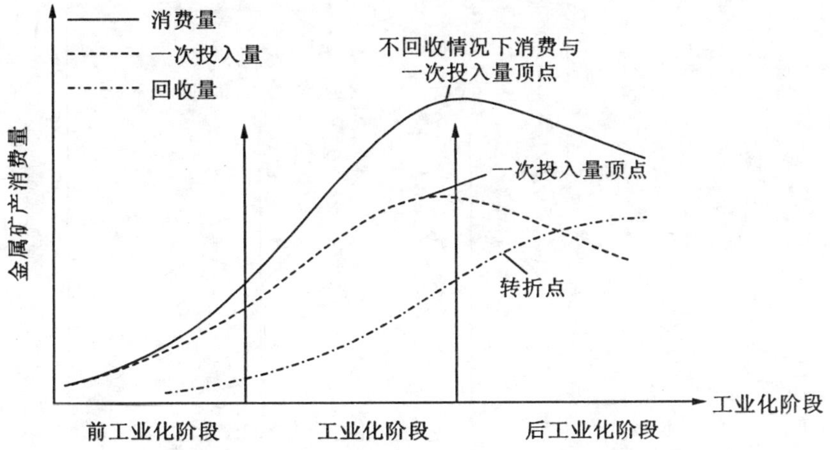

图 2-10 重要金属矿产资源回收再利用模式图

需要指出的是，不同国家所处阶段、产业结构、资源消费水平和生产能力等均影响金属回收再消费。不同金属抵达消费顶点的时间不同，二次回收成为消费主体的时间各异。目前我国钢已经接近转折点，铝和铜则远远未到转折点。

本章参考文献

王安建,王高尚等. 矿产资源与国家经济发展[M]. 北京:地震出版社,2002:1-46

王安建,王高尚等. 能源与国家经济发展[M]. 北京:地质出版社,2008:10-29

闫军印,丁超. 资源消费系统演进与我国矿产资源开发战略规划[J]. 煤炭经济研究,2009(3):8-10

高鸿业. 微观经济学[M]. 北京:中国人民大学出版社,2004:21-69

成金华. 工业化与矿产资源消耗:国际经验与中国政策调整[J]. 中国地质大学学报(社会科学版),2011(2):23-27

第三章 矿产资源供给

第一节 矿产资源供给的特性

一、矿产资源供给的含义与性质

矿产资源是在地球45亿年漫长、复杂的演化过程中，在不同时期，由特殊的地质作用形成的有用物质的聚集体。矿产资源在地壳中以气态、液态和固体形式存在，需要通过勘查、开采后才能获得可供利用的矿石产品。矿产资源供给是指在一定时期内，资源生产部门在各种可能的价格下，愿意提供的资源产品数量。如果由于价格太低，资源生产者不愿意出售，即使有产品也不能在市场上形成有效供给。矿产资源不仅具有隐蔽性，分布不均，开发过程中还会对环境产生不同程度的影响。

(一)矿产资源的隐蔽性

矿产资源除少数表露者外，绝大部分都埋藏在地下，看不见，摸不着，需要通过地质勘查获得可供开采的矿产资源储量，需要通过开采获得可供利用的矿产资源产品。矿产资源种类、赋存条件、共伴生情况复杂，人类对矿产资源的利用受限于对矿产资源的认识能力、勘查技术水平及矿山设计开采水平的影响。广泛而深入的矿产资源认识能力，较高的勘查技术水平及矿山设计开采水平能提高矿产资源利用水平。可供利用的矿产资源是指在一定科学技术水平下可利用的自然资源，它是一个地质、技术、经济的三维动态概念，即随着科学技术、经济社会发展以及地质认识水平的提高，原来认为不是矿产的，现在可以作为矿产予以利用，现在是矿产的也能在未来失去其使用价值。

(二)矿产资源分布的不均衡性

矿产资源的分布符合地质规律，并非均匀分布或遍及全球。矿产资源分布的这种不均衡性决定了矿产资源供给的不均衡性。例如，世界石油62.8%的储量集中在沙特、伊拉克、科威特和伊朗这四个中东国家。美国、俄罗斯、中国、印度、澳大利亚和德国这六个国家煤炭储量占世界已探明煤炭储量的77%。

我国矿产资源的分布具有明显的地域性特点。我国东部地区除石油、铁矿石外，其他矿产资源都比较贫乏。东部地区天然气探明资源占全国资源总储量的30%，铜矿探明资源占全国资源总储量的7.7%，铝土矿探明资源占全国资源总储量的19.7%，磷矿探明资源占全国资源总储量的11.7%。我国中部矿产资源丰富，具有储量优势的矿种分别是煤炭、石油、铝土矿、铜矿、磷矿和稀土，保有储量分别占全国探明储量的58%、50%、61%、47%、40%和98%。我国西部地区煤矿、石油和天然气保有资源储量分别占全国探明资源储量的36%、12%和53%；金属矿产中，西部地区铁矿、铬铁矿、铜铅矿、锌矿和镍矿保有资源储量分别占全国探明资源储量的24%、73%、41%、44%和88%;非金属矿产中,西部地区汞、钾盐、磷矿和石棉矿保有资源储量分别占全国探明资源储量的86%、99%、49%和98%。

矿产资源分布的不均衡性增加了工业布局与开发利用的难度。矿区分布区与加工消费区分离,开发利用受交通条件严重制约。我国矿产品的加工消费区在东部沿海地区,而矿产富集区则多在中部或西部地区,因而,矿石或原材料需长途运输,仅铁路对主要原材料的年运量就在12亿t以上,平均铁路运输里程达802km。

矿产资源供给的不均衡性还表现在受到矿产资源开发政策的影响。例如美国、日本、英国等发达国家,通过严格的矿产环境政策和开采技术规范控制国内矿产资源开发,相反鼓励开发国外矿产资源。这种政策的核心是保护了本国资源与环境,依靠金融资本大量利用外国优质矿产资源的同时,将环境污染问题转移到国外。这种政策使得发展中国家成为发达国家的矿产资源需求的供给地。

(三)勘查开采对环境的破坏性

矿产资源勘查开采对环境的破坏性主要体现在对水、大气、土地及地质环境的影响方面。对水的污染主要由于采矿、选矿活动,使地表水或地下水含酸性、重金属和有毒元素,这种污染的矿山水被称为矿山污水。矿山污水危及矿区周围河道、土壤,甚至破坏整个水系,影响生活用水、工农业用水,并且有毒物质的排放给人类健康带来了潜在威胁。对大气的污染主要是由于露天矿的开采和矿井下的穿、爆破以及矿石、废石的装载、运输过程中产生的粉尘,废石场废石的氧化和自然释放出大量有害气体,废石风化形成的细粒物质、粉尘等。对土地造成破坏、土壤造成污染的主要是矿山开采,特别是露天开采造成了大面积的土地遭受破坏,矿山开采后尾矿还会侵占土地。地质环境影响则是由于地下开采造成塌陷、裂隙。地下采矿,当矿体采出后,原有的地层内部平衡被破坏,岩石破裂、塌落,地表也随时在下沉形成塌陷、裂缝,破坏了周围的环境,影响了工农业生产,甚至威胁人们的安全。

二、矿产资源供给的技术经济储量分类

一般来讲,在一定的技术条件下,对具有一定规模、经济品位及开采条件的矿产资源进行开发才具有经济价值,对于规模较小,品位较低或开采技术条件不成熟的矿产资源的开采缺乏价值,不具有提供矿产资源供给的条件。矿产资源供给的经济性主要取决于技术和经济利用两个属性。根据经济可靠性、可行性评价和地质研究程度可以将矿产资源储量分为十个等级。其中,经济可靠性分为经济的、潜在经济的和内蕴经济的;地质研究程度分为详细勘探、一般勘探、普查和踏勘;可行性经济评价分为可行性研究、预可行性研究。矿产资源经过矿产勘查获得不同的地质可靠程度,经相应的可行性评价获得不同的经济意义。如表3-1将固体矿产资源储量分为储量、基础储量、资源量三大类七种类型(储量包含在基础储量中)。随着科学技术水平的提高,矿产资源储量等级的划分中,可供利用的矿产资源种类、数量和用途也会不断地增加和拓展。

一般来讲,矿产资源储量主要包括三种类型。

可采储量(111、111b):探明的经济基础储量的可采部分。它是指在已达到勘探阶段要求加密工程的地段,在三维空间上详细圈定了矿体,肯定了矿体的连续性,详细查明了矿床地质特征、矿石质量和开采技术条件,并有相应的矿石加工选冶试验成果,已进行了可行性研究,包括对开采、选冶、经济、市场、法律、环境、社会和政府因素的研究及相应的修改,证实其

在计算的当时开采是经济的。计算的可采储量及可行性评价结果,可信度高。

表 3-1 固体矿产资源储量分类

经济可靠性	发现矿产资源			潜在矿产资源
	探明的	控制的	推断的	预测的
经济的	证实储量(111)			
	基础储量(111b)			
	可信储量(121b)	可信储量(122b)		
内蕴经济的	资源量(231)	资源量(232)	资源量(233)	资源量(234)

注:①表中所用编码(111～234),第1位数字表示经济意义,1为经济的,2为内蕴经济的,类型234为经济意义未定的;第2位数表示可行性评价阶段,1为可行性研究和采矿报告,2为可行性研究,3为概略研究;第3位表示地质可靠程度,1为探明的,2为控制的,3为推断的,4为预测的;b为基础储量。

②将经可行性研究或预可行性研究后确定为不经济的,归入内蕴经济的;经可行性研究或预可行性研究论证,经济评价指标具有边际经济意义(如内部收益率大于0)的资源量,划入经济的基础储量范畴。

资源来源:中华人民共和国国家标准.《固体矿产资源/储量分类》(GB/T17766—1999)。

预可采储量(121、121b):探明的经济基础储量的可采部分。它是指在已达到勘探阶段要求加密工程的地段,在三维空间上详细圈定了矿体,肯定了矿体连续性,详细查明了矿床地质特征、矿石质量和开采技术条件,并有相应的矿石加工选冶试验成果,但只进行了预可行性研究,表明当时开采是经济的。计算的可采储量可信度高,可行性评价结果的可信度一般。

预可采储量(122、122b):控制的经济基础储量的可采部分。它是指在已达到详查阶段工作程度要求的地段,基本上圈定了矿体三维形态,能够较有把握地确定矿体连续性的地段,基本查明了矿床地质特征、矿石质量、开采技术条件,提供了矿石加工选冶性能条件试验的成果。对于工艺流程成熟的易选矿石,也可利用同类型矿产的试验成果。预可行性研究结果表明开采是经济的,计算的可采储量可信度较高,可行性评价结果的可信度一般。

第二节 矿产资源供给的生产者行为

一、矿产资源供给曲线

影响矿产资源供给的因素很多,包括矿产资源价格、生产成本、相关商品的价格、消费者的偏好和生产者对该矿产资源产品的价格预期等。

所谓矿产资源供给函数是表示一种商品的供给量和影响该商品需求数量的各种因素之间的相互关系。矿产资源价格是生产者决定生产和销售矿产资源的重要因素。矿产资源价格越高,生产者会扩大对这种矿产资源的供给,相反,矿产资源价格降低,生产者会减少对该种矿产资源的供给。矿产资源供给与矿产资源价格的这种变化规律,在不考虑其他影响因素作用下,其函数可以表示为

$$Q^s = f(P) \tag{3.1}$$

式中,P 为矿产资源产品的价格;Q^s 为矿产资源产品的供给量。式中每一个矿产资源价格对应着一个矿产资源供给量。

以矿产资源价格为纵轴，矿产资源供给量为横轴，矿产资源供给函数可以用曲线表示。供给曲线具有一个明显特征，它是向右上方倾斜的，即它的斜率为正值，这表示矿产资源供给量与矿产资源价格之间成正方向变动的关系。

商品的供给曲线表示商品不同价格与商品供给量的组合在平面坐标图上所描绘的一条曲线。图 3－1 是根据表 3－2 所描绘的矿产资源产品供给曲线。在图 3－1 中，横坐标表示商品供给数量，纵坐标表示商品的价格。根据表 3－2 所表示的每一价格对应的商品供给数量的组合，在平面坐标图中描绘相应的各点 A、B、C、D、E、F、G，然后顺次连接这些点，得到的曲线就是矿产资源供给曲线。

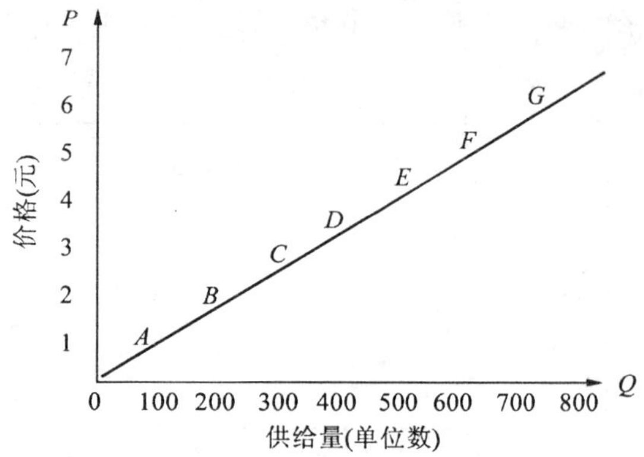

图 3－1　矿产资源供给曲线

表 3－2　某矿产资源产品供给表

价格—数量组合	A	B	C	D	E	F	G
价格（元）	1	2	3	4	5	6	7
供给量（单位数）	100	200	300	400	500	600	700

当矿产资源供给与矿产资源价格的斜率相等时，矿产资源供给曲线是一条直线。当矿产资源供给曲线斜率不相等时，矿产资源供给曲线就是条曲线。在不影响矿产资源供给与价格函数关系前提下，在简化分析中，大多采用线性的供给曲线。矿产资源供给函数的线性关系可以表示为：

$$Q^s = -\delta + \gamma \cdot P \tag{3.2}$$

式中，δ、γ 为常数，且 $\delta > 0$，$\lambda > 0$。δ 表示供给在横轴上的截距；γ 表示供给曲线相对于价格轴的斜率，即 $\gamma = \dfrac{\Delta Q^s}{\Delta P}$，或 $\gamma = \lim\limits_{\Delta p \to 0} \dfrac{\Delta Q^s}{\Delta P} = \dfrac{\mathrm{d}Q^s}{\mathrm{d}P}$。

二、矿产资源供给的价格弹性

（一）矿产资源供给弹性的定义

在西方经济学中，供给弹性包括供给的价格弹性、供给的交叉价格弹性和供给的预期价格弹性等。在此我们考察的是供给的价格弹性，也经常被称为供给弹性。

供给的价格弹性表示在一定时期内一种商品的供给量的变动对于该商品的价格变动的反应程度。或者说，表示在一定时期内当一种商品的价格变化 1％时所引起的该商品的供给量变化的百分比。它是商品的供给量变动与价格变动率之比。

供给的价格弧形弹性表示某商品供给曲线上两点之间的弹性。供给的价格点弹性表示某商品供给曲线上某一点的弹性。假设供给函数为 $Q = f(P)$，以 e_s 表示供给的价格弹性系数，则供给的价格弹性公式为：

$$e_s = \frac{\frac{\Delta Q}{Q}}{\frac{\Delta P}{P}} = \frac{\Delta Q}{\Delta P} \cdot \frac{P}{Q} \tag{3.3}$$

供给的价格点弹性公式为：

$$e_s = \frac{\frac{dQ}{Q}}{\frac{dP}{P}} = \frac{dQ}{dP} \cdot \frac{P}{Q} \tag{3.4}$$

在通常情况下，商品的供给量和商品的价格是成同方向变动的，供给量的变化量和价格的变化量的符号是相同的。所以，在上面两个公式中，$\frac{\Delta Q}{\Delta P}$和$\frac{dQ}{dP}$两项均大于零，作为计算结果的 e_s 为正值。

（二）矿产资源供给弹性的五种类型

由矿产资源供给弹性所测量的矿产资源价格的变化对矿产资源供给影响可以归纳为五种情况。

第一种情况：当 $e>1$ 时，矿产资源供给量的变动大于价格的变动率，说明供给量对价格变动的反应是比较敏感的，所以 $e>1$ 被称为富有弹性(图 3-2)。在这种情况下，由于价格的变动造成厂商对矿产资源供给量变动所带来的收入的变动量大于供给量变动所引起厂商总收入的减少量或增加量。所以，在富有弹性的情况下，矿产资源价格的上涨会促进矿产资源供给，相反，矿产资源价格的下降会减少矿产资源供给，采取价格上涨的措施可以大幅度提高厂商的生产规模。

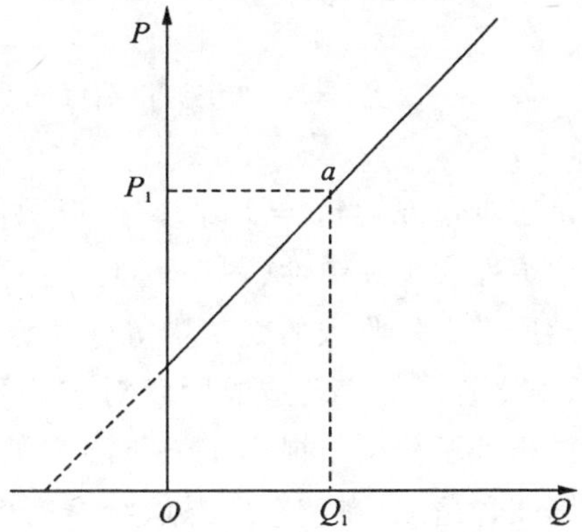

图 3-2 富有弹性的矿产资源产品供给曲线

具有高弹性的矿产资源产品一般是低附加值、储量丰富的矿产资源产品，如建筑石料、石膏等。假设某种型号的矿产资源产品 $e=2$。开始时，产品价格为 10 元，供给量为 100，厂商总收入为 10 元×100＝1 000 元。当商品的价格上升 1%，即价格为10.10元时，由于 $e=2$，所以，相应的供给量的上升率为 2%，即供给量上升为 102，厂商的总收入为 10.10 元×102＝1 030.2 元。当商品的销售量上升 1%，即为 101 时，由于 $e=2$，所以，相应的价格的上升率为0.5%，即价格上升为 10.05，厂商的总收入为 10.05 元×101＝1 015.05 元。显然，对于厂商而言，提高矿产资源产量相对于提高价格能更多地提高厂商的收益水平。

第二种情况：当 $e<1$ 时，矿产资源供给量的变动小于价格的变动率，说明供给量对价格变动的反应欠敏感，所以 $e<1$ 被称为缺乏弹性(图 3-3)。在这种情况下，由于价格的变动造成厂商对矿产资源供给量变动所带来的收入的变动量小于供给量变动所引起厂商总收入的减少量或增加量。所以，在缺乏弹性情况下，矿产资源价格的上涨或下降对厂商的总收入变化影响较小，提高矿产资源产品价格在一定程度上可以提高厂商收入，也扩大了消费者支出。

具有低弹性的矿产资源产品一般是需求量较大，且供小于求的矿产资源产品，如铁矿石、稀土等。假设某种型号的矿产资源产品 $e=0.5$。开始时，产品价格为 10 元，供给量为 100，厂商总收入为 10 元×100＝1 000 元。当商品的价格上升 1%，即价格为 10.10 元时，由于 $e = 0.5$，所以，相应的供给量的上升率为0.5%，即供给量上升为 100.5，厂商的总收入为10.10元×100.5＝1 015.05 元。当商品的供给量上升 1%，即供给量为 101 时，由于 $e = 0.5$，所以，相应的价格的上升率为 2%，即价格上升为 10.20 元，厂商的总收入为 10.20 元×101＝1 030.2元。显然，对于厂商而言，提高矿产资源价格相对于提高产量能更多地提高厂商的收益水平。

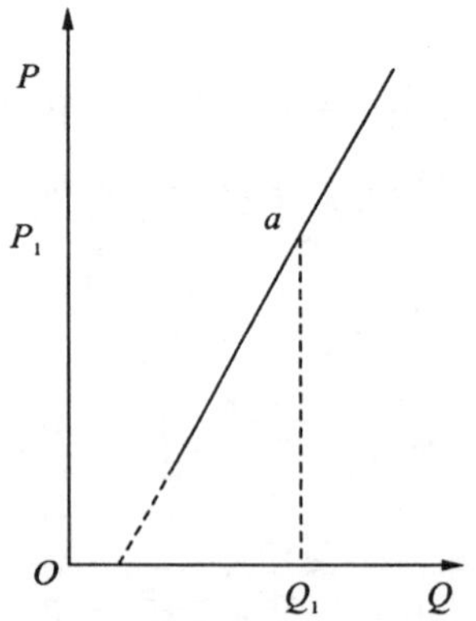

图 3－3　缺乏弹性矿产资源产品供给曲线

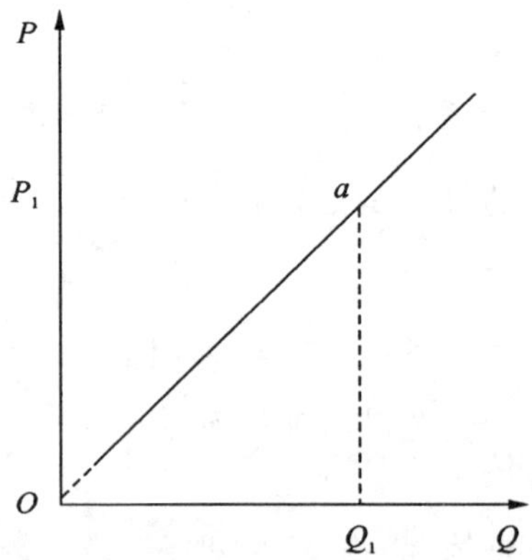

图 3－4　单位弹性的矿产资源产品供给曲线

第三种情况：当 $e = 1$ 时，矿产资源供给量的变动正好等于价格的变动率，所以 $e = 1$ 被称为单位弹性或单一弹性(图 3－4)。在这种情况下，由于价格的变动造成厂商对矿产资源供给量变动所带来的收入的变动量等于由于供给量变动所引起厂商总收入的变动量。对于厂商而言，由于价格的变动造成厂商对矿产资源的供给量变动与价格的变动率是相同的。因此，提高矿产资源价格与提高矿产资源产量都能实现厂商收益水平的提高。

第四种情况：在矿产资源供给富有弹性情况下，矿产资源价格的一个微小上升，会使供给量增加到无限大，矿产资源价格的一个微小下降，会导致供给量减少到零。此时 $e = \infty$，这种情况被称为完全弹性。如图 3－5 中，供给曲线是一条相对于横坐标轴的平行线，垂平行的供给曲线表示相对于任何价格水平供给量的变化是无穷的。

第五种情况：在矿产资源供给缺乏弹性情况下，无论矿产资源价格发生多大变化，供给量的变化总为零，此时 $e = 0$，这种情况被称为完全无弹性。如图 3－6 中，供给曲线是一条垂直于横坐标轴的直线，垂直于横坐标轴的供给曲线表示相对于任何价格水平供给量是固定不变的。

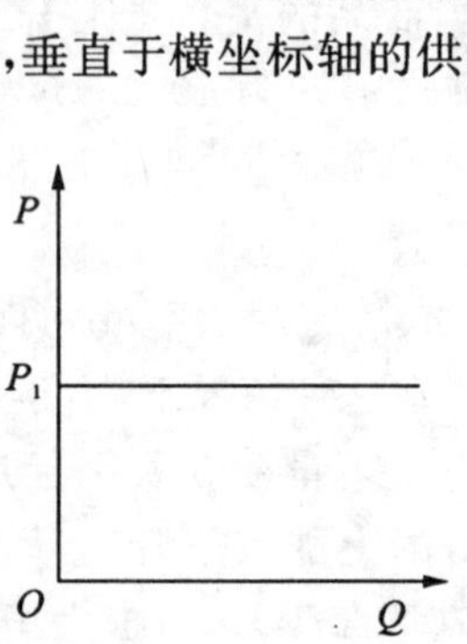

图 3－5　完全弹性的矿产资源产品供给曲线

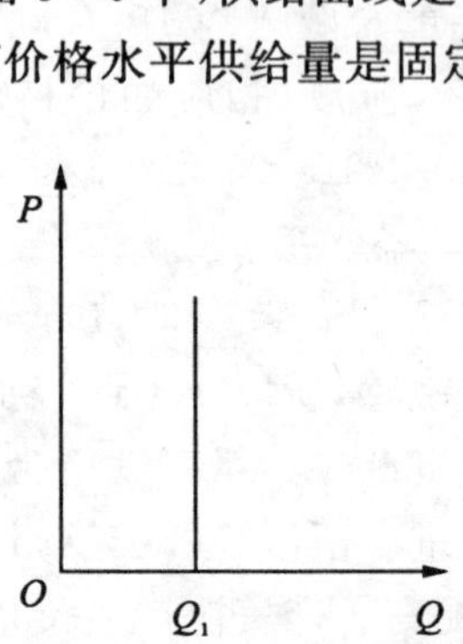

图 3－6　完全无弹性的矿产资源产品供给曲线

第三节 矿产资源供给保障与储备

一、矿产资源供给安全

确保国家矿产资源供给安全是实施矿产资源供给保障的宗旨。矿产资源供给的安全表现在矿产资源供给的经济安全、环境安全和代际安全等方面。

1. 矿产资源供给的经济安全

经济快速发展需要消耗大量的矿产资源。先期工业化和新兴工业化国家经济发展的历史经验表明:工业化过程,特别是快速工业化过程需要消耗大量的矿产资源来支持经济的快速发展和社会财富的迅速积累。中国正处于经济腾飞和快速发展的工业化中期阶段,大量消耗矿产资源不可避免,这已经为我国近十年来矿产资源消费以惊人速度增长的事实所证明。保障矿产资源供给是经济安全的重要内容之一。矿产资源供给的经济安全是保证国家处于不同时期、不同背景下战略性矿产的及时、足量、安全和有效供给。中国矿产资源供给的经济安全是确保国家处于任何时期和任何状态下,对战略性矿产资源需求都能有效供给的策略与方案。

2. 矿产资源开发利用的环境安全

当今,环境恶化问题已经达到了影响人类生存和制约社会经济发展的严重境地。在矿产资源开发利用引起的环境问题方面,西方发达国家所走过的"先开发、后治理"的路子留下了诸多的环境隐患,造成巨大的人员、经济和财产损失,教训惨痛。目前,中国的矿产资源开发利用也已经造成了许多环境问题,并且越来越影响人们的正常生活和工作,引起全社会的关注。中国既不能走西方"先开发、后治理"的老路,又不能因为环境问题因噎废食,放弃支撑经济发展的矿产资源开发。减小矿产资源开发利用对环境的影响程度是保障矿产资源开发利用的环境安全的重要内容之一。

3. 矿产资源开发利用的代际安全

人类发展要有可持续性。当代人的发展不能以牺牲或损害子孙后代可持续发展的利益为代价,更不能以剥夺子孙后代应该拥有的能源和矿产资源来促进今天的经济快速发展。这是全球矿产资源战略研究理念的思想基础。一方面,化石能源和矿产资源不能再生,已经发现和查明储量的矿产资源有限;另一方面,随着科学技术的进步,已有资源的利用效率不断提高,新的资源会不断地被发现。资源的有限和科技的无限、当代人的资源开发和后代人的资源利用等连带关系纠缠在一起,需要清理。特别是像中国这样资源禀赋欠佳且不富裕的人口大国,在高强度消费矿产资源支撑经济快速发展的今天,更应该高瞻远瞩,运筹帷幄,系统策划子孙后代矿产资源需求保障问题。

二、矿产资源保障程度

对外依存度是测量矿产资源安全程度的最重要指标,该值越大表明资源安全程度越低。其计算公式为:

$$\text{对外依存度}=\frac{\text{进口矿产资源量}}{\text{矿产资源消费量}}$$

目前，中国主要矿产资源多数存在对外高依赖性特征。中国石油、铁矿石、钾盐对外依存度分别大约为55%、51.7%和70%，铬铁矿和镍矿对外依存度在90%以上。从长期需求来看，到2020年，中国煤炭消费量将超过35亿t，石油5亿t，铁矿石13亿t，精炼铜730万～760万t，铝1 300万～1 400万t。按目前资源储量及勘查投入看，届时中国45种主要矿产中，有19种矿产将出现不同程度的短缺，其中11种为国民经济支柱性矿产。在这11种矿产中，石油的对外依存度将上升到60%；铁矿石的对外依存度在40%左右；铜和钾的对外依存度仍将保持在70%左右。

储采比和储消比分别是测量资源储量在现有开采能力下可开采年限和在不进口情况下的可消费年限的指标，是矿产资源安全程度的静态保障程度指标。虽然中国矿产资源种类比较齐全，总量较大，但主要矿产储量人均缺乏，占世界比重不高，且持续扩大的矿产资源需求与国内矿产资源产量的增长缓慢，形成了制约国民经济发展的长期矛盾。储采比和储消比的计算公式分别为：

$$储采比=\frac{矿产资源储量}{年矿产资源开采量};储消比=\frac{矿产资源储量}{年矿产资源消费量}$$

其中，储采比越大，说明在当前国内矿产资源开采水平下，矿产资源可供年限越长；储消比越大，说明在当前国内矿产资源消费水平下，矿产资源可供年限越长。储消比大于储采比，说明部分国内矿产资源开采量出口到国外，满足其他国家对该种矿产资源的消费。储采比大于储消比，说明国内矿产资源开采量不能满足国内需求，需要进口矿产资源来满足国内需求。

目前，中国石油、天然气、铁矿石、钛矿石、铬矿、锌矿、铝土矿、钨矿、钾盐的储采比和储消比远低于世界平均水平，就连中国资源储备丰富的煤炭也不及世界平均水平的一半（表3-3）。

表3-3 中国主要矿产资源静态保障程度

矿种		石油	煤炭	天然气	铁矿石	钛矿石	铬矿	铜矿	锌矿	铝土矿	钨矿	稀土矿	钾盐
储采比	世界	43	228	64	141	100	257	27	24	189	87	1012	327
	中国	15.3	113	44.2	48.3	23.3	18	32.1	14.3	32.1	31.9	324	242
储消比	中国	11.6	113	44.2	39.2	21.6	4.1	12.5	19.1	30.5	62.2	1135	14.5

注：世界储采比等于储消比。

资料来源：麻志周（2009）。

三、矿产资源储备

矿产资源储备是国家出于国防安全和经济安全方面考虑，为防备战争时期矿产资源供应中断，应付突发事件，满足非常时期国家对战略矿产的需求，稳定和平抑矿产品市场的重要措施。矿产资源储备是为了保证一定量的矿石或矿物原料的供应，使矿业生产过程不致发生中断。各种矿物原料的需求量是确定矿产储备数量的基础，当储备量少于客观需要时，就会出现矿物原料生产上的中断；当储备量大于客观需要时，就会发生勘查资金的积压和浪费。所以合理的矿产资源储备是社会化大生产所必需的，是保证矿产资源生产不可缺少的，因此，必须对现有地质勘查作出估计和评价，以保证矿产储量的按时提交。

矿产资源储备基地建设是由政府出面进行的战略矿产储备，主要有两种形式：一种是由国家控制重要的矿山或矿床，以供需要时开发；另一种是对石油等矿产资源进行储备。目前，建立矿产资源储备基地比较有代表性的是美国。除美国外,其他国家也有类似矿产资源储备基地。随着我国工业化和城市化进程的加快,矿产资源产品的需求会保持高水平的持续增长,除建立矿产资源产品储备以外,我国更多的应建立矿产资源储备基地。

表 3-4 为世界各国所储备的战略矿产的种类。

表 3-4 各国所储备的战略矿产的种类

国家	战略矿产储备种类
美国	63 类 93 种,其中稀有金属 24 类 48 种。石油有两种储备:原油储备和地下油田储备
日本	包括有色金属(铜、铅、锌、铝、铂、铟)、稀有金属(镍、铬、钨、钴、锰、钒)及石油等
英国	锰、铬、钴、钒等
法国	铜、铅、锌、镍、铬、钨、钴、铝、汞等
德国	铬、锰、钒、钴、蓝石棉等
瑞典	铬、钴、锰、钨、铝、钒、锡、锌、铅、镁、镍、原油等

目前各国战略矿产储备有两种情况:国家储备和民间储备。或者说,有以美国为代表的全部由政府出资购买的储备和以日本为代表的官民合作的共同储备。各国储备的目标量不同。美国的储备目标是发生大规模常规战争时可供头 3 年需要的物资,并在 2010 年通过法律规定稀土储备满足 5 年的需求量。日本政府规定国家和民间对 7 种稀有金属储备总量相当于 60 天的国内基本消费量,国家石油储备量为 90 天的消费量,民间企业不得低于 70 天的需求量。除此之外,其他国家能源矿产储备目标一般均为几个月到 1 年。法国为 2 个月。英国、瑞士为半年。瑞典的国防安全储备目标为 1 年,经济安全保障储备目标为 3 个月。德国的目标为 1 年。韩国矿产资源储备增加到满足国内 60 天使用量。

储备的购进和销售一般均由法律规定。如美国规定,在储备低于目标量时购进物资,有财政支出时需提交国会通过;当储备量超过储备目标,不抛售会造成损失,或者总统从国防上考虑认为需要抛售时,经国会批准,可以抛售;购进和抛售,均需服从竞争原则。瑞典规定,抛售时第一步面向企业,第二步面向市场,进一步持续发生供应障碍时则实行配给制。

在矿山生产的正常情况下,一年中间必须有一定量的矿产储量用于当年的消费(即一年之内消费的矿产储量,应在年底得到补偿,也就是说在年底时,应生产出下一年用的矿产储备来),一定量的矿产储备为下一年或以后生产做好准备。这种属于商品性生产能力储备的形成,关系到生产费用的扣除,即要用尽量少的储备费用来保证矿山不间断地进行生产和经济活动;这种商品性储备是由矿物原料到半成品到最终矿产品的转移过程中,所必需的间隔时间所形成的,其储备量随进入市场的商品量的增大而相应增大。总之,研究矿产原料、半成品和最终矿产品的储备是研究矿产储备的基础。

关于探明储量的储备,一般的勘查部门要为采掘部门提供一定年限的矿产储量的储备,它随着社会生产规模的扩大,矿产资源或矿物原料的开采量和使用量的增加而逐年增多;但由于矿产勘查和开采难度的增大,其成本和费用也越来越大,因此需要确定合理的采储比例。

一般来讲,矿产储量的储备同社会经济发展成正比例,在科学技术发展和劳动生产率不断提高的条件下,矿物原料的储备同社会再生产过程的连续性要求成反比,只有这样才能满足整个社会生产过程对矿物原料的需求。否则矿业加工部门将成为无米之炊,或者矿山生产力与加工生产能力之间将失去平衡。

本章参考文献

高鸿业. 微观经济学[M]. 北京:中国人民大学出版社,2004:21 - 69

麻志周. 中国矿产资源保障问题的思考[J]. 国土资源情报,2009(3):2 - 7

王安建,王高尚等. 矿产资源与国家经济发展[M]. 北京:地震出版社,2002:31 - 46

王安建,王高尚等. 能源与国家经济发展[M]. 北京:地质出版社,2008:10 - 29

中华人民共和国国家标准. GB/T17766—1999 固体矿产资源/储量分类[S].

第四章 矿产品市场与价格

第一节 矿产品市场及其结构

一、矿产品市场的概念及特征

矿产品市场是进行矿产品交易的场所，它是矿产品交易中发生的经济关系总和。国际贸易中的矿产品主要指铁矿石、有色金属矿石、稀有金属矿石和非金属矿产品四大类。根据矿产品种类的不同，可形成能源、金属、化工和轻工、建材等矿产品市场。

与其他商品市场相比，矿产品市场具有以下几个明显的特点。

第一，矿产品的消费量常取决于最终产品的数量，其供应能力由于勘探和开发工作的探索性和长期性，弹性系数较小；

第二，在市场经营方式上，多以长期贸易为主，现货交易为辅；

第三，由于受矿产资源丰度和开发技术水平的影响，矿产品价格难以预测。

二、矿产品市场结构

（一）矿产品市场结构的影响因素

市场结构是构成市场的买主之间、卖主之间以及买主与卖主之间诸关系的因素及其特征，它是由产品的供求特点决定的。决定市场结构的主要因素有以下四方面。

1. 市场集中程度

市场集中程度包括买主与卖主的集中。市场集中是厂商追求规模经济和产品市场规模有限所共同作用的结果。矿业具有较大的利用规模经济的可能性，加之又是基础产业，拥有较大的市场，所以，矿业的市场集中程度相对较高。

2. 产品差别化

产品差别化是指厂商在形成其产品实体的要素上，或者在提供产品过程的诸条件上，造成与其他同类产品相比足以吸引买主的特殊性，降低同类产品对该厂商产品的替代性，并以此在争夺市场的竞争中占据有利地位。造成产品差别化的主要手段有改善产品质量和外观、降低产品成本、加大宣传力度等。矿产品大都已经标准化，因此，矿产品的差别化不是矿产市场结构的主要因素。

3. 进入壁垒

进入是指某产业中新卖主的出现，进入壁垒则指新卖主与原有卖主竞争中的阻碍新卖主进入的因素。规模经济是造成进入壁垒的重要因素，矿业厂商的最小有效规模同市场规模相比常占有很大的比重，市场集中与垄断程度较高，造成进入困难。成本、法律、制度等因素也会导致进入壁垒，譬如，环境保护法是矿业市场进入的重要壁垒。

4．市场需求的价格弹性

市场需求的价格弹性是指需求量随产品价格而变动的幅度。譬如，生活必需品的价格弹性较小，而奢侈品的价格弹性较大；替代品少的产品价格弹性较小，而替代品多的产品价格弹性较大；用途多的产品比用途少的产品需求弹性大。矿产品的需求弹性一般较小，这是因为矿产品作为中间产品，占与其有关的最终产品生产成本的比例小，加上工艺技术等方面的原因而使矿产品具有较小的可替代性。

（二）矿产品市场结构的基本类型

市场理论一般按照市场的集中程度将市场结构划分为若干形式，以综合反映影响竞争与价格的诸因素，这样划分的市场结构形式主要有以下三种。

1．完全竞争市场

完全竞争市场是西方经济学中的一种理想化市场形式，其主要特征是：买卖双方皆由众多的买主和卖主构成，每一买主或者卖主都没有力量影响市场上的产品价格；各厂商的产品没有差别化，买主或者卖主心目中皆无特定的卖主或者买主；各类资源的投入都不是固定的，而是按照市场的变化情况自由地流动；决策条件是确定的，厂商知道自己的销售收入和成本函数，也知道其他厂商的销售收入和成本函数。完全竞争型市场是一种经济上最有效，但却极不稳定的市场结构。与此种形式类似，但是更接近实际的市场形式是纯粹竞争市场，在该种市场条件下，每一厂商对价格的影响都很小，可以忽略。

2．完全垄断市场

完全垄断市场的主要特征是：一定的市场范围内，只存在该市场产品的单一供给者。因此，产品价格常受该垄断者的重大影响。形成完全垄断市场的主要条件是：存在明显的规模经济效益，存在市场的有限性和某种特殊的优越条件，如政府政策等。完全垄断市场，对邮电、铁路等固定成本大的公用事业及基础设施，能够取得较好的规模经济效益。

3．寡头垄断市场

寡头垄断市场的主要特征是：市场上只有少数几家厂商供给该行业的大部分产品，其产量在市场中占有较大的份额；市场价格并非由市场供求关系决定，而主要由少数寡头通过协议或者默契来制定，形成操纵价格或者管制价格。矿产市场一般具有较明显的寡头垄断特征。

市场结构分析的关键问题是研究影响市场及价格的市场份额，它取决于竞争条件与替代可能性。就短期行为而言，矿产供给多缺乏价格弹性。这意味着价格的变化仅能引起小于线性比例的产量变化，也意味着相对小的市场份额就足以支配市场。因此，产量占总供给量30％～40％的较大生产者即可导致垄断市场的形成。

当前，世界矿产市场结构的主要特征是具有国际性。西方一些较大的石油公司或者采矿公司已经将其经营活动扩展到国际范围，并且在矿产市场上积聚实力，导致矿产市场竞争程度的降低和寡头或者垄断市场的形成。锡和铅的供给市场为寡头市场，主要的大卖主各不足10家。黄金市场亦是垄断市场，但是，由于黄金作为硬货币这一特殊性，其供给与价格并不完全由生产垄断者支配，因为国际货币基金组织、各国政府的政策及金融机构的黄金储备与出售对黄金的价格有较大影响。

三、矿业组织

矿业组织是指为对矿产品市场施加影响而在一定范围内达成的各种协定。在第二次世界大战以前,这样的协定多由厂商达成,而其后则主要由各国政府签订有关协议。

矿业组织按照其行为目标可以分为以下几种主要类型:①生产者卡特尔,旨在调控竞争和对产品价格施加影响;②一般生产者组织,旨在互通信息、发展公共关系以及在联合国贸易和发展大会中维护成员利益等;③国际研究机构,旨在探讨生产者与消费者之间的有效合作;④国际矿产协定,旨在调解生产者与消费者之间的贸易市场。

(一)生产者卡特尔

该类组织的主要目的是控制矿产价格,以维护生产者的利益。矿产卡特尔的形成受矿产市场结构、矿产地理因素、矿产应用领域等因素的影响。其形成的主要条件有:①矿产出口国的经济必须在很大程度上独立于该矿产的进口国;②矿产的供给必须集中在较少的生产国,以避免非卡特尔生产者的干扰;③出口国必须有较强的经济实力,以抵抗矿产进口国的经济制裁;④不会因价格提高而导致非卡特尔生产者大规模地开发有关矿产资源;⑤该矿产的再利用技术有限;⑥该矿产的替代品有限。

由于这些条件的制约,仅有少数的矿产市场受到卡特尔的影响。具有代表性的矿产卡特尔有如下几个。

(1)石油输出国组织(OPEC),简称欧佩克。它是亚洲、非洲、拉丁美洲主要石油生产国为协调成员国石油政策、维护共同的经济利益而建立的国际性组织。欧佩克于1960年9月在巴格达成立,总部设在维也纳,初始成员国包括伊拉克、伊朗、沙特阿拉伯、科威特、委内瑞拉、卡塔尔、印度尼西亚、利比亚、阿拉伯联合酋长国、阿尔及利亚、尼日利亚、加蓬和厄瓜多尔(于1993年退出该组织),这些国家拥有世界已证实石油蕴藏量的75%。欧佩克的宗旨是统一和协调成员国的石油政策,保护石油资源和发展民族经济。它通过生产定额、最低限价、税收政策等措施,有效地控制了石油价格,增加了成员国收入。另一方面,该组织的行动使石油进口国的国际收支平衡以及经济发展受到了不利影响,其垄断地位趋于削弱。

(2)铜出口国政府间委员会(CIPEC)。该组织于1968年5月在巴黎正式成立,初始成员国包括智利、秘鲁、扎伊尔[现刚果民主共和国,即刚果(金),下同]、赞比亚、印度尼西亚、澳大利亚、巴布亚新几内亚和南斯拉夫(现已解体,下同)。该组织的宗旨是协调成员国的铜生产及销售政策;预测铜业发展前景,采取共同行动,维护国际铜市场的稳定;在不损害消费者利益的前提下,促进铜生产国经济和社会的发展。

(3)国际铝土矿协会(IBA)。该组织于1974年3月在几内亚首都科纳克里成立,初始成员国包括澳大利亚、几内亚、圭亚那、牙买加、南斯拉夫、塞拉利昂、苏里南、多米尼加、加纳、印度尼西亚、印度和海地(于1982年退出该组织),这些成员国都是铝土资源丰富的国家。该组织的宗旨是保护成员国的铝土资源,并从其开发中得到公平合理的经济效益;促进成员国的经济增长和发展;对跨国公司实行参与股权和国有化政策;对跨国公司征收新的铝土矿生产税;为成员国制定铝土和矾土参考等级标准及合理价格;加强同其他发展中国家的经济联系与合作。

（二）一般生产者组织

该类组织的主要目的是互通信息，在有关的国际贸易谈判中保护成员国利益。

铁矿输出国联盟（APEF）可以看作是这类市场组织的例子。该组织于1975年正式成立，总部设在日内瓦，初始成员国包括阿尔及利亚、澳大利亚、印度、利比里亚、毛里塔尼亚、秘鲁、塞拉利昂、瑞典和委内瑞拉。该组织成员国的铁矿出口占世界铁矿贸易总量的50%。该组织的宗旨是保证铁矿出口贸易稳定发展；维护铁矿开采、加工和销售的合理收益；促进各成员国之间的密切合作。

（三）国际研究机构

该类组织旨在探讨矿产生产者与消费者之间的有效合作，而不试图垄断矿产价格。因此，国际研究机构可以包括矿产生产者，也可以包括矿产消费者。

国际铀研究所（UI）是这类组织的典型实例。它于1975年6月在伦敦成立，成员国包括来自18个国家与地区以及欧洲共同体的69个私营企业与政府机构。该组织的日常活动包括市场研究与预测、核能利用的环境问题研究、公共关系研究以及提供核能技术与项目投资专家咨询等服务。

（四）国际矿产协定

国际矿产协定是为调解国际矿产市场而在矿产生产者与消费者之间达成的，它是买卖双方相互妥协的结果，常伴有国际发展援助。矿产出口国多是发展中国家，以获得高而稳定的矿产价格为主要目标；矿产进口国多为工业化国家，以获得最低价格并维持稳定的供给为目标。

国际锡协定（ITA）便是国际矿产协定的典型范例。该协定起始于1956年7月1日，它通常以5年为期不断调整，协定的执行机构为国际锡理事会（ITC）。国际锡协定的成员国共有20余个，其中，锡出口国有澳大利亚、印度尼西亚、马来西亚、尼日利亚、泰国和扎伊尔等国家（玻利维亚于1982年退出该协定）；锡进口国有西欧、东欧、北美的一些国家和日本。到1987年，该协定已签署6期，并有两次扩充协定。国际锡协定的主要目标是：加强锡生产国与消费国之间的密切合作；通过储备与限额等措施，保持锡的产销平衡和国际市场价格的稳定；促进成员国经济的发展。

第二节　矿产品期货市场

一、矿产品期货市场的概念

期货市场是进行期货交易的场所，是多种期货交易关系的总和。它是按照“公开、公平、公正”原则，在现货市场基础上发展起来的高度组织化和高度规范化的市场形式。从组织结构上看，广义上的期货市场包括期货交易所、结算所或结算公司、经纪公司和期货交易员；狭义上的期货市场仅指期货交易所。

期货市场是现货市场发展的高级形式，其规避风险、价格发现的市场功能，使期货市场在商品经济的发展中表现出显示供求状况、决定价格走势的先决作用。回顾世界经济的发展进程，工业革命完成后，英国成为世界性的原材料期货贸易中心，由此伦敦价格决定了全世界的工业品价格；而美国芝加哥，因为全球农产品期货中心的建立，也使其成为全球农产品市场的晴雨表。

在矿产资源现货市场基础上产生的有关矿产资源标准化合同交易市场即为矿产资源期货市场。国际上属于矿产资源产品的期货市场有“金属期货（如黄金、白银、铜、铝、铅、锌、锡期货等）和能源期货（如原油期货等）”，这已成为现阶段国际矿产资源市场上主要矿产品交易的重要方式。

金属期货市场可分为有色金属期货市场及贵金属期货市场。前者包括铜、铝、锌、铅、镍、锡等期货产品，后者为黄金、白银、白金、铂、钯等期货产品。

二、世界主要矿产品期货市场

（一）纽约商品交易所

现在的纽约商品交易所（New York Mercantile Exchange，Inc.）是由纽约商品交易所（New York Mercantile Exchange，Inc.，简称 NYMEX）和纽约金属交易所（New York Commodity Exchange，Inc.，简称 COMEX）于 1994 年合并组成，是全球最具规模的商品交易所。纽约商品交易所地处纽约曼哈顿金融中心，与纽约证券交易所相邻。该交易所在纽约的商业、城市和文化生活中扮演着重要的角色。它为金融服务业以及工业联盟提供了成千上万的工作岗位，并且通过其自身成立的慈善基金会支持市内社区的文化和社会服务项目，拓展其为大都市的慈善事业所作出的努力。它的交易主要涉及能源和稀有金属两大类产品，但能源产品交易大大超过其他产品的交易。交易所的交易方式主要是期货和期权交易，到目前为止，期货交易量远远超过期权交易量。

2008 年 3 月 17 日纽约商品交易所与芝加哥商业交易所集团达成协议，芝加哥商业交易所集团以股票加现金的方式实现对前者的收购，涉及资金约 94 亿美元。

根据纽约商品交易所的界定，它的期货交易分为 NYMEX 及 COMEX 两大分部。

NYMEX 负责能源、铂金及钯金交易，在 NYMEX 分部，通过公开竞价来进行交易的期货和期权合约有原油、汽油、燃油、天然气、电力、煤、丙烷和钯，该交易所的欧洲布伦特原油和汽油也是通过公开竞价的方式来交易的。在该交易所上市的还有 e－miNY 能源期货、部分轻质低硫原油、和天然气期货合约，在能源市场中作为一种有效的参与手段为小投资者和商人提供了机遇。合约通过芝加哥商业交易所的 GLOBEX 电子贸易系统进行交易，通过纽约商业期货交易所的票据交换所清算。

其余的金属（包括黄金）交易归 COMEX 负责，有金、银、铜、铝的期货和期权合约。COMEX 的黄金期货交易市场为全球最大，它的黄金交易往往可以主导全球金价的走向，买卖以期货及期权为主，实际黄金实物的交收占很少的比例；参与 COMEX 黄金买卖以大型的对冲基金及机构投资者为主，他们的买卖对金市产生极大的交易动力；庞大的交易量吸引了众多投机者加入，整个黄金期货交易市场有很高的市场流动性。黄金交收成色标准与伦敦相同。COMEX 的黄金买卖早期只有公开喊价，后来虽然引进了电子交易系统，但 COMEX 并没有取消公开喊价，而是把两种模式混合使用，使参与买卖者差不多可以 24 小时交易。伦敦与纽约黄金交易市场有密切的互动关系，并衍生出如伦敦现货金与纽约期货黄金的掉期交易。

在交易场地关闭的 18 个小时里，NYMEX 分部和 COMEX 分部的能源和金属合约可以通过建立在互联网上的 NYMEX ACCESS 电子交易系统来进行交易，这样就可以使日本、新加坡、香港、伦敦、以及瑞士的参与者们在他们的正常工作时间内积极主动地参与到能源和金属期货市场。市场的诚信是通过市场、交易和财务监督系统来保证的。票据交换所作为每一笔交易的最终交易对象，面对卖主时它扮演着买主的角色，而面对买主时又扮演着卖主的角色。通过票据交换所的保证金制度，减轻了市场参与者在交易所进行交易时所面临的信誉风险。

（二）国际石油交易所

伦敦的国际石油交易所（International Petroleum Exchange，简称 IPE）是世界第二大能源期货和期权交易所，是欧洲最重要的能源期货和期权交易中心，成立于 1980 年，创立之初也是非营利机构。2000 年 4 月，IPE 改制成为一家营利性公司；2001 年 6 月，美国的洲际交易所（Intercontinental Exchange，Inc.，简称 ICE）收购了 IPE，IPE 成为 ICE 的全资子公司。

1981 年 4 月，IPE 推出了重柴油（Gas Oil）期货交易。重柴油在质量标准上与美国取暖油十分相似，是欧洲第一个能源期货合约，交易量一直保持稳步上升的态势。1988 年 6 月 23 日，IPE 推出布伦特原油期货合约，该合约主要用以满足石油工业对于国际原油期货合约的需求，是一个高度灵活的避险工具。布伦特原油期货合约上市后取得了巨大成功，迅速超过重柴油期货合约成为 IPE 交易最活跃的合约，从而使北海布伦特原油期货价格成为国际油价的基准之一，IPE 也成为国际原油期货交易中心之一。布伦特原油期货合约是布伦特原油定价体系的一部分，包括现货及远期合约。该价格体系涵盖了世界原油交易量的 65%。目前伦敦国际石油交易所的布伦特原油日成交量达到 1 亿桶，柴油达到 350 万 t，天然气也有 1 亿热量单位。

IPE 主要石油期货合约有布伦特原油期货合约、柴油期货合约等；主要期权合约有布伦特原油期权合约和柴油期权合约。

（三）东京工业品交易所

东京工业品交易所（Tokyo Commodity Exchange，简称 TOCOM）成立于 1984 年 11 月 1 日，合并了东京纺织品交易所、东京橡胶交易所和东京黄金交易所。从创立至今，TOCOM 经历了快速的市场扩张，TOCOM 的交易量从 1985 年的 400 万手上升到 2002 年的 7 500 万手，已经成为世界上最大的铂、汽油、煤油和橡胶期货市场，以及黄金的第二大交易市场。TOCOM 也是国际化的交易所，有多家外国公司成为其结算会员。全球许多石油交易商和投资者都在 TOCOM 商品交易所从事套期保值业务，提高其商贸业务的抗风险能力。

日本是传统的石油进口国和消费国，国内石油储备和消费几乎全要依赖进口。日本的石油期货市场虽然起步较晚，但发展非常迅速。1999 年下半年，TOCOM 推出了汽油和煤油期货交易。与欧美市场相比，日本的石油期货合约具有自身的特点：合约以日元报价，采用日本国内通行的计量单位——千升，合约规格为每手 100 千升。在上市的第一年，汽油期货的成交量就达到 10 649 179 手，煤油期货的成交量也有 3 620 356 手，分别是现货消费量的 18 倍和 13 倍。日本的许多大型石油公司也已开始采用 TOCOM 的汽油、煤油期货价格再加升贴水的办法进行交易。日本石油期货交易发挥的影响和作用越来越大。

TOCOM 主要石油期货合约有中东原油期货合约、汽油期货合约、煤油期货合约、柴油期货合约等。

三、国内大宗矿产品期货市场概况

我国矿产资源期货市场的发展是随各个不同矿产资源期货品种的上市而慢慢推进的。从最初的有色金属期货品种铜、铝、锌等的上市，到2004年8月26日燃料油期货——我国唯一一个能源期货在上海期货交易所上市，再到2008年1月9日黄金期货合约在上海期货交易所上市交易，我国已基本构建起涵盖有色金属、贵金属、能源三大板块的矿产资源期货市场框架。自2009年3月27日起，螺纹钢和线材期货合约开始交易，钢材期货正式挂牌上市。

（一）有色金属期货市场的发展状况

中国有色金属期货市场在矿产资源期货市场中发展最早，它起源于1991年成立的原深圳有色金属交易所以及1992年5月28日原上海金属交易所的成立。从中远期合约开始，二者上市品种都是6种基本金属——铜、铝、铅、锌、锡、镍。1993年3月，上海金属交易所推出第一张铜标准期货合约，有色品种开始了真正的期货交易。表4-1显示了我国有色金属期货品种的上市情况。在6个品种的期货交易中，铜的发展最为稳健，铝的交易大起大落，而其他4种品种由于市场流动性差，于1999年停止了交易。从1999年1月1日起，有色金属期货品种只在上海期货交易所(SHFE)交易，初步实现了“一品一市”的营销格局，为充分发挥期货市场回避风险、价格发现的功能奠定了基础。

目前，中国有色金属期货市场有铜、铝、锌3种期货交易品种，其中铜期货的发展最为成熟，铝期货次之，锌则于2007年3月26日重新在上海期货交易所上市交易。作为我国发展最快的铜期货市场，1993年初的上海铜市年成交不过0.178亿t，只相当于伦敦金属交易所(LME)的1/42，而2010年累计铜成交量已占到全球市场的24.59%。多年来，中国铜、铝期货市场已经变得更富效率，控制得力，并能够为用户提供对冲风险。

表4-1 我国有色金属期货品种上市时间及所在交易所

有色金属期货品种	产生时间	推出交易所	备　注
铜	1993年3月	原上海金属交易所	目前，铜期货集中在上海期货交易所进行交易
铝	1992年10月	原深圳有色金属交易所	目前，铝期货集中在上海期货交易所进行交易
铅	1993年11月	原深圳有色金属交易所	1999年关闭铅期货市场至今
锌	1993年11月	原深圳有色金属交易所	1999年1月1日停止锌锭期货交易 2007年3月26日，锌期货在上海期货交易所重新上市交易
锡	1993年11月	原深圳有色金属交易所	1999年关闭锡期货市场至今
镍	1993年11月	原深圳有色金属交易所	1999年关闭镍期货市场至今

资料来源：王克强、左娜、刘红梅(2011)。

（二）贵金属期货市场的发展状况

我国贵金属期货市场的发展相对较晚。我国一直是世界上重要的黄金生产国和消费国之一。随着国际金价的动荡，中国黄金行业面临的风险越来越集中，迫切需要自己的黄金期货交易来发现价格和规避风险。2008年1月9日，经中国证券监督委员会(以下简称中国证监会)批准，黄金期货合约在上海期货交易所上市交易。2009年全年，黄金期货合约共运行

244 个交易日，成交6 812 466手，成交量 340.623t，占上海期货交易所成交量比重的 0.78%，成交金额 15 272.82 亿元人民币，占上海期货交易所总成交金额的 2.07%。从 2009 年全年交易吨数看，上海期货交易所的黄金期货交易合约年交易量与全球排名较前交易所相比，差距较大(表 4-2)。

表 4-2 2009 年全球主要黄金期货交易统计

合约	交易所	交易单位	结算货币	2009 年成交量(手)	2009 年成交量(t)
黄金期货	纽约商业交易所	100*/手	美元	35 139 541	99 618.92
黄金期货	印度多种商品交易所	100g/手	印度卢比	14 679 476	1 467.95
黄金期货	印度多种商品交易所	1 000g/手	印度卢比	12 096 667	1 209.67
标准黄金期货	东京工业品交易所	1 000g/手	日元	11 913 502	1 191.35
黄金期货	上海期货交易所	1 000g/手	人民币	3 406 233	340.62

注：1* =28.349 5g。

针对我国黄金市场的法律政策环境较为严格的现状，政府采取了相应措施促进黄金期货市场的发展。一方面，政府规定，对在上海期货交易所和上海黄金交易所进行黄金交易的会员和客户实行免征或即征即退增值税；另一方面，2008 年 4 月，中国银监会发布了《关于商业银行从事境内黄金期货交易有关问题的通知》，规定商业银行满足一定条件即可从事境内黄金期货交易业务。这一规定首次打开了除期货公司外的金融机构参与期货市场的大门，为今后更多的金融机构更广泛地参与期货市场奠定了基础。

(三)能源矿产品期货市场的发展状况

我国能源矿产品期货市场经历了发展、停滞、再发展的衍化进程。1992 年 12 月在上海成立了我国第一家煤炭交易所，这也是世界上第一家进行煤炭期货交易的矿产品交易所。1993 年 3 月由中国石油天然气总公司、中国石油化工总公司和上海市政府共同组建了上海石油交易所，这也是我国国内第一家能源矿产品期货交易所。该交易所于 1993 年 5 月推出能源期货，上市品种主要有原油、汽油、柴油、燃料油、液化石油气，到 1994 年底，共计 357 个交易日，成交量为 2 497 万 t，成交额为 522 亿元人民币，日均交易额 1.5 亿元人民币。由于国家考虑到期货市场投机过热，造成期货价格大幅度波动，现货市场价格上涨，进而影响整个市场物价的稳定，从 1995 年 5 月起，中国证监会在批准各试点交易所期货合约时，将原油、汽油、燃料油、柴油等产品排斥在期货品种之外，中国能源矿产品期货市场关闭。2004 年 8 月 26 日，燃料油期货在上海期货交易所重新上市。同时，石油、煤炭等期货品种缺位，能源矿产品期货市场发展空间较大。

第三节 世界及国内矿产品市场格局

一、世界矿产品市场格局及特点

(一)总体上供需平衡，但局部仍严重不平衡

美洲市场大体处于稳定并且基本平衡状态。尽管美国是世界上最大的矿产消费国和进

口国,但同时还是一个重要的矿产生产国。另外,通过北美自由贸易协定,加拿大和墨西哥的矿产顺畅无阻地进入美国市场;拉美传统上作为美国的后院,其所生产的矿产也主要供应美国市场。加拿大的钾盐、有色金属、铁矿石、铀等,不仅主要供应美国,而且还通过美国向世界市场供应,使美国成为整个北美矿产资源的集散地。巴西的铁矿石、铝土矿,智利、秘鲁的铜,也主要供应美国市场并通过美国供应世界市场。由此,大多数重要矿产资源在美洲市场上大体处于稳定并且基本平衡状态。

欧洲市场尽管总体上对外依存度较高,但同样大体处于稳定状态。传统上,非洲的重要矿产资源以供应欧洲市场为主。俄罗斯和其他前苏联国家以及东欧国家,在世界矿产资源供应格局中的作用日益增加,但大多数矿产仍然是"西向"流动到欧洲的。澳大利亚的铁矿石、铀和大多数有色金属,除供应日本市场外,欧洲市场也是一个主要的出口地。同时,由于欧洲的消费者大多数是通过长期供应合同采购矿产品的,有些合同有效期长达 20～30 年,因此,受国际矿产品市场短期波动的影响不大。另外,欧洲市场大多数矿产品的消费量增长幅度不大,因此,总体上处于稳定状态。

但是,亚太地区矿产资源供需不平衡现象突出。一方面,亚太地区是世界上矿产需求量增长幅度最大的地区,世界矿产品新增需求量的绝大部分来自亚太市场,亚太地区不少国家的经济增长正处于工业化中期的爬坡阶段,对矿产的需求量仍将继续增加;另一方面,对大多数重要矿产资源而言,亚太地区在世界矿产资源供应中所占比重较小,并且进一步增加供应能力的余地也不大。同时,除日本外,亚太地区大多数国家主要通过现货市场采购,加剧了市场的不稳定性。

亚太地区煤炭贸易量约占世界煤炭贸易量的一半左右。日本、韩国和中国台湾省,分列世界主要煤炭进口国家(地区)的前三名。印度煤炭进口量也大幅度增加,近 5 年来几乎增长一倍。而亚太地区的煤炭出口国中,印度尼西亚由于国内石油产量的下降和消费量的增加,煤炭出口量将会减少,中国则将由于国内消费量的大幅度增加而影响到出口国际市场的能力。据美国能源部能源信息署预测,到 2020 年亚洲发展中国家煤炭消费量占全球的比重将达到 49%,到 2025 年将达到 51%。

铁矿石供需不平衡情况更为明显。1990 年,欧洲铁矿石进口量占世界铁矿石贸易量的比重为 47%,日本占 31%,北美占 6%,中国占 3.5%。但是,2004 年仅东亚(中国、日本、韩国和中国台湾省)铁矿石进口量就占世界铁矿石贸易量的 60%以上。欧洲铁矿石进口量所占比重降低到 30%以下,美国所占比重降低到 5%以下。

铜储量的 80%、产能和产量的 70%集中在西半球。但从消费量角度看,中国、日本、韩国和中国台湾省,分列世界主要精炼铜消费国(地区)的第一、第三、第五、第六名,占全球消费量的比重高达 37%;这些国家和地区铜精矿的进口量约占全球贸易量的 70%,精炼铜进口量约占世界总贸易量的 40%。

亚太地区矿产资源的供需不平衡造成的后果是,亚太地区进口的矿产品价格,普遍比美国市场和欧洲市场高。以煤炭为例,日本进口动力煤到岸价,平均比美国市场高 30%,比欧洲市场高 20%。铁矿石国际市场价格,尽管属生产者垄断型,但出口亚太市场的价格也高于向欧洲钢厂供应的价格。

(二)以市场的结构性短缺为主,但已出现资源性短缺的迹象

世界重要矿产资源区域供需不平衡现象,导致世界重要矿产资源市场不时出现供应短缺

局面，加剧了国际市场的紧张局势并促使矿产品价格上涨。但是，总体上看，目前国际重要矿产资源市场的短缺局面，是由多种原因所造成的，仍然属于结构性短缺，对于大多数矿产资源而言，从资源/储量角度看并不短缺。

这些结构性短缺的主要原因包括以下几个方面。

第一，因中国需求骤增带来的“中国因素”。由于矿产资源的供应弹性相当低，在短时期内难以迅速调整，导致国际市场矿产供应出现市场性的结构性短缺。

第二，现货市场采购规模增大。由于大多数重要矿产资源的国际市场均以期货为主，现货市场所占比重一般情况下仅占总贸易量的10%～30%。现货市场的采购量加大，必然会导致市场短缺的表象。

第三，美元汇率变化的影响。由于国际市场主要以美元标价，美元贬值是2001年底以来有色金属价格上涨的重要因素之一。美元汇率的持续走软将使矿产资源价格波动性增强，变化更为复杂。此外，美元贬值激发消费和一些投资基金进行投机炒作也促进了价格上扬，加剧了市场的短缺。

第四，一些突发事件的影响。例如，2005年6月智利北方产铜区发生强烈地震，必和必拓(BHP Billiton)公司关闭年产11.5万t的智利Cerro Colorado铜矿，加剧市场对于供给的忧虑。

尽管世界重要矿产资源市场出现的短缺是短期的现象，是结构性的短缺，通过适当的风险管理，可以保障相对稳定和经济的供应，但是总体上看，目前已经出现了资源性短缺的迹象，主要表现在如下一些方面。

第一，世界重要矿产资源的发现成本大幅度增加，储量的增长速度明显放缓。有分析表明，目前世界重要矿产资源的平均发现成本是20世纪50年代的3倍，比20世纪90年代初增加了40%～50%。更深部、更边远的地区，当然仍然赋存有丰富的资源，但发现成本已经大幅度增加。近10年来储量的增长速度明显低于前20年。

第二，世界重要矿产资源的开发成本大幅度增加，剩余(闲置)产能大幅度减少。随着市场条件的改善，为了增加供应，目前一些低品位的“边际矿山”得以开发，以前因市场条件不佳而关闭的“次经济矿山”得以再开发。总体上看，目前世界重要矿产资源的开发成本已经比20世纪90年代中期提高了30%～50%。

此外，目前产能的增长地区与消费的增长地区总体上脱节。储量的保障年限总体上呈现下降趋势，产能的大幅增加面临严重制约，同时，消费仍然持续增长，在这种情况下，很有可能出现资源性短缺的局面。

(三)主要矿产品已从“买方市场”向“卖方市场”转变

在20世纪大多数时间里，国际矿产品市场基本上属于“买方市场”，供应充分。但是，进入21世纪以来，特别是近几年来，世界重要矿产资源开始总体上从“买方市场”向“卖方市场”转变，突出表现在以下几个方面。

第一，世界重要矿产资源库存量大幅度下降，大多数重要矿产资源出现了供应紧张的局面，并且这一趋势目前仍在继续，尤其是铁矿石、铜等。发达国家需求量没有明显下降，发展中国家需求量大幅度增加。同时，供应能力的增加又受到了严重的限制，缺口加大。

第二，价格大幅度上升。2005年铁矿石价格大幅上涨，煤炭市场价格坚挺。长期以来持续下降的铀国际市场价格开始大幅度增加。2005年初以来，国际铜价连续上涨，受投机炒作的影响，一些重要矿产资源的市场价格严重背离了基本的供求规律而大幅上升。

第三，生产者对世界重要矿产资源市场拥有主动权和控制权。世界重要矿产资源卖方市场形成的原因是多方面的，主要包括：①重要矿产资源的供应弹性非常低，难以对迅速增长的需要作出相应的反应。②20 世纪 80 年代以来长期的买方市场之后，全球矿业结构调整，形成处于垄断地位的多数大企业与相当多数量的中小企业并存的不完全竞争的市场结构，这种变化从当前看会造成一部分生产力闲置，以及失业率的上升，但从长期看是积极的，将增强企业和产品在国际上的竞争能力，占有更多的国际市场，在市场博弈中由生产者占据主动地位。③中国作为重要矿产资源主要的买主，缺乏妥善的风险管理机制和手段，促进了卖方市场的形成。中国是世界上许多大宗原材料的“大买家”，却没有大宗原材料的国际定价话语权。中国成为全球的加工、生产中心，但主导不了贸易。中国企业处于产业低中端加工生产环节，遭受境外企业、国际炒家两头夹击：一头是境外对中国外贸企业所需能源、资源、原材料发起的价格战；另一头是境外对国际市场和营销渠道的掌控。中国遭遇的这一经济悖论现象并不是偶发的，而是战略性的。

世界重要矿产资源的卖方市场将是长期性的。当然，在其中的某些阶段，不排除出现暂时性买方市场的可能性。

（四）主要矿产品市场总体上呈现“寡头市场”局面

在从买方市场向卖方市场转变的过程中，世界重要矿产资源市场总体上也呈现了“寡头市场”的局面。其中，黑色金属特别是铁矿石的市场以高度垄断为特征，在价格形成机制上生产者将具有绝对的话语权。大多数有色金属的市场将以垄断竞争为特征，但在供求双方的博弈过程中供应方将占据主动地位。煤炭的国际市场，将受全球能源市场供求长期趋紧的影响，进一步呈现寡头市场的特征。

20 世纪 80 年代以来，矿业全球化的发展促使全球范围内资源的控制度和集中度增加。近 20 多年来，以全球化、私有化、自由化和市场化为标志，以获取有竞争力矿地（矿床和矿山）、企业兼并、引入低成本先进生产技术等为手段，以增强国际竞争能力为核心，以提高经济效益为目的的国际矿业结构调整不断向纵深发展。近几年的兼并和收购事件使大中型矿业公司数目越来越少的趋势日益明显。跨国矿业公司大规模扩张，进一步控制全球资源市场。全球跨国矿业企业的大规模联合和兼并，使得其对市场的控制力和影响力进一步扩大，全球矿业产业的集中度进一步提高。

从铁矿石情况看，随着中国铁矿石进口量的大幅度增加，从 2000 年开始，国际铁矿业开始新一轮以大规模兼并联合为特征的结构调整。巴西淡水河谷公司 2000 年成功兼并了本国和巴林的两家大型矿业公司，2001 年收购了 Ferteco 公司；Rio Tinto 公司收购了澳大利亚北方矿业公司，成为世界铁矿石海运市场的第二大公司；2001 年 6 月，BHP 和 Billiton 公司合并，合并后的 BHP Billiton 公司成为世界第三大资源公司。至此，排名前三位的这三大铁矿石供应商已经控制了世界铁矿石 70％以上的海运量。

在寡头市场上，当寡头数量很少时，从理论上说，他们很容易通过谈判实行勾结定价。这样做，交易费用（寡头进行价格勾结谈判达成协议所需要的费用）并不高，而勾结定价可以为参与者带来共同的利益。欧佩克的成功建立使其他许多重要矿产资源的生产者也开始联合起来，控制并影响全球市场。总体上看，世界重要矿产资源市场上的寡头垄断，大多数属于由自然禀赋以及由生产技术上的规模经济导致的自然垄断，所谓行为垄断和法定垄断的情况并不多。这种情况下，大多数国家对世界重要矿产资源市场在很大程度上只能努力去“适应”。

二、中国矿产品市场格局及特点

（一）矿业及矿产品市场发展现状

改革开放30多年来，我国矿业发展经历了“低迷—繁荣—膨胀—转折调整”的历程。20世纪90年代以前，矿业还没有进入大多数投资者、实业家以及经济学家的视野；但在此后的十几年，尤其是进入21世纪后，矿业得到了蓬勃发展；而在2008年下半年，已经膨胀的矿业经济，随着全球金融危机的到来出现了大的转折。

首先，从矿业总产值上看：中国矿业的总产值呈不断上涨趋势，矿业经济规模不断扩张。尤其是2002年以来，由于持续且卓有成效的改革开放政策，伴随着世界经济的回升和国内经济的持续发展，中国良好的投资环境吸引了许多外国矿业公司和国际矿业资本；而本土的矿业企业也积极“走出去”，发展跨国矿业开发投资业务。中国国土资源部统计资料显示，截至2007年底，中国国内矿业总产值达到23 297亿元人民币，同比增长22%，从2002年以来，已经累计增长了3倍多。

其次，从铁矿石的消费量和价格看：1990年中国铁矿石消费量为0.93亿t，消费量不到全球消费量的10%，铁矿石原矿产量也只有1.68亿t，价格（66%铁精粉的价格）约为230元/t。无论是产量、价格还是规模、数量，中国矿山业整体都处于低位运行，矿山企业基本上全面亏损，整个行业不活跃。然而，这样的局面在进入21世纪，尤其是2002年之后，被彻底打破。2002年，中国铁矿石原矿产量超过2.3亿t，进口量为1.12亿t，价格（66%铁精粉的价格）也超过了400元/t，在2008年的时候，这一价格更是达到了1 800元/t。

再次，从产量和贸易量上看：中国自产铁矿石产量在2000年以后逐年增加，从2000年的2.2亿t增加到了2008年的8.6亿多吨。但是，这样的增长还不能完全满足中国钢铁行业和经济发展的需要，中国每年还要从国外进口大量铁矿石，目前，中国是世界铁矿石市场最大的买主。2005年，我国进口铁矿石2.75亿t，该进口量已经占到全球铁矿石海运量的43%；2006年，我国铁矿石进口量达到了3.2亿t，2007年为3.8亿t，到2008年这一数值更是超过了4亿t。与此同时，世界铁矿石基础价格也连续增长了6年。

矿业在经历了八九年的高速发展后由盛转衰。2008年后，随着国际金融危机的不断显现和中国经济结构的调整，市场需求减弱，投机机会减少，投机资本开始撤出这个行业。到了2008年8月份，铁矿石的价格雪崩开始了。价格下滑的速度出乎所有人的预料，2008年10月，铁精粉甚至下跌到600元/t。

比较欣慰的是，经过两三个月的价格急跌，铁矿石价格已经跌去一半多，之前囤积的库存得到了一定消耗，价格也在逐步稳定。2008年12月，价格基本回稳，从2009年2月下旬开始，价格又小幅回落，主要是由于中国政府出台的四万亿元经济刺激计划，尤其是2009年1月出台的关于钢铁、汽车行业的振兴规划，拉动矿业开始转暖。

（二）矿产品供求状态

我国是世界上增长最快的矿产消费国和进口国，矿产资源供需矛盾突出，供应缺口日益增大。目前，我国工业化和城镇化建设对矿产资源的依存度越来越高，而国内矿产资源对社会经济发展的保障程度却越来越低。国家探明和保有的矿产资源增长量大大低于矿产品的开采消耗量。我国主要矿产资源的静态储产比大多低于世界平均水平，就连储量丰富的煤炭，静态保障程度也不及世界平均水平的一半。原国家经济计划委员会等有关单位对21世纪初期我国45种主要矿产的供需形势进行了详细分析。这一研究成果表明，2010年我国矿产资源形势严峻，虽然大部分矿产可以基本满足需求，但关系到国计民生的大宗矿产的保障程度越来越低，矿产短缺量（需进口量）将达到2亿t左右。2020年我国的矿产资源形势将更不乐观，现有已探明的45种主要矿产资源中，2000年可以保证需求的有30种，2010年下降为24种，而2020年仅有5种。

我国矿产资源国际贸易仍呈资源逆差的格局。在出口方面，中国是世界矿产品重要出口国，能够供应国际钨产品需求的80%，是唯一能够供应不同等级、不同品种稀土产品的国家，钼铁出口量位居世界第一位，钼精矿和精炼锡的出口量居世界第三位。进口方面，我国石油、铁、锰、铜、铝等重要矿产的对外依存度为25%～70%，预计到2020年将提高到58%～91%。虽然我国正逐渐成为世界矿产品的进口大国，是世界最大的铁矿石进口国，但总体上讲，中国利用国际矿产资源份额还不大。因此，我国应从全球经济一体化的高度建立适合中国基本国情的，与我国国力相匹配的资源国际贸易模式。

（三）矿业市场发展前景

1. 矿产品价格的合理波动

从近些年矿业发展的历程上看，2000年以前，矿石的低价格不足以刺激行业和经济发展，更没有体现矿石这种资源的稀缺性价值；而2005年以后，明显偏离供需平衡的矿石价格，显然也是不合理的。矿石价格的暴涨与暴跌，都是非理性的市场行为，近些年的价格震荡是矿产品价格的正常调整；经过调整后，矿产品价格应当回归到一个与社会经济发展程度相适应，使上下游企业能互利共赢的水平上。从最近几年来各大钢厂的业务调整情况看，有些钢铁厂是在2004年或2005年开始直接介入开采业务，以保证稳定的原料供应和价格。从当时的市场表现推测，这时整个行业可能已经达到帕累托最优（即矿石价格不再下跌，矿山企业情况不再变坏，钢铁厂利润不再增加，双方均达到较好利润水平）。

2. 矿业投资

矿业的投资有其自身的特点：它的开采加工对象是稀缺的、不可再生的自然资源，矿业投资所需资金量大，投资回收期长，投资风险较大，作业环境艰苦，作为给工业提供原材料的矿业，其利润率应当高于社会平均利润率。传统的服务行业属于劳动密集型行业，资金占用量少，且资金回收很快，利润率大约为25%～35%；贸易流通行业相对占有资金量较大，但资金回收很快，资金周转率达到了4～5次/年，利润率约为7%～20%；加工行业技术含量相对较高，投资比较大，但建设时间短，投产快，回收期虽然长，但风险较小。而一般矿山企业，从勘探、设计、建设到投产、达产都要经5年以上的时间，而且投资很大，随着开采深度增加，矿石性质变得越来越复杂，技术要求越来越高，开采条件也越来越差，其所需要的投入也越来越大，有些勘探工程甚至是无效的投入。因此，对于投资大、回收期长、技术难度越来越大、工作环境日趋复杂、相关基础设施投资大的矿业来说，其投资利润率高于其他行业是正常的。根据矿山的自然禀赋条件不同、地理位置不同，以及当地的经济环境优劣，矿业的利润率比社会平均利润率高出1～2倍是合理的。

3. 矿石价格

矿业是工业的基础，矿业的发展能带动许多相关产业的发展，因此，矿产品价格必将随着经济周期的变化而变化。当经济处于上升期时，随着投资的增加，需求量的上涨，产能的扩张，矿石价格也会上涨；经济处于下降期时，投资减弱，需求量下降，产能也缩小，矿产品价格下跌。矿石本身又是一种不可再生资源，它的价格也应当体现其本身的稀缺性价值。随着人们不断开采，其可用资源量在逐步减少，可采经济品位不断降低，开采难度也在加大。比如，20 世纪铁矿石边界品位一般为 20%，工业品位一般为 28%，虽然勘探规范没有调整，但目前品位在 20%以下的铁矿，也已成为比较抢手的资源。因此，从长远角度看，矿石价格应该随时间的推移而缓慢上扬。

4. 区域性的产业组织

矿石成矿本身具有区域性分布的特点，因此，矿石的开采加工也具有极强的区域性。在一定区域内，围绕产业链形成的产业组织联盟，可以形成相对稳定的供给与需求能力，发挥协同效应，避免因供需量的大起大落，损害整个行业利益。从需求角度看，2008 年 6 月我国组建的河北钢铁集团，就是由河北省内的邯郸钢铁、唐山钢铁等几家钢铁企业整合而来。类似河北钢铁集团这样大型企业集团的组建，无疑提高了产业集中度，有利于在国际买卖双方价格谈判中提高地位，增强话语权。从供给角度看，国际上三大铁矿石巨头控制着巴西、澳大利亚等地区的优质铁矿石资源，这无疑是三大公司能屡次控制国际市场铁矿石价格的根本原因。从整个产业链角度看，巴西国家黑色冶金公司旗下，就同时拥有若干钢铁厂和矿山；我国鞍山钢铁集团公司、酒泉钢铁(集团)有限责任公司、攀钢集团有限公司的铁矿石自给量都很大；武汉钢铁集团公司、包头钢铁(集团)有限公司、太原钢铁(集团)有限公司、马鞍山钢铁股份有限公司也都拥有自己的矿山，这对稳定的原料供应是一个很好的补充。因此，区域性产业组织的形成，是其控制成本、形成规模效应的有利途径。

5. 资源整合

经过低价格运行后，很多规模小、效益低的矿山或破产倒闭，或被大型资源性企业兼并；而本身具有一定规模的矿业企业，因为受价格回落影响和经济危机等不确定因素冲击，也需要适时调整战略和发展方向。国际上成功的资源性企业，为我国资源性企业的改革提供了一个很好的思路。比如，巴西淡水河谷公司、必和必拓公司以及力拓矿业公司的共同点是：它们控制的资源数量大、种类丰富；其生产的矿产品除了铁矿石之外，还包含黄金、锰、铝等多种矿产品；除了矿产品经营外，还注重相关产业集群的发展，它们拥有强大的交通运输系统，比如铁路、港口的运营权，在某些国家和地区拥有冶炼厂等。这样的集团性运作和经营，降低了风险，也提高了整体实力。

第四节　矿产品价格

一、矿产品价格的内涵

矿产品价格是指矿产部门生产的煤炭、原油、金属矿石及非金属矿石等产品的价格。

矿产品在未经开采时不包含人类劳动，没有“劳动价值”，经过开采以后，成了人类劳动的产物，成为费用和效用的统一体而具有价值，从而具有价格。

由于受自然地理条件的影响，矿藏的地理位置、埋藏深度、品位高低、品质好坏有所差异，所以投入同量的劳动所取得的矿产品，其数量和质量差别很大，这就使得同一种矿产品所包含的费用—效用关系随资源条件不同而有所不同。这样，矿产品价格一般以劣等生产条件下的平均成本为基础，使劣等生产条件的生产者也能获得与其他部门大体平均的利润。中等和优等生产条件的生产者因此将获得级差收益。这种级差收益由于经营权的垄断，不会循着社会利润平均化的规律而消失。这是矿产品价格与一般工业制成品价格不同之处。

在整个产业链条中，矿产品处于初始环节，其价格水平对于后续产品具有连锁效应，对于物价总水平具有重大影响。矿产品与加工产品的比价，直接关系到产业结构是否合理；而各种矿产品之间的比价，对于矿产资源的回采率、综合利用率等，也都具有重大影响。

二、矿产品的需求价格与供给价格

（一）矿产品的需求价格

矿产品的需求价格是由矿产品的边际效益确定的，它取决于在边际条件下增加单位矿产品给用户带来的效益（对矿产品的直接消费者是效用，对矿产品进行进一步加工生产者是增加的利润），即边际消费者的愿付价格。它受矿产品综合利用开发技术发展水平的影响，也受该矿产品的替代产品的价格的影响。

（二）矿产品的供给价格

陶树人（2000）认为矿产品的价格构成为：

$$V_S = (V_{R01} + V_{EX}) \times q + V_{EN} + AC + I_V \times (A/P, MARR, n) + T_0$$

式中，V_S 为劣等资源开发的矿产品供方价格，元/t；V_{R01} 为同种矿产资源在市场供需均衡条件下，还能获得最低可接受利润的劣等资源的价格或劣等资源转让费，元/t 资源；V_{EX} 为每吨探明储量的地质勘探费，元/t 资源；q 为生产 1t 矿产品消耗的探明储量；V_{EN} 为分摊到单位矿产品的环境保护和复垦造田费；AC 为劣等资源生产的平均单位矿产品生产经营成本及销售费用（含资源耗竭补偿费）；I_V 为劣等资源条件下生产单位矿产品的投资额，包括固定资产投资（含工程预备费的价差预备费）、建设期利息、固定资产投资方向调节税及流动资金；$(A/P, MARR, n)$ 为最低可接受收益率为 $MARR$，计算期为 n 年的资金回收系数；T_0 为单位矿产品支付的流转税、资源税与所得税。

$$AC + I_V \times (A/P, MARR, n) = LMC$$

式中，LMC 为在劣等资源条件下生产单位矿产品的长期边际成本，它受采矿技术管理水平的影响，随着采矿技术水平和管理水平的提高，采矿企业的生产经营成本和投资的降低，LMC 也相应降低，劣等资源边际开采条件的恶化，LMC 也可能提高。

劣等矿产品供方价格＝劣等资源转让费＋勘探费＋环境治理复垦费＋劣等资源开采的长期边际成本＋税金

某种质量矿产品供方价格＝该种资源每吨矿产品的资源转让费＋每吨矿产品的勘探费＋该种矿产品的长期成本＋税金＋环境治理费

其中，某种质量矿产品价格 $P = V_S + \Delta P$ 或 $\Delta P = P - V_S$，V_S 为同类矿产品由劣等资源生产的矿产品的售价，元/t。

该种矿产品的长期成本 $LC = LMC - \Delta C$ 或 $\Delta C = LMC - LC$

该种矿产品每吨矿产品资源转让费＝劣等资源每吨矿产品转让费＋每吨矿产级差收益 $= V_{R01} + V_{R02}$

假设勘探费、环境治理费、税金对不同质量资源的差别忽略不计，则有：

$V_S + \Delta P$ ＝劣等资源每吨矿产品资源转让费 $V_{R01} \times q$＋每吨矿产品级差收益 $V_{R02} \times q$＋每吨矿产品勘探费 $V_{EX} \times q$＋每吨矿产品的环境治理费（V_{EN}）＋劣等资源长期成本 $LMC - \Delta C$＋税金（T_1），此式减去 V_S 方程，可得：

$$\Delta P = \text{每吨矿产品级差收益}\ V_{R02} \times q - \Delta C + T_1 - T_0$$

则：

$$\text{每吨矿产资源级差收益}\ V_{R02} = (\Delta P + \Delta C - T_1 + T_0) \div q$$

三、矿产品价格均衡

当矿产品的需求价格等于供方价格时，表明在现有生产技术、管理水平下边际产品给用户带来的效益使供方即使开采劣等资源时也能获得最低可接受收益率，并有力支付劣等资源的转让费，此时，供需无论在数量与价格上都能达到平衡。

当矿产品需求价格大于供方价格，即矿产品给用户带来的边际效益大于供方价格时，市场所能接受的边际开采条件进一步扩大，将一部分原来认为在经济上不合算的劣等资源也列入可采储量的范围内，新的市场能接受的劣等资源长期边际成本上升，供方价格提高，同时因扩大供给量后，需求边际效益下降，达到在数量与价格上的新的均衡，原来的劣等资源变为相对较好的资源。它的转让费中也包括一定的级差收益。

当矿产品需求价格小于供方价格时，使现有采选条件下，开采劣等资源的企业不能获得最低可接受的收益率或无力支付劣等资源的采矿权转让费，采矿主将退出该资源的开采，原来认为经济上尚有利可图的劣等资源变为不可采资源，缩小了开采范围，原来不属于劣等资源的，降为劣等资源，使开采劣等资源的长期边际成本降低，供方价格下降，供给量减少，同时，需求的边际效益上升，达到新的数量与价格的均衡。

四、矿产品价格的影响因素

矿产价格是当矿产在市场上交换时确定的。矿产定价的基本形式有：①市场竞争定价，即根据市场供求状况，达成买卖双方皆满意的价格，或者由生产者与消费者双方通过谈判制定价格；②生产者定价，即由矿产生产的垄断者或者寡头按照自己的效益目标制定价格。无论哪种形式的定价，都受矿产市场供求关系的制约，只是影响程度不同而已。因此，要分析矿产价格，首先需要分析矿产需求与供给的变动规律。

（一）矿产品需求的影响因素

矿产品作为生产资料，其需求与工业生产密切相关。因此，人们常以国民生产总值或者工业生产总值预测矿产品需求。此外，矿产品需求的变动还有如下规律：①矿产品新应用领域的研究成果，例如新合金的研制，趋于增加对有关矿产品的需求。②加工工艺技术的改进，趋于降低有关矿产的比消耗。例如，电镀较热镀减少锡的比消耗。因此，技术变化减少对有关矿产品的需求。③替代品影响矿产品的消费。④消费者的消费习惯对某些矿产品的需求有影响。例如，随着化妆品消费量的增加，对铋的需求量亦相应地增长。⑤法律、政策等影响对某些矿产的需求。例如,对燃煤排放二氧化硫、粉尘的限制,影响对煤、石油及天然气的需求量。

矿产品作为中间产品,缺乏短期需求弹性。这是因为,矿产品占与其有关的最终产品生产成本的比例较小,加上工艺技术等方面的原因而使矿产品缺乏可替代性。但就长期而言,上述约束将不复存在。矿产品可替代性的增强和技术的进步,趋于使矿产品的长期需求弹性较短期需求弹性有所提高。替代方式主要有:①以成本低的矿产品替代成本高的矿产品。例如,在高压输电工程中,以铝线替代铜线。②用新的最终产品替代矿产消耗量大的最终产品。例如,以卫星通讯替代有线通讯。③减少矿产品用量。例如,通过改变永久磁铁的构成,可以降低钴的使用量。

(二)矿产品供给的影响因素

影响矿产品供给的一个重要因素是生产成本,而生产成本又受地质、技术和经济等方面因素的制约。地质因素有储量、矿床产状、赋存深度、规模、地质构造、矿岩力学性能、矿石品位及选冶性质、矿产共生情况等。技术因素包括采选技术水平、效率、技术密集程度、生产能力等。经济因素包括资金来源、矿区基础设施、法律政策以及政治经济形势等。

影响矿产品供给的另一个重要因素是矿产储备,包括商业储备和战略储备。

商业储备可以处于生产与交换的各个阶段。在采选企业,常有精矿储备;在冶炼厂,可能储备精矿亦可能储备金属,或者兼而有之;在加工制造工厂,一般有一定量的金属储备。商业储备的原因,可以是生产对原料的需求,也可以是运力不足,还可以是为了等待有利的市场行情。矿产品交易市场是重要的商业储备场所之一,这样的储备对矿产市场起着重要的调节与稳定作用。矿产储备量受货币利率的影响,高利率趋于减少矿产储备。当然,对于特定的矿产生产与销售环节,常有一个技术要求的最小储备量,只有超过这个最小量的储备,才对矿产品市场及价格产生影响。

战略储备是国家政府出于政治、国防等因素的考虑而实施的储备。主要的战略储备矿产有铬、锰、镁、锡、钨、锑、钴、石油等。美国是实施战略储备政策最早,储备矿产品种最多、数量最大的国家。战略储备对矿产品市场及价格亦有一定程度的影响。

矿产废旧利用水平亦是影响矿产品市场及价格的因素。废旧利用有以下效应:①增加矿产品供给;②消减世界贸易量,因为废旧利用主要在矿产消费国进行;③保护矿产资源;④减轻环境污染;⑤节约能源消耗。废旧利用源包括矿浆、炉渣、粉尘、加工碎料、废旧包装、废旧车辆、设备与器械等。废旧利用水平依赖于所论矿产的应用领域和消费增量。例如,铅可以方便地从蓄电池中得到回收,而镀锡则难以回收。再如,铝的需求量日益增长,所以其回收量占总消费量的比例相对较小。

五、矿产资源价格改革

目前,我国矿产资源价格还是受到过多的行政干预,生产要素市场不完善,资源价格形成机制还没有完全实现市场化。根据苏杨(2010)的研究,我国资源价格形成机制的不合理,简而言之,有三个方面体现:一是没有反映资源稀缺状况和市场供求关系;二是没有反映各利益相关者的应有利益;三是没有反映完全的资源生产成本。这种不合理使作为下游的生产要素市场出现诸多问题,如不正常亏损,供求关系不正常等;对作为上游的资源生产也有多方面影响。因此,矿产资源价格改革一直是国内矿产经济学研究的一个主要命题。

(一)现行矿产资源价格机制不合理

在资源价格形成机制中，产权制度、税费制度和损害权益补偿机制是其重要组成部分。产权制度存在的缺陷是造成矿产开发效率低和矿山安全问题突出的直接成因，也影响到税费制度和损害权益补偿机制。税费制度不合理是造成矿产开发效率低、环境和生态破坏及社区与矿区的发展不和谐问题的直接成因。损益权益补偿机制不完善是导致环境和生态破坏、社区与矿区的发展不和谐问题的直接成因。

1. 产权制度缺陷

完整的矿产资源产权制度包括产权界定制度、产权配置制度、产权交易制度和产权保护制度，这些产权在现实中主要表现为矿业权。中国矿业权市场目前还很不规范。

在矿业权一级出让市场，“双轨制”和产权不明晰是不规范的主要表现。矿业权仍然存在矿产资源有偿和无偿取得的“双轨制”，使得矿产资源的地租被不少企业几乎无偿占有。还有一些地方，矿山的产权不明晰，存在多家实质占有但并未明确占有权的情况。这种“无偿”和“不明晰”使得企业缺乏珍惜资源的动力：一方面，“来得容易去得快”和“无恒产者无恒心”，使得破坏式或“挑肥弃瘦”式开采普遍存在，矿主只追求短期经济利益；另一方面，资源浪费严重，加工深度和综合利用率都不高。另外，有的地方政府通过降低审批条件或变相降低审批条件而使不够资质的企业获得矿业权，这类企业由于生产投入、技术和管理水平不足，既难以提高资源可得率，还轻视安全生产。这是大量小型矿企矿难频发的重要原因。一级出让市场的不规范还往往会造成企业垄断，垄断价格往往高于市场价格，使真正的市场价格难以形成。

在矿业权二级转让市场，不规范体现在两个方面。一是矿业权价款的制度存在缺陷。中国法律对矿业权评估机构的资质缺乏详尽的规定，评估方法的科学性得不到保障，一些评估机构违规运作，评估结果的随意性很大，不能真实反映矿业权的价格。二是矿业权市场中介服务行为不够规范。中介服务的不规范，在一定程度上影响了矿业权市场的公信力，也给投机资本炒作矿业权留下了操作空间，造成“大矿小卖”、“小矿大卖”现象屡屡发生，这就使得浪费和破坏矿产资源、危及矿山生产安全行为难免发生。

产权制度的缺陷作为底层的成因，还造成了税费制度和损害权益补偿机制的不合理——产权的界定、配置和保护决定了税费的征收以及矿产资源开发损害权益的补偿，因此，不合理的产权制度安排也会导致税费制度不合理以及损害权益补偿机制不完善，并进而间接导致了环境污染问题和社区与矿区的发展不和谐的问题。

2. 矿产资源税费制度缺陷

矿产资源税费制度是调节矿产资源开发利用各利益相关者关系的税收制度。中国法律规定，开采矿产资源必须按国家有关规定缴纳资源税和矿产资源补偿费。然而，目前中国资源税从量计征的方式使资源税应税额的征收与矿产资源销售价格脱钩、征收税额多少与矿产品市场价格变化及矿山企业的盈利也没有关系，直接“激励”企业和个人对资源的无序开采、采富弃贫，而且也不能反映资源资产的真正价值和所有者的权益变化，不利于真正维护国家的资源性资产。而且，资源税税额过低，导致矿业进入门槛低，部分小企业开采过程中不重视环境保护，造成了对矿产资源的盲目开采和环境破坏。另外，在税收分配方面，由于中国的税收按税务登记管辖权进行分配，矿企税务注册地大多不在资源原产地，导致资源所在地地方政府从资源开发中获得的收益十分有限，但却要承受资源开发造成的环境污染、生态破坏、社区发展环境恶化等外部性影响，使得社区发展与矿区发展不和谐。

3. 损害权益补偿机制不完善

中国矿产资源损害权益补偿机制不完善，使得矿产资源价格中的外部补偿成本缺失，不能充分反映因矿产资源的可耗竭性而需要的代际与代内补偿，以及因矿产资源对环境、生态和社区的破坏而需要的环境价值补偿和矿区补偿，从而使生产过程中私人成本小于社会成本，地方政府对负外部性无力内部化，导致了环境污染严重，社区的生态恶化。另外，这也使得矿企成本不完全，抬高了矿业投资的实际收益率，刺激各种投资主体纷纷涌入矿业领域，加剧了矿业市场的无序竞争。

（二）矿产资源价格改革的方向和路径

既然价格形成机制方面的不足造成了许多负面影响，使矿产品这种重要的生产要素难以市场化，那为什么不尽快改革呢？从良政角度而言，政府也有两方面的顾虑：一是怎样确定合适的改革启动时机；二是担忧启动后的连锁反应造成失控。毕竟，资源价格由于长期受行政管制犹如一个超容量的蓄水池，启动资源价格改革带有明显的泄洪特征，考验着中下游消费者的承受能力。正是基于这些考虑，在水资源、土地资源等方面的市场化改革尤其缓慢，矿产资源相对来说还算有所进展。

尽管有这些顾虑，改革方向还是明确的：党的十七大报告在“完善基本经济制度，健全现代市场体系”这项任务中，把“完善反映市场供求关系、资源稀缺程度、环境损害成本的生产要素和资源价格形成机制”作为形成统一开放有序竞争的现代市场体系的一项重要任务明确提出来了。而且，在目前这个阶段，资源价格形成机制改革，还与推动经济增长方式转变衔接起来。其间的逻辑思路是：建立合理的（能够充分反映市场供求关系和资源稀缺程度的）价格形成机制——实现资源优化配置——推动经济增长方式的转变。

不过，具体操作起来，资源价格形成机制三方面的不足都需要改，要统筹操作。根据前述问题和制度成因分析，这种改革应在以下三个方向着力：全面、规范、高效。全面就是要使矿产资源价格构成完整，包括矿业权的取得成本、税费和损害权益补偿成本（包括环境的治理和生态的恢复成本、安全投入成本以及社区的补偿成本等）。规范就是要建立规范的矿业权市场，不论在矿业权一级出让市场还是在二级转让市场，都应该按照公平、公开、公正的原则进行交易，规范操作，避免交易中的寻租行为。同时还要规范矿业权市场中介服务行为，扩大探矿权、采矿权流转渠道。高效就是要通过调整价格形成机制，提高管理效率，从而提高矿产资源开采的可得率。这方面主要是通过改革资源税的计征方式，提高税负，调整矿产资源补偿费，增强矿产企业节约资源和提高技术的动力，从而提高资源可得率。因此，资源价格形成机制的改革主要是通过规范矿业权市场，明晰产权，实现矿产资源有偿开采，减少政府特许所形成的垄断，并实现矿业权的顺利流转，再加上以计征方式改变为载体，以提高税负为核心的资源税改革，形成完全的矿产资源价格，使资源价格达到一个合理的水平。

近几年，一些地方在这三个方向上进行了改革试点。例如，针对矿产资源税费制度缺陷，目前新疆已开始资源税由从量计征到从价计征的改革，直接提高了税负，间接提高了产品价格，有利于完善资源价格形成机制，并帮助资源输出大省在资源开采中获得更多财政收入，有助于增加地方政府对破坏资源的补偿投入，更好地保护环境。

总之，如果能在关系国计民生的煤炭、铁矿等大宗战略性矿产资源上首先取得改革突破，就能为全面的资源价格形成机制改革提供借鉴，就能加快中国合理的生产要素市场构建，形成反映资源稀缺程度和市场供求状况的合理的价格。那样，矿业生产的乱象才可能减少，转变经济发展方式才不会只是一句口号。

本章参考文献

李祥仪，李仲学. 矿业经济学[M]. 北京：冶金工业出版社，2001，79-90

王克强，左娜，刘红梅. 我国矿产资源期货市场发展问题及对策研究[J]. 上海财经大学学报，2011(2)：62-69

连民杰，王翔宇. 中国矿业市场发展前景初探[J]. 中国矿业，2009(6)：1-4

叶卉. 经济全球化背景下的矿产资源开发利用与对外贸易研究[D]. 北京：中国地质大学(北京)，2008：21-102

陶树人. 矿产资源价值与价格[J]. 中国矿业，2000，9(5)：31-35

吴元元. 矿产资源价格理论及调控政策研究[D]. 北京：中国地质大学(北京)，2008：68-86

苏杨. 由矿产资源价格形成机制引申[J]. 改革，2010(8)：138-140

第五章 矿业权市场

第一节 矿业权

一、矿业权的基本概念

陈希廉(1992)等学者把矿产资源的产权分为:"所有权、勘查权与发现权、转让权与开采权、处置权、经营权与收益权,且勘查权、发现权与转让权属勘查单位;开采权、处置权和经营权属开采企业。"而这里的使用权主要是指开采使用权。他们对矿产资源产权的区分是比较模糊的,他们所定义的矿产资源产权虽然表面上像是一个权利束,但这种并列式的权利排列方式无法反映出矿产资源产权的层次性,也无法区别矿产资源所有权、使用权以及其他权利。我国 1996 年对《中华人民共和国矿产资源法》(以下简称《矿产资源法》)作出的修改,在法律上确定了探矿权和采矿权获得的有偿性及有限的流转性,为矿产资源产权结构的明确化提供了制度保护。之后,我国学术界一般把矿产资源产权分解为矿产资源的所有权和矿业权,其中,矿业权由矿产资源所有权派生出来,矿业权又进一步分为探矿权和采矿权。尽管还有学者提出了不同的观点,把矿产资源资产的产权分为所有权和使用权,其中,使用权包含了探矿产权和采矿权,相当于前面所说的矿业权。也就是说,矿产资源产权由矿产资源所有权及其派生的矿业权(探矿权和采矿权)等权利组成的权利集合的观点已成为主流(许抄军、罗能生、王良健,2007)。

《矿产资源法》规定,矿业权为探矿权和采矿权。探矿权是指,在依法取得的勘查许可证规定的范围内,勘查矿产资源的权利,属于民法上所指的发现权,包括勘探权、相邻地役权、优先权和获得矿产品的权利。采矿权是指在依法取得采矿许可证的范围内,开采矿产资源和获得所开采的矿产品的权利。采矿权作为一种取得权,最终取得开采出矿产的所有权,并占有、使用和收益。2000 年,由国土资源部颁发的《矿业权出让转让管理暂行规定》中已经明确"探矿权、采矿权为财产权,统称为矿业权,适用于不动产法律法规的调整原则",并且指出矿业权可以出售、作价出资、合作、出租、抵押。另外,《中华人民共和国矿产资源法》修改意见稿(第五稿)中提出:"探矿权、采矿权为用益物权,统称矿业权。""探矿权人在探明可供开采的矿床后,可以依法定条件取得勘查作业区内该矿种的采矿权。"矿业权是依矿产资源国家所有权权能分离而产生的,是一种用益物权。

二、矿业权资产

(一)矿业权的资产属性

矿业权是从矿产资源所有权派生出来的一种权利,相对于矿产资源所有权的自物权,矿业权是一种他物权。他物权可以作为一种相对独立的资产。矿产资源所有权属于国家。国家以有偿的形式将矿业权转让给矿业权人;或者以国有资本金的形式将矿业权投入企业;或者从矿业权二级市场有偿取得矿业权,即成为了企业的资产。企业拥有和控制其所取得的矿产资源。同时需要以货币的形式来计量其价值,企业依法取得矿业权对矿产资源的勘查、开采进行投资,并加工其所获得的矿产品并投入市场,从而来获得投资的收益;或者通过依法转让矿业权来获取收益。由此可见,矿业权具有资产属性,是一种与矿产资源相关的资产。

(二)矿业权与地勘成果

《矿产资源法》第28条规定,“矿床勘探报告及其他有价值的勘查资料,按国务院规定实行有偿使用。”因此,在我国初步建立矿业权有偿取得和流转制度后,仍存在单独转让地勘成果牟利的情况。学界也有一种观点认为,矿产资源资产除了矿业权中的探矿权和采矿权这种无形资产外,还存在地勘成果这种无形资产。地勘成果应该与矿业权相互依存,不可分割。只有矿业权而没有地勘成果,则无法正常行使矿业权;只有地勘成果而没有矿业权,则会被法律禁止进行矿产勘查与开发。事实上,我国目前采取的矿产资源补偿费中一部分是用于矿产勘查工作的,那么在矿业权人依法取得探矿权或采矿权,并依法缴纳矿产资源补偿费的同时,地勘成果理应随矿业权同时转让。因此,矿业权与地勘成果密不可分地构成了矿业权资产。国家在收取由国家出资勘查所形成的矿业权价款而出让矿业权,以及矿业权人在依法有偿转让矿业权的同时,都必须把与矿业权所对应的地勘成果交给受让者。

(三)矿业权是递延资产

一般认为,矿业权作为一种权利,不具有实物形态,所以是一种无形资产。但是,矿业权必须依附于一定空间范围、一定数量和质量的实物形态的矿产资源,所以,矿业权资产与知识产权等典型的不具有实物形态的无形资产不完全相同。在西方国家的会计制度中存在递耗资产,其定义为:通过开采、采伐、利用而逐渐耗竭,以致无法恢复或难以恢复、更新或按原样重置的矿产资源,如矿藏、矿产、油井、森林等矿产资源。这些资产特点为经采伐而减少。据此,矿业权资产可归入递耗资产。我国会计制度中的递延资产虽未明确包括针对矿产资源的费用,但基于西方国家的会计制度中的递耗资产,本质都是费用,因此,可以把矿业权资产归为递延资产。矿业权资产应该计入企业的资产负债表,依据其取得矿业权的资金来源,计入所有者权益或负债(刘保顺、李克庆、袁怀雨,2009)。

综上所述,矿产资源资产与矿业权资产密切相关,但属于两种不同的资产。首先,矿业权资产与地勘成果共同构成递延资产,而矿产资源资产则是实物资产。其次,矿产资源所有权的权能与矿业权的权能不同,矿产资源所有权永远属于国家,不可转让;而国家可以把矿业权有偿出让给矿业权人,矿业权也可以在矿业权人之间流转。再次,矿产资源与矿业权的价值构成不同。另外,这两种资产的收益及其归属也是完全不同的,应该注意不要相互混淆。

三、矿业权的权能

分析矿业权的权能,首先必须弄清权能的概念。任何一项权利必须以某种特定行为来表现和实现自己,这种表现形式就是权能。目前大多学者也同意这种观点。权能只是权利的具体表现形式,权利是从一般可能的角度出发,权能是从特定行为的角度出发,权利是抽象的,权能是具体的,权利权能实为一体,权利与权能不是整体与部分的关系,而是本质与表现形式的关系(孟勤国,2004)。

矿业权的权能，就是矿业权的具体表现形式。矿业权的权能决定着人们行使矿业权的手段和方式。目前，学界对矿业权的权能存在一些争议。第一种观点认为，矿业权具有占有、使用、处分三项权能(杨新建，1998)。第二种观点认为，矿业权人享有占有、使用、收益诸权能，认为矿业权人没有处分权能(崔建远、晓坤，1998)。第三种观点认为，国家出让矿业权，就是财产所有权同他物权分离的一种表现，其性质近似于不动产出租。矿业权人享有占有、使用两项权能(张文驹，2000)。我国矿产资源的法律法规对这个问题没有作出明确规定。正是矿业权权能的模糊给我国的矿业生产活动带来极大的危害。明确界定矿业权的各项权能，对于保护矿业权人正确行使矿业权以及矿业权人以外的人明确权利的界限都十分必要。

(一)占有权能

占有权能是矿业权的首要权能，是实现矿业权的前提条件。占有权能是矿业权人对矿业权客体实施直接控制的根据。这种占有包括了法律上的控制和事实上的控制。

对于矿业权人来说，法律上的控制是指经过矿业权的登记而确定并表明其排除他人占有的合法地位。在事实上，矿业权人同时具有两个占有权能。一是对各自矿业权的客体——特定矿区或工作区的地下土壤及其中赋存的矿产资源的占有，二是对地质勘查成果和矿产品的占有。但这两个占有权能表现的是不同的权利。第一个占有权能，是矿业权人对国家的财产进行占有，是矿业权的具体表现形式；第二个占有权能，是矿业权人对地质勘查成果和矿产品所有权的表现形式。

(二)使用权能

使用权能是指按照物的性能和用途对物加以利用，以满足生产、生活需要的权能。矿业权人对其客体享有的使用权能，因矿业权人不同而不同。对于探矿权人来讲，其享有的使用权能为按照勘查许可证规定的区域、期限、工作对象进行勘查。这种使用方式由于工作对象的特殊性受到一定的限制。如《中华人民共和国矿产资源法》第26条规定："普查、勘探易损坏的特种非金属矿产、流体矿产、易燃易爆易溶矿产和含有放射性元素的矿产，必须采用省级以上人民政府有关主管部门规定的普查、勘探方法，并有必要的技术装备和安全措施。"对于采矿权人而言，其使用权能在于在采矿许可证规定的开采范围和期限从事的开采活动中，通过对矿产资源的使用作为取得矿产品所有权的手段。在这一权利行使过程中完成了对矿产品所有权的原始取得。

(三)收益权能

收益权能是指收取由原物产生出来的新增经济价值的权能。所谓新增经济价值，包括由原物派生出来的果实(天然孳息)和由原物产生的租金、利息等法定孳息，以及由运用原物进行生产活动而产生的利润等。收益权能本身是一个争议性比较大的内容。由于市场经济的发展，追求最大化的利益是人们从事经济活动的目标之所在。利益的最大化的手段就是使自己或是在自己控制中的财产达到最大化的收益。传统的"权能分离说"也认为"收益权能是所有权的基本权能，但这并不意味着收益权能不能与所有权分离。收益权能是可以与所有权分离的"(彭万林，1999)。

是否获得比物本身更大的利益是探讨矿业权人是否享有收益权能的关键所在。对于探矿权人而言，他具有探矿的收益权能。这在我国《矿产资源法实施细则》中就有体现。《矿产资源法实施细则》第16条规定，探矿权人享有"优先取得勘查作业区内新发现矿种的探矿权；

优先取得勘查作业区内矿产资源的采矿权；自行销售勘查中按照批准的工程设计施工回收的矿产品”。同时，探矿权人经过勘查工作，获得矿产资源勘查成果的所有权，也是收益权能的重要体现。采矿权的经营收益性更明显。《矿产资源法实施细则》第30条规定，采矿权人有权“自行销售矿产品，但是国务院规定由指定的单位统一收购的矿产品除外”。采矿权人进行开采活动的目的就是要获得对劳动成果——矿产品的所有权，能够对矿产资源的开采达到经营的目的。这不仅使矿业权人的收益权能得到实现，也使矿产资源所有人的收益权能得到实现。矿业权人通过对矿山的管理经营获得新的产品，矿产资源所有人在这之前所得的资源补偿费是其获得的收益。所以不能否定矿业权人享有收益的权能，即使在社会主义条件下，收益权能也是一个十分重要的方面。只有承认收益权能才能使市场经济主体有更大的工作积极性和热情，在法律上也只有承认和肯定这种积极性和热情才能使社会财富达到最大限度的增加（杨利雅、马秋，2003）。

（四）处分权能

处分权能是指依法对物进行处置，从而决定物的命运的权能。处分包括事实上的处分（实物形态上的处分）和法律上的处分（价值形态上的处分）。事实上的处分，是指对物进行消费，包括生产消费和生活消费。传统民法理论大多认为用益物权没有处分权能。用益物权在权能范围上没有对物之所有的处分（梁慧星，1998）。“在用益物权设定以后，物的所有人并没有将其所有权的处分权能转移给用益物权人（王利明，2002）。在市场经济条件下，对于利用人来说，处分权能是一项极为重要的权能，而且，在确保所有权利益或价值的前提下，允许利用人处分标的物，将使标的物不再受制于物的原有状态，从而提升物的利用效率。

矿业权的处分权能都属于事实上的处分。在探矿权场合，勘查活动的目的是发现具体的矿产资源，但其过程不可避免的要消耗其所作用的矿区或工作区的地下土壤或其中可能赋存的矿产资源，并有可能获得“勘查中按照批准的工程设计施工回收的矿产品”；采矿权人开采活动的目的就是取得从矿产资源中分离出来的矿产品的所有权，矿产品的获得正是在对矿产资源事实上消耗的过程中实现的。

四、矿业权收益

2000年国土资源部发布的《矿业权出让转让管理暂行规定》指出：矿业权人可以依照本规定采取出售、作价出资、合作勘查或开采、上市等方式依法转让矿业权；矿业权人可以依照本规定出租、抵押矿业权。由此可见，矿业权人可以依法对其享有的矿业权进行转让、出租、抵押等，以获取矿业权收益。

（1）矿业权转让收益。探矿权人在完成规定的最低勘查投入后，经批准，可以将探矿权转让给他人；已取得采矿权的矿山企业，因企业合并、分立，与他人合资、合作经营，或者因企业资产出售及其他变更企业资产产权的情形而需要变更采矿权主体的，经依法批准可以将采矿权转让给他人。而在矿业权转让的过程中，矿业权人获得了货币资金，或者投资收益，或者企业经营权，这些都是矿业权收益的表现形式。

（2）矿业权抵押收益。矿业权人可以依照有关法律规定作为债务人以其拥有的矿业权在不转移占有的前提下，以矿业权向债权人提供担保。矿业权人可以探矿权、采矿权作为抵押物，以此来融通资金或者获得其他资产的使用权等。

（3）矿业权出租收益。矿业权出租是指矿业权人作为出租人将矿业权租赁给承租人，并向承租人收取租金的行为。已出租的采矿权不得出售、合资、上市和设定抵押。由此可见，矿业权人可以通过出租矿业权来获得租金收益（查道林、冯永志，2008）。

第二节 矿业权市场及其基本经济关系

一、矿业权市场的内涵及特征

（一）矿业权市场的内涵

矿业权市场，是矿业权这种商品在交换和价值实现过程中发生的各种经济关系的总和，是广义的市场范畴。矿业权主体之间因矿业权交易而引发的经济关系总和构成了矿业权市场。矿业权市场主体是矿业权人即买卖双方；客体是交易的商品即矿业权。其内容包括探矿权市场和采矿权市场。中介是连接买方和卖方各主体之间的有形或无形的媒介和桥梁。评估机构、交易中间人、市场信息、交易裁判等都是中介。

因涉及经济关系复杂，国内矿业权市场起步较晚。1994 年，福建省龙海县迈出了有偿出让采矿权的第一步，河南、辽宁、广西等地也都进行了类似的尝试。受此启发，海南省还开始酝酿制定采矿权有偿出让的地方性法规。可惜的是，这些行动都被当作是“出卖矿产资源”的“违法行为”，受到严厉批评，并且被主管部门明令禁止，使那一年在这一方面的改革探索中途夭折。在各方面的努力下，1996 年修改后的《矿产资源法》在第 5 条中加进了“国家实行探矿权、采矿权有偿取得的制度”这一条款。1998 年，国务院发布的《矿产资源勘查区块登记管理办法》和《矿产资源开采登记管理办法》，分别规定了探矿权和采矿权“可以通过招标投标方式有偿取得”的条款。直到 1999 年，海南省才成功地进行了东方金矿探矿权的招标投标。

（二）矿业权市场的特征

矿业权市场的特征通过它的主体、客体和机制表现出来。

第一，矿业权市场的主体就是矿业权交换关系中的当事人。

第二，矿业权市场的客体是矿产资源的探矿权和采矿权，不是矿产资源本身。

第三，矿业权市场机制是非抗争性和竞争性并存的。国家作为矿产资源所有权人出让其矿产资源使用权，可以采用行政审批的方式，也可以实行招拍挂（招标、拍卖、挂牌，下同）的方式。矿业权人之间的交易是平等自愿的，可以通过谈判、协商选择价优者成交。

二、矿业权一级市场和二级市场

虽然我国的矿业权市场起步晚，但起点高，发展快，目前已经基本形成了由国家垄断的矿业权出让一级市场和市场化的矿业权流转二级市场。

一级市场即国家有偿、有期限地出让矿业权的市场。其特征是：矿产资源国家所有、国家垄断经营，由其代表人——矿业权主管部门依法直接将矿业权出让，受让人则是社会成员（公民或法人）。交易主体一方是矿产资源所有者即国家，另一方是社会公民、法人或其他组织。其交易在服从矿产资源规划、合理配置资源的前提下进行，国家通过授予、拍卖、招标等方式将矿业权出让。

二级市场是矿业权在不同的矿业权人之间横向依法转让而形成的市场。在二级市场中，探矿权、采矿权的获得或转让直接受价值规律的调节，因可变因素多，易产生投机行为，风险较大。

一级市场的运作直接体现了国家的矿业政策，决定着能否真正建立探矿权、采矿权市场；二级市场的发育和规范，则是探矿权、采矿权市场健康发展的保证。

三、矿业权市场的基本经济关系

从经济学角度看，一级（出让）市场和二级（转让）市场这两种交易形式，反映出三对基本经济关系。

一是国家作为矿产资源所有者与矿业权人间的经济关系，主要体现在一级出让市场中，此时国家这个特殊的民事主体与矿业权人之间是相互平等、等价有偿的关系，国家主要权利是获得矿业权收益，主要义务是让渡矿业权。

二是国家作为矿产资源管理者与矿业权人之间的经济关系，国家的主要权利是收取体现国家权益的税费，并依法监督管理，义务是为矿业权人提供服务，保证其合法权益。

三是矿业权人之间平等互利的经济关系，主要反映在矿业权二级转让市场中。

从以上矿业权市场的经济关系看，政府代表国家履行矿业权管理主体的职责，成为整个矿业权管理体系的中心，引导矿业权管理的发展，决定其发展方向。所有矿业权政策、规章、制度都由政府制定，方针、政策也都由各级政府贯彻执行。矿业权市场秩序的维护、各种公共服务的提供，包括公益性地质调查、地质信息的提供等，也都是政府负责的范围。在一级（出让）市场中，政府除代表国家与矿业权的受让人间形成的民事法律关系外，还会存有一种不平等的管理与被管理的行政关系。在这一关系中，政府的职责主要是负责探矿权的设立及矿业权的审批登记、定期公告探矿权登记发证的情况、解决区块范围的争议、负责矿业权的变更登记和注销登记、负责制定实施法律的规则和文件等。政府作为行政管理一方，其履行行政职责的目的在于既要维护作为矿产资源所有权人的国家的利益，也要维护矿业权受让人的权益，还要促进矿业权通过市场配置到最有效的利用渠道中。在二级（转让）市场中，矿业权主要是在探矿者、采矿者和其他经济实体中转让，其流转是平等的市场主体间的经济行为。政府在此市场中起到完善政策法律、提供公共服务、加强矿业权市场建设等作用，对矿业权的有偿流转、市场的公平竞争等进行监督管理，使矿业权市场步入规范、有序、健康的轨道。

第三节　矿业权市场运行

矿业权市场体系的培育是实现我国矿产资源保护、合理勘探开发和有效利用的重要途径。完善我国矿业权市场体系，则需要建立合理有效的矿业权市场运行机制，以降低矿业权市场的运行费用，提高矿业权市场的运行效率。

一、矿业权市场运行机制

（一）矿业权市场的交易与准入机制

1. 由政府制定矿业权的交易规则

事实上，政府不能替代矿业权市场，但矿业权市场也不能缺少政府的支持。矿业权市场需要一个宽松、规范、公平的外部环境。但目前在一些交易活动中,政府直接盲目干预矿业权交易,进行"拉郎配"式的结合。这种做法违背了市场规律,人为规定了生产要素的流向,不利于矿产资源的优化配置。

政府作为矿产资源所有者,对矿业权的出让拥有决定权,应该通过国土资源主管部门,负责矿产资源产权的界定、评估、转让和监督,以维护矿产资源所有者的权益。从另一个角度来讲,矿业权交易活动涉及不同的政府部门,影响到不同的利益主体,包括中央与地方的利益分配,部门间的利益协调,没有相关政府部门的支持配合,矿业权市场交易很难顺利进行。政府在矿业权交易中的指导、管理和监督作用十分重要。矿业权人应该加强与政府相关部门的联系与交流,让政府部门及时了解矿业权市场的发展动向,充分认识矿业权市场的重要性,对矿业权市场的发展给予鼎力支持。政府应通过行政权威和行政力量,禁止和限制不合理行为,保护矿业权人的合法权益。矿业权市场交易规则是政府及有关部门按照矿业权市场运行要求制定的市场行为准则。

市场准入规则,规定进入矿业权市场需要遵守的法规和具有的条件。市场竞争规则,主要用来防止和克服市场垄断或不正当竞争,排除超经济的行政干涉,消除对矿业权市场的封锁等。市场交易规则,主要用来规范市场行为,包括公开交易、等价互惠交易、严禁欺行霸市、维护合法经营、健全市场秩序,使矿业权市场规范化、法制化。

2. 矿业权市场运作交易程序

(1)矿业权主要几种出让方式的程序如下。

第一,申请授予,是指矿业权申请人直接向代表国家的国土资源主管部门提出有偿使用矿业权的申请,由国土资源主管部门按照早申请优先的原则,将矿业权出让给受让人的一种出让方式。申请授予一般适用于公益性地质工作、矿产资源不清的地区的勘查工作等,其出让原则是申请在先者有权优先取得矿业权,申请人只需办理简单的申请、注册登记和标桩立界手续。在我国,申请授予出让的程序和步骤为两个阶段:首先,由有意受让人向国土资源主管部门提交某一区块或某地段的矿业权申请书;其次,国土资源主管部门按照早申请优先的原则,与受让人签订有偿使用矿业权的合约,并颁发许可证。

第二,协议出让,是指矿业权的申请人直接向国土资源主管部门提出有偿使用矿业权的申请,由国土资源主管部门与申请人进行一对一的谈判和协商出让矿业权有关事宜的一种出让方式。在我国,协议出让一般适用于只有一个矿业权申请人申请国家已投资进行过勘查且有远景的找矿区或已找到矿床的地段的情形。协议出让的程序和步骤一般包括三个阶段,即申请、协商和领取许可证。

第三,拍卖,是指国土资源主管部门在指定的时间、地点,组织符合条件的矿业权申请人到场,就所出让的矿业权公开叫价竞投,按"价高者得"的原则确定矿业权受让人的一种出让方式。拍卖的一般程序是:首先,由国土资源主管部门发出拍卖公告;其次,矿业权申请人的法定代表在公开拍卖前一定期限内,到国土资源行政主管部门处领取编号;再次,由国土资源主管部门直接主持拍卖;最后,矿业权竞得人与国土资源主管部门签约,领取勘查许可证或采矿许可证。

第四,招标出让,是指在规定的期限内,由符合条件的单位或个人以书面投标形式,竞投某一地区矿业权,由招标人国土资源主管部门根据一定的要求择优确定矿业权使用者的出让方式。以招标方式出让矿业权,不仅要明确合同双方当事人的权利义务,而且要明确投标的效力及招标人在招标期限内应负的责任等，其原则是投标方案优胜者获胜。招标出让的程序和步骤大体如下：首先，招标人国土资源主管部门发布招标通告，并对申请人进行资格审查以确定合格的申请人；其次，被批准的申请人制定标书，进行投标；再次，招标人国土资源主管部门组织评标委员会对申请人的标书进行开标、评标和决标以决定中标者；最后，中标者在接到中标证明书后在规定的日期内与招标人国土资源主管部门签约并领取勘查许可证或采矿许可证。

第五，挂牌，是指国土资源主管部门发布挂牌公告，在挂牌公告规定的期限和场所接受竞买人的报价申请并更新挂牌价格，根据挂牌期限截止时的出价结果确定矿业权竞得人的一种出让方式。矿业权挂牌出让时，主管部门应当于挂牌起始日 20 日前发布挂牌公告。同时，国土资源主管部门应当在挂牌起始日，将起始价、增价规则、增价幅度、挂牌时间等，在挂牌公告指定的场所挂牌公布。挂牌时间不得少于 10 个工作日。若挂牌期限截止时的出价结果高于挂牌底价，出价结果有效。此时该结果的竞买人有权按照该出价获得挂牌的矿业权。

(2)矿业权转让包括各种形式，从人们日常理解的角度(法学的角度，即权利主体变更的角度)看，主要包括出售、作价出资、交换、赠与和继承等几种形式，其中出售和作价出资是两种最主要的形式。

一是出售，即矿业权的买卖，指矿业权人在符合国家规定的条件下将其矿业权转移给他人的行为。这种转移遵循平等、自愿、有偿的原则，由双方当事人通过协商、招标或拍卖成交。不过，这种出售与民法上的一般出售合约不尽相同。矿业权的出售，其转移的只是矿产资源的使用权即矿业权，矿产资源所有权的主体仍然是国家(政府)。不仅如此，矿业权的出售还需经过国土资源主管部门的审批，在获得批准后，原矿业权人与政府的经济关系全部转移给新的矿业权人。

二是作价出资，指矿业权人把经过价值评估的矿业权或者作为股份或者作为资本投入到一个新的经济实体中以实现其利益的行为。在设立合资企业时，矿业权将以注册资本的形式成为合资企业的资产，由于合资企业是独立的企业法人，所以此时发生了矿业权的转让，合资企业受让了矿业权，成为新的矿业权人。设立合资企业时，有两种情形：设立新的企业法人的，矿业权由原矿业权人转让给合作企业；不设立新的企业法人的，矿业权仍由原矿业权人持有，但受到合作合约的约束，矿业权人不能随意处置矿业权，此时矿业权没有发生形式上的转移。

三是矿业权交换，是指两个矿业权人将各自拥有的矿业权相互转移给对方的行为，其过程可能伴随着物质利益的补偿。

四是矿业权的赠与，是矿业权人将矿业权作为财产赠与他人的行为，被赠与人成为新的矿业权人(晏波，2009)。

(二)矿业权市场的信息传导机制

从我国目前矿业权交易的情况来看，矿业权交易处于一种区域性状态，缺乏系统性与组织性，信息不对称、信息交换难、异地交易难的现象十分突出。因此要健全矿业权市场体系，必须首先建立全国性的矿业权交易信息传导体系。

1. 政府传导

政府传导在矿业权交易信息的传导中起宏观指导作用。

(1)进行矿业权交易活动的政策引导,通过制定规范的矿业权交易法律法规,使矿业权市场交易符合国家相关政策的要求和国家发展规划,并通过掌握社会经济运行情况,加强宏观调控。同时,对矿业权交易中的不规范行为及时纠正并采取相应措施,防止矿业权交易中的国有资产流失。

(2)加强通讯技术的应用,形成资源共享、畅通无阻的全国性的矿业权交易网络系统,有计划地建立若干个全国矿业权交易信息发布平台,通过信息网络,及时、广泛、高效地为交易双方提供交易信息,拓宽交易领域,降低交易成本。

(3)引导矿业权人进入矿业权市场进行交易,实行竞价交易来实现资产收益最大化,尽量避免矿业权交易中的行政干涉,使国有资产在流动中得到保值增值。

2. 市场传导

市场是矿业权交易得以顺利实现的载体,要建立完善的矿业权市场体系,也包括快捷、高效的矿业市场传导系统。

(1)建立和完善全国性的矿业权交易信息网络,互通信息,连接市场。矿业权交易机构和中介机构通过信息联网,及时为企业提供矿业权交易信息,利用矿业权相关信息的传导,还可以形成竞争价格机制,从而最大限度地发挥矿业权的交易价值。

(2)建立矿业权转让信息库,广泛搜集矿业权人的转让信息,把社会上分散的需求和投资意向聚合在一起,存档立户。

(3)实行矿业权交易所会员制,定期组织会员单位进行交流,对会员单位优先提供有关矿业权转让信息。

(三)矿业权市场的中介机制

由于矿业权自身以及矿业权交易的特殊性,矿业权市场的交易费用十分高昂。如果由专业组织或个人收集矿业权交易的相关信息,有利于降低交易费用,活跃矿业权市场。作为各个经济实体与政府之间的桥梁的市场中介组织往往就发挥着提供信息等作用(晏波,2009)。

1. 市场中介组织

所谓市场中介组织,是指介于企业和政府之间、商品经营者和生产者之间、单位和个人之间,从事服务、协调、评价和监督等活动的组织,是非官办的社会经济组织。其职能主要包括信息沟通、咨询策划、法律服务、经济代理、账目审核、资金结算、资产评估、交易组织和市场监督等多方面。在市场运行过程中,中介组织具有维护市场公平竞争环境、降低市场交易费用、加快和促进市场交易活动、维护市场主体合法权益等作用,涉及到社会经济活动的方方面面。发达的市场中介组织是市场体系成熟和市场经济发达的重要标志(晏波,2009)。

2. 矿业权市场中介组织的类型

根据在矿业权市场运行中的不同作用,中介组织大致可分为以下几类。

(1)协调和约束市场主体行为的自律性组织,包括各种矿业协会及矿业同业行会等,如矿业经济协会、矿产资源储量报告协会、矿业权评估协会等。

(2)促进市场发育的各种服务组织,主要包括综合性咨询公司和专业性咨询公司两类。按业务类型可分为矿业权评估事务所、储量估算公司、法律咨询公司及各类技术劳务公司等。

(3)保证市场公平交易和竞争的公证、监督组织,即与矿业权交易有关的会计师事务所、审计师事务所、律师事务所、资产和资信评估机构、仲裁机构等。

(4)直接为市场服务的各种桥梁组织,如各种经纪人、证券交易所、期货交易所、拍卖公司、技术成果或产权交易中心及职业介绍所等。

3. 中介组织的作用

市场中介组织作为政府和企业之间、社会和企业之间、企业和企业之间的联系纽带,对促进市场发育和市场体系的完善起着重要作用。具体来说,市场中介组织主要有以下作用:第一,为市场主体提供有关信息咨询、物资配送、资金结算、人员培训、经纪(交易)组织及法律咨询等服务;第二,为保证市场公平竞争和公正交易而开展诸如计量、会计、财务审计、资产和资信评估及仲裁市场纠纷等活动;第三,沟通各类市场主体,加强政府、社会公众与企业之间,企业和企业之间以及国内企业与国外企业之间的联系;第四,依据市场规则制定公约或行规进行自我约束,监督中介市场的有序运行(蒋承菘,2001)。

(四)矿业权市场的监管保障机制

在我国矿业权市场还是一个新鲜事物,对矿业权市场的监管还处于一个起步和摸索阶段,因此,国内的矿业权市场监管保障机制还不完善。未来,我国需要从以下几个方面建立健全矿业权市场的监管保障机制。

1. 明确各监管机构的职责,做到权责清晰

一是监管部门应当具备对矿业权市场的宏观调控手段。实际上,由于行政干预要素市场过多,已制约了矿业权市场的规范发展,更为严重的是出现了矿业权市场的无序竞争。

二是监管部门自身定位合理并与其他部门形成制衡。只有监管部门自身定位合理,才能保证矿业权市场的主体进入市场公平、公开、公正地进行交易,使矿业权得到有序和有效的配置。显然,监管部门不应单纯体现矿业权的性质,不应与进场交易的矿业权主体具有同一属性,这样才能保证监管部门不错位、不越位。

2. 改进监管方式

目前仅靠现行颁布的暂行条例和暂行办法,对矿业权交易的约束力显然不够。有必要出台专门的矿业权市场交易和监管的法律法规,以加大对矿业权流转的规范和监督力度,推进我国矿业权市场的发展。

一是建立监管约束机制。在一些矿业权交易中,个别地方政府基于地方保护等原因,在矿业权交易准入和转让方式管理上不够规范。因此,从维护矿业权市场秩序的角度出发,很有必要建立对矿业权市场参与主体的监督约束机制,尤其是对地方政府的监督。

二是建立责任追究制度。加大对违反矿业权交易法律法规行为的责任追究力度,从而进一步明确相关人员的责权利,对失职渎职者,务必严格依法追究民事、行政、刑事责任。

三是建立监管联席制度。建立执法、监管、登记部门参与的"矿业权交易监管联席会议"制度,有利于加大矿业权交易的监管力度,并及时协调解决矿业权交易中出现的问题,有效地防止"暗箱操作"现象的发生。

四是建立矿业权流转申报制度。建立矿业权流转事前申报制度,有利于及时掌握矿业权的流转情况,防患于未然。

3. 加强对中介机构的监管

市场中介是政府与企业联系的媒介,它同时服务于政府和市场主体,是矿业权市场体系

运行不可缺少的重要条件。要发展和完善矿业权交易体系，就必须大力发展各种市场中介组织，发挥它们的服务、协调、公证和监督作用。矿业权市场应与一批诚信可靠的会计师事务所、资产评估事务所、律师事务所建立合作工作网络，为投资者提供服务，同时加强对中介机构的监督，建立诚信经营的市场秩序，维护交易双方合法权益，以便更好地服务于矿业权交易活动(郑明友，2008)。

二、我国矿业权市场交易现状

在相关的法律法规和管理制度不断完善的条件下，中国的矿业权市场逐渐发展壮大，矿业权的交易活动也逐渐活跃起来。2002 年以市场方式转让探矿权和采矿权的案例逐渐增多，其中以招拍挂的方式转让探矿权 168 宗，总标的为 5.14 亿元，分布在全国 19 个省(市、区)；以招拍挂方式转让采矿权2 414宗，总标的为 24.57 亿元，分布在全国 28 个省(市、区)。

在交易地区分布不断扩散的同时，交易数量也出现了明显的增长。2003 年以后，中国矿业权转让才大量采用招拍挂的方式，以招拍挂为代表的市场化转让矿业权的方式在全国全面推广，这标志着中国矿业权有偿取得制度的建立。

虽然以招拍挂方式转让的探矿权和采矿权的宗数呈现出不规则的变动趋势，但市场化转让的探矿权和采矿权的金额在不断上升，这说明市场化的转让方式有助于探矿权和采矿权的价值发现。截至 2008 年，中国矿业权市场转让的探矿权交易金额为 29.83 亿元，采矿权市场转让的交易金额为 44.73 亿元，分别是 1999 年探矿权和采矿权交易金额的 20 倍和上千倍。由此可见，中国矿业权市场化进程在不断深化。

除了交易规模不断提升外，矿业权转让的内部结构也有所变化。随着市场化转让机制的建立和推广，以招拍挂为主的市场化转让方式的比重逐年提高，不论是转让宗数占比还是转让金额占比都有明显的上升。2003—2008 年的 6 年间，中国探矿权转让金额占比大幅上升到 87%；同时，采矿权的转让宗数占比比较稳定，但转让金额占比则略呈现出下降的趋势，占比从 2003 年的 46%下降到 2008 年的 30%，究其原因是因为矿业资本市场繁荣导致部分优质采矿权的非市场交易。

另一方面，矿产勘查开采领域基本实现了投资主体多元化。在矿产资源勘查领域，不同性质企业勘探许可证占比不断变化。1999 年国有企业、有限责任公司和股份有限公司、私营企业的占比分别是 93%、1%、0.2%，之后的几年这一比例明显变化，国有企业的占比显著下降，而有限责任公司和股份公司、私营企业的占比显著上升。2007 年国有企业、有限责任公司和股份有限公司、私营企业的占比分别是 33%、46%、15%，同时外资企业也逐渐进入矿产勘查开采领域，并占有 2%的份额。

另外，矿产勘查投入资金的来源也明显多元化，以往国有财政投入独大的局面有了根本改变。在非油气勘查领域，财政投入资金的占比从 1999 年的 60%下降到 2007 年的 40%，而油气领域主要是依靠企业投资。这一变化同样发生在矿产资源开采领域。国有企业和集体企业拥有采矿许可证的比重从 2000 年的 43%下降到 2007 年的 18%。与之相反，有限责任公司和股份有限公司拥有的采矿许可证的比重上升 12%，占比达到 14%；私营企业上升 28%，占比达到 63%。

三、我国矿业权市场中介发展现状

矿业权市场发展的一方面表现是交易市场的繁荣，另一方面表现就是相关中介机构的出现、发展和壮大。矿业权交易在明确了相关的法律基础后，还需要相关的实际技术和方法，才能够保证相关矿业资产探矿权、采矿权交易的顺利进行，而有关矿业权的相关技术和方法都是由中介机构提供和完成。

(一)矿业权中介制度和规章

目前，专业性矿业权中介机构主要包括矿业权评估机构和储量评审机构。在1999—2001年期间，国家相关部门先后出台了《矿产储量评估师执业资格制度暂行规定》、《矿产资源储量评审认定办法》、《矿产储量评估师管理办法》、《矿产资源储量评审机构资格管理暂行办法》等法规。这些法规从各业务环节规范矿业权储量和评估业务。这些规章制度的制定和实行也标志着中国中介储量评审管理制度的建立。2003年和2006年，相关部门又分别对储量认定制度和储量审评办法进行了修订和补充。

在矿业权评估管理方面，1999年和2000年，政府先后出台了《探矿权采矿权评估管理暂行办法》、《探矿权采矿权评估资格管理暂行办法》和《矿业权评估执业资格制度暂行规定》。其中，《矿业权评估执业资格制度暂行规定》确定了资质管理的审批制度和评估结果的确认制度，基本上奠定了矿业权评估管理制度的主要内容。之后，随着矿业权市场的发展和社会的需要，中国矿业权评估管理制度分别进行了两个方面的改革：备案制改革和矿业权评估资格管理制度改革。2003年取消了探矿权评估结果确认制度，2007年取消了采矿权评估结果确认制度，之后上述业务都采用统一的评估报告备案监督管理制度。2006年，在中国矿业权评估协会成立后，国土资源部将矿业权评估的资格资质管理及其他相关权利移交给中国矿业权评估协会，采取行业自律管理。随后的三年时间里，中国矿业权协会先后建立了《中国矿业权评估准则体系框架》、《评估师职业道德基本准则》、《矿业权评估技术基本准则》等制度，进一步完善和规范了从业行为与制度。

(二)矿业权中介机构的发展

中国矿业权评估业诞生于1998年。随着中国改革开放的不断深化以及近些年矿业经济的迅猛发展，中国矿业权评估行业发展取得了长足进步。

有关资料显示，1999年全国有20家评估机构获得探矿权、采矿权评估资格。2001年全行业矿业权评估项目为281项。到2007年我国通过年检的矿业权评估机构达78家，注册矿业权评估师448人；矿业权评估机构中从业人员1 209人；2007年度全行业完成矿业权评估项目5 648项，矿业权评估项目总价值2 941.27亿元；评估业务收入17 657.58万元。2008年5月，又有17家机构经过中国矿业权评估师协会核准获得矿业权评估资质，全国具有矿业权评估资质的评估机构达到了95家。截至2012年6月，全国具有矿业权评估资质的评估机构增加到97家，储量评审机构37家。

2006年3月，中国矿业权评估师协会在北京成立，接受业务主管单位国土资源部、登记管理机关民政部的指导、监督。其会员主要包括矿业权评估机构、矿产储量评估机构、矿山地质测量机构、矿产资源开发利用咨询机构及相关人员。总的来说，矿业权评估行业已经形成了政府监管、行业协会自律、评估机构自我发展的局面。

(三)矿业权交易中介平台建设与发展

中国矿业权交易平台的建设主要经历了两个发展阶段：起步阶段和发展壮大阶段。

起步阶段大约是从2001—2003年开始，全国各地的各级国土资源管理部门都建立了不同层次、不同规模的矿权交易中心，这些矿业权交易市场或中心都是在各地政府的支持下发展起来的，主要是为当地各类矿产资源的矿业权市场化转让提供合法场所和便利条件。经过最初一段时期的蓬勃发展后，2004—2005年期间，各地矿业权交易中心基本上处于停滞阶段，政府主导发展模式的缺点越来越明显，市场的功能和特点的缺失导致各地矿业权交易市场表现出后继乏力的状态。

发展壮大阶段是从2006年至今。随着国家矿产资源政策的调整和导向的改变，矿产资源集中成为一种趋势，与之对应的各地矿业权交易中心也随之开始出现合并和重组，各地矿业权交易中心数量有所减少，但交易中心的规模有所提升。矿业权交易中心的政府主导格局也有所改变，市场化功能和特点逐渐形成并得到完善。据不完全统计，目前中国已建立的矿业权交易中心有20多家。2010年4月9日，陕西省矿业权交易中心正式启动，打开了陕西省矿业权有形市场的大门，并于当日成功交易了一笔总价值3亿元的拍卖业务。这些矿业权交易中心呈现的主要特点是地域性强，绝大多数中心的服务范围只限于该省(区)。已建立的矿业权交易中心主要采用的是公司制和事业制形式，没有一家交易中心采用会员制形式。但是，交易中心的管理制度存在明显差异，相关管理制度建设也比较滞后，如交易服务费用标准、发布的交易信息、交易统计数据等还缺乏规范。

第四节 矿业权市场管理制度

一、国外矿业权市场管理制度

(一)矿业权的设置

世界上大多数国家都通过市场机制来运作矿产资源产权，实行矿产资源所有权与使用权相分离的模式，其核心是矿业权制度。他们都按探矿和采矿两大类来设置许可，进行授权，并将探矿和采矿分为不同的阶段进行授权。国外的矿业权是按探矿权、采矿权以及矿山企业经营等相关权利的申请和如何授予来划分的，在各国有着不同的划分方案：一分法，指只通过一次申请就获得了勘查、开发和采矿等活动的权利，而不需要再经过任何重新申请，如土耳其；二分法，矿业权分为探矿权和采矿权，分别申请和分别授予，世界上大多数国家采用这种方式，如加拿大、印度尼西亚、巴西等；三分法，是将矿业权分为探矿权、采矿权和评价权，如澳大利亚。有些国家将探矿划分成两个阶段，即普查和勘探阶段，分别颁发许可证。如澳大利亚、法国、泰国、印度尼西亚、马来西亚、越南、老挝、缅甸、印度、巴基斯坦等。这两个阶段的探矿权的区别在于，后者比前者勘探程度高，工作区缩小，许可期限长，更重要的是，很多国家的普查阶段的探矿权是非排他性，多数国家规定这种许可证持有者不能自由处分其勘探行为中开采的固体产品，探矿权不可转让，如法国、澳大利亚、越南等。而蒙古、菲律宾、柬埔寨、吉尔吉斯斯坦、哈萨克斯坦、美国、日本等国则没有将探矿权作如此划分。有些国家将采矿权分为两个阶段：采矿权保留权和采矿权。采矿权保留权是一些国家为了保证探矿权持有者的优先采矿权而设置的一种许可，为探矿权持有人在勘探完毕申请开采权之前留一段准备时间，使其能有1～2年的时间在资金、技术方面有较充分的准备。

(二)矿业权的管理

国外矿业体制中设置了统一的矿业管理机构，如巴西的矿业能源部、印度的钢铁和矿业部以及印度尼西亚的矿山能源部等。加拿大实行联邦与州政府的资源分权制,设立的能源、矿业和资源部,由两级政府分别负责其权限范围内的矿权管理工作。联邦政府主要管理海洋矿产资源的勘查开发工作及矿产品出口事务,各州的矿权管理制度不完全相同,但铀矿由联邦政府统一负责。

(三)矿业权的取得

私人主体取得矿业权的机制各种各样,但归结起来可分为两类。一是非协商机制。比如矿区标界制度,政府机构将矿权授予有潜在经济价值的发现者,采用这一制度的有美国和拉丁美洲一些国家。二是协商机制。投资商与政府或矿业管理部门协商,达成获得矿业权的协议。

矿业权取得方式,各国法律规定不尽相同,下面拟以矿业权取得主体为标准进行划分。一是时间优先方式。"先来先取得"。这是矿业权取得最简单的方法,只要申请人满足最低要求,第一申请人就享有优先权。这一制度的基本原理就是通过将矿业权授予最先发现者或最先申请人,不需要另设其他条件,包括技术条件和经济条件,以此激励矿产勘查和开采。二是投标方式。这一形式的变体是一种"竞标制度",授权机构通过招标选择申请人。法国矿业法1994年修正案和适用于法国海外地区矿业活动的法律都采取了竞争性程序授予矿业权,明示技术、金融方面的资质。采矿权的授予以先前授予的探矿权为基础的除外。

(四)矿业权的流转

矿产资源所有者通过设立矿业权,将矿产资源的勘查和开采权出让给其他经济主体,形成矿权的一级市场。大多数国家矿权的一级出让市场是由国家垄断的,国家出让矿权是有偿的。矿权出让主要有非市场化及市场化两种方法。前者包括"早申请者优先"原则及"工作规划交易"制度,后者包括现金红利权利金交易及租让制度。国家对矿权的二级流转市场实行监督管理。一般来说,勘探许可证持有者不得在获得探矿权的两年内就其凭许可证所获得的利益进行交易。满足转让条件后,探矿权可以通过招标、拍卖、协议等方式进行转让。俄罗斯的采矿权一级市场出让全部采用招标和拍卖两种形式。瑞典采矿权授予的形式为直接申请授予,其授予的依据是:探矿权人优先,提交勘查报告,成功的勘查工作等。但是在由瑞典国家矿业资产委员会工作过的地区,采矿权的出让多采用招标、拍卖方式进行。有的国家还采用特许权、国家委托等制度,如法国、美国。

二、国内矿业权市场管理制度

我国长期处于计划经济体制下,所以一直没有把资源的所有权和使用权分开。国家出资成立地质队,地质队无偿申请登记勘查区块,并由国家投资找矿后无偿划拨给国有矿山企业进行开采。因此,在当时计划经济体制下,不可能也不应该有矿业权制度,所以没有探矿权、采矿权市场。随着市场经济制度的建立,私营、个体、外商等多元化主体进入矿业活动以后,继续维持以往的无偿使用制度,不仅使国家出资勘查形成的矿产资源流失,还严重侵害了国家利益。为此,我国于1986年颁布了《中华人民共和国矿产资源法》,这标志我国由过去完全依靠行政手段调控矿产资源的勘查、利用的时代,步入依法管理的阶段,明确了多种经济成分勘查开发国有矿产资源的法律地位。1996年修改后的《矿产资源法》在一定程度上承认了矿业权的财产属性,明确规定探矿权、采矿权可依法转让,我国的矿业权市场从此起步,但是行政色彩依然浓厚;2000 年,国土资源部颁布的《矿业权出让转让管理暂行规定》进一步规定了矿业权出让转让的方式;2005 年,《国务院关于全面整顿和规范矿产资源开发秩序的通知》的发布,进一步规范了矿产资源开发秩序;2007 年《物权法》的颁布确定了矿业权的财产属性,进一步推动了矿业权市场的法律制度建设。就目前而言,国家对矿业权市场的管理主要体现在以下几个方面。

(一)矿业权的设置

我国的矿业权实行的是二分法,即矿业权分为探矿权和采矿权,分别申请和分别授予。矿产资源所有权与使用权也实行分离的模式。根据我国《宪法》和《矿产资源法》的规定,矿产资源属于国家所有,其所有权人是国家,矿业权只能出让,不存在直接流转问题。但为了解决矿产资源所有权的法律和经济实现,促进矿产资源合理利用和配置,我国逐渐建立了允许矿业权转让流通的矿业权市场。

(二)矿业权的管理

矿业管理机构是矿业体制的组织和保证。管理体系的运行是政府矿业主管部门根据国家矿产资源状况、分布、配套程度来制定一系列对矿业进行经济指导的方针、政策和措施。与大多数国家一样,我国对采矿权也实行分级管理,石油、天然气的采矿权由国家级部门管理,煤炭等 32 个重要矿种的采矿权由省级以上国土资源部门管理,而其他矿种的采矿权由地、县级部门管理。国家、省、地、县四级管理部门管理采矿权。探矿权由国家和省两级管理。

(三)矿业权的取得

总体来看,大多数国家采用探矿权无偿取得、采矿权有偿取得方式。而目前我国矿业权取得的方式有两种。一种是采取招标—审批—登记发证的方式。探矿权人、采矿权人通过招标投标方式有偿取得探矿权、采矿权。基本程序是:①登记管理机关依申请者的权限确定招标区块或招标矿区范围、发布招标公告、提出投标要求和截止日期。但是,对境外招标的区块或境外招标的矿区范围由国务院地质矿产主管部确定。②登记管理机关组织评标,采取择优原则确定中标人。③探矿权中标人、采矿权中标人分别缴纳探矿权使用费、采矿权使用费,在申请国家出资勘查并已经探明矿产地的区块的探矿权场合或采矿权场合,还应当分别缴纳经评估确认的国家出资勘查形成的探矿权价款或采矿权价款后,办理登记手续,领取勘查许可证或采矿许可证,成为探矿权人或采矿权人,并履行标书中承诺的义务。另一种是采取申请—审批—登记发证的方式,也是通常做法,即矿山企业向登记管理机关提出取得探矿权或者采矿权的申请,由该登记管理机关审查,对符合要求者予以矿业权登记,颁发勘查许可证或者采矿许可证。

(四)矿业权的流转

自 1996 年《矿产资源法》确立了矿业权有偿取得和依法转让制度以来,我国矿业权流转市场逐渐建立和发展起来了。这对于维护国家矿产资源所有者的权益,繁荣矿业权市场,促进各类矿产资源合理开采利用、优化资源配置等,作用是显而易见的。然而,由于矿业权流转法律制度在我国建立的时间相对较晚,我国矿权的一级出让市场是由国家垄断的,国家出让矿权是有偿的,二级市场相对落后。随着我国加入 WTO 后矿业权市场的进一步发展,现行矿业权流转制度已经日益暴露出一些弊端,需要进一步加以完善。

如前所述,虽然我国的矿业权市场起步晚,但起点高,发展快。目前我国的探矿权、采矿权大多是通过招拍挂的形式流转的。但总体看来我国探矿权采矿权市场尚不发育、不完善，相较于国外特别是西方发达国家而言，其行政化色彩依然浓厚，政府过度干预矿业权市场，市场在配置资源中的“自动稳定器”的功能没有得到很好的发挥。另一方面，相对国外而言，我国的矿业权市场管理仍呈现出管理层级过多、“条条块块”分割、行政效率低下的格局，各相关管理部门之间经常互相打乱仗，进而产生政府失灵。

（五）矿业权使用费与矿业权价款

1. 矿业权使用费

矿业权使用费，是指国家将矿产资源矿业权出让给矿业权人，按规定向矿业权人收取的使用费。矿业权人取得探矿权或采矿权后，按年度、面积向国家缴纳探矿权租金或采矿权租金（也叫矿业权出让金）。它体现的是国家与矿业权人之间的经济关系，是国家基于矿产资源的所有人行使所有权而获得的经济收益。

中国现行矿业权使用费制度在 1996 年修订后的《矿产资源法》、1998 年的《矿产资源勘查区块登记管理办法》和《矿产资源开采登记管理办法》、1999 年的《探矿权采矿权使用费和价款管理办法》中都有明确规定。探矿权使用费以勘查年度计算，按区块面积逐年缴纳，第一个勘查年度至第三个勘查年度，每平方千米每年缴纳 100 元，从第四个勘查年度起每平方千米每年增加 100 元，最高不超过每平方千米每年 500 元。采矿权使用费按矿区范围面积逐年缴纳，每平方千米每年 1 000 元。

矿业权使用费由矿业权人在办理勘查、采矿登记或年检时，按照登记管理机关确定的标准，将矿业权使用费直接缴入同级财政部门开设的“探矿权、采矿权使用费和价款财政专户”。探矿权人、采矿权人凭银行的收款凭证到登记管理机关办理登记手续，领取“探矿权、采矿权使用费和价款专用收据”和勘查、开采许可证。

2. 矿业权价款

矿业权价款，是指国家将其出资勘查形成的矿业权出让给矿业权人，按规定向矿业权人收取的价款。中国矿产资源法及相应的配套法规规定，申请国家出资勘查并已经探明矿产地的区块的探矿权或采矿权，矿业权申请人除应交纳矿业权使用费外，还应当缴纳经评估确认的国家出资勘查形成的探矿权价款或采矿权价款。

矿业权价款具体指中央和地方人民政府探矿权、采矿权审批登记机关通过招标、拍卖、挂牌等市场方式或以协议方式出让国家出资（包括中央财政出资、地方财政出资和中央财政、地方财政共同出资）勘查形成的探矿权、采矿权时所收取的全部费用，以及国有企业补缴其无偿占有国家出资勘查形成的探矿权、采矿权的价款。

探矿权、采矿权价款以国务院地质矿产主管部门确认的评估价格为依据。价款收入专项用于矿产资源勘查、保护和管理支出。

自 2006 年 9 月 1 日起，探矿权、采矿权价款收入按固定比例进行分成，其中 20%归中央所有，80%归地方所有。省、市、县分成比例由省级人民政府根据实际情况自行确定。

本章参考文献

蔡鑫磊. 基于利益相关者的我国矿业权市场研究[D]. 西安：西北大学，2010：58－81

查道林，冯永志. 两级市场下矿业权收益分析[J]. 财会月刊，2008(1)：167

陈希廉. 矿产经济学[M]. 北京：中国国际广播出版社，1992：2－3

陈战杰．有关采矿权流转的几个问题[J]．中国地质，1999(11)：41
崔建远，晓坤．矿业权基本问题探讨[J]．法学研究，1998(4)：82－83
盖静．我国矿业权交易市场问题研究[J]．资源与产业，2009(8)：146－149
干飞．我国矿业权交易市场建设与发展分析[J]．当代经济，2009(1)：60－61
姜琳，朱欣然．我国各地矿业权市场化程度评估[J]．技术经济研究，2008(11)：16－19
蒋承菘．地质矿产行政管理[M]．北京：地质出版社，1998：127－172
蒋承菘．矿产资源管理导论[M]．北京：地质出版社，2001：257－258
康纪田．矿业登记制度探讨[J]．矿业工程，2007(12)：11－13
康纪田．中外矿业等级制度比较研究[J]．中国煤炭，2007(10)：24－50
李树春．矿业权市场理论研究[D]．重庆：重庆大学，2005：18
梁慧星．中国物权法研究[M]．北京：法律出版社，1998：583
刘保顺，李克庆，袁怀雨．矿产经济学[M]．北京：冶金工业出版社，2009：204
孟勤国．试论我国矿业权法制建设中若干理论问题[J]．中国地质矿产经济，1998(4)：33－34
孟勤国．物权二元结构论[M]．北京：人民法院出版社，2004：18
彭万林．民法学[M]．北京：中国政法大学出版社，1999：235
宋伯庆．矿业权市场开始启动[J]．中国地质，1999(10)：36－37
王利明．物权法研究[M]．北京：中国人民大学出版社，2002：412
翁春林．我国矿业权市场存在问题初探[J]．中国矿业，2008(3)：8－13
许抄军，罗能生，王良健．我国矿产资源产权研究综述及发展方向[J]．中国矿业，2007(1)：21
晏波．矿业权交易制度研究[D]．北京：中国地质大学(北京)，2009：38
杨利雅，马秋．对矿业权权能的分析[J]．辽宁大学学报(哲学社会科学版)，2003(5)：162－163
杨新建．试论我国矿业权法制建设中若干理论问题[J]．中国地质矿产经济，1998(4)：33－34
张文驹．我国矿产资源权利制度的演化和发展[J]．中国地质矿产经济，2000(1)：2
郑明友．产权理论与产权市场研究[D]．成都：四川社会科学院研究生院，2008：55
周进生，陈晨．国内外矿业权比较及改进建议[J]．中国矿业，2008(9)：9－17

第六章　矿产资源的优化配置

第一节　可持续发展的福利观

一、帕累托效率的改进和成本—收益分析方法的扩展

从私人的角度来讲，只要符合有关开采的最优条件，自然资源的开采就是富有效率的。但从社会的角度来看，符合上述条件的自然资源在时间上的配置未必是最优的。在可耗竭资源和可再生资源最优开采条件中，市场利息率起着决定性作用，但是市场利息率在时间足够长时，并不能合理估价社会贴现率。私人投资的时间范围相对来说比较短，从矿山到厂房设备投资，其服务年限很少能超过 20 至 40 年。但是，人类希望永远生存和繁荣下去，则可以用新的可耗尽资源来代替被考虑的这种资源。因此有理由担心开采资源中由市场决定的贴现率高于长期的社会贴现率。

在资源的开采方面起决定作用的利息率因素，是由当代人决定的。由此确定的资源开采的高效率条件完全反映了当代人的意志，没有理由相信，资源开采的高效率条件可以用来判断各代人之间的公平。

在市场经济条件下有关自然资源在时间上的配置，是从当代人的立场出发的。对这种资源配置的评价是采用帕累托最优标准。但是，可持续发展是一种对后代的利益高度关心的发展。在此观念下的自然资源配置模式是一种“代际决策”(Intertemporate Decisions)。在此决策过程中，要涉及到价值的代际比较，对未来人们偏好的预测等。

对自然资源配置的代际决策进行估价的一个简单标准是代际帕累托最优。这是可持续发展观念下对传统的帕累托效率标准的改进。代际帕累托效率是这样一种状态，在该状态下如果不减少其他时期人们的效用，就无法增加某些特定时期的人们的效用。在这种状态中的自然资源利用模式就是代际帕累托效率的利用模式。这一效率概念虽然相当简单，但是它为评估代际资源的配置效率提供了一个基础，为考虑其他的评估标准提供了一个规范(其他一些标准在下面评述)。

和静态帕累托最优标准一样，代际的帕累托标准在实际应用中也面临着一个问题，即大多数政策的变化或自然资源利用计划都涉及到 n 代人的效用增加，其余 n 代人的效用减少。在具体对自然资源的使用进行规划时，成本—收益分析是一个十分有效的工具。只不过，在可持续发展的思想下，成本—收益分析中所使用的贴现率必须用社会贴现率代替私人贴现率。而且在社会贴现率中必须注入当代人对未来人们的利益的关心。一般来说，反映社会偏好率的社会贴现率低于私人贴现率。在通过某种制度安排以体现可持续性或代际公平的前提下，运用成本—收益分析和贴现率等传统经济学分析工具，分析矿产资源开发利用及其社会福利问题，以便在全社会获得尽可能大的经济效率，是矿产资源有效配置的基本目的。当

然，下述的最低安全标准概念是对成本—收益分析方法的局部修正，也是可持续发展福利观得以实现的条件和要求。

二、最低安全标准

对于自然资源的代际配置，除了上述的代际帕累托效率标准之外，还有其他一些标准，如最低安全标准和代际公平的观念。

1952 年，美国经济学家西里阿希-旺特卢普(S. V. Ciriacy - Wantrup)在其经典著作《资源保护：经济学家和政策》中，提出了"自然保护的最低安全标准"(Safe: Minimum Standard of Conservation)这一概念，作为资源和环境政策的一个依据。最低安全标准是以临界区来体现的。当自然资源和环境的利用，使自然资源系统的物质状态低于该临界区时，整个系统将趋于毁灭。此时，即使对自然资源停止使用或采取措施增加系统的物质，在经济上也是无利可图的。因此，最低安全标准就是避免进入该临界区所必须采用的最低标准。

在可再生自然资源系统方面，最低安全标准包括如下几个方面：①对于土壤保护，指每年最大的土壤侵蚀率；②对于林业，指最大的采伐率或最小树种数量；③对于草地，指的是使它再生的、能生存的最少的植物；④对于动物种类，指的是最少的存活数以保证其不灭绝。

毕晓普(R. C. Bishop)受到西里阿希-旺特卢普观点的启发，在 1978 年发表的《濒危物种与不确定性最低安全标准经济学》一文中，试图从新的角度研究最低安全标准问题。他首先介绍了在经济学界得到广泛应用的最小最大原理，即社会应选择那些使最大限度损失额最小的策略。例如，假定讨论的问题为是否在某一河流上兴建水坝，现在有两种策略可供选择：一种是兴建，另一种是不兴建。兴建水坝可以提供电力，但会导致某些濒危物种的灭绝；不兴建水坝可以保护濒危物种免遭灭绝，从而为后代人的生物资源利用提供一个最低安全标准，但却不能同时提供电力。而这些濒危物种用途有多大，现在还不清楚。因此，不论采用哪一种策略，都面对两种可能性：一种可能性是，濒危物种的灭绝没有导致事先无法预期的恶果，因而在将来不会出现巨大的社会损失；另一种可能性是，由于将来科学的发展，人们发现这些濒危物种——如用于生产抗癌药物或提供新能源——具有现在无法想象的价值，在这种情况下，这些濒危物种的灭绝会导致巨大的社会损失。表 6-1 表示对不同选择、不同可能性条件下的损失的估计。

表 6-1　损失矩阵

策略 \ 可能性	可能性一 未来没有损失	可能性二 巨大的未来损失	不同策略下的 最大限度损失
兴建水坝	0	Y	Y
不兴建水坝	X	$X-Y$	X

资料来源：Bishop(1978)。

表 6-1 表明，如果兴建水坝，那么在可能性一的条件下，社会未来损失为 0；在可能性二的条件下，濒危物种的灭绝会导致巨大的社会未来损失，记作 Y。如果不兴建水坝，那么在可能性一的条件下，因兴建水坝生产电力而带来的净收益的现值——作为机会成本——应被视为不兴建水坝的策略带来的损失，记作 X。X 的大小是现在就可以确定的。但在可能性二的

条件下，不兴建水坝意味着以损失 X 为代价避免了损失 Y。如果 $X-Y<0$，则表明不兴建水坝带来了收益。显然，如果不兴建水坝，最大限度损失额是 X。根据最小最大原理，是否应维持最低安全标准，取决于 X 和 Y 的比较：如果 $X>Y$ 就应该不顾最低安全标准而兴建水坝；如果 $X<Y$，则应该维持最低安全标准，而不兴建水坝。

显然，最小最大原理的前提，是不知道各种可能出现的概率但知道不同条件下的确切结果。而在上述例子中，谁也无法大致估计 Y 的大小，而只知道它可能会"很大"。在这种条件下，根本不可能根据最小最大原理进行选择。最小最大原理的另一个前提，是选择的受益者和受害者属于同一批人。而兴建水坝之类的选择涉及相当长的时期，如果兴建，当代人受益而后代人受损；如果不兴建，后代受益而当代人必须作出牺牲。这种事关代际公平的选择，显然超出了最小最大原理的适用范围，鉴于这一原理在经济决策中得到广泛应用，还不可能用更好的办法来取而代之。毕晓普提出对这一原理作下列修正："除非其社会成本大得无法承受，否则就采用能维持最低安全标准的选择"（杨昌明，2002）。

世界银行的资深经济学家赫尔曼·戴利（H. Daly）则将最低安全标准具体规定为三条："社会使用可再生资源的速度，不得超过可再生资源的更新速度；社会使用不可再生资源的速度，不得超过作为其替代品的，可持续利用的可再生资源的开发速度；社会排放污染的速度，不得超过环境对污染物的吸收能力"（韩英，2006）。

至于最低安全标准与基于经济人假定之上的传统的成本—收益分析方法之间的关系，托曼（M. A. Toman）指出，建立自然资源保护方法有两种：一种是通过确立最低安全标准来要求当代人承担某种道德责任；另一种是通过成本—收益分析来权衡利弊得失。前一种方法适用于人类决策对自然资源和环境的影响不能确定，但其影响可能相当大和不可逆转的情况；后一种方法则适用于人类决策对自然资源和环境的影响易于权衡、相对较小和可以逆转的情况。换句话说，最低安全标准适用于可以定性估计，但无法定量权衡，同时又必须在不确定的条件下决策并承担不可逆转的后果的情况（厉以宁、章铮，1995）。

实际上，在估计人类决策对自然资源和环境的影响时，最低安全标准乞求于一套更为广泛和更少个人化的价值规范。"既然社会的价值的形成就是最低安全保证水平，那么，公众决策和社会价值的形成就是最低安全标准方法的显而易见的组成部分。"（Toman，1992）托曼在这里所涉及而又没有说清楚的，就是前文经济人假定所反映的以个人为中心的价值规范和道德责任之间的矛盾。当微观经济单位的私人成本小于社会成本时，厂商和个人常常从自身利益出发，获取外部收益，从而造成他人和全社会的外部不经济。自然资源的耗竭，可能就源于人们对其决策后果认识上的局限性，更可能源于人们"免费搭车"以取得外部收益的欲望，因此，在明知某一决策的私人成本小于社会成本，但还不可能或来不及将利弊得失算清时，就有必要从可持续性规范出发，用最低安全标准来保护子孙后代的利益。

三、代际公平

1988 年，佩基（T. R. Page）在其发表的《代际公平和社会贴现率》一文中阐述了"代际公平"的概念。按照他的解释，代际公平问题可以简单而又广义地叙述如下：假定当前决策的后果将影响好几代人的利益，那么，代际公平即为有关的各代人之间就上述后果进行的公平分配。

为了做到代际公平，佩基提出了所谓"代际多数规则"。代际多数规则是指：当某项决策涉及到若干代人的利益时，应由这若干代人之中的多数来作出选择。由于相对于当代人（或者再加上若干代子孙）来说，繁衍不断的子孙万代永远是多数，因而从代际多数规则中可得出下列推论：如果某项决策事关子孙万代的利益，那么，不管当代人（或者再加上其若干代子孙）对此持何种态度，都必须按照子孙万代的选择去办。

问题是，在实际决策中，还未出生的子孙万代是没有发言权的。正因为如此，佩基希望代际公平像美国宪法的第一修正案（即民权法案）或义务教育那样，成为社会普遍接受的，不取决于特定利益集团的特定决策的伦理标准。在涉及代际问题时，应该将代际公平视为对可供选择的可行性方案的约束条件，必须对传给下一代的资源基础的质量明显地加以保护。因为资源基础的质量限定了每一代人的生存条件，并在更大程度上限定了每一代人的福利水平，只有在作出这种约束的前提下，贴现率的使用才是可以接受的。

怎样才能做到代际公平呢？佩基认为，最重要的是应该“保持资源基础完整无损”，因为，研究的任务应该集中在人们所能预见和控制的范围之内。由于与未来的效用相比，未来的机会在更大程度上处于人们的控制之下，因而机会应该更明显地成为代际公平的目标。经过某些努力，人们能够控制传给下一代的遗产的形态，但确保下一代幸福或勤奋，这超出了当代人的控制范围；下一代福利的增加，也同样是人们控制不了的。人们仅仅能确保下一代有某些机会——对所能够预见的幸福来说是必不可少的机会。人们能够保存某些必需品，诸如文化资源基础和自然资源基础中那些有价值的部分。如果人们不能确保这些基础在实际上传到后代人手中，那么至少应该阻止那些使上述基础无法传给后代人的行为。

第二节 矿产资源的最优耗竭

一、不可再生资源的最优利用原则

经济发展需要大规模开发利用矿产资源。由于固有的自然物理性质，矿产资源具有不可再生性，属于典型的不可再生资源。如何在既有资源存量与固定投入的约束下，促进矿产资源这类重要而又稀缺资源的最优耗竭，实现资源的优化配置，这是保障矿产等不可再生资源可持续利用和经济社会可持续发展的重要条件。

霍特林最早研究了不可再生资源的优化使用问题，提出了“霍特林原则”，为西方经济学家对资源问题的第二层次研究奠定了基础。他指出，在最优条件下，不可再生资源的价格减开采成本之差，将按照与其他资产盈利率相同的速率增长。甚至当开采成本下降，租金上涨时，市场价格也会不可避免地上升，需求的数量将开始下降。在最优耗竭率下，资源将被耗竭，需求将持续地降至零，并且生产将完全停止。这一原则为人们理解和把握矿产资源等不可再生资源的优化配置问题提供了启示。

近年来，一些经济学家在霍特林分析的基础上，融入了经济增长最优轨迹分析内容。这种方法通常用来比较其他资产收益率和自然资源收益率的差异，以及确定在各类市场条件下，不可再生资源最优耗竭率的确定问题，显然，矿产资源的最优耗竭率的确定也具有一致性。

较有影响的是达斯格普特和黑尔建立的一个简单模型。他们假定，生产 Q 依赖于某一特定不可再生资源 R 的耗竭和再生产资本存量（例如，资本商品）K，则 $Q=F(K,R)$。消费 C 被

设定为社会福利 u 的增加，计划者的目标在贴现率为 r 的条件下使社会福利 u 最大化。图 6－1 表明了消费 C 随时间的变化过程。

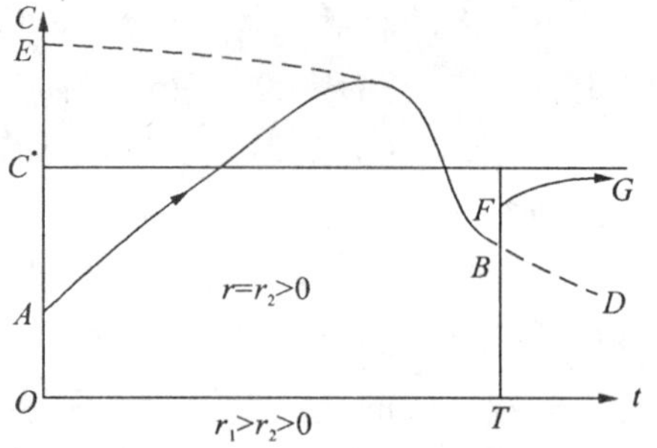

图 6－1　不可再生(矿产)资源最优耗竭

若不可再生资源对生产是必不可少的(即 R 与 K 的替代弹性小于 1)，贴现率 r 是正数，没有技术变化引起的替代品产生，则消费 C 将在初始阶段上升，然后下降趋近于零(曲线 ABD)。

在功利主义社会中不考虑不可再生资源对后代的影响，因而其贴现率(r_1)更高，这样，消费 C 的高峰点就在其起点 E 上。消费的变动如曲线 EBD 所示。

若在 T 时间点有技术变化加入，则消费 C 获得一种新的动力，消费曲线在 B 点折向 F 点并将再次上升(曲线 $ABFG$)。这类变化最终形成长期静态消费曲线 C^* 。

西方经济学家沿着上述思路，结合技术变化、不确定性、对不可再生资源耗竭利用的不可逆等特征，进一步拓展了对不可再生资源的优化利用的分析。

在分析不可再生资源的优化利用中，分析市场条件等因素也占了相当大的比重。最初对不可再生资源的优化利用分析是在完全竞争条件下进行的。近年来的理论研究则大量地集中在市场不完全条件下如何优化利用的分析上。如某些不可再生资源具有公共财产的属性，每一个开采者都力图在成本允许的条件下最大限度地耗竭公有的自然资源，从而偏离霍特林所确定的社会最优利用原则。相反，斯蒂格利兹认为在排他性所有权(如垄断)条件下，不可再生资源的开采率可以达到最优。达斯格普特和黑尔进一步得出了在排他性所有权条件下，任何对最优开采率的偏离都将会导致过度保护，而不是过度开采的结论。

此外，也有不少经济学家对霍特林的不可再生资源最优利用原则进行了实证研究。研究的结论表明，霍特林原则在整体上是可以成立的。

二、确定最优耗竭率的基本条件

不少经济学家对确定不可再生资源最优耗竭率的基本条件作了比较详尽的分析。他们分析的主要结论是，确定最优耗竭率有两个基本条件。第一个是不可再生资源的价格应等于边际生产成本与机会成本之和；第二个是不同时点的特许权收益的现值必须相等。

以矿产资源为代表的不可再生资源与一般商品或资源不同的是数量有限、不可制造。这意味着今天的开采和消费有机会成本，即未来某个时期可能获得的收益。特别地，代之以一般的效率条件：价格＝边际(生产)成本，有：价格＝边际(生产)成本＋机会成本。这是确定最优耗竭率的第一个基本条件。

对于矿产资源等不可再生资源来说，机会成本中的重要内容之一是特许权收益。这一特殊收益，是由不可再生资源数量有限性决定的，指价格(或消费者愿意支付的价格)和开采成本之间的差额。同样的一种不可再生资源在不同的时点进行开采或消费可能获得不同的特许权收益。在不同的时点进行选择取决于最大净收益。

费雪对如何进行选择举例作了如下说明：假设地下只埋藏有 10 桶石油，连续的边际开采成本是 2 美元/桶，t 时期的需求(t＝0.1)为 $P_t=10-Y_t$，P 表示价格，Y 表示开采量，利率 $r=0.10$。

为简单起见，仅设定了两个时期，但其结论是可以扩展的。若单个时期净(社会)收益用消费者愿意支付的价格与产品的生产成本之差进行衡量，则在图 6-2 中，它是 $ABDC$。

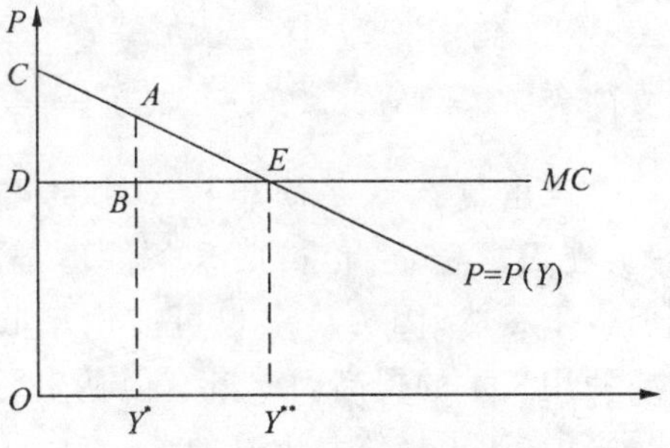

图 6-2 确定最优耗竭率的基本条件

由于总愿意支付是需求曲线的积分，总成本是边际成本曲线的积分，即：

$$\int_0^{Y_t}(10-Y')-\int_0^{Y_t}2\mathrm{d}Y'k \text{ 或 } \int_0^{Y_t}[(1-Y')\mathrm{d}-2]\mathrm{d}Y'$$

在第一时期：

$$\int_0^{Y_0}[(10-Y')-2]\mathrm{d}Y'$$

因而，最大化目标函数：

$$\max_{Y_0,Y_1}\int_0^{Y_0}[(10-Y')-2]\mathrm{d}Y'+\int_0^{Y_1}\frac{[(10-Y')-2]\mathrm{d}Y'}{1+0.10}$$

约束条件 $Y_0+Y_1=10$

建立拉格朗日表达式：

$$L=\int_0^{Y_0}[(10-Y')-2]\mathrm{d}Y'+\int_0^{Y_1}\frac{[(10-Y')-2]\mathrm{d}Y'}{1.1}+\lambda(10-Y_0-Y_1)$$

$$\Rightarrow\begin{cases}(10-Y_0)-2-\lambda=0\\ \dfrac{(10-Y_1)-2}{1.1}-\lambda=0\\ 10-Y_0-Y_1=0\end{cases}\Rightarrow\begin{cases}Y_0\approx 5.14\\ Y_1\approx 4.86\\ \lambda\approx 2.86\end{cases}\Rightarrow\begin{cases}P_0=4.86\\ P_1=5.14\end{cases}$$

这就是说在时期 t_0，价格和边际成本之差即特许权收益等于 2.86 美元；在时期 t_1，则是 3.14(=5.14－2)美元。但注意当利息率为 0.10 时，其现值仍是 2.86(=3.14/1.1)美元。因而在两个时期，特许权收益是相等的。

在上面的分析中，拉格朗日乘数 λ 是一种影子价格，它表明一桶埋在地下的石油将增加的或开采出来后将会减少的收益。由此，在时间序列中，确定最优开采率的第二个条件是：所有特许权益的现值必须相等或未贴现的特许权益以利率上升。

如果将上面的例证分析加以扩展，那么，确定最优耗竭率的第一个基本条件可以改写成：

$$(P_1-MC)=(P_0-MC)(1+r)\Rightarrow P_1=MC+(P_0-MC)(1+r)$$

$$\Rightarrow P_t=MC+(P_0-MC)(1+r)^t$$

在一般情况下，利率为正数，因而不可再生资源的价格处于上升状态。但价格不能无限上升，在上例中不能超过 10(在此点，需求为 0)美元。更一般地，可以假设一种阻滞力量给不可再生资源的价格上升设定了一个限度。这种阻滞力量可能是一种替代品，也可能是一种新技术，它将提供和原来的不可再生资源一样的效用。

假设对石油的阻滞力量存在，比如说太阳能，可以用 MC_b 的成本提供能量，由于太阳能的储量无限，因此没有特许权收益。如图 6-3，阻滞力量的成本不仅给石油价格设置了一个上限，也决定了特许权收益能够加到开采成本上的空间。设在时期 T，此时石油转向替代品，价格给定：

$$P_T = MC + (P_0 - MC)(1+r)^T$$

又因为 $P_T = MC_b$，$(P_0 - MC) = \dfrac{(MC_b - MC)}{(1+r)^T}$，在 $t < T$ 时，$P_t = MC + \dfrac{(MC_b - MC)}{(1+r)^{T-1}}$ 。

产出量在这一简单模型中的变化趋势是：在需求稳定、价格上升条件下是下降的。但也不尽然，因为需求也可能由于收入增加或使用技术的提高而上升。但从资源趋向耗竭来说，产出最终是下降的。

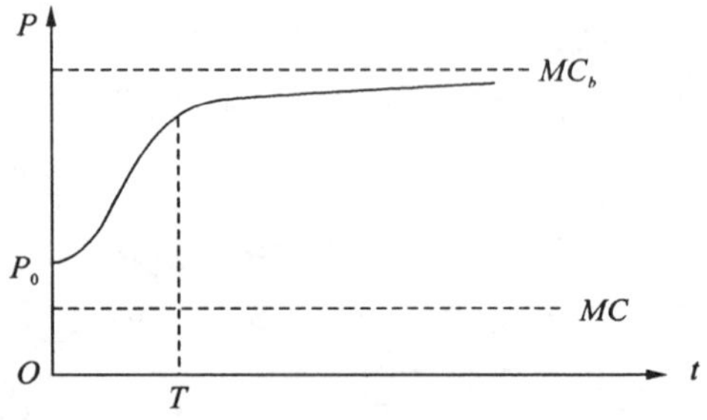

图 6-3 不可再生资源的价格上限

三、最优耗竭模型

在确立了矿产资源等不可再生资源最优耗竭的基本原则和主要条件之后，许多经济学家试图建立最优耗竭模型。霍特林 1931 年提出的模型被认为是在这一领域所作的最初尝试，但由于其数学方法的复杂性，不被当时的经济学家所理解。20 世纪 60 年代以后，赫芬达尔、高登、科敏斯、舒尔兹、威因斯坦和泽克豪斯等人对霍特林的最优耗竭模型作了进一步阐述和发展。1976 年，克拉克在《数理生物经济学》一书中对资源的最优耗竭模型作了更加详尽的说明。

尽管经济学家所提出的最优耗竭模型在复杂程度和目的方面有所不同，但是他们设立模型的总体思路与结果却大致是相同的。他们沿用的一般方法是：从模型最优解应满足的一组必要条件中，解出最优开采量和终止时间；然后将最优开采量和终止时间代入关于存量的微分方程，解出相应的关于存量的变动轨迹，并将存量变动轨迹代入由生产技术条件决定的单位成本函数，得出关于开采成本随时间沿最优开采量变动的轨迹；最后，将最优开采量、开采成本代入由供求条件决定的价格函数，得出市场价格随时间变动的轨迹。不同的经济学家由于设立的经济机制、市场结构等因素不一样，使用的分析手段不同，因而得到的开采量、终止时间、资源存量、开采成本、市场价格、特许权收益等变量的轨迹形状存在很大的差异。

费雪在 1981 年出版的《资源和经济学》一书中，对不可再生资源的最优耗竭模型作了比较一般的概括。他把最优耗竭模型的建立过程划分为以下 5 个主要步骤。

第一步，确立净收益最大现值变动轨迹。

若考虑剩余存量对开采成本的影响，则：开采成本 $C = C(V_t, X_t)$。其中，Y_t 为 t 期的产出量，X_t 是 t 期资源存量。边际成本可与存量正相关（$\partial C/\partial X > 0$），也可负相关（$\partial C/\partial X < 0$），也可无关。但在一般情况下假设负相关，即留存量越小，单位开采成本越大。

假设收益的衡量尺度是对给定资源所愿意支付的金额：$\int_0^{ny_t} P(\xi)\,\mathrm{d}\xi$，式中，$nY_t$ 是 t 期消费量，$P(nY_t)$ 是 t 期需求，ξ 是积分变量，则净收益是收益与成本的差额：$\int_0^{ny_t} P(\xi)\,\mathrm{d}\xi - nc(Y^1, X_t)$，其最大现值是 $\max\limits_{y_0 \cdots y_1 \cdots y_{T-1} \cdots} \sum\limits_{t=0}^{T} \dfrac{\int_0^{nY_T} P(\xi)\,\mathrm{d}\xi - nC(Y_1, x_t)}{(1+r)^t}$。

若 $X = 10$，$X_T = X_2 = 0$，现在要求（对每一厂商来说）$X_0 = \overline{X}_0$，$X_T = \overline{X}_{T0}$，这里 $\overline{X}_0$ 和 $\overline{X}_T$ 是已知数。厂商的累积开采约束为 $\sum\limits_{t=0}^{T-1} Y_T = \overline{X}_0 - \overline{X}_T$ 。

第二步，确定特许权收益的变动轨迹。

在任何时期，从存量中开采出来的总量是初期存量与末期存量之差，即：

$$Y_0=\overline{X}_0-X_1,Y_1=X_1-X_2,\cdots,Y_t=X_t-X_{t+1},\cdots,Y_{t-1}=X_{T-1}-X_{\overline{T}}$$

将这一变动序列进行归纳，可以得到 $\sum_{t=0}^{T-1}Y_t=\overline{X}_0-\overline{X}_T$，

$$Y_t=X_t-X_{t+1}(\text{对每一厂商 } t=0,\cdots,T-1)$$

这样净收益的拉格朗日方程为：

$$L=\sum_{t=0}^{T}\frac{\int_0^{nY_t}P(\xi)\mathrm{d}\xi-nC(Y_1,x_t)}{(1+r)^t}+n\sum_{t=0}^{T-1}\mu_t(X_t-X_{t+1}-Y_T)+na(\overline{X}_0-X_0)+n\beta(\overline{X}_T-X_T)$$

式中，μ_t、α、β 均为 Lagrange 乘数。

对开采量 Y_t 和存量 X_t 的必要条件各是：

$$\frac{P(nY_t)-(\partial C/\partial Y_t)}{(1+r)^t}-\mu_t=0 \tag{6.1}$$

$$-\frac{\partial C/\partial X_t}{(1+r)^t}-\mu_t-\mu_{t-1}=0 \tag{6.2}$$

式(6.1)表明，在最优化过程中，资源价格 $P(nY_t)$ 等于边际开采成本 $\partial C/\partial Y_t$ 加未贴现的特许收益 $\mu_t(1+r)^t$。

其中，μ_t 作为特许权收益，是“埋藏在地下”的资源的价值。

式(6.2)描述了特许权收益随时间的变化轨迹。

经贴现的特许权收益可以写成 $\mu_t=\lambda_t(1+r)^{-t}$，这里，$\lambda_t$ 为未贴现特许权收益，这样式(6.2)又可以写成：

$$-\frac{\partial C}{\partial X_t}(1+r)^{-t}+\lambda_t(1+r)^{-t}-\lambda_{t-1}(1+r)^{-t-1}=0$$

或进一步改写成：

$$\lambda_t-\lambda_{t-1}=r\lambda_{t-1}+\partial C/\partial X_t \tag{6.3}$$

假设时间很短，式(6.1)基本不受影响，式(6.3)则变为：

$$\frac{\mathrm{d}\lambda_t}{\mathrm{d}t}=r\lambda_t+\partial C/\partial X_t \tag{6.4}$$

若开采成本 $\partial C/\partial Y_t$ 可以忽略，则式(6.4)肯定了特许权收益的变化率 $(\mathrm{d}\lambda_t/\mathrm{d}t)/\lambda_t$ 等于利率 r，从式(6.1)可知，特许权收益等于价格，式(6.4)则表明价格的变化率 $(\mathrm{d}P/\mathrm{d}t)/P$ 等于利率。

设 $\partial C/\partial X_t<0$，开采成本受到存量规模的影响，开采的过程由富矿到贫矿，则式(6.4)表明特许权收益的变化小于利率的变动。两者之间的差异 $\partial C/\partial X_t$ 可以看作是持有一单位资源存量的红利，因为投资包括资本的所得和红利。

前面曾强调地下资源投资没有红利，全部收益为资本所得，上升的部分为特许权收益。但当存量减少到不得不提高开采成本时，拥有地下资源和不减少存量就取得了成本节约的收益形式——红利。

重写式(6.4)：$\mathrm{d}\lambda_t/\mathrm{d}t-\partial C/\partial X_t=r\lambda_t$，表明资本所得加红利等于投资成本利息 $r\lambda_1$。

第三步，确定边际成本和市场价格的变动轨迹。

以 λ_t 代替式(6.1)中的 μ_t，对时间微分：

$$\frac{dP}{dt} = \frac{d(\partial C/\partial Y_t)}{dt} + d\lambda_t/dt \tag{6.5}$$

这样，就得到了价格依开采成本和特许权收益的变化而变化的轨迹。

等式右边的第一项：$d(\partial C/\partial Y_t)/dt$，是随时间变化的总开采边际成本。

消除时间下标 t：

$$\frac{d(\partial C/\partial Y)}{dt} = \frac{\partial^2 C \partial Y}{\partial Y^2 dt} + \frac{\partial C \partial X}{\partial X dY dt}$$

用 $-Y$ 替换 dX/dt：

$$\frac{d(\partial C \partial Y)}{dt} = \frac{\partial^2 C dY}{\partial Y^2 dt} - Y\frac{\partial^2 C}{\partial X \partial Y} \tag{6.6}$$

式(6.6)表明，边际开采成本受开采总量和存量变动的影响。若边际成本不受存量规模的影响，式(6.6)中的第二项消失，于是边际成本主要依产出变动。若边际成本是由于存量下降引起的（$\partial^2 C/\partial X\partial Y < 0$），则在式(6.6)中，第二项就是正的。另一种可能是边际成本在给定存量下不受开采量影响，则第一项消失，第二项成为正数。

在特定情况下（如开采成本忽略不计），则：

$$\frac{dP}{dt} = rP$$

这样可推导出价格随利率变化的轨迹：

$$\frac{dP}{dt} = r\lambda = r(P - \partial C/\partial Y)$$

若开采成本不可忽略，但不受存量的影响，则市场价格的变动轨迹推导如下：

若受市场价格和存量变化影响，则将式(6.4)、式(6.6)代入式(6.5)。

右式中，第一、第三项为正，第二项为负。

设成本项写成 $C(Y,X) = YC(X)$，后两项抵消，则 dP/dt 无疑为正：

$$\frac{dP}{dt} = r(P - \partial C/\partial Y) + \frac{\partial C}{\partial X} - Y\frac{\partial^2 C}{\partial X \partial Y}$$

第四步，确定最优耗竭模型的控制条件。

开采的净收益由两个因素组成：

$$\int_0^{nY_t} P(\xi)d\xi - nC(Y_1, x_t)$$

在未来收益受到存量减少、成本增加影响的条件下，可以假设这一影响的价值为 $W_{tY}t$（未贴现），其中，$W_t = n\lambda_t$ 为存量中的一个单位，已开采量为 Y_t，则 t 时期的开采净收益：

$$H = \int_0^{nY_t} P(\xi)d\xi - nC(Y_1, x_t) - W_t Y_t \tag{6.7}$$

由于 H 对 Y_t 的微分为 $P(Y_t) - \partial C/\partial Y_t - W_t/n$，这样就得到了 $\frac{\partial H}{\partial Y_t} = 0$，即现在的单位收益是未来一单位的损失，由此达到开采收益最大。

由于：

$$\partial H/\partial X_t = -n(\partial C/\partial X_t) \tag{6.8}$$

因此：

$$\frac{dX_t}{dt} = rW_t - \frac{\partial H}{\partial X_t} \tag{6.9}$$

这样得出的式(6.8)、式(6.9)为与最优开采条件相对应的最优控制条件。

第三个控制条件是 $dX_t/dt = -Yt$ 或 $dX/dt = \partial H/\partial W_t$ (6.10)

在连续时间内,贴现为 e_{-rt} 而不是 $(1+r)_{-t0}$ 。

在竞争性开采条件下,决策者是为获取最大利润的单个厂商。由于这一厂商是竞争性的,接受价格:

$$P = P(nY): \max_{\{Y_t\}} \int_0^T [PY_t - C(Y_t, X_t)] e^{-rt} dt \tag{6.11}$$

由于约束条件为 $dX/dt = -Y_t, X_0 = \overline{X}_0, X_T = \overline{X}_T$,因而汉密尔顿方程式为:

$$H = PY_t - C(Y_t, X_t) - \rho_t Y_t \tag{6.12}$$

这里 ρ_t 是辅助变量,必要条件为:

$$\frac{\partial H}{\partial Y_t} = P - \frac{\partial C}{\partial Y_t} - \rho_t = 0 \tag{6.13}$$

$$\frac{d\rho}{dt} = r\rho t - \frac{\partial H}{\partial X_t} = r\rho t + \frac{\partial C}{\partial X_t} \tag{6.14}$$

若 $\rho_t = \lambda_t$,这些条件相当于式(6.1)和式(6.4)。

第五步,归结最优耗竭模型的完整形式。

归纳以上分析过程,基本的最优耗竭模型可确定为:

(1)目标函数

$$\max_{\{Y_t\}} \int_0^T [\int_0^{nY_t} P(\zeta) d\zeta - nC(Y_1, X_t)] e^{-rt} dt$$

(2)约束方程

$$\begin{cases} dX/dt = -Y_t \\ X_0 = \overline{X}_0 \\ X_T = \overline{X}_T \end{cases}$$

(3)汉密尔顿方程

$$H = \int_0^{nY_t} P(\zeta) d\zeta_{31} - nC(Y_t, X_t) - W_t Y_t$$

(4)最优耗竭条件

$$\begin{cases} P(nY_t) - \frac{\partial C}{\partial Y_t} - \lambda_t = 0 \\ \frac{d\lambda_t}{dt} = r\lambda_t + \frac{\partial C}{\partial X_t} \\ \frac{dX_t}{dt} = -Y_t \end{cases}$$

(5)最优控制条件

$$\begin{cases} \frac{\partial H}{\partial Y_t} = 0 \\ \frac{dW_t}{dt} = rW_t - \frac{\partial H}{\partial X_t} \\ \frac{dX_t}{dt} = \frac{\partial H}{\partial W_t} \end{cases}$$

四、最优耗竭的影响因素

(一)不确定性的影响

经济学家在考察矿产资源等不可再生资源最优耗竭模型的影响因素时,除着重分析垄断等市场结构外,对不确定性、勘探、技术变化、代际问题等也均有所分析。在考查不确定性因素影响时,一般认为不确定性能否对不可再生资源最优耗竭率产生影响有两种简单化的答案。

(1)在假设信息完全、充分自由的 Arrow - Debreu 经济模型中,经济完全市场化,不确定性不会影响耗竭率。因为资源的所有者不仅知道现在和将来的价格,而且能够保证自己有效地对付这些事件。但这种完全的市场经济是不存在的。

(2)认为不确定性在模型中能够通过较高的贴现率加以消除。但是也有经济学家认为不确定性的影响十分复杂。它可以通过不同的途径产生,包括资源的需求或供给或双方,因而其影响不一定总能被贴现率的上升所捕捉。然而,总的来看不确定性提高贴现率,进而加快耗竭,这对于资源需求的不确定性来说也许是恰当的。

设开采收益的变化仅与给定时间里的开采量有关,价格是随机的,但随机因素在每一期间的分布是确定的,并且假设价格上升,除非需求随时间移动,产量将下降。这样,与产量相应的收益的变动将也是下降的。抵抗风险的资源所有者将会把开采向未来移动。

假设资源面临被征收的威胁,或假设由于低成本的替代品(一种廉价的阻滞力)的出现将会使资源所有者面临失去市场的危险,当这类不确定性事件出现时,资源价值将遭到毁灭。黑尔建立了一个模型,来说明征收这一不确定性对开采量的影响。他假设所有者希望预期资源现值最大化,并设时期 t 内的被征收的可能性是 π_t,$0\leqslant\pi_t\leqslant1$,$\sum\pi_t=1$,所获得的收益是 $V_t=0$ 或 1,则预期现期价值为:

$$\pi_y V_0+\pi_1\left[V_0+\frac{V_1}{1+r}\right]$$

r 为贴现率,上式也可写成:

$$(\pi_0+\pi_1)V_0+\pi_1\frac{V_1}{1+r}$$

式中,$\pi_0+\pi_1=1,\pi_1\leqslant1$。

因此,他认为在考虑到不确定因素时,使预期价值最大化,仅仅是相当于加上一个新的贴现率或在老的贴现率的基础上加上一个影响因素。

诺德豪斯、索洛、斯蒂格利兹等人均认为,不确定性对耗竭的影响取决于其性质。但不论发生什么样的影响,都可能导致资源市场的不稳定和无效率。

由于缺乏完整的远期市场,资源的所有者必须自己形成有关未来价格的预期,并把这些预期在有关资源开采的决策中加以贯彻,这就很容易导致不稳定性。假设现在价格上涨导致了未来预期价格的上涨,这反过来会因为资源的所有者决定削减开采量以保存地下资源在未来获取更高收益而导致现行价格的进一步上涨,接下去会引起预期价格的进一步上涨,这种可能性取决于预期弹性——预期价格变动的百分比与现行价格变动的百分比。

假设现行竞争性资源石油的价格是 10 美元/桶,下一年价格是 11 美元,无生产成本,贴现率为 10%,预期弹性是 2。需求移动的结果是:现行价格涨 10%到 11 美元,下一年预期价

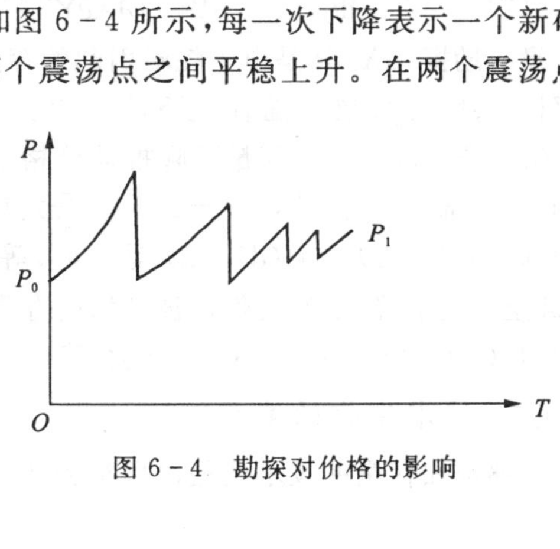格将涨 20%到 12 美元，意味着石油价格将被预期上涨超过贴现率。地下石油成为一个有吸引力的投资，石油资源的所有者将削减现有生产一直到现有价格升到 12 美元才恢复资本市场均衡。

现价变动引起预期价格的变动，反过来又引致了现期价格的进一步变动。因为从 11 美元的上升将引起下一年预期价格的进一步变化，再一次导致现有生产量的削减以产生资本市场均衡，同样地这一上升将导致预期未来价格的进一步上涨，形成一种爆发式的循环。

在上述例证条件下，设预期弹性为 1。原有价格上升 10%，从 10 美元到 11 美元，引起预期价格上升 10%，到 12.10 美元。由于这一价格上涨率正好等于贴现率(10%)，因而生产计划不变，也对现有价格没有压力。

若预期弹性大于 1，将导致爆发性循环。相反，弹性等于或小于 1，则将和价格均衡轨迹相吻合。事实上，达到了均衡无疑表明弹性变为 1。

这种分析被有关一般均衡理论特别是有关暂时一般均衡存在条件的理论所证实。若不知道未来价格，厂商必须形成预期并在现在的生产或消费决策中加以贯彻，就像对不可再生资源所假设的那样，即使现有市场能够结清，但由于个人的预期并不是相互吻合的，市场将会重新打开进行再结清，如此循环往复。暂时均衡存在的条件之一是，每个单个的未来预期价格必须紧密地相互关联，这是讨论资源问题的基本条件，对有关需求和成本变动问题的了解与未来预期价格有着十分密切的关系。

在均衡状态下是否一定有效率？一般均衡理论也有助于这一问题的探讨。这一理论的关键结论是暂时一般均衡不一定是帕累托最优，对消费者偏好进行相当严格的条件约束才能保证最优，当然若均衡不存在，最优问题也不可能产生。

对于资源的私有者来说，预期收益最大化并不总是恰当的。因为转移风险的完整的市场不存在，资源所有者在某种程度上是风险厌恶者，有关对不确定条件下厂商行为的分析表明，即使在允许风险转移和扩散的股票市场上，企业管理人员单纯的预期收益最大化目标并不是厌恶风险的股东们所希望的。对厂商和计划者的目标比较表明，两者至少在对待风险的态度和处理风险的方式上有许多共同之处。计划者不能总是忽视单个人的风险偏好，社会最优耗竭和竞争性耗竭可能会以同样的方式受到不确定性的影响。

(二)勘探的影响

预期价格对资源的现行价格具有反馈性的影响，对新资源储藏的发现也可看成是同样的反馈机制起作用的一个例证。若产出量受新发现储藏的影响较显著，预期价格下降，由此将导致供给者扩大现有产量，引起现有价格下降。如图 6-4 所示，每一次下降表示一个新矿藏点被发现，尽管长期价格是下降的，价格可能在两个震荡点之间平稳上升。在两个震荡点之间，如果资源所有者是个风险厌恶者，并且需要一个较大的预期价格空间应付突然的暴跌的话，价格也可能上升得很快。

发现或勘探也可被看作一次预见性的行动。随着资源的耗竭和开采成本的上升，勘探一般可作为增加存量降低开采成本的手段。这与研究和开发使贫矿变得有利可图的新技术的作用是一样的。

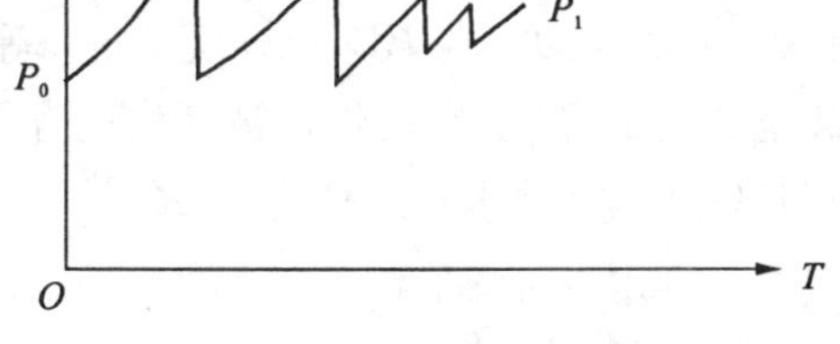

图 6-4　勘探对价格的影响

不确定性就像影响耗竭一样也会影响到勘探活动，不确定性的勘探也许是无效率的，就像不确定的耗竭一样，从社会角度来看，竞争性的厂商可能少勘探、过多勘探或过快勘探。

当考虑勘探成本 $\Phi = \Phi(Z_t)$（Z_t 是资源的新发现量）时，净收益现值最大化的表达式改写成：

$$\max_{\{Y_t\}\{Z_t\}} \int_0^T [PY_t - C(Y_t, X_t) - \varnothing(Z_t)] e^{-rt} \mathrm{d}t \tag{6.15}$$

其约束条件也将受到影响，资源存量等于发现量减耗竭量之差。若无勘探，存量将单纯下降；若考虑勘探，则在发现量大于使用量的情况下存量有可能上升。

约束方程为：

$$\frac{\mathrm{d}X_t}{\mathrm{d}t} = Z_t - Y_t \tag{6.16}$$

厂商现在有两个变量可以控制：Y_t 和 Z_t。开采量 Y_t 的决定要考虑到新发现量 Z_t，而 Z_t 通过影响存量 X。降低开采成本，另一方面，它们又不是自由变量；这样厂商必须在降低开采成本和增加勘探成本之间作出选择。

事实上，Y_t 的条件与前面一样，Z_t 的条件则是：

$$-\mathrm{d}\Phi/\mathrm{d}Z_t + P_t = 0 \tag{6.17}$$

P_t 是与约束式(6.16)有关的协变量。

这表明，在竞争性均衡中特许权收益或一单位存量的影子价格等于发现另一单位资源的成本。

这是一个有用的结果，因为它提供了一个观察资源特许权收益的手段。特许权收益适合作为稀缺资源的测量手段，作为未来短缺、价格上升甚至耗竭扩大的指示器。但是其困难在于，与别的测量短缺的手段（储存量、成本和价格）不同，它是不可观测的，但在竞争性均衡条件下当特许权收益等于勘探的边际成本，便可以通过检测成本间接地研究特许权收益的变化。

要考虑的是，在时间序列中，勘探成本有可能受到前期发现的影响，就像开采成本会受到累积勘探的影响。特许权收益等于调整了的边际勘探成本，其调整数是影子价格加累积发现存量。若较好的矿藏被发现了，影子价格是负的，特许权收益将超过未调整的边际勘探成本；若早期发现提供的信息将降低未来发现的成本，影子价格就是正的，至少初期是这样。

现在来看看新增存量如何影响价格，关键是当存量扩大时开采成本有什么变化。

特别考察 $\frac{\mathrm{d}(\partial C/\partial Y)}{\mathrm{d}t} = \frac{\partial^2 C}{\partial Y^2} + \frac{\partial^2 C}{\partial X \partial Y^2} + \frac{\partial^2 C}{\partial X \partial Y} \cdot \frac{\mathrm{d}X}{\mathrm{d}t}$ 的右边第三项[$(\partial^2 C/\partial X\partial Y)(\mathrm{d}X/\mathrm{d}t)$]。

没有勘探，$\mathrm{d}X/\mathrm{d}t$ 是由于耗竭引起的存量变化（$\mathrm{d}X/\mathrm{d}t = -Y$）并且必然是负的。若像假设的那样，边际开采成本随存量下降而上升，$\partial^2 C/\partial X\partial Y$ 也是负的，这样无疑（$\partial^2 C/\partial X\partial Y$）·（$\mathrm{d}X/\mathrm{d}t$）是正的。这是存量下降推动价格上升的因素之一，没有勘探，存量耗竭的影响是确定的，至少部分如此。$\mathrm{d}X/\mathrm{d}t = Z - Y$，若发现量超过开采量（$Z - Y > 0$），存量的变化 $\mathrm{d}X/\mathrm{d}t$ 是正的，则（$\partial^2 C/\partial X\partial Y$）·（$\mathrm{d}X/\mathrm{d}t$）是负的，等式中的一个正式为一个负式所替代，价格上升变慢，甚至还会下降，上升的价格被新增的存量所减缓。即使是 $Z - Y = \mathrm{d}X/\mathrm{d}t < 0$，通过新增量的抑制，（$\partial^2 C/\partial X\partial Y$）·（$\mathrm{d}X/\mathrm{d}t$）也会降低。

（三）技术变化的影响

能够增加存量的技术变化也可被视为勘探效应，这意味着，对价格的影响可从两个方面进行描述：将一个低品位矿藏转化为可用资源，或发现一个新的储藏。但是技术变化不一定总是与扩大资源存量相关联，因而它可被看作降低开采成本的活动。若技术变化与时间相关，成本就可写成是时间、开采量和存量规模的函数。

在这种情况下，$\frac{d(\partial C/\partial Y)}{dt}=\frac{\partial_2 CdY}{\partial Y^2 dt}-y\frac{\partial^2 X}{\partial X\partial Y}$ 中的右边应加上第三项。

反映开采量和存量规模约束下的随时间而变化的因为技术变化降低的成本，由于加入的这一成本项是负的，从而降低了价格上升速度，甚至可能引起价格下降。

显然，任何竞争性的力量都可能影响价格：耗竭、新发现和技术创新。在后两种情况下，价格起初都下降。这是因为新发现和技术创新降低了成本，控制住了特许权收益的上升，图 6－5(A)描绘了这一趋势的持续进行，尽管不是水平的。图 6－5(B)则说明这一趋势最终反转过来，因为新发明和技术创新不能持续地降低成本，开采成本最终会上升。资源价格的实际变动能够与上述两个图一致。一般是下降，持续几年。图 6－5(B)被证明更正确一些，也就是不可再生资源的价格变动一般是“U”字形。当然，“U”字形的底部相当宽，因为新发现和技术创新补偿了已有的高品位储藏量。

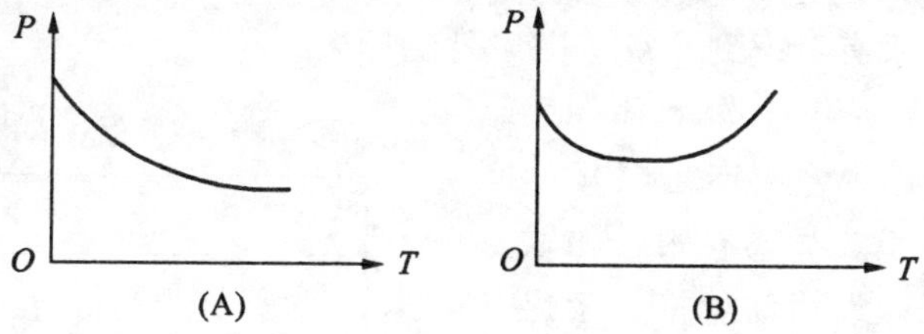

图 6－5　新发现和技术创新对价格的影响

五、垄断条件下最优耗竭率的确定

经济学家在考虑市场结构对不可再生资源最优耗竭模型的影响时，一般偏重于分析垄断因素所起的作用。在理论上，他们着重分析了垄断对开采量的影响及对耗竭速度的影响；在分析现实中的垄断因素时，他们较多地选择分析了石油垄断组织卡特尔，特是 OPEC。

在经济学家看来，垄断如何影响开采量是一个很重要的问题。他们认为垄断与竞争厂商的不同之处是因为垄断者必须考虑他自身的产量对价格的影响。于是式(6.13)变为：

$$P+Y_t\frac{dP}{dY_t}-\frac{\partial C}{\partial Y_t}-\rho_t=0 \tag{6.18}$$

这里特许权收益 ρ_t 是边际收益 $P+Y_t(dP/dY_t)$ 与边际成本 dC/dY_t 的差额，其变动与式(6.14)表示的竞争市场中的状况类似。

在垄断状态下资源以什么样的速度耗竭取决于需求(价格与边际收益之间的关系)，特别是它随时间变动的状况，这点通过一些例证可以得到较简单的说明。

例如，在前面提到的例证中，在两个时期给定需求、成本和贴现率条件，现在引入垄断因素，那么怎样才能最优地开采那 10 桶石油呢？

在边际成本与存量无关的条件下可以得到：

$$MR_1-MC=(MR_0-MC)(1+r)$$

替换 MR_1、MR_0、MC 和 r：

$$\begin{cases}10-2Y_1-2=(10-2Y_0-2)(1+0.10)\\Y_0+Y_1=10\\\Rightarrow Y_0=4.95, Y_1=5.05\end{cases}$$

因此，在不少学者例如刘易斯等人看来，与竞争条件下 $k=5.14$，$Y_1=4.86$ 相比，垄断条件下的耗竭速度较慢。

经济学家在分析资源卡特尔时，比较注意对 OPEC 的分析。他们一般认为卡特尔通常以一个整体而不是唯一的卖者出现在市场上。小厂商接受卡特尔价格，卡特尔则根据确定的价格分配市场份额。本迪克构造了一个世界石油市场的 OPEC 卡特尔模型，其结果，与竞争性和垄断产业一样，在卡特尔中价格变动不是单一的。其价格变动一般是戏剧般地上升，控制住小厂商的调整，然后下降，经过 5 年的调整期后，开始缓慢地、稳定地上升。OPEC 的价格决定实际是：不是 1975 年而是 1974 年石油价格超过了 10 美元/桶，然后开始下降，1979 年早期，显示出了最终转折点，在这点上，实际与虚构的模型有了惊人的吻合，如表 6-2 所示，1979 年中期，价格再次猛升。模型突然失效，有一系列的原因，如不确定性因素放大，组织机构变动等。大幅的价格上升是能解释的，例如模型可能没有预见到伊朗的伊斯兰革命运动。模型反映了实际，只是没有考虑到经济范围以外的因素。

卡特尔通常被认为不稳定，因为他们面临着如何解决在成员间有效分配产出限额的问题。每个成员，特别是小成员具有很强的欺骗动因，往往企图通过轻微地移动价格多卖出分配给它的限额。很显然，如果所有的成员（或足够的部分成员）这样做，卡特尔就会崩溃。事实上，在过去的几年中 OPEC 的成员们已经使价格做了这样的移动。但是这一卡特尔仍使价格稳定地上升，并且团结得很好，而且有了扩大，主要原因在于，在规模效益的激励下，卡特尔还具备以下成功的条件：①能够控制住资源供给的稳定份额。OPEC 占有了 2/3 的世界石油储量和同样比例的产量。②缺乏供给弹性。尽管价格有较宽幅度的波动，但是石油的供给不太容易迅速变化以适应价格的变动。

石油可能不是唯一的可卡特尔化和使价格快速上升的不可再生资源，但与其他卡特尔组织的实践相比，OPEC 的成功也许不是其他的资源市场所能模仿的。

表 6-2 最优 OPEC：价格走势

年份	价格（美元/桶）
1975	14.08
1976	11.75
1977	10.70
1978	10.28
1979	10.19
1980	10.26
1985	11.28
1990	12.51
1995	13.80
2000	15.18
2005	16.72
2010	20.52

注：价格的计算以 1975 年美元价值为基准，并确定贴现率为 10%。

资料来源：Fisher A C(1981)。

六、代际最优耗竭率的确定

在判定矿产资源等不可再生资源的耗竭率方面还有社会效率问题。若把短期内的公平问题放在一边，给定一个正的贴现率，一个现在认为有效率的开采计划可能将很少甚至什么也不会给后代留下来。这一道德的和福利理论问题被经济学家以及其他人争论了很久，但没有取得明确的结果。这一讨论可以分为两个部分：社会贴现和社会福利标准。

（一）社会贴现

这里争论的焦点在于是否应该设定社会贴现率，以及如何设定社会贴现率。首先关注这一问题的是罗姆塞。他认为社会贴现在道德上并不是无可辩驳的。另一位不赞成贴现的名人是庇古，他说“贴现仅表明我们的望远镜出了毛病”。

一些近代的理论家采取相反的态度。库普曼认为不确定的未来消费逻辑会导致“无耐心”或贴现。马格林认为：“现期消费是有特权的，政府只反映现期政治团体成员的偏好。”从一般的状况来看，社会贴现率要低于私人贴现率。在社会工程项目评估中，不少经济学家对社会和私人贴现率之间的差异进行了大量探讨。他们的基本观点是，后代的消费对现代的人来说是一个公共物品。这就是说每个人都从未来的文明中获得满足，你从中得到的满足并不意味着能从中减少我的满足，反之亦然。这样，集体决定更多地储存和投资将使大家变得更好。这样，社会贴现率就要低于私人贴现率。这里附加的要点是要有保证社会公共项目贴现率低于私人投资者的合适的政策，它将使投资从高收益的私人项目转向低收益的公共项目，相应地，经济生活中的利率也将被降低。

这样，为后代考虑就不仅仅出于公平，也因为低的社会贴现率。当然，也有人单纯地从好心出发将现在的消费转向未来。近来有许多人正是基于这些观点向传统的实用主义的效率分析进行了挑战。

（二）社会福利标准

使资源耗竭最优化意味着使资源的现在价值最大化。当然不同的决策者将使用不同的价值衡量标准。例如，私人厂商将使利润现期价值最大化，而计划者将使消费者和生产者剩余的现期价值最大化等。但这不会改变标准的一个重要特征：资源的价值由不同时期或不同年代人的价值累加而成。

代际最优耗竭率的确定最终转化为如何确定社会贴现率，如何选择社会福利标准问题。较高的社会贴现率和利润现期价值最大化标准，将会加速当代人对资源的耗竭；相反，较低的社会贴现率和追求资源累加价值最大化标准则有助于减缓当代人对资源的耗竭速度。

第三节　代际均衡与最优经济增长

一、霍华思模型

在关于矿产资源等不可再生的自然资源代际转移的研究中，霍华思（R. C. Howarth）等人的研究占有十分重要的地位。霍华思模型有三个特点。

第一，霍华思模型把不可再生资源视为生产过程的投入，而不是直接将其视为消费品。

因此，模型中采用的生产函数有三个自变量：劳动力 L，资本存量 K 和不可再生资源 R；工资率 w、利息率 r 和资源价格 P 决定于 L、K、R 的边际生产力（在霍华思模型中，它们是作为产出的消费品/资本品单位来表示的）。t 时期生产函数的产出相当于 $t+1$ 时期消费与净投资之和。在生产函数的三个自变量中，L 的供给被假定为无弹性的；K 的变动取决于净投资的变动；而 R 的大小是受制于现有的可耗竭资源存量的大小。霍华思用 S 来表示可耗竭资源的存量。

第二，在霍华思模型中，每一代人的寿命都假定为两期。比如说，第 $t-1$ 代人生于 $t-1$ 期，但生活在 $t-1$ 和 t 期；而第 t 代人生于 t 期，但生活在 t 和 $t+1$ 期。这一假定意味着任何两代人之间都有一个共同生活的时期，可以用来进行代际财产转移。

第三，在霍华思模型中，代际财产转移占有十分重要的地位。霍华思认为，理论上，就确定均衡的福利分配而论，重要的既不是资源所有权，也不是资本转移，而是总财富的分配。因此，霍华思提出下列假定：最初的资源存量和资本存量完全归最初的一代人所有；但代际间存在着大量的财产转移；一个独立的机构——政府——负责挑选应该转移的财产并实施转移；对于模型来说，政府的上述行为是外生变量。他认为，有了上述假定，每一代人都可以做到在使用供其支配的收入的同时，确保未来后代对资源和资本的需要。

从上述假定出发，霍华思在模型中引入财产转移变量 T。T 的数额或比例是由某种制度安排决定的，因而，对于模型来说，T 是外生变量。每一代人尽管名义上是全部财产的所有者，但对于 T 来说，他们仅仅是托管人，每一代人在其生活的第二期，应该将 T 交给正处在其生存第一期的下代人。

霍华思认为，如果第 t 代人追求的是既定预算约束下其自身效用的最大化，其基本模型可表述如下：

$$\max \sum U_n(C_n+1)+\frac{U_{u+1}(C_{t+1})}{1+r_{t+1}}$$

约束条件：

$$K_t = F(K_t, L_1, R_t), R_t = \mathrm{d}S_t/\mathrm{d}t$$

那么由于 $C>0, K>0, S>0$，在有内部解的时候，存在着一阶条件：

$$\frac{MU_u}{MU_{u+1}}=\frac{P_{t+1}}{P_t}=1+r_{t+1}$$

式中，MU_u 和 MU_{u+1} 分别是第 t 期和第 $t+1$ 期消费品对第二代人的边际效用，而 MU_u/MU_{u+1} 同时也是 C_u 和 C_{u+1} 的边际替代率。

上述等式的经济含义是：首先，沿着均衡的轨道，每一代的边际时间偏好率必定等于其所面对的利息率；其次，随着时间的推移，资源的价格必定以相当于利息率的比率上升（这只是对比），同时也等于资本收益率即利息率。换句话说，在上述假定的条件下，代际资源配置是符合经济人假定的，因而是有效率的。与此同时，由于在预算约束中包括了代际财产转移变量 T，因此，有效的资源配置可以在任何一种有关代际财产转移的特定方式中实现。

在大为简化的特定条件下，可以估算出代际财产转移的后果。结果表明，随着代际财产转移的增加，其数值明显下降的变量包括：上一代人使用的可耗竭资源数量，上一代人消费的消费品数量及其效用水平，以及下一代人所面对的利息率和可耗竭资源价格。其数值明显上升的要素包括：下一代人的工资率，以及他们可消费的消费品数量及效用水平，下一代人可使用的资本存量和可耗竭资源数量。这一结果意味着代际财产转移是一件需要当代人做出牺牲，但可以造福后代的事；代际财产转移越多，后代受益越大，但当代人为此付出的代价也就越大。

根据上述讨论，可以得出下列结论。

第一，与不同的代际财产转移安排条件下的竞争性均衡相适应，同样的资源配置效率条件会导致不同的结果。既然在资源有效配置的前提下，福利的分配会大不相同，那么，仅有效率还不足以达到跨时期的社会最优资源配置。唯一的社会最优方案与大量的虽富有效率但次优的选择方案之间的区别意味着需要采用社会福利函数或明确的福利标准。既然非得留给未来的子孙后代足够多的财产，否则，竞争性的交换可能会导致他们生活水平的下降，那么，自然资源政策就不仅应该集中体现在自然资源市场的配置效率，而且还应该体现在代际福利的分配上。

第二，当计划者应用传统的成本—收益分析技术，并使社会贴现率等于市场利息率时，竞争性均衡条件下的资源配置与计划者打算选择的结果是一致的。但是，在竞争性均衡的条件下，利息率是内生变量并取决于代际财产分配。这一研究成果阐明了贴现的伦理学含义以及成本—收益分析与代际公平之间的关系。在特定的代际财富分配的条件下，贴现技术对于找出改善资源配置效率的机会，即对增加所有人的福利而不使任何人的状况恶化是有用的。随着时间的推移，采用贴现技术的资源有效配置既可能使生活水平提高，又可能使生活水平恶化。就此而言，贴现在伦理意义上是中性的。但只有在通过适当的代际财产转移选择，来显示人们对子孙后代的伦理意义上的关心的前提下，贴现才会导致预期的结果。

第三，在自然资源规划中，与其将可持续性和资源配置效率看成是相互矛盾的，还不如将它们看成是潜在互补的目标。通过发展那些既能将福利有效地转移给子孙后代，又不至于造成不必要的低效率的制度，经济学家可以对自然资源政策作出贡献。在现实世界中，代际转移机制可以采取多种形式。在日常生活中，某种制度，诸如向儿童提供食物、住所和教育，很明显属于代际转移机制。从抽象的观点来看，向未来的财产转移也可以通过投资于资本设备和新技术，以及通过将自然资源留给后人使用来进行。

二、代际资源财富失衡与转移

代际转移是指从一代人手中无偿地把财富让渡到另一代人手中。从代际财富转移的形态来看，可分为消极转移、习惯性或责任转移、主动转移。矿产资源等不可再生的自然资源财富其代际转移是实现代际财富的公平分配，是达到可持续性的条件之一，也是恢复代际资源财富失衡的手段之一。

代际资源财富的失衡包括数量失衡和功能存量失衡。数量失衡是指在经济发展过程中，由于可更新资源的再生速率跟不上消耗速度，不可再生资源的存量下降，使下代人拥有的自然资源总存量要小于当代人的，而功能存量失衡是指资源的有效使用价值下降。舒基元等认为，代际真正的财富不均衡是表现在代际资源功能存量失衡上，可表述为 $F_s(t+\Delta t)$。$F_s(t)$ 用来表示第 t 代人寿命期内资源的功能存量，它是与技术水平相关的变量；t 一般表示为一个代际期。出现功能存量失衡可以通过主动的财富转移来弥补，为此，他们构造了一个代际财富转移模型来分析代际的自然资源转移。

设定在某代人 t 的寿命期结束时某资源存量为 S_t，在其寿命期内开采量（即消耗量）为 R_t，该种资源再生速率为 v_t（自然更新速率与人工更新速率之和），则有如下关系：

$$S_t = S_{t-1} - R_r + S_{t-1} \cdot v_t$$

这是从实物量的角度来衡量的代际资源拥有关系，如果对于 $t \geqslant 0$，有 $S_t < S_{t-1}$，则说明处于数量失衡状态。引进科技因子 PD_t，用功能存量来衡量代际资源拥有状况，则有：

$$F_{st} = (S_{t-1} - R_t + S_{t-1}v_t)PD_t$$

式中，PD_t 为单位资源的产出率。

令资源的价格为 P_t，则每代人遗留给下代人的资源财富功能价值量为 M_t，即：

$$M_t = S_t = (S_{t-1} - R_t + S_{t-1}v_t)PD_r \cdot P_t$$

因此，资源代际价值减少量为：

$$\Delta M = M_{t-1} - M_t$$
$$= PD_{t-1}P_{t-1}(S_{t-2} - R_{t-1} + S_{t-2}v_{t-1}) - PD_tP_t(S_{t-1} - R_t + S_{t-1}v_t)$$

为了弥补下代资源财富的减少，上代人必须将其获得的收入中的一部分转移给下一代，且转移的量至少要与 ΔM 持平。

人们参与就业，从事生产劳动所获的收入有这样三部分来源：劳动力获得工资收入，资本服务获得利息收入，资源使用获取租金收入。因此，收入为：

$$I_t = Z_tL_t + r_tK_t + P_tA_t$$

式中，I_t 代表第 t 代人总收入水平；Z_t 为工资水平；L_t 为参与就业的人数；r_t 为当期利率水平；K_t 为当期使用的资本；P_t 为当期资源价格；A_t 为当期资源投入量。

设代际转移系数为 θ，则：

$$I_t \cdot \theta = \Delta M$$

即 $\theta = \Delta M / I_t = [PD_{t-1}P_{t-1}(S_{t-2} - R_{t-1} + S_{t-2}v_{t-1}) - PD_tP_t(S_{t-1} - R_t + S_{t-1}v_t)] / (Z_tL_t + r_tK_t + P_tA_t)$

一般来说，$0 \leqslant \theta \leqslant 1$，如果 $\theta \leqslant 0$，则：

$$PD_t - 1P_{t-1}(S_{t-2} - R_{t-1} + S_{t-2}v_{t-1}) \leqslant PD_tP_t(S_{t-1} - R_t + S_{t-1}v_t)$$

实际上下代人拥有的资源功能存量大于上代人所拥有的。上代人无需向下代人转移财富便能保持代际均衡发展。意即上代人将其生产劳动所获得的全部收入转移给下代，这实际上是不可能的。因为无论哪一代人都必须考虑自身的生存需求后才考虑下代人的需求。因此，t 代人所转移给 $t+l$ 代人的最大财富量为 $I_t - E_t$（E_t 表示第 t 代人及他与第 $t+l$ 代共存期所必须消耗的最低财富量），因而实际的财富转移系数为：

$$0 < \Delta M / T_t \leqslant \theta \leqslant (I_t - E_t)/I_t = 1 - E_t/I_t < 1$$

上式中的 $\Delta M, I_t, E_t$ 可通过统计数据获得。

关于核模型有如下几点说明。

(1)模型中 PD_t 为单位资源的产出率，它是科技水平的函数，即随着科技水平的提高，人们利用自然资源的效率也会相应提高，从而得到比以前利用更多的效用，反映了科技也是上代人转移给下代人的财富。

(2)对于那些可由人造资本部分至全部替代的资源，PD_t 可以起到调节作用。但对于那些不可由人造资本所代替的生命过程所不可缺少的自然资源，则完全行不通，如淡水、空气、环境质量等。如果当代人耗竭了所有淡水或污染了所有空气，即使转移出再巨大的其他财富也是毫无用处的，再大的财富也无法弥补这种损失。因此，模型中的 PD_t 界定于那些功能可部分或全部由人造资本代替的自然资源。对于那些不可替代的自然资源，则模型中修正参数

PD_t，令其等于 1 即可。

(3)代际财富均衡实现的客观条件是增加对资源产业的投资，进行资源保护，增加资源存量。为了达到代际均衡发展，要实行主动的代际财富转移政策，上述模型中提出的转移系数可以作为理论参考。

从政府宏观管理来讲，实现代际财富转移应建立专项基金制度，可以开征“资源代际补偿税”。

三、最优可持续经济增长模型

下述模型是根据巴比尔(E. B. Barbier，1989)的分析展开的，也可称之为巴比尔模型。该模型的目的是，分析当经济面临如下三个长期的生物物理的约束条件下，经济的最优增长路径。三个约束条件是：①可再生资源的开采率应低于自然的或管理的再生率。②不可再生资源的开采率应处于使可再生资源能够充分地替代可耗竭资源的水平。这样，从长期来讲，意味着复合资源的耗竭率为零，因被耗竭的不可再生资源可由再生资源来弥补、替代，两者之和是不变的。③经济过程中所排放的废弃物，要保持在环境的吸收能力之内。该分析建立在福尔斯特(Forster)的模型基础上，并对他的模型进行了修正和扩展。在福尔斯特模型中，只包括了上述三个约束条件中的一个，即排放的废弃物的水平不应超过环境的吸收能力。

模型的关键假设是，在任何时间 t，环境退化率 $\dot{S}$ 等于经济过程中排放的所有废弃物流量 W，减去环境所吸收的废弃物数量 A；加上从环境所开采的可再生资源的数度 R，减去可再生资源自然再生产的资源 G；加上从环境中开采的不可再生资源 E，即：

$$\dot{S}=(W-A)+(R-G)+E \qquad (6.19)$$

W 指经济过程中的所有废弃物流量，包括来自不可再生资源的开采过程所产生的废弃物，来自可再生资源开采过程中所产生的废弃物，以及来自生产和消费所产生的废弃物。式(6.19)不仅考虑了经济过程中的物质流量，而且考虑了不由经济系统所产生的废弃物和耗竭的资源对环境产生的全部影响，这里的环境是一个复合的资源基础。比如，森林的采伐率可以快于其再生率，但是森林采伐所产生的废弃物加上木材生产和消费过程中所产生的废弃物却不可能超过环境的吸收能力。考察经济行为对环境的总影响应当考虑废弃物产生的总影响和采伐所产生的影响两个方面。为此，式(6.19)有如下论述：如果 $W=A$，则 $W-A=0$。如果 $(R+E)=G$，则 $(R+E)-G=0$，以此反映上述两方面的因素。

因为资源开采或采伐，经济过程中的废弃物排放都是为了要提供消费 C，可以假设：

$$\begin{cases}W=W(C),W'>0,W''(C)>0\\ R=R(C),R'>0,R''(C)>0\\ E=E(C),E'>0,E''(C)>0\end{cases} \qquad (6.20)$$

上述三式反映 W、R、E 均是消费 C 的函数。上述三函数对消费 C 的一阶导数、二阶导数都大于零，说明随着消费的增加，排放的废弃物、采伐的可再生资源和开采的可耗竭资源都要增加，且增加速度越来越快。同样，如果 x 是环境质量的度量指标，则可以假设环境的废弃物吸收能力和环境生物生产能力是环境质量 x 的增函数，即

$$\begin{cases}A=A(x),A'(x)>0,A''(x)<0\\ G=G(x),G'(x)>0,G''(x)<0\end{cases} \qquad (6.21)$$

将式(6.20)、式(6.21)代入式(6.19)可得

$$\dot{S} = [W(C) + R(C) + E(C)] - [A(x) + G(x)]$$
$$= N(C) - G(x) \tag{6.22}$$

式中，$N(C)$指由于经济过程中的各种资源需求所导致的环境退化加剧的程度；$Q(x)$代表面对各种资源的需求，环境的恢复能力。

由式(6.20)，可以假定：

$$N(C) > 0, N'(C) > 0, N''(C) > 0, C > \underline{C}$$
$$N(\underline{C}) = 0, C = \underline{C}, \tag{6.23}$$

式中，$\bar{C}$指经济体系只消耗积累所增加的资源存量时所提供的消费，此时环境污染减轻，$W = 0$。因此，处于消费水平C的经济对环境不产生任何新增加的资源需求。

同样，由式(6.21)，可以假设：

$$Q(x) > 0, Q'(x) > 0, Q''(x) < 0, x > \underline{x}$$
$$Q = (\underline{x}) = 0, x \leqslant \underline{x} \tag{6.24}$$

式中，x是最低的可持续的环境质量。这就是说，如果环境质量下降到$\underline{x}$之下，生态系统不再有能力吸收废弃物，也不再产生生物的再生产。

最后，假定$\dot{S}$和$\dot{x}$之间具有反向的关系，如果随着时间推移，环境退化加剧，则环境质量也就下降。

$$\dot{x} = -a\dot{S} = a[Q(x) - N(C)] \tag{6.25}$$

现在假设任何时点上的社会福利用凹的效用函数U来度量，则U是当前消费C和当前x存量的函数：

$$U = u(C, x)$$

有$u_c > 0$，$u_{cc} < 0, u_{cx} = 0, \lim_{c \to 0} = \infty, \lim_{x \to 0} = \infty$。

式(6.19)和式(6.25)是构造出来用以反映可持续性的标准的，从中也可看出生物物理方面的约束。这就是说，经济增长能够长期可持续下去的最低条件是$W = A$和$R + E = G$，这个条件保证环境退化不会发生，也就是$\dot{S} = 0$。这样，对一个社会来说，可能的选择是，为长期的经济增长路径作出计划，使之不产生环境退化。

条件式(6.19)和式(6.25)还表示，不管怎样，只要有环境退化的现象继续发生，环境质量将下降。式(6.24)提出，对于环境质量有一个最低极限，如果x低于该极限，环境退化将破坏环境的自然清洁能力和环境中再生资源的再生过程。这等同于环境的崩溃，走向环境崩溃的经济增长就是所谓的不可持续的经济增长。不过，在有些条件下，一个社会也许除了接受不可持续的增长路径外无其他选择。

这个模型的目的是探讨导致可持续增长的最优条件，而不是与之相反。给定一个正的时间偏好率γ，计划的问题就是找到如下最优问题的答案：

$$\text{mas} \int_0^{\infty} e^{-rt} u(C, x) \mathrm{d}t$$

约束条件：$\dot{x} = a[Q(x) - N(c)]$

$x(0) = x_0, x(\infty)$为自由变量。

设定一个连续的函数$P(t)$，这个问题的汉密尔顿方程是：

$$H = e^{rt}\{u(C, x) + Pa[Q(x) - N(C)]\} \tag{6.26}$$

一阶条件是

$$\frac{\mathrm{d}H}{\mathrm{d}C} = u_c - PaN' = 0,\ P = u_c/aN' > 0 \tag{6.27}$$

$$\underline{P} = rP = -\frac{\mathrm{d}H}{\mathrm{d}x} = -u_x - PaQ' \tag{6.28}$$

或 $$\dot{P} = [r - aQ']P - u_x$$

和 $$\underline{x} = a[Q(x) - N(C)] \tag{6.29}$$

$P(t)$是变量,代表环境质量的社会价值,或影子价格。条件式(6.27)可以给出 C 关于 P 的显函数:

$$\mathrm{d}C/\mathrm{d}P = \frac{aN'}{u_u - aPN''} < 0 \tag{6.30}$$

根据式(6.28)和式(6.29),经济系统从任何初始点(x_0, P_0)开始,其行为可以表述如下:

如果 $[r - aQ']P > u_x$,$\dot{P} > 0$; (6.31)

如果 $[r - aQ']P < u_x$,$\dot{P} < 0$;

如果 $Q(x) > N(C)$,则 $\underline{x} > 0$;如果 $Q(x) < N(C)$,则 $\underline{x} < 0$ (6.32)

这些等式的几何表示如图 6-6,并且,

图中: $$P_1^* = \frac{uc(\bar{C},0)}{aN'(C)}$$

$$\lim_{x\to 0} P\,|_{\underline{x}=0} = \lim_{\substack{x\to 0\\ C\to \underline{C}}} \frac{u_c(C,x)}{aN'} = \frac{u_c(\underline{C},0)}{aN'(\underline{C})} \tag{6.33}$$

由于 $Q'(x)$ 在点 $\underline{x}$ 处不连续,曲线 $\underline{x} = 0$ 的轨迹在此点发生转折。稳态轨迹的斜率决定如下:

$$\left.\frac{\mathrm{d}P}{\mathrm{d}x}\right|_{p=0} = \frac{aPQ''(x) + u_{xx}(c,x)}{r - aQ'(x)} < 0 \tag{6.34}$$

$$\left.\frac{\mathrm{d}P}{\mathrm{d}x}\right|_{\dot{x}=0} = \frac{aQ'(x)}{aN'(C)\mathrm{d}c/\mathrm{d}p} < 0 \tag{6.35}$$

在图 6-6 中,(x_1^*, P_1^*) 和(x_3^*, P_3^*) 是稳定的均衡点,而(x_2^*, P_2^*) 则是不稳定的均衡点。如果 $x_0 > x_2^*$,为了使经济的增长路径终止于稳定点(x_3^*, P_2^*),最优的政策是选择 P_0,这代表了一种可持续的增长。如果假设 $\dot{x} = 0, x > \underline{x}$,则生物物理方面的约束被加以考虑。如果 $x_0 > x_2^*$,将对 x_2^* 保持不变则是最优的。如果 $x_0 < x_2^*$,假设非凹的有效条件得到满足,则经济增长路径将走向点(x_1^*, P_1^*)。可是,这种增长路径是不可持续的,一方面,环境的吸收能力和再生能力将会被毁灭,另一方面,经济体将被迫消费现存的内部资源存量。最终,现存的资源被消耗尽,经济也将崩溃。图中,$P_4^* = \dfrac{u_c(C,0)}{aN'(C)}$。

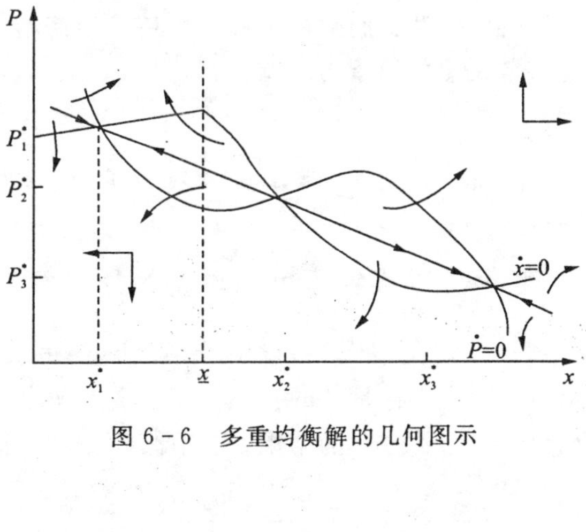

图 6-6 多重均衡解的几何图示

这样,当环境质量的初始水平极低时,环境不可持续的经济增长可能是一种最优的战略。因为增加消费所产生的利益发生

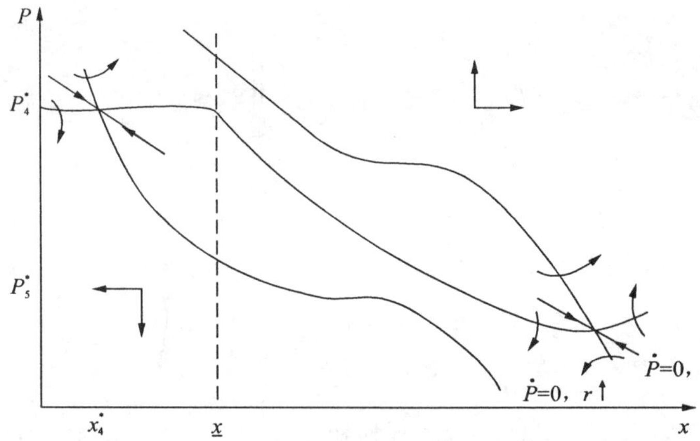

图 6-7　r 变化所产生的效应

在当代，而环境退化和崩溃则是未来的问题。这种不可持续的经济增长战略也可以是由于对未来的贴现率过高而引出的最优战略。因此，环境质量的初始水平和对未来效用所采取的贴现率都是在可持续增长和不可持续增长之间进行最优选择的重要因素。

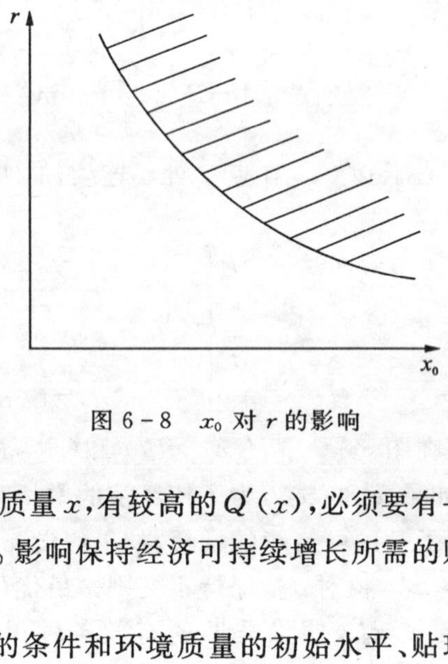

图 6-8　x_0 对 r 的影响

从图 6-7 可以很明显地看到，贴现率的提高将使点等于 0 曲线向下方移动，这样最终只存在一个均衡点。而且在该点上，经济增长是不可持续的，如 $x_4^* < \underline{x} < 0$。相反，较低的贴现率将使点等于 0 曲线向上移动，也使均衡点只有一个（如 $x_5^* < \underline{x}$），但是在该点上，经济增长是可持续的。这个结果很显然证实了贴现率在决定经济过程的持续性方面具有重要作用。社会的时间偏好率 r 的最小边界和环境质量的初始状态水平 x_0 有关。由式(6.31)可知，要使点等于 0，必须使 $r > a \cdot Q'(x)$。对于式(6.24)所规定的 $Q(x)$ 的特性，较低的初始环境质量 x，有较高的 $Q'(x)$，必须要有一个较低的贴现率。如图 6-8 所示，环境质量的初始水平 x_0 影响保持经济可持续增长所需的贴现率 r 的选择，也给 r 的选择规定了一个上限。

通过该模型我们知道了最优可持续经济增长所需的条件和环境质量的初始水平、贴现率对经济增长模式的重要影响。

第四节　不可逆性和资源保护

一、经济过程中不可逆性的性质和意义

在有关自然保护的讨论中，人们对有关濒危物种和风景优美的自然区的保护尤其关注，而对其他具有同样价值的自然资源的配置则涉及较少。这是因为这样一些东西是相当长时期内地貌和生物过程的结果，它们是不能由人来制造的。如果被毁灭，或遭受其他极不利的

影响，它们将不能被替代，也无法修复。通过人类的努力，也无法全部复制出它们特有的基本特征，因此它们被称为"自然的礼物"(gifts of nature)。矿产资源等不可再生资源都属于此类。对这样一些资源的使用具有不可逆性，有关决策也就是不可逆的决策。

虽然把决策分为可逆的和不可逆的两部分，说起来是一种相当容易的简化过程，但是这种说法也有不精确之处。热力学第二定律认为，可逆与不可逆之间是一个真正的连续体，同时这个连续体的端点是无法观察到的。代价为零的可逆选择是不存在的，很多所谓不可逆的选择，当付出几乎无限大的代价后，也是可以逆转的。而且所有的决策能否可逆和时间也有关系，在极短的时间内，可以说所有的决策都是不可逆的。但不可逆这个概念还是十分有用的，因为决策与决策之间仍有差异存在，它们的影响有的在某些情形下可以恢复，但有的却永远不可恢复。

在这个意义上，一种生物物种的灭绝是不可逆的。通过改变遗传信息，创造出某种证明是无法消灭的新的极为有害的(例如致病的)有机体也是不可逆的。同样，危险废料的产生(例如核废料、各种有毒的化学合成物)是不可逆的。地质、水文和生态系统的大规模破坏也是不可逆的。

经济过程中可逆决策和不可逆决策之间的区别有时可以通过生产产量决策和投资决策之间的区别来予以阐述。在既定厂房、机器设备、原材料库存、产成品库存前提下，生产者所面临的是对市场需求的预测。有关每条生产线上产品生产数量的决策不可能完全与实际市场需求相吻合。这种差异可以通过产成品库存数量的变化表现出来。如果关于产品的决策出现错误，库存数量将会上升(或下降)到合理库存量之上(或之下)。生产者将进行调整，使生产数量和实际市场需求量相符。对于已经生产出来的产品数量，他的初始决策已无法消除，但他能调整后续的生产，从而消除这种错误决策所带来的影响。在这种意义上，人们将这些决策视为可逆的。也就是说，如果决策的影响能够得以改正而只要付出无足轻重的代价，这种决策也可视为可逆的。

可是，假如决策是有关生产者的工厂的生产力的，就需要对用于工厂建设的投资进行决策。而错误决策的影响将相当持久。对工厂和机器设备的投资不同于原材料存货方面的投资，在短时间内，它不能收回并得到清算。事实上，对市场所需生产能力的最初估计超过了该种产品的市场潜力，就已经作了一个不可逆的决定，因为这些资本既不可能用作他途，也不可能十分便利地转化为现金。上述有关决策阐述了经济过程中不可逆性的一个方面的特点，即剩余生产能力的投资无法收回。

尽管对工厂的生产能力的过度投资具有不可逆性，对个体投资者也有比较大的影响，但如果从整个经济体来考虑，绝大多数情形下，这种投资只是一个边际决策，而且如果这类决策有错误，对整个社会来说消除其影响也是无关大局的。

可是有些因个体行为而产生的影响却具有持久性。这些影响对整个社会也绝不是无足轻重的。如果作出一个决策，把以大峡谷而闻名的一大片土地改为其他完全不同的用途，因而实际上消灭了人们所知道的大峡谷，在未来要想重新创造它，那将需要付出即使不是无法负担的，也是极大的费用。这样一个决策将会给社会带来持久的影响。

从单个投资者的角度来看，任何对特定厂房和机器设备的投资，在某种意义上都是不可逆转的，其影响也不能轻易消除。但是在一个相对广泛的社会体系中，这里所谈的不可逆性远不及那些导致某一生物物种的灭绝的不可逆性。某一物种的消失也是该物种所具有的基因信息的消失。生物多样性的减少也意味着未来社会可供选择的机会的减少。这样的决策所导致的不可逆性增加了当代人的福利，但是却减少未来社会的选择，由此导致后代人福利的下降。

由于这些不可逆性，人们就需要对一些自然资源进行保护。保护就是使自然资源在时间上的配置对社会最优。从前文有关自然资源配置的私人条件和社会最优条件相背离的分析中，可以知道纯粹的市场是不可信赖的，在私人的投资中，他们是不会关心环境的不可逆性的。

二、不可逆性的模型化

（一）非正式的图示方法

对于经济学家来说，关于不可逆性的重要问题是：其对自然资源配置的含义是什么。如果保持原状，未经开采的环境资源相对于已经开采的资源来说，其价值正在下降，则很明显，可逆性没有产生什么特殊问题。最优的投资计划将根据相对价值的变化率进行调整。但是，至少在不发达国家，所出现的情况正好相反。在许多情形下，独特的自然环境价值相对于其开发所生产的产品或服务的价值来说，却是在上升。此时对可逆性的限制重要起来，因为通过将自然环境复归原状或回到较少开发的状态是有利可图的。

这种状况在图6-9中以总量的方式来表示。具有通常的凹性的生产可能性曲线描述了在一个经济体中未经开发的自然环境所提供的服务E和生产的商品G之间此消彼长的关系。在时期1，这种关系用PP_1表示；在时期2，这种关系用PP_2来表示。相对平坦的PP_2反映了可能是由于技术进步所导致的产出G的增加（但E不增加）。相对更加平坦的$P'P_2$表示由于时期1生产G的过程对自然环境的某些部分具有不可逆转的影响，经济体将无法创造时期1所具有的E的水平。

现用I_1、I_2分别表示时期1、时期2的社会无差异曲线。如果从一个时期到下一个时期社会偏好不发生变化，那么I_1和I_2完全平行，在新的切点上斜率仍相对的小。如果社会偏好转向于更喜好环境，正如一些事实所表明的那样，新切点的斜率将更加小。换句话说，就是相对价格比率P_G/P_E更加低。这并不是对于G的消费来说E的消费在增加，而是指E的价值在增加。

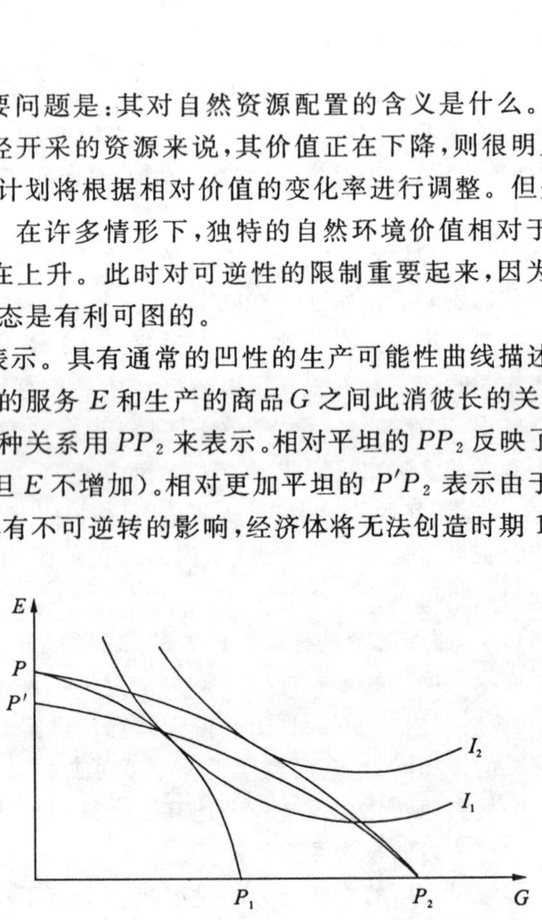

图6-9　生产可能性和对生产物及环境舒适感的偏好

从图6-9中可以看到技术变化是不对称的。它增加了普通商品和服务的生产能力，但是并没有相应增加自然环境所提供的服务。只要消费者的偏好没有有效地转为更加偏好于普通商品，一般商品供给的增加意味着保持原状的自然资源其相对价值的增加。这样对一些拟议中的资源利用方案进行估价是十分恰当的（如兴建水坝、开采露天矿），因为保持原状的自然资源的价值相对于水的价值、电的价值或因开发所生产的矿产品的价值来讲可能还在上升。这些开发都具有不可逆性。人们完全有理由希望某种程度的保护应成为项目投资的一个标准。更加严密的理论分析可以更精确地证明这一观点。

（二）不确定情形下的投资决策

到此，尚未正式地探讨有关保持原状的资源其价值的不确定性。有可能从保存下来的生态系统及其所包括的各种生物物种中找到治愈癌症的物质、汽油的替代品或可四季收获的作物。但是很显然，就某一特定资源的开发进行决策时，这些却是不可知的。前文已经说明，保持原状的自然环境的价值相对开发的资源的价值来说将上升的可能性非常大。即使从总体上说这是真的，但对某一块特定的荒野土地来讲却未必如此。在本部分将提出一个有关资源开发决策的模型，在该模型中考虑不开发的不可逆性以及因开发所放弃的环境价值的不确定性。

在该模型中，前文所述的两个时期的结构仍然保留。决策的问题是：在两个时期的每一期间，一块荒野土地应安排多少被开发？可以选择适当的度量单位以使可供开发（或保护）的最大数量是 1 个单位。关于该模型有三个假设：第一，在任何期间的开发都是不可逆的。第二，第一阶段开发所产生的收益是已知的，但第二阶段开发所产生的收益却是未知的。上述两个假设抓住了问题的本质特点。第三，收益是开发水平的线性函数。这一假设是为了更加容易地获得明确肯定的解。

和某一既定的资源开发水平相联系的收益包括两个部分：一部分是来自开发的收益；另一部分是来自保护的收益。在期间 1，开发的收益 B_{1d} 可表示为：

$$B_{1d}(d_1) = ad_1 \qquad (6.36)$$

式中，d_1 是期间 1 资源开发的数量；a 是一个正的常数。注意 $0 \leqslant d_1 \leqslant 1$。

期间 1 资源保护的收益 B_{1d} 表示为：

$$B_{1d}(d_1) = \beta - \gamma d_1 \qquad (6.37)$$

式中，β 和 γ 都是正的常数。因此期间 1 的总收益可表示为：

$$B_1(d_1) = B_1d(d_1) + B_1\rho(d_1) = \beta + (\alpha - \gamma)d_1 \qquad (6.38)$$

图 6－10 分两种可能的情况显示了 B_1 和 d_1 之间的线性关系：$\alpha > \gamma$，$\alpha < \gamma$。很显然，如果 $\alpha < \gamma$ 通过选择 $d_1 = 0$，可使期间 1 的收益最大；如果 $\alpha > \gamma$，通过选择 $d_1 = 1$ 可使期间 1 的收益最大。这样，该问题就约束在多解的选择上。当要考虑期间 2 的不确定性时，讨论将更加复杂，但该约束仍然保留下去。

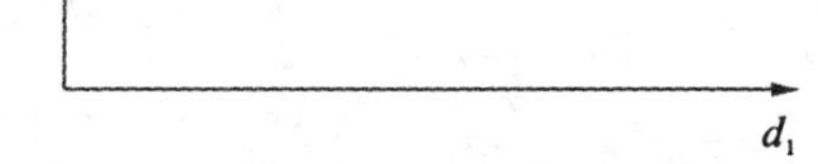

图 6－10 收益与开发利用量之间的线形关系

期间 2 的收益是 $B_2(d_1 + d_2\theta)$，其中 d_2 是期间 2 所开发利用的土地数量，θ 是一个随机变量。这样，期间 2 的收益取决于期间 1 和期间 2 的土地开发利用数量并且是不确定的。注意有 $d_2 > 0$ 和 $d_1 + d_2 \leqslant 1$。假定有关决策问题是最大化两个期间的期望收益，这是处理不确定性的一种特殊方式。如果以效用单位来衡量收益，则讨论的方法就类似于一般的期望效用最大化问题。

有关该模型剩下的一个问题是有关不确定性随时间变化的方式。考虑两种可能的情形。第一种情形下，在期间 2 也不会知道更多的有关 θ 值的信息，因此 d_1 和 d_2 期间 1 就被选定；第二种情形下，在期间 2 可以知道有关 θ 值的信息，因此将有关的决策推延到期间 2 作出是有意义的。在第二种情形下，有关 θ 的值，并不取决于期间 1 的资源开发利用数量 d_1。不确定性主要是关于资源保护的未来(期间 2)的收益,如在一些当地物种中所发现的价值等。这些价值的发现并不决定于对其所生存的自然环境的开发利用,而是决定于对其药物特性和其他特性所进行的科学研究。对于当前所讨论的问题来说,这种科研并不是内生的,但是假设由于科学研究所提出的有关 θ 值的结论是独立于问题中的荒野的开发利用的。毫不奇怪,这个假设对将要得出的结论会有重大影响。关于这一点,将对有关假设及其影响作更深的探讨。

以下对每一种信息结构下价值最大化问题进行数学表述。当期间 2 没有更多的新信息可获取时,$V^*(d_1)$定义为:

$$V^*(d_1) = B_1(d_1) + \max_{d_2}\{E[B_2(d_1 + d_2, \theta)]\} \quad (6.39)$$

约束条件:$0 \leqslant d_1 + d_2 \leqslant 1$, $0 \leqslant d_2$

最大值为 $V^* = V^*(d_1^*)$,其中(d_1^*)是使 $V^*(d_1)$ 最大化的资源开发利用量(在 $0 \leqslant d_1 \leqslant 1$ 约束下)。

当在期间 2 可以获得有关 θ 的新信息时,$V(d_1)$ 定义为:

$$\hat{V}(d_1) = B_1(d_1) + E[\max_{d_2}\{B_2(d_1 + d_2, \theta)\}] \quad (6.40)$$

约束条件:$0 \leqslant d_1 + d_2 \leqslant 1, 0 \leqslant d_2$

在此情形下,最大值是 $\hat{V} = \hat{V}(\hat{d}_1)$,其中 $\hat{d}_1$ 是使 $\hat{V} = (\hat{d}_1)$ 最大化的资源开发利用量(在 $0 \leqslant d_1 \leqslant 1$ 的约束下)。

关于每一期间的资源最优开采利用问题,可以作如下探讨。显然,因为 $V^*(d_1)$ 和 $\hat{V}(d_1)$ 不等,所以 d_1^* 和 $\hat{d}_1$ 也将不等。如果在期间 2 将获取更多的有关保护收益增加的信息,在开发利用具有不可逆性的情况下,推延资源的开发利用应该是有意义的,因此自然的假设是 $\hat{d}_1 \leqslant d_1^*$ 。相反,如果决策者不考虑这方面的信息,期间 1 的资源开发利用将会很快。可以证明这一结论,但不是从一般意义上,而是通过在全部开发利用和一点也不开发利用之间的选择这一特殊情况来说明。

以下对每一信息结构下资源开发利用和保护两种决策进行比较。在没有新信息可获的信息结构下,则有:

$$V^*(0) = B_1(0) + \max\{E[B_2(0, \theta)], E[B_2(1, \theta)]\} \quad (6.41)$$

和

$$\hat{V}(1) = B_1(1) + E[B_2(1, \theta)] \quad (6.42)$$

同样,可有如下数学式:

$$d_1^* = \begin{cases} 0, \text{如果 } V^*(0) - V^*(1) \geqslant 0 \\ 1, \text{如果 } V^*(0) - V^*(1) \leqslant 0 \end{cases} \quad (6.43)$$

在可以获得新信息的信息结构下,则有:

$$\hat{V}(0) = B_1(0) + E[\max\{B_2(0, \theta), B_2(1, \theta)\}] \quad (6.44)$$

和

$$\hat{V}(0) = B_1(1) + E[B_2(1, \theta)\}] \quad (6.45)$$

同样,有如下数学式:

$$d_1^* = \begin{cases} 0, \text{如果 } \hat{V}(0) - \hat{V}(1) \geqslant 0 \\ 1, \text{如果 } \hat{V}(0) - \hat{V}(1) \leqslant 0 \end{cases} \quad (6.46)$$

从上述表达式中可以看到 $V^*(1) = \hat{V}(1)$,资源在期间 1 已被全部开采利用,对期间 2 来说,资源已被全部用尽,有关 θ 值的信息也就无所谓了,因此在两个期间总价值是相等的。

但是到此为止,还没有表达 $d^*(1) = \hat{d}_1$ 和之间的关系。根据极大化算子的凸性和詹森

不等式,有如下结论:

$$\hat{V}(\theta)-V^*(0)=E[\max\{B_2(0,\theta),B_2(1,\theta)\}]-\max\{E[B_2(0,\theta)],E[B_2(1,\theta)]\}\geqslant 0 \quad (6.47)$$

因为 $\hat{V}(0)\geqslant V^*(0)$, $\hat{V}(1)\geqslant V^*(1)$,因此 $\hat{d}_1<d_1^*$。实际上,这意味着期间1最优开采量不会是全部资源量,因为这样就排除了从有关 θ 的新信息中获利的可能性。

(三)选择权价值

在有关自然资源保护的文献中,"选择权价值"的概念具有十分重要的作用。根据这个概念,自然资源保护可以带来一个超过传统的消费者剩余的价值,即人们当前没有使用某一自然资源,但可以决定在将来是否使用这种自然资源,这种选择权具有一个正的价值。

对于选择权的价值有多种解释,有的解释认为选择权价值和风险加价相等。根据该种解释,选择权价值和风险厌恶有关。

另一个不同解释由费希尔(Fisher,1934)提出。与第一种解释不同,他们认为选择权价值不是取决于风险厌恶,而且这种解释具有明显的动态性,与动态配置有关。根据上文所提出的数学模型,也可以对选择权价值作出解释:选择权价值是由于能够了解未来的收益,从而期初对资源不进行开发利用所获取的收益,如果资源一旦开发利用,这种收益将不复存在。也就是保留在未来对资源进行开发利用或保护的选择权所获取的收益。根据所使用的术语,就是:

$$OV=\hat{V}(0)-V^*(0) \quad (6.48)$$

由公式可以知道,选择权价值 OV 是非负的。

假设决策者不考虑对新信息的预期,因此他将对 $V^*(0)$ 和 $V^*(1)$ 进行比较,并由此进行决策。但一个正确的决策应该是考虑这种预期的决策。在理论上,通过对保护行为给予补贴可以引致这样的正确决策。最优的补贴可以依据如下公式得出:

$$[V^*(0)+S]-V^*(1)=\hat{V}(0)-\hat{V}(1) \quad (6.49)$$

因此,

$$S=[\hat{V}(0)-\hat{V}(1)]-[V^*(0)-V^*(1)] \quad (6.50)$$

由式(6.42)和式(6.43)可知, $V^*(1)=\hat{V}(1)$,因此,由式(6.50)式可导出式(6.48),即 $OV=\hat{V}(0)-V^*(0)$。这个补贴正是所讲的选择权价值,这是一种依赖于保护选择权的额外价值。

但是,在有关资源利用的决策问题中,选择权价值不等同于该决策中的信息价值。决策理论中的信息价值,是完全信息的期望值。而选择权价值是有条件的信息价值,这个条件就是 $d_1=0$。而无条件的信息价值是 $\hat{V}(\hat{d}_1)-V^*(d_1^*)$。这可能意味着 $\hat{d}_1=d_1^*=0$,也可能 $\hat{d}_1=d_1^*=1$ 或 $\hat{d}_1=0, d_1^*=1$。如果 $\hat{d}_1=d_1^*=1$,信息价值是 $\hat{V}(1)-V^*(1)=0$,而选择权价值仍然是 $\hat{V}(0)-V^*(0)\geqslant 0$。如果 $\hat{d}_1=0, d_1^*=1$,信息价值是 $\hat{V}(0)-V^*(1)$,因为 $\hat{V}(0)\geqslant\hat{V}(1)=V^*(1)\geqslant V^*(0)$,所以此时选择权价值大于信息价值。总之选择权价值是第1期的资源开采利用为零时的信息价值,它一般大于或等于无条件的信息价值。

本章参考文献

韩英. 可持续发展的理论与测度方法[M]. 中国建筑工业出版社,2006:35

厉以宁,张铮. 环境经济学[M]. 北京:中国计划出版社,1995

刘伟等. 资源配置与经济体制改革[M]. 北京:中国财政经济出版社,1989

马中. 资源环境经济学概论[M]. 北京:高等教育出版社,1999

威廉·福格特. 生存之路[M]. 北京:商务印书馆,1988

杨昌明. 资源环境经济学[M]. 武汉:湖北人民出版社,2002

叶文虎. 环境管理学[M]. 北京:高等教育出版社,2000

Barbier E B. Economics, Natural Resource Scarcity and Development. Earthscan Publishing Limited, London,1989

Barnett H J, Morse C. Scarcity and Growth: The Economics of Natural Resource Scarcity. Johns Hopkins Press, Baltimore,1963

Bishop, Endangered Species and Uncertainty: The Economics of Safe Minimum Standard. American Journal of Agricutural Economics, Vol. 60,1978. 12

Conrad J M, Colin C. Natural Resource Economics: Notes and Problems. Cambridge University Press, London,1987

Fisher A C. Resource and Environment Economics. Cambridge University Press, London,1981

Hardwick J M, Olewiler N D. The Economics of Natural Resource Use. Harper &Row, New York, 1986

Herfindahl O C. Depletion and Economic Theory. in Gaffney M, Extractive Resource and Taxation, 63～90. University of Wisconsin Press, Madison, Misconsin,1967

Munasinghe M. Towards Sustainable Development: The Role of Environmental Economics and Valuation. The World Bank, Washington D. C. ,1992

Randel A. Resource Economics: An Economic Approach to Natural Resource and Environment Policy. John Wiley & Sons Inc. , New York,1987

Robinson T J C. Economic Theories of Exhaustible Resources, Rout Ledge. New York,1989

Tietenberg T H. Environment and Natural Economics. Scott, Foresman and Company,1988

Toman M A. The Diffculty in Defining Sustainability in Darmstadter, J. , ed. , Global Development and the Enviranment: Pespective on Sustainability, Resources for the Future,1992

第七章　矿产资源开发的外部性与治理

第一节　外部性一般理论

一、外部性的内涵

(一)外部性的渊源

外部性一词的英文原意为“Externality/Externalities”,在经济学文献中有时又被称为“外部效应”(External Effects)或“外部经济”(External Economies),国内有的学者将其翻译为“外在经济”或“外在性”。在中文版的《新帕尔格雷夫经济学大辞典》中,就有“外在经济”和“外在性”两个词条。大约从19世纪末20世纪初开始,外部性问题进入了经济学研究视野。尤其是20世纪70年代以来,随着工业化、城市化以及环境污染而出现的外部性问题引起了很多经济学家的关注。外部性问题一直是经济学中最复杂、最重要,也是颇有争议的少数课题之一。人们对外部性问题的争论始终是与经济福利、市场失灵、政府规制等重大议题密切相关的,外部性理论及其政策的演进是整个20世纪经济思想发展的重要线索之一。如今,几乎在每一部具有完整学科体系的经济学著作或教科书中,都必定会包含有关外部性理论及其政策的内容,外部性理论不仅是经济学的重要研究内容,也已成为政治学、社会学、人口学和法学等学科研究所涉及的重要领域(林成,2007)。

由于外部性在经济学体系中所处的独特地位,关于外部性的概念内涵,自其产生以来就存在诸多争议,很多经济学家从不同角度对外部性的概念内涵进行了探讨。正如美国学者蒂·西多夫斯基(Tibor Scitovsky)在《外部经济的两个概念》一文的开头写到,“外在经济概念是经济学文献中最令人费解的概念之一。”

马歇尔(Marshall)在其经典著作《经济学原理》(*Principles of Economics*)一书中写道:“我们可以把因任何一种货物的生产规模之扩大而发生的经济分为两类:第一种是有赖于该产业的一般发达所造成的经济;第二种是有赖于某产业的个别企业自身资源、组织和经营效率的经济。我们可把前一类称作‘外部经济’(External Economies),将后一类称作‘内部经济’(Internal Economies)。”虽然约翰·克拉彭(John Clapham)在1922年将马歇尔的“外部经济”称作是一只“空盒子”,但是马歇尔首次提出并论述了外部经济概念。虽然没有提及“外部不经济”即“负的外部性”,但是为正确分析外部性奠定了基础,因此是外部性理论的第一块里程碑。

亨利·西奇威克(Henry Sidgrwick) 1887年在他的《政治经济学原理》一书中已经分析了私人产品与社会产品的不一致,虽然没有直接提到外部性,但已经初步认识到外部性的存在,他还以灯塔问题来举例说明。因此,西奇威克也被认为是“外部性”问题研究的奠基者之一。

庇古(Pigou)1924 年在其《福利经济学》一书中,通过引入"社会边际净生产"和"私人边际净生产"两个概念,深化了西奇威克对外部性的认识,即当社会边际净生产和私人边际净生产两者之间存在差异时,就产生了外部性。此外,庇古还补充了外部性可以是正或负的这一重要思想。

米德(Meade)在 1952 年对外部性给出了这样一个表述:"一种外部经济(或外部不经济)指的是这样一种事件:它使得一个(或一些)在做出直接(或间接地)导致这一事件的决定时根本没有参与的人,得到可察觉的利益(或蒙受可察觉的损失)"。他强调了外部性定义中的一个关键点,即利益或损失是"可以被察觉"的。他对外部性的界定对于经济学界具有较大的影响,在他之后很多学者对外部性的表述都没能摆脱他的风格。贝特(Bator,1958)提出了更加宽泛的概念:"'外部性'指示这样一种状况,即在用价格划分成本与收入时,出现非帕累托的成本与收益关系。"贝特的"宽泛概念"提出了一个新的问题,即外部性与公共物品。而布坎南(Buchanan)和斯塔布尔宾(Stubblebine)在 1962 年用一个函数关系式表达了对"外部性"的认识,"外部性"可以表达为 $U_A = U_A(X_1, X_2, \cdots, X_n, Y_i)$,$U_A$ 表示 A 的个人效用,它依赖于一系列的活动($X_1, X_2, \cdots, X_n$),这些活动是 A 自身控制范围内的,但是 Y_i 是由另外一个人 B 所控制的行为,B 被假定为社会成员之一。"

在 20 世纪 60 年代,科斯(Coase)虽然没有对外部性进行界定,但他的经典论文《社会成本问题》中提出了"交易成本",这对解决外部性问题提供了新的思路。这个思路不同于庇古税。科斯的思路是对埃利斯(Ellis)和费尔纳(Fellner)及奈特(Knight) 对外部性与产权界定的研究的继续,科斯进一步讨论交易成本与产权的关系,并指出解决负效应问题应该从总体的和边际的角度来看待。科斯在对待外部性问题时是持自由主义观点,即在外部性问题上政府与市场存在竞争。

(二)外部性的定义

文简要概述了外部性的渊源,虽然不同的经济学家对外部性给予了不同的定义,但归纳起来有两类(沈满洪、何灵巧,2002):一类是从外部性的产生主体角度来定义,例如美国著名经济学家萨缪尔森(Paul A. Samuelson)和诺德豪斯(William D. Nordhaus)(1999)所下的定义:"外部性是指那些生产或消费对其他团体强征了不可补偿的成本或给予了无需补偿的收益的情形。"另一类是从外部性的接受主体来定义,例如美国学者兰德尔(A. Randall)(1999)所下的定义:外部性是用来表示"当一个行动的某些效益或成本不在决策者的考虑范围内的时候所产生的一些低效率现象:也就是某些效益被给予,或某些成本被强加给没有参加这一决策的人"。

当前,在经济学教科书中较为流行的关于外部性概念的定义,均来自布坎南等人的论述。1962 年,布坎南和斯塔布尔宾给外部性下了这样一个定义:只要某人的效用函数或某厂商的生产函数所包含的某些变量在另一个人或厂商的控制之下,就表明该经济中存在外部性。该定义用数学语言较为准确地描述了外部性行为的基本特征,因此成为后继经济学家研究外部性问题的基本工具之一(林成,2007)。

二、外部性产生的经济解释

经济学家从不同的视角对外部性产生的原因进行了不同的剖析和阐释,归纳起来主要有以下几点(胡元聪,2010)。

第一,外部性产生于私人成本与社会成本的不一致。庇古1920年在《价值与财富》一书中,从"公共产品"入手,分析了厂商生产过程中社会成本与私人成本问题。他认为这两种成本的差异构成了外部性。1924年在《福利经济学》中作了进一步的研究和完善,提出了"内部不经济"和"外部不经济"的概念,并从社会资源最优配置的角度,应用边际分析法,提出了边际社会净产值和边际私人净产值,最终形成了正、负外部性理论。从成本视角,庇古认为外部性产生于私人成本与社会成本的不一致。

第二,外部性产生于个人收益与社会收益的不一致。诺斯1981年在《经济史中的结构与变迁》中从"搭便车"现象入手,对正外部性进行了剖析,即一定经济主体行为收益的溢出或渗透,意味着第三方不用付费就可享受到收益,导致经济当事人个人收益与社会收益的差距拉大到用一种经济活动的私人收益和社会收益的差额来表达。从收益的视角,他认为外部性产生于个人收益与社会收益的不一致。

第三,外部性产生于竞争的不完全性。米德1962年在《竞争状态下的外部经济与外部不经济》一书中,提出在完全竞争的市场,任何实际的影响都是附属于交易本身的,因此不存在任何外在性。即使所有的决定都是由一个决策者作出的也是如此。因为在完全竞争的市场,每个决策者都只能在一个小规模上从事经营活动,任何一个决策者最多也只能带来边际上的变化,且这种间接的边际变化,都不会给任何人带来可以察觉的利益或者损失。然而,无论市场经济还是计划经济,经济活动都是分散进行的,各经济主体在利益上有其相对独立性。因此,厂商在作决策时所考虑的首先是在生产的私人成本基础上而不是在社会成本的基础上寻求他们私人利润的最大化。这样,外部性的产生者的生产水平将超过最优水平,即污染的发生并不必然是因为把废物排放到环境中的总收益超过总成本,而且因为这样处理废物的收益将超过他所负担的那部分成本(郑秉文,2005)。因为"利益分散"、决策范围小导致竞争的不完全性,从而导致外部性的产生。

第四,外部性产生于产权的不明晰。奈特确立了对庇古的外部性理论批评的产权思路,并得到了阿尔钦、布坎南和科斯等人的进一步补充(布雷特,2004)。奈特1924年在《社会成本阐释之谬误》一书中对庇古的观点进行了反驳,他提出产生外部不经济性的原因在于对稀缺资源缺乏产权界定,如果把稀缺资源划归私人所有,则外部不经济性问题将得到解决。埃利斯和费尔纳1943年在《外部经济与不经济》一书中提出了与奈特相近似的观点,认为外部不经济性与产权相关。科斯1960年在《社会成本问题》一书中指出,如果产权界定清晰则没有外部性。这使得外部性产生于产权不明晰的理论得到深化和发展,从而正式开创了外部性制度解析的先河。

第五,外部性产生于公共物品的"不可分割性"和"非竞争性"。奥尔森1965年在其《集体行为的逻辑》一书中,从"集体行动"问题入手,提出了任何个人都不可能排他性地消费公共产品,即"外部性具有不可分割性"。由于大部分环境和矿产资源都具有公共物品的属性,在公共物品的使用中会产生"搭便车"行为,即免费享用公共物品而不用付费,使供给方无法获得其优化配置生产的收益指标,而需求者又不愿意真实表述自己对公共物品的主观需求,使生产者的需求曲线无法确定,从而形成外部性。因此,公共物品的"不可分割性"使外部性得以产生。

综上所述,前三种观点认为外部性是市场缺陷或者市场失灵所造成的,而后两种观点则认为外部性产生是公共物品自身的原因(大部分产权不明晰的物品是公共物品)。归纳起来,外部性产生的最根本的原因在于都包含有“经济人”追求自身利益的因素。

第二节　矿产资源开发外部性表现形式

一、外部性相关利益主体

矿产资源开发活动既是所有者权益的实现方式，同时也是资源开发者（探矿权人、采矿权人等）分享资源利益的方式，涉及的利益主体包括国家、矿产资源使用者、地方政府与当地居民。矿产资源开发活动必然带来生态环境的损害和不同利益主体之间的矛盾。

首先，我国宪法规定矿产资源属于国家所有，由国务院行使国家对矿产资源的所有权。矿产资源国家所有是指作为矿产资源所有权人的国家，依法对其领土范围内的矿产资源所享有的占有、使用、受益和处分并排除他人干涉的权利。其所有权实现方式就是通过委托或以法律法规的形式授权给地方各级行政主管部门，由地方政府依法管理和保护矿产资源。在这个过程中只有国务院即中央政府是矿产资源所有权的代表者，地方各级政府的身份是参与者和实施者。

其次，矿产资源使用者通过对矿产资源的使用创造出更多价值，获取更高收益。要使用矿产资源首先要取得矿产资源使用权，在我国矿产资源使用者是指探矿权人和采矿权人。我国现行的《矿产资源法》第6条规定：“探矿权人有权在划定的勘查作业区内进行规定的勘查作业，有权优先取得勘查作业区内矿产资源的采矿权”。这一规定确立了探矿权人的优先权制度。依照这一制度，探矿权人享有优先取得勘查作业区内新发现的矿种的探矿权和优先取得勘查作业区内矿产资源的采矿权。探矿权属于知识产权的范畴，应该比照知识产权的权益实现方式，建立探矿权保护制度、强制使用制度和补偿制度，以明确的法律规定确保探矿权人期权的实现，切实弥补地勘体制改革中几乎缺位的投入产出良性循环机制，鼓励矿产勘查，扭转矿产资源瓶颈制约。我国法律规定：“采矿权是指在依法取得的采矿许可证规定的范围内，开采矿产资源和获得所开采的矿产品的权利。”采矿权人的权益可以通过所开采的矿产品的销售收入来实现。但是采矿必然耗竭矿产资源，同时对生态环境造成破坏，增加社会管理成本，必须进行补偿。因此采矿权人不能独占矿产品的销售收入，要将其中的一部分分割给其他权益主体。采矿权人应得的权益只是采矿成本费用（包括基建）的回收和采矿经营的合理利润回报。

再次，矿区所在地政府一方面代表国家权力的相关部门建立和规范当地矿产资源开发的秩序，实现“矿产资源国家所有”应当分割的利益；另一方面，在国家权力深入的前提下，代表当地居民“策略地”与这些国家行政权力周旋，以尽可能实现自身利益最大化。

另外，矿区当代居民是指祖祖辈辈住在矿区的居民，他们在历史的大多时期都以种地维持自己的生活。矿产资源开发会促进当地经济的发展和基础建设的加强，但同时也会增加当地矿山地质环境压力和社会监管责任，诸如土地塌陷、耕地大面积减少、农作物绝收、矿区居民移民、矿业秩序监管、矿业城市转型救助等，加剧了矿区本来就十分尖锐的人地矛盾，导致失地农民大量增加。

二、矿产资源开发利用资源外部性

矿产资源开发利用资源外部性包括正外部性和负外部性。矿产资源开发利用正外部性主要是由于矿产资源开发带动当地经济的发展，如对石油资源的开发形成石油开采加工产业部门，可以带动当地经济的发展，促进就业。

矿产资源开发诱发的外部负效应是指采矿主体的经济活动导致其他经济主体或社会蒙受的额外的经济损失（汪安佑，2002）。中国是一个矿业大国，近一个世纪以来进行的大量采矿活动中，不仅消耗大量的矿石资源，而且对大气、水系、土壤、生物造成了严重的生态破坏和环境污染，制约了经济社会的可持续发展。总体分析，矿产开发引起的外部负效应主要集中在资源破坏、环境污染、生态恶化以及区域发展能力下降等方面（张复明等，2010）。

矿产资源开发利用负外部性主要是矿业开发带来的资源破坏，不仅包括矿产资源本身的损耗，伴生资源的损失，还包括由于采矿引起的对土地资源与水资源的破坏。

（一）矿产资源损耗与破坏

新中国成立 60 年来，随着矿产资源大规模勘探和开发，矿产资源综合利用取得了一定成绩，但由于我国国情、地质、水文、矿床赋存条件及开采技术水平等原因，矿产资源综合利用程度和采选回收率指标比较低，资源消耗和破坏严重。

一是本体矿产资源损耗严重。矿产资源综合利用率仍然很低，总体上综合利用率约为20%。目前我国综合利用比较好的国有矿山仅占 3%左右，部分进行综合利用的国有矿山为25%左右，完全没有进行综合利用的占 45%，全国 20 余万个集体、个体矿山基本上没有综合利用。我国现有 2 000 多座矿山尾矿库存尾矿约 50 亿 t，每年新增排放固体废弃物 3 亿 t，而平均利用率只有 8.2%。我国目前矿产资源的总回收率只有 30%左右，平均比国外低 20%。我国每万元国民生产总值的矿物原材料消耗量是发达国家的 2～4 倍，从而使得我国资源相对短缺的矛盾更加突出。

二是伴生资源损失严重。我国矿产资源的另外一个特点是复合矿、共伴生复杂矿多，单一矿少。当前的技术水平无法对开采出的矿产资源中的有用成分进行充分的回收利用，多数情况下矿产资源开采仅仅是为了利用其中的某些矿物成分，有用组分不能得到充分有效的利用。例如，山西煤炭资源综合利用程度低，共生、伴生资源破坏惊人。据估算，山西每采 1t 煤约损耗与煤炭资源共生、伴生的铝矾土、硫铁矿、高岭土、耐火黏土、铁钒土等矿产资源达 8t。每年因采煤排放的煤层气（甲烷）116 亿 m^3，接近于西气东输的输气量。全省中煤利用率不到40%，煤矸石利用率不足 20%，粉煤灰利用率为 54%。

（二）土地资源破坏

矿产资源的勘探、开采要占用大量农田、草原等土地资源，常常会引起地表下沉，形成露天采空区。

一是地面沉陷。地下开采后，在长期荷载过程中，采空区矿柱中最薄弱的部位由于风化或地震的作用首先破坏，当矿柱的破坏率超过 60%时，采空区顶板便会发生下落，并波及到地表。若范围较大，受采动影响的地表从原有标高向下沉降，最终在采空区上方形成一个比采空区大得多的地表下沉盆地，引起地表沉陷和张裂，造成建筑物的破坏。由于开采沉陷使地势变低，潜水位抬高，一方面使地面、地下径流不畅，在雨季很容易出现洪涝，使土地沼泽化（张国良，2003）；另一方面，在旱季潜水蒸发变得强烈，地下水易携带盐分上升到地表，使土地盐碱化。土地出现沼泽化和盐碱化，使作物生长明显受到抑制，在一些重盐碱土上甚至寸草不生，造成了很大的经济损失。

二是形成采空区。露天开采是把矿层上覆及其四周的表土和岩层剥离之后进行的，它对土地的破坏非常严重。因为除直接挖损形成露天采空区外，还需寻找排土场存放比矿石量多几倍的土和岩石。如抚顺西露天煤矿，采煤 2 亿 t，已开挖形成一个长 11km、宽 2.5km、深 288m 的露天采空区，破坏土地近 4 万亩（1 亩＝0.000 667km^2），排土场压占土地 2.7 万亩。据对我国一些露天矿的调查，每采 1 万 t 煤要挖损土地 0.87～1.98 亩，排土场压占土地面积为 1.23～3.18 亩。由于被挖损的土地已彻底破坏，不经复垦将毫无使用价值。

（三）水资源破坏

采矿活动对水资源的破坏也十分严重。因矿山开发需疏干排水，造成大面积地下水水位下降，供水水源减小或枯竭，区内井泉水量衰减，改变了地下水循环条件和地表渗透条件，改变或破坏地表水状况，诱发突水（使矿井得到新的补给量）事故。随着井巷开拓，需要排出矿井水才能进行生产。由于大量的排水，疏干了采矿区上方或矿坑周围地层含水层，形成地下水降压漏斗区，造成地下水位的下降，其影响范围可达 40～50km 的半径，造成这一区域水文环境的破坏，使人民生活用水、农牧经济生产活动用水短缺。例如，山西是水资源极度缺乏的省份，同时又是我国重要的煤炭生产基地，煤炭资源的大规模开发，对当地水资源造成了严重破坏，使本来就已经十分紧张的区域水资源供需矛盾更加尖锐。据统计，山西采煤对水资源的破坏面积已达 20 352km^2，占全省国土面积的 13%。其中，严重破坏区面积占 1.7%，一般破坏区面积占 6.5%，影响区面积占 4.9%。全省因采煤排水引起矿区水位下降，导致泉水流量下降或断流，致使近 600 万人以及上百万头大牲畜饮水严重困难。随着全省煤炭开采深度的扩大，对水资源的破坏程度将进一步加深。

三、矿产资源开发对生态环境的外部性

矿产资源开发对生态环境影响的外部性包括正外部性和负外部性。矿产资源开发对生态环境影响正的外部性主要是由于矿产资源开发利用而减少对其他资源的利用而产生的正的外部性，如大规模利用天然气有利于减少对煤炭资源和林木资源的利用，达到保护生态环境和绿地的效果。

矿产资源开发对生态环境影响的负外部性主要体现在矿产资源的过度开发和对生态环境的破坏。由于人们追求自身经济利益最大化，忽视对生态环境的保护和治理，在对矿产资源的开发利用过程中，不重视矿产资源的综合利用、矿区生态环境的保护与治理，对地表植被、生态景观、生物多样性带来了严重影响，甚至会造成矿区严重的生态衰退，造成较大的破坏和污染。这种影响带来社会福利的减少，呈现了外部不经济性特点。主要包括以下几个方面。

（一）大气环境污染

矿山企业，特别是露天开采矿山对大气的污染甚为严重。例如，露天煤矿的表土、基岩和煤层的穿孔爆破以及岩块和煤炭的破碎、装载和运输过程中都将会产生大量的煤尘及其他粉尘，特别是干旱炎热的地区，在大风的作用下将会产生尘暴现象，对矿区局部的环境造成影响。据有关部门统计，全国因煤矿开采而产生的工业废气排放量每年达 3 950 亿 m^3，主要为烟尘、二氧化硫、一氧化氮、二氧化氮等硫、氮氧化物，使矿山地区大气环境遭受不同程度的污染。另外，矸石山长期露天堆积，容易风化破碎，产生大量粉尘随风飞扬，污染大气；自燃的矸

石山还排放大量有毒有害气体，不仅使矿区附近的草木枯萎、农业减产，而且使矸石山附近居民的呼吸道疾病和癌症发病率上升。据统计，全国曾经发生或正在发生自燃的矸石山有250座，约占矸石山总数的23%，矸石山的燃烧可长达几年、几十年，剧烈燃烧时进入空气的二氧化碳的总体积可达每天数万立方米(李世涌，2007)。由矿业废气引起的酸雨，使全国每年粮食减收10%，约合1.5亿人每年的口粮。酸雨还对铁路、桥梁等露天设施造成腐蚀与破坏。

（二）水环境污染

矿产资源在开采利用过程中产生的废水污染是造成水源恶化的主要因素之一，突出表现在油气开采、煤开采和海洋石油钻探中，其采矿产生的废水、废液排放总量占全国工业废水排放总量的10%以上，处理率仅为4.23%。采矿对水体的污染主要通过：①采矿揭露矿体，使有害元素直接进入水中；②采矿使不同成分的水相混合，使原来的优质水遭污染；③废弃矿业废物淋滤水，会成为富含有害物的污染水；④采矿附属厂排放"三废"造成的水质污染；⑤采矿对大气污染形成的酸雨污染了矿区地下水等。目前因采矿产生的废水废液已占全国工业废水排放总量的10%以上，在有些地区已成为危害居民健康的重要因素。另外，采矿改变了地下水循环条件，同样会使水质环境恶化。

（三）固体废弃物污染

固体废弃物主要指矿物开采及其加工利用过程中产生的固态及泥态物质。按产生的原因不同，可将其分为采矿废弃物(采矿矸石)、选矿废弃物(洗选矸石)和煤矿坑口电石废弃物(粉煤灰)。据统计，中国矿山企业每年产生固体废物133.8亿t，治理率不到7%，因露天采矿和废渣堆置等原因，直接破坏与侵占的土地近2万km^2，并以每年200km^2的速度增加。此外，煤矿和金属矿山产生的固体废弃物粘滞性大、扩散性小，除直接占用了大量土地资源和空间资源外，还通过水、气或土壤等媒介，对环境造成很大的污染。矿石和废石的氧化、风化、侵蚀、淋滤，酸性废水及其中含有的铜、铅、锌、砷、铁、钴、硫等多种金属、非金属元素等对水源和土壤的严重污染，已造成了矿山和矿业城市生态环境的严重污染和破坏。

（四）水土流失加剧

由于矿产资源大多依附于一定的土壤，勘探、开采时往往会破坏地面植被和稳定的地形，同时，将废土弃石随意向河沟倾倒，造成大量新的水土流失。我国中西部地区一方面气候干旱、植被稀疏，且土壤抗蚀性差，另一方面矿产资源富集、矿业开发活动频繁，由采矿引发的水土流失严重，不仅严重影响区域的生态环境，且易引发新的土地的沙化、碱化、荒漠化，并进一步影响到社会经济的发展。例如，我国准格尔煤田沙化面积已占煤田总面积的21%，其中11%为严重沙化土地，一些西部矿区已成为沙尘暴的主要沙源。而采煤大省山西也是全国水土流失面积大、分布广、危害最严重的地区之一。据调查，山西平均每开采1亿t煤造成水土流失影响面积约为245km^2，改革开放至今，因煤炭开发造成的水土流失面积约2万km^2。

（五）生态退化严重

矿产资源开发活动还造成大面积的森林和树木遭到砍伐，植被减少。森林等植被具有涵蓄水分、调节河流径流和减少旱涝灾害的功能，而植被减少又不可避免地改变了区域内动植物的生存环境，导致生物多样性减少、湿地缩减等一系列的生态退化问题。例如，在山西，通过对全省煤田分布图与森林分布图的对比分析得知，凡是煤田开采历史比较长的区域几乎没有或很少有森林分布。森林破坏使不少生物的生存环境受到严重破坏，造成山西生物多样性损失极大，一些珍稀物种已经灭绝，有的处于濒危状态。

（六）引发地质灾害

不合理的采矿活动会诱发地震、山体开裂、滑坡等多种自然灾害。一些地区乱采滥挖以及落后的采矿方式，使围岩失去稳定性，从而改变了地质结构，导致地质灾害发生。因地下采矿引起的瓦斯爆炸、岩爆、矿井突水、矿震灾害也不同程度地造成了人员伤亡和经济损失。

（七）区域发展能力下降

矿产资源是区域工业化发展的重要动力。然而，在全球范围内，资源的丰富常与经济增长缓慢联系在一起。不少资源丰裕的国家和区域，非但没有从资源的大规模开发过程中受益，反而由于生活成本提高、居民健康受损以及生产能力下降导致区域可持续发展能力匮乏（张复明等，2010）。

四、矿产资源代际利用外部性

福利经济学第一基本定理为什么会失效？其原因在于外部性的存在。当第一基本定理中个人和企业的效用相互影响时，各个微观经济主体利益最大化的结果就不是加总的社会利益最大化的结果，利己的目标将使市场机制失去效率。在不可再生资源的开采中，如果以代际公平的视角来考虑不可再生资源的生产、消费和分配等问题，这种短期行为带来的生产外部性，比过度消费不可再生资源带来的负外部性更为严重，并且，生产外部性不仅对后代产生影响，即使是对当代也会带来福利损失（宋冬林等，2006）。

对于矿产资源这类不可再生资源，其突出的特性是可枯竭性。一方面，矿产资源的总量是有限的；另一方面，资源使用后即被消耗掉，不可再生。如果从时间的维度加以拓展，考虑矿产资源消费在代际间进行分配的问题，这就意味着当代人多消费一些矿产资源，后代人就要少消费一些，那么，当代人对不可再生资源的消费对后代人就存在负外部性。这种当代人对后代人福利的直接影响，不仅仅体现在后代人可能消费的矿产资源的数量上，也会影响经济发展的质量。事实上，当代人对矿产资源的开采总是先开发容易开采、优质、高附加值的资源，这就增加了后代人对该种资源的开发、生产的成本。此外，由于受当代人既有技术水平、知识水平的限制，又难免会造成对资源的浪费和对自然环境的破坏，这些都给后代人带来了负面的效应。所以，在研究资源合理配置以期达到经济公平和社会公正问题的时候，就必须要超越时间的局限，以代际公平的视角来审视矿产资源的配置问题。

外部性产生的时滞有时候较短，几个月或几年，有时候则会很长，几十年、上百年甚至更长时间。当时滞较长时，外部性产生的影响会更大：一方面，较长的时滞会削弱经济主体对外部性的感知，导致人们对当前行为产生外部性影响的估计不足，甚至完全意识不到外部性的存在；另一方面，即便意识到外部性的存在，但是"事不关己"，经济主体的短视行为和机会主义偏好会占上风，使其更加重视自身利益、局部利益和眼前利益。而可持续发展关注的是当代人和后代人的整体利益，并强调满足当代人的需求的同时，不能"危及后代人满足其需求的发展"，即当代人的发展不能损害后代人的利益，当代人的利益不能建立在后代人的成本之上。这就需要我们从时间的维度上对外部性理论加以发展。

从时间的延续性上对外部性理论的拓展，可以将外部性分为代内外部性和代际外部性。通常的外部性主要是从即期考虑资源是否合理配置，即主要是指代内的外部性问题。而代际外部性问题主要是要解决人类代际之间行为的相互影响，尤其是要消除前代对后代、当代对后代的不利影响，因此，代际外部性也可看成是当前向未来延伸的外部性。此外，代际外部性与代内外部性并不是严格区分的。大多数的外部性问题是在时间和空间两个维度上同时展开的，不过是有的在空间性上更显著一些，有的在时间性上更突出一些。一些经济活动所产生的外部性，不仅对当代人发挥作用，同时也对后代人产生影响；一些不能及时在当代人时限内消除的外部性，也将会随时间的推移，对后代人产生影响。

应当看到，矿产资源利用的外部性，不仅存在于代际之间，同样存在于代际内部的不同发展阶段；不仅影响社会生产过程，同样影响社会再生产过程；不仅体现在消费关系中，也体现在分配关系中。进一步看，其经济意义在于构成经济可持续发展的充要条件和内生要素。外部性的存在导致了竞争市场的无效性。当代人对矿产资源过度使用的行为对后代人具有负外部性。因此，这种行为在给当代人带来效用增加的同时，必然会损害后代人的利益。当代人出于满足自身利益最大的目的(达到自己效用最大化），过度消费了矿产资源，带给后代人更多的损失，同时也使社会资源的配置偏离了帕累托最优配置。因为，当我们追求两代人的总体效用(即社会效用)最大化时，外部性行动的最优水平应该出现在当代人和后代人边际效用相等的时候，如果二者的边际效用不同，就一定存在帕累托改进。

矿产资源利用中的外部性问题呈现出以下特点。

首先，代内外部性与代际外部性交织在一起。虽然从时间的维度将人类分为当代人和后代人，但矿产资源利用中外部性的接受者未必仅仅是后代人。与“公地悲剧”类似，矿产资源使用中存在当代人对后代人的代际外部性问题，后代人是外部性的接受者。如果分析资源开采阶段的浪费和资源使用效率低下时，这种外部性体现在生产外部性中，当代人和后代人都是外部性的接受者。

其次，不确定性对代际外部性的影响。矿产资源的利用是在有限代际中进行的，但具体在多少代际中展开，是建立在当代人关于后代人对矿产资源依赖程度的判断基础上。较为乐观的判断会认为，技术进步会使后代人转向新资源或替代的可再生资源的使用，从而减轻对现有矿产资源的依赖程度。这样的判断可能会导致当代人轻视外部性的影响，或对更远的后代的权利的漠视。较为悲观的判断认为，在相当长的一段时期内，当代人和后代人均依赖现有的矿产资源，这会过度抑制当代的矿产资源的使用，导致资源利用的低效率。

最后，代际外部性接受者的缺失，导致消除外部性的传统方法受到限制。代际外部性问题中的后代人并未出现，信息缺失使当代人无法判断代际外部性对后代人的影响，从而导致一些解决外部性的传统方法也无法有效地实行(赵新宇，2008)。

第二节 矿产资源开发外部性治理

一、矿产资源帕累托最优定价法则

在传统的矿产资源企业的生产过程中，矿产资源生产企业的生产者根据自己的生产成本和产品的市场价格进行生产决策，只考虑能带来直接经济利益的资源开发的投入费用，不考虑生产过程中废物的处理和资源更新的费用，将这部分费用转嫁给社会，对社会环境造成了严重的危害，增加了政府的公共开支，使资源配置发生变化，无法达到帕累托最优。

资源开采企业的短期行为并不是对企业利润最大化目标的背离，而是在成本限制、市场影响和产权模糊等因素的约束下，企业实现利润最大化的相对最优选择。如果根据福利经济学第一基本定理——“假定所有个人和企业都是利己的价格制定者，竞争的均衡便是帕累托最优”，那么此时的社会经济体系也同时达到了最优状态。然而，这种短期行为一方面满足了企业自身的利益需要，另一方面也造成了不可再生资源在开采时期的巨大浪费，这与资源的长期有效利用目标是相违背的，必然会带来整个社会的福利损失。当这种短期行为给企业带来的收益小于其社会成本时，此时的社会经济体系就必然不是处于帕累托最优状态，即资源配置是无效率的。

矿产资源稀缺程度的提高导致了对其优化配置的需求，而矿产资源价格机制则是合理配置稀缺的矿产资源的主要手段。这里从外部性与矿产资源价格的相互关系着手，剖析外部性对我国矿产资源价格形成的影响。

(一)外部性与矿产资源价格

目前，学术界关于矿产资源定价的方法很多(如影子价格法、机会成本法、边际社会机会成本法等)，而理论上，只有边际社会机会成本法能够真正反映利用一单位某种矿产资源的全部成本。社会成本是整个社会从事某种活动时所付出的总的机会成本，等于私人成本与外部成本之和。边际社会成本等于边际私人成本和边际外部成本之总和。其中，矿产资源的边际私人成本也就是矿产资源的边际生产成本，即收获矿产资源所必须支付的生产成本。而矿产资源的边际外部成本主要由两部分构成：边际使用者成本和边际环境成本。边际使用者成本是现在使用资源而不是留给后代使用所产生的成本，它反映了矿产资源稀缺性对矿产资源价格的影响。边际环境成本通常被用来代表因矿产资源开发利用所造成的全部环境损失。

对矿产资源来说，其边际社会成本不仅包括了生产者收获资源所花费的生产成本，而且还包括了因资源利用对他人、社会、环境和未来造成的损失，反映了矿产资源效用和稀缺程度变化的影响。也就是说，矿产资源的边际社会成本从理论上反映了收获利用单位矿产资源全社会所付出的全部代价。而边际使用者成本和边际环境成本在目前我国的矿产资源价格体系中并没有得到反映，其结果必然是资源价格被严重扭曲(郝瑞彬、尹力军、王伟毅，2007)。

(二)外部性对矿产资源价格的影响

1. 不合理的开发利用导致矿产资源价格不合理

矿山企业不合理开发利用矿产资源，不仅破坏了矿产资源，也导致矿产资源价格的不合理。

资源产业的特点决定了市场周期性波动，产能间歇性扩张或收缩。在一定时期内，由于自然地理条件的限制，如地理环境、探明储量等，矿产资源存在刚性较强的供给能力上限，短期内扩大产能的可能性不大。国内外经济发展的实践也表明，维持较高的矿产资源价格可以促使矿山企业节约资源投人，同时有利于提高矿产资源开采程度和利用效率。相反，矿产资源低价会刺激矿产开采企业采厚弃薄、采富弃贫。据测算，中国目前煤炭资源回采率平均仅为30%，乡镇煤矿仅为10%，共生、伴生矿的利用率只有20%左右，矿产总回收率只有30%，而国外先进水平都在50%以上。目前我国矿山企业不合理开发利用矿产资源，在导致出现一系列资源紧缺、生态环境恶化问题的同时，也对矿产资源价格的形成产生不利影响。

2. 矿区地质环境恶化导致矿产资源价格扭曲

矿区地质环境持续恶化，不仅产生一系列的社会问题，无法反映开发利用矿产资源的外部环境成本，更导致了矿产资源价格的扭曲。

矿产资源企业的经营对象是矿产资源，开发利用矿产资源时，不可避免地会破坏矿山生态环境，导致矿山地质环境的恶化。但是，矿产资源企业在勘探、开发矿产资源时，并没有将矿山生态环境资源保护和治理成本纳入到企业运营成本中。事实上，矿山企业在勘探、开发矿产资源的同时，使用了矿山生态环境资源，从而产生了外部性问题。由于目前我国矿产资源的价格体系基本上没有计入外部环境成本，矿产资源企业的环境外部性问题严重，造成大多数矿区地质环境恶劣，也给矿区所在地的群众生产生活带来了极大的困扰。因此说，矿山地质环境的外部性问题导致矿产资源价格扭曲。

3. 治理措施

经济学家曾经认为，不可减少外部性和可减少外部性之间的区别是十分显著的，因为在两种情况下，纠正资源配置偏差的政策措施可能不同。后来证明，除了特例以外，基本政策措施适用于两种情况。

(1)不可减少外部性。不可减少的外部性与环境政策的关系更为密切。例如，某个工厂排放的烟雾污染了整个地区的大气环境，使所有居民因此而受害。对此，关于资源配置问题有两种决策方案：①工厂把烟雾排放控制在有效率的水平；②受害者采取有效率的防护措施。第一个决策方案的目的是明确的，即工厂必须选择适当的治理措施，把排放减少到有经济效率的水平。受害者采取自我保护的决策方案比较复杂。受害者可以有许多办法来保护自己不受外部不经济性的伤害。例如，工厂周围的居民可以集资建造空气净化装置，也可以迁往远离工厂的地区。这类行为被称为“防卫活动”。防卫活动对其他受害者的烟雾消费没有任何影响，它们在本质上是纯粹私人的。

为了实现污染者和受害者之间资源配置的最优，应当制定一些激励措施，引导利润最大化的工厂和效用最大化的个人对这些条件满意。研究表明，在竞争条件下，问题的解决只需要一项政策措施：对污染者征收等于社会边际损害的税或费。更准确地说，环境管理部门应当根据每单位烟雾排放对所有受害者(居民和其他厂商)造成的边际损害，征收相等数量的费用。但遗憾的是，我国环保的现状是：违法成本低，守法成本高。

(2)可减少的外部性。当工厂排放可减少的废物(例如垃圾)时，有两种可能情况。第一种，假设有关部门对工厂堆放垃圾没有具体规定。出于某种原因(例如，地理或气候)，垃圾总是堆放在一个工厂不用花钱处理的地方。此时的受害者是堆放地点的居民。此例在本质上与公共的或不可减少的外部性没有什么不同，仅仅是受害者人数不同。因此，社会边际损害等于个人边际损害。但是政策措施与不可减少外部性是相同的：对外部性的来源征收庇古税，对受害者不提供补充刺激。第二种，假设有关部门对工厂堆放废物有具体规定，并且有几个堆放点可供工厂选择。那么工厂必须面对不同的收费标准，这些标准和在不同地点堆放垃圾造成的不同损害联系在一起。这时，以利润最大化为目标的工厂会选择损害最小(亦即收费最少)的地点。因此再次证明，等于社会边际损害的庇古税可以导致一个有效率的结果。当然，同前面一样，单独对损害作出反应的受害者渴望选择有效率的防护措施。

总之，不论外部性是可减少的还是不可减少的，正确的纠正措施是对外部性的制造者征收等于社会边际损害的庇古税，而不需要对受害者提供补充刺激。

通常认为，是外部性干扰了资源的最优配置，因为外部性发生于当社会不能对一件物品（或损害）制定正的或负的价格的时候。但是问题有时会更复杂。关键的问题是缺少一个能够正常发挥作用的价格机制。经济效率要求一种非均衡价格机制：对外部性的“制造者”设计一个非零价格（对外部经济性设计一个正价格，对外部不经济性设计一个负价格或收税），而对外部性的消费者有一个零价格。然而，一个正常的价格是供应者和消费者之间均衡的结果；它不能以非均衡的形式存在，以引入有效率的行为。但是，一项庇古税（或补贴）能够做到这一点。收税或补贴对外部性的制造者提供了一个正确的刺激，而给它的消费者一个零价格，这正是实现经济效率所需要的（马中，2007）。

二、规制市场失灵和政府失灵

外部性产生的根源在于市场失灵和政府失灵，即认为外部性是由于市场失灵和政府失灵造成的。市场失灵是指由于市场机制不完全、市场机制扭曲等原因，使价格机制、产权机制不能发挥作用，无法实现私人成本与社会成本、私人收益与社会收益的对等，从而形成外部性。政府失灵是指由于政府未干预、政府政策失灵、政府干预政策的低效率或高成本而无法克服外部性，甚至加剧了外部性的产生。

根据对外部性产生原因的认识不同，对于如何克服外部性也主要分为两条思路：一条是以庇古为代表的新古典经济学思路，即强调政府通过经济、行政和法律手段对外部性进行干预；另一条是科斯提出的产权管理思路，即通过明晰产权界定并通过市场交易克服外部性。除此之外，许多学者也开始强调社会道德准则对于弥补市场和制度在克服外部性上的不足中发挥着不可或缺的作用。

由于外部性是一种经济力量对于另一种经济力量的非市场性的附带影响，这种影响不以市场为媒介，也无法通过市场的价格机制反映出来，所以当用市场机制来矫正外部性具有局限性时，就不得不借助市场以外的力量予以纠正，这种力量即是政府的力量。政府通过积极干预和补救负外部性，使外部性不断得到“内部化”。

（一）经济手段

主张政府利用经济手段解决外部性问题可以追溯到经济学家马歇尔的政府干预思想。但最著名并且应用最为广泛的是20世纪初期的经济学家庇古提出的“税收—津贴”法。他认为对于边际私人收益与边际社会收益、边际私人成本与边际社会成本的背离，政府应采取的经济政策是：对边际私人成本小于边际社会成本的部门实施征税，即存在外部不经济效应时，向企业征税；对边际私人收益小于边际社会收益的部门实行奖励和津贴，即存在外部经济效应时，给企业以补贴。庇古认为，通过征收这样一种税收和补贴，便将负的外部性内部化，从而恢复帕累托最优。这种政策建议后来被称为“庇古税”，也叫“修正性税”。

显然，庇古税是一种基于社会和私人纯产品差异的分析，并从法律责任角度来矫正负的外部性影响的解决方案。尽管它没有考虑所有权的社会功能而受到来自科斯、张五常等产权经济学家们的严厉批评，但由于庇古税的基本原则与现行有关国际组织、政府和大多数经济学家所认同并倡导的“污染者付费原则”是一致的，因而，征收污染税是目前被各国政府采纳的一种最普遍的控污措施。

从经济学、环境和资源利用的角度来看，税收和收费是一种效率较高的手段，但在实践中，这种途径的应用受到很多局限：①由于信息不对称，难以确定最优税（费）率。理论上，庇古税是全球性的。②管理成本较高。尤其是我国环境污染很大一部分来自规模小、布局分散的乡镇企业，对其进行有效的监督和准确的计算并核收税（费），难度之大，成本之高，可想而知。理论上讲，游戏规则对游戏参与人具有强有力的外在、内在约束，是一项制度合理性的体现。在环境税（费）体制中，如果不能对征收对象进行严格控制，其结果不仅难以达到预定目标，而且可能出现“反向激励”。所以设计和完善我国的环境税收和收费制度是一项紧迫的任务（刘友芝，2001）。

（二）行政手段

与庇古传统相同，著名经济学家斯蒂格勒认为政府在校正外部性中可以发挥较大的作用，不过与经济措施不同，他主张政府采用行政措施来进行管制与指导，其中重要的一条是直接规定外部不经济的允许数量。另外，还包括政府在环境质量标准基础之上建立的环境管制手段，是一种政府以非市场途径对环境资源利用的直接干预。环境行政管制的方式很多，例如，明令禁止某些生产经营活动或资源利用与排污，甚至对一些严重污染企业直接采取“关、停、并、转”的强制措施；规定只有持有政府行政主管部门颁发的生产经营许可证才能生产或排污；强制性地规定企业必须使用或不使用某些生产要素（如必须淘汰某些污染生产工艺或技术，必须装配新的污染治理设备和采用新的生产工艺）等。

这种手段也面临着行政措施规定的标准是否正确合理的问题。这同样需要充分的信息。此外，政府在贯彻行政措施时难免遭遇厂商及个人的种种抵抗，这就需要政府在贯彻行政措施时予以有效监督，因而便会发生新的问题：干预是否有效，监督者能否承受个别厂商和个人的压力及诱惑进而推动公正，监督本身需要花费的成本如何确定，等等。

（三）法律手段

在一个法制社会，解决负的外部性问题最有效的常规办法之一是依靠法律手段，即利用法律的强制性和威慑力来克服外部性。斯蒂格勒曾说：“运用法律系统解决外部效应有一个很大优点。在这个系统下，受害者有直接的利益，承担着执行法律的责任，而不是依靠政府来确保不发生外部效应。很明显，这个系统更有效，因为受害者比政府更愿意弄清有害事件是否发生。”所以，在解决外部性问题上，法制干预将提供重要的补救，其作用主要在于建立经济秩序和减少经济活动中的不确定性。

通过立法来定义产权以解决和处理社会产生的各类外部不经济性有两个优点：一是它不受利益集团压力的影响；二是它可以通过审判过程来得到恰当的阐述。但由于法律制度调整权力是需要付出成本的，通过法律途径解决外部不经济性，必须考虑“防止妨害的收益是否大于作为停止产生该损害行为的结果而在其他方面遭受的损失”（科斯，1990），这是法院界定权力应遵循的经济原则，具体来说，通过诉诸法律解决负的外部性会受到五个方面的限制：第一，诉讼的交易成本较大，而有些负的外部性的损失较小，不值得动用法律武器，况且，行政措施和经济措施在处理外部性时，其交易成本主要由公共部门来负担，而在法律系统中由私人来负担。第二，由于诉讼费用昂贵，厂商会把负的外部性的影响削减到接近但稍小于受损者诉讼的成本，这显然产生了相当大的效率损失。另外，如果负的外部性的制造者本身就是垄断者，他会将诉讼成本转嫁到消费者身上。第三，损失范围经常是不确定的，并且大多数诉讼结果经常也是模糊不清的。如果诉讼成本很大，不确定因素会进一步阻碍个人运用法律来解决负外部效应。第四，由于诉讼过程中存在着成本较高与未来结果不确定的因素，所以这意味着与公平、正义相冲突。第五，在存在较多负的外部性受损者的情况下，作为个人来讲，其损失价值如果较小不值得使他去起诉，就会出现“搭便车”的现象：每个人都想让别人去起诉，如果他人成功了，自己就可以坐享其成(约瑟夫·斯蒂格利茨,1988)。

运用法律手段也有其局限性。如果相对于一定的外部性损失而言诉讼的交易成本较大，当事人会认为动用法律武器是不值得的。当外部性的受害者众多，作为个人而言，分摊的损失价值很小时，他可能“无动于衷”，从而出现当斯和布坎南等人所说的“理性的无知”的现象，还可能出现“搭便车”现象。

三、产权界定与市场交易

产权管理思路则认为，外部性问题的解决无须政府干预，通过产权明晰化，并依靠有关部门的协商和谈判，足以使外部性问题得以合理解决。科斯的《社会成本问题》在对庇古税进行批判的基础上，提出了所谓的科斯定理：如果交易费用为零，无论权利如何界定，都可以通过市场交易和自愿协商达到资源的最优配置；如果交易费用不为零，制度安排与选择是重要的。他认为“政府的调节机制本身并非不要成本。实际上，有时要的成本大得惊人……直接的政府管制未必会带来比由市场和企业更好地解决问题的结果”，“在以税收和奖励的方法解决侵害问题的建议中，可能发现同样的缺陷……确实，以税收的手段解决烟尘污染的方法困难重重：计算的问题，平均和边际损害的差异，不同财产的损害之间的相互关系。”因此，科斯主张通过经济主体间的谈判来解决外部性问题。只要财产权明晰，且交易费用为零，市场机制会找到最合理的办法，并使资源达到帕累托最优状态。

然而，以科斯为代表的产权理论也存在局限性。首先，在现实中，交易成本不可能为零，包括信息成本，缔约、履约成本，界定并维护产权的成本，监督和执行的成本以及防止欺诈的成本等在内的交易成本在客观上总是存在的。尤其对于我国这样一个市场经济体制尚不健全的国家，交易费用必然十分昂贵。其次，只有产权界定的清晰度提高，才会使交易本身的成本降低，使交易有效率。而事实上，像环境资源和矿产资源这样的公共物品产权往往难以界定或界定成本很高，通过产权界定来实现市场交易从而克服外部性的可能性也就大大降低了。再次，在受损者众多时，科斯定理解决不了“搭便车”问题，因此政府干预仍是必不可少的(刘知,2003)。

四、社会道德教育和舆论监督

市场经济是人类文明的一种历史形式，因而市场经济需要一定的人文精神和人格条件支持，同时，市场本身存在的一系列难以克服的缺陷，往往也需要通过道德力量予以纠正，外部性问题便是其中一种典型。针对外部性的客观存在，单纯靠制度的规范，无论是政府的行政规定，还是产权界定下的市场交易，都难以彻底克服外部性。为弥补制度作用的不足，进行社会道德教育以提高人们在道德上的自律，对于抵制外部不经济的产生具有重要的意义。斯蒂格里茨认为，进行社会准则和社会价值的宣传和教育是解决外部不经济的另一种方法。这种教育就是“黄金律”教育，即“要产生正外部效应”和“不要产生负外部效应”。西方有些学者将这种社会道德准则对外部性的约束称为良心效应，称为社会准则。其基本含义是：在存在外部性时，人的良心、道德可能会对外部性产生两类不同的作用。其中一类是对自身造成的外部不经济及由此为他人和社会造成的损失深感不安，因而，在良心的驱使下会主动减少外部不经济的生产，或者主动对受到损害的诸方予以各种形式的补偿；另一类则是在良心效用作用下，对外部性心安理得，从而扩大外部不经济行为。比如，按照庇古原则，对制造污染的厂商进行征税，但厂商却可能因为已缴纳了税金、罚款而对制造污染不内疚，认为这是自身拥有的权利，外部不经济进一步增大。因此，必须在道德上教育人们多生产外部经济，少生产外部不经济。实际上，依靠社会民间力量进行这种以社会准则和黄金律教育为主的道德教育属于社会精神文明的范畴，那么精神文明建设理应成为我国普遍采用的对付外部不经济性的重要手段之一。

与此同时，通过社会舆论监督也可在一定程度上有效地防止甚至制止负的外部性的产生，报刊、广播、电视等新闻媒介对环境及资源的破坏者进行广泛深入的曝光和跟踪报道可形成对外部不经济的制造者的外部约束监督机制。

尽管社会道德教育和舆论监督这两种手段在抑制外部不经济性问题上有较大的优势，但也存在较为明显的局限性：一是非强制性。这种非强制性是难以形成对“外部不经济性”的强有力的硬约束的。二是效果的非确定性。道德教育和社会舆论监督的效果受制于国民受教育程度，社会传统的道德观念，以及人们的法制意识的强弱等因素，其效果难以确定。三是非稳定性。对外部不经济的制约作用还受一国不同时期的内外部环境的影响，由于不同时期的社会政治、经济、文化热点不同，社会道德教育和舆论监督的重点不一，因而该手段具有一定的不稳定性(刘友芝，2001)。

综上所述，国家、政府干预，产权界定及市场交易，道德约束是三种基本的纠正外部性的手段。在现代市场经济社会，克服外部性所造成的资源配置损失，这三种约束力量缺一不可，并且三种力量相互依赖、相互作用。在不同情况下，每种力量对克服外部性的作用也是不同的，但必须明确，在国家、政府干预与市场解决之间，市场解决更有效。只有当市场确实无力解决时才应引入国家、政府干预。在包括国家、政府、企业、市场等在内的制度性解决外部性，与靠道德约束克服外部性之间，制度的作用更为重要，或者说更为基本。只有在制度性干预缺乏成效的情况下，道德约束才能够显示更大的作用。毕竟是存在决定意识，尽管道德的精神力量不可或缺，有时其作用甚至难以估量，但它必须与制度相结合并以制度为基础才能有效地实现其作用。

本章参考文献

阿兰·兰德尔. 资源经济学[M]. 施以正译. 北京：商务印书馆，1999：155

保罗·萨缪尔森，威廉·诺德豪斯. 经济学(第16版)[M]. 萧琛等译. 北京：华夏出版社，1999：263

庇古. 福利经济学(上册)[M]. 陆民仁译. 台北：台湾银行经济研究室，1971：113

郝瑞彬，尹力军，王伟毅. 矿产资源价格扭曲：成因、影响及改革建议[J]. 中国物价，2007(11)：8－9

胡元聪. 外部性问题解决的经济法进路研究[M]. 北京：法律出版社，2010：17－19

科斯. 企业、市场与法律(中文版)[M]. 上海：上海三联书店，1990：105、76、123、92

李世涌. 矿产资源开发外部负效应及其成因分析[J]. 中国市场，2007(11)：6

林成. 从市场失灵到政府失灵：外部性理论及其政策的演进[D]. 沈阳：辽宁大学，2007：10

刘友芝. 论负外部性内在化的一般途径[J]. 经济评论，2001(3)：8－10

刘知. 我国矿业环保中负外部性的克服与产权制度改造[D]. 武汉：中国地质大学(武汉)，2003：36－39

马中. 环境与自然资源经济学概论(第二版)[M]. 北京:高等教育出版社,2007:43 - 44
米德. 效率、公平与产权[M]. 施仁译. 北京:北京经济学院出版社,1992:302
沈满洪,何灵巧. 外部性的分类及外部性理论的演化[J]. 浙江大学学报(人文社会科学版),2002(1):152 - 153
宋冬林等. 不可再生资源生产外部性的内部化问题研究[J]. 财经问题研究,2006(1):30
汪安佑. 矿产资源开发中的外部性问题及消除对策研究[J]. 资源,产业,2002(6):100 - 102
W. 布雷特. 经济学家的学术思想[M]. 孙琳译. 北京:中国人民大学出版社、北京大学出版社,2004:222 - 223
约瑟夫·斯蒂格利茨. 政府经济学(中文版)[M]. 北京:春秋出版社,1988:231 页
张复明等. 矿产开发的资源生态环境补偿机制研究[M]. 北京:经济科学出版社,2010:42 - 45
张国良. 矿区环境与土地复垦[M]. 徐州:中国矿业大学出版社,2003:29
赵新宇、论代际公平视角下不可再生资源利用的外部性[J]. 当代经济研究,2008(11):33 - 34
郑秉文. "市场失灵"分析[M]. 杭州:浙江教育出版社,2005:18
Bator F M. The Anatomy of Market Failure[J]. Quarterly Journal of Economies,1958(72):351
Buchanan J M, Stubblebine W E. Externality[J]. Economic,1962(29):371
Marshall A. Principles of Economies[M]. London: Macmillan 8th ed. ,1920:266
Tibor. Two Concepts of External Economies[J]. The Journal of Political Economy,1954(62):143 - 151

第八章 矿产资源战略评价

第一节 矿产资源战略评价概述

矿产资源的勘查开发利用需要高强度投资和较长的周期，具有重要的民生意义，事关国家可持续发展战略的有效实施。随着我国工业化、城市化进程的加快，矿产资源已成为我国社会经济发展的瓶颈之一。因此，为保证国民经济健康持续发展，必须对我国矿产资源的现状和未来重新加以认识。然而我国传统矿产资源评价仅考虑技术和经济两个因素，主要体现的是战术性评价，使得人们片面地追求矿产资源自身的价值和经济效益，没有将资源与环境、经济、社会发展密切联系起来，没有把资源的开发对环境造成破坏的损失，以及经济结构、社会效益等因素考虑进去。这在客观上导致：①鼓励过度开采，使资源耗竭速度加快；②采富弃贫，矿物回收率低，重复建设，技术含量低，造成资源严重浪费，资源短缺形势日益加重；③在追求经济发展的过程中，把资源开发作为重要的经济增长点，通过矿业经济的高增长来实现 GDP 的高增长，导致了矿产资源开发速度过快，非传统性矿产资源没有接替上，使经济发展陷入困境；④对环境的破坏和其他资源的占有没有计入矿业开发成本，形成了无偿破坏环境和无偿占有其他资源的内在机制，造成了生态环境的日益恶化和其他资源的浪费和破坏；⑤没有考虑资源开发中产业结构、社会就业、人口膨胀、城市化、社会及地区经济发展综合因素所付出的代价；⑥没有鼓励对矿产资源的综合利用和再利用，使得资源综合利用率低，再利用效率低，也造成了资源的浪费，加剧了资源紧张局势；⑦没有考虑资本的再循环，造成了勘查投入不足，技术无力更新的状态，在部分矿产资源丰富的地区甚至出现了“资源诅咒”现象。

按照科学发展观的要求，我们不能以巨大的资源消耗和环境破坏为代价来保持经济的高速增长，而是应该树立资源忧患意识，要依据国家经济可持续发展的战略需要与民生需求，建立符合我国矿产资源特点的矿产资源评价体系，为矿产资源再生产过程即矿产资源经济生态循环过程提供宏观和微观指导，为政府和管理部门制定相关政策和法规提供科学决策依据。矿产资源战略评价的目的就在于，从战略管理的角度出发，以可持续发展为基本原则，应用新技术与方法，充分考虑矿产资源可持续利用的资源—环境—经济—技术—社会条件，构建矿产资源战略评价体系与标准，优化配置矿产资源，加快推进矿产远景调查与矿产勘查工作和国民经济社会发展的协同，实现矿产资源保障时空协调发展。

一、矿产资源战略评价的内涵与界定

（一）矿产资源战略评价的定义与内涵

矿产资源评价，必须从资源的勘查—开发—利用的整个过程出发，进行系统地、动态地评价。同时，矿产系统又与社会经济系统密切相关，存在着复杂的物质和能量转换关系，因此，

必须将矿产系统置于社会经济大系统中，从资源经济系统运行过程中考察矿产资源勘查、开发、生产、消费的本质规律，从而对矿产资源开发利用与区域经济社会协调发展程度作出评价。所谓矿产资源战略评价，就是通过矿产资源系统与区域可持续发展协同机理的揭示，将资源与环境、经济、社会发展密切联系起来，综合考虑政策、体制、结构的影响，强调资源政策实施后产生的资源环境影响及其社会经济含义，不仅要从环境、民生、经济和技术角度衡量资源开发利用项目或有关政策的可行性、合理性，而且还要考虑其资源环境影响，达到社会、经济、资源、环境、人口的协调发展。

矿产资源是指由地质作用形成的有用物质的天然聚集。这里的矿产资源，只是一个笼统的概念，实际上矿产资源是由多方面因素决定的，这些因素包括地质的、技术经济的、生态环境的、政治的、地理的、社会的乃至心理的。这些因素交叠作用形成了我们现实的资源。因此，矿产资源是一个综合的概念。同时，矿产资源属于一种提取性资源，既可在原地利用，又可移至他地利用，这就使得资源勘查、开发和利用作用的范围增大，增加了矿产资源评价的复杂性。矿产资源的这种构成及特性，决定了矿产资源同社会经济的密切联系，这不仅表现为经济的发展、技术的进步，同时改变了一定区域内资源的可供量，即矿产资源本身所包含的内容随着社会经济的发展而变化，体现出矿产资源的动态性，而且，社会经济的发展又直接影响对方矿产资源的需求量，影响着矿产品市场的供求形势。从另一方面来说，资源的勘查—开发—生产—消费过程，都要消耗大量的人力、物力和财力，需要经济的大量投入，而矿产资源的开发利用，又会促进区域经济的发展，保证社会经济持续稳定的发展，尤其是具有资源优势的地区资源的开发和利用将成为带动本地区经济发展的龙头。同时，区域生态环境与矿产资源开发利用过程密切联系、相互影响。因此在进行资源评价时，不能割裂社会经济系统、资源—环境系统的作用，必须将矿产资源与社会经济、环境作为一个有机的整体，从整体大系统来综合研究矿产资源的开发利用同社会经济、环境的作用，研究资源、经济、社会、环境大系统整体协调发展，研究经济社会环境发展规划对矿业及矿产资源的需求与约束，以及矿产资源对实现经济社会环境发展目标的保障程度，确定区域矿产资源的可供性及矿产资源开发利用规划，保证资源开发利用与社会经济环境协调稳定地发展。

矿产资源战略评价和矿产评估的原则及目标是一致的，虽然在整个评价程序和步骤上有相似之处，但是它们是不同的两个概念，在评价内容、对象、范围（时空）、评价方法及评价结论等方面是有区别的。矿产评估主要针对具体的资源开发利用项目，对其产生的直接经济社会效益进行定性、定量的评价和预测，然后在评价和预测的基础上对项目建设或区域矿产资源开发提出相应的建议。矿产资源战略评价给决策者提供的是战略性的、累积的、间接的和诱导性的资源环境影响及其社会经济含义方面的信息，评价内容往往更多地着重于矿产资源开发利用的整体经济、社会、环境效益，其实质是矿产资源可持续利用的评价，其中很重要的一点就是包含社会、经济、环境评价，把资源环境问题与社会经济有机结合起来，给出的是宏观的、综合性的指导结论。在评价程序上，矿产资源战略评价比矿产评估更具有不可确定性；在评价方法上，矿产资源战略评价信息广、要求的资料多、跨越的时间长、包含的项目多、影响面广、综合性强、精确性差。矿产资源战略评价与区域矿产评估的区别可以参见表 8－1。

（二）矿产资源战略评价的界定

矿产资源战略评价是促进区域可持续发展的一种有力手段。可持续发展的要求指导着矿产资源战略评价的发展，其关键在于按照科学发展观的要求，揭示矿产资源系统与区域可持续发展协同的内在机理，实现矿产资源开发利用耦合区域经济社会联动，进而实现矿产资源可持续利用，保障区域经济社会可持续发展的目的。

表 8-1 矿产资源战略评价与矿产评估的对比

对比项目	矿产资源战略评价	矿产评估
对象	矿产资源系统，包括法规、政策、规划等	具体的矿产资源开发利用项目
影响形式	间接的、累积的、战略的	直接的
地域范围	全球的、国家范围的、区域的	地方的、区域的
评价结论	定性的、定量的	定量的
时间尺度	早期的、长期的	后期的
成分	战略成分的、区域的	项目方向的

按照 F. Kuhnen 的观点，区域可持续发展的基本内涵就是使“区域保持长期发展能力”，就是协调好人口、资源、环境与发展(PRED)之间的关系和行为，这种协调不会自然实现，必须通过掌握可持续发展规律的人，采取科学的、行之有效的行政手段、经济手段和政策法规手段，对 PRED 系统有计划地跟踪、调控、预警。盲目进行区域发展的调控、预警，可能会出现经济混乱，造成 PRED 系统内部的矛盾冲突激化。这种情况客观上要求一系列的区域发展战略(规划)来落实、协调、规范区域发展中的冲突行为。只有通过战略评价(规划)，才能比较彻底地认识区情，了解区域，抓准矛盾的主要方面；也只有通过战略(规划)的实施才能不断地调整、约束和管理人类自身的行为，使其符合可持续发展的要求。就矿产资源战略而言，为了保证实现区域可持续发展的目标，通过对区域发展的病理诊断，找出发展中的矛盾问题，尤其是与矿产资源开发利用有关的问题，如：矿山生态环境问题、资源利用效率问题、资源开发利用规模和矿业组织问题等，制定相应的政策法规和实施其他管理行为，保证战略手段的可行性，并对区域发展进行监控预警，凡一切偏离目标的行为都以必须进行调节和控制。这是一种带有巡回诊断、监控和预警的关联效应，目的是使区域长期保持持续发展能力。矿产资源战略是区域系统实现由现状到发展目标的手段之一，是区域系统有意识地、自觉地走可持续发展之路的有力保障，它与区域可持续发展之间相互作用的内在机制是这种保障的重要基础。

研究矿产资源系统与区域可持续发展协同的内在机理，主要是揭示两者之间相互作用的动力机制和协同机制。矿产资源战略评价的社会需求、经济需求、科技需求和生态环境需求分别将依次通过需求机制→启动机制→支撑机制→保障机制最终得到满足，在需求满足的过程中，必须从理论和实践两大层面考察满足需求的以下基础条件：①在控制人口总量、实行适度消费和消除贫困政策的条件下，适当降低人类消费矿产资源需求的净增量，缓解对矿产资源及环境承载能力的负荷强度。②在全力向市场经济过渡的条件下，彻底改变以初始投人多、高资源消耗和低经济效益为特征的粗放型经济增长方式，实现可持续的内生型经济增长，日新月异的现代科学技术为经济增长方式的根本转变提供了强大的技术后盾，尤其是全球信息化、网络化、数字化与智能化的发展，为此提供了一条良性互动的新路。③在许多国家目前仍在经受 PRED 失调造成的种种威胁和损害的条件下，应唤醒人们对矿产资源及环境危机的警觉性，树立可持续发展观。

矿产资源系统与区域可持续发展的协同机制如图 8-1 所示。按照协同学的基本观点，在自然界和人类社会普遍存在的一系列不稳定序列中，即从无序变为有序的过程中，总会产

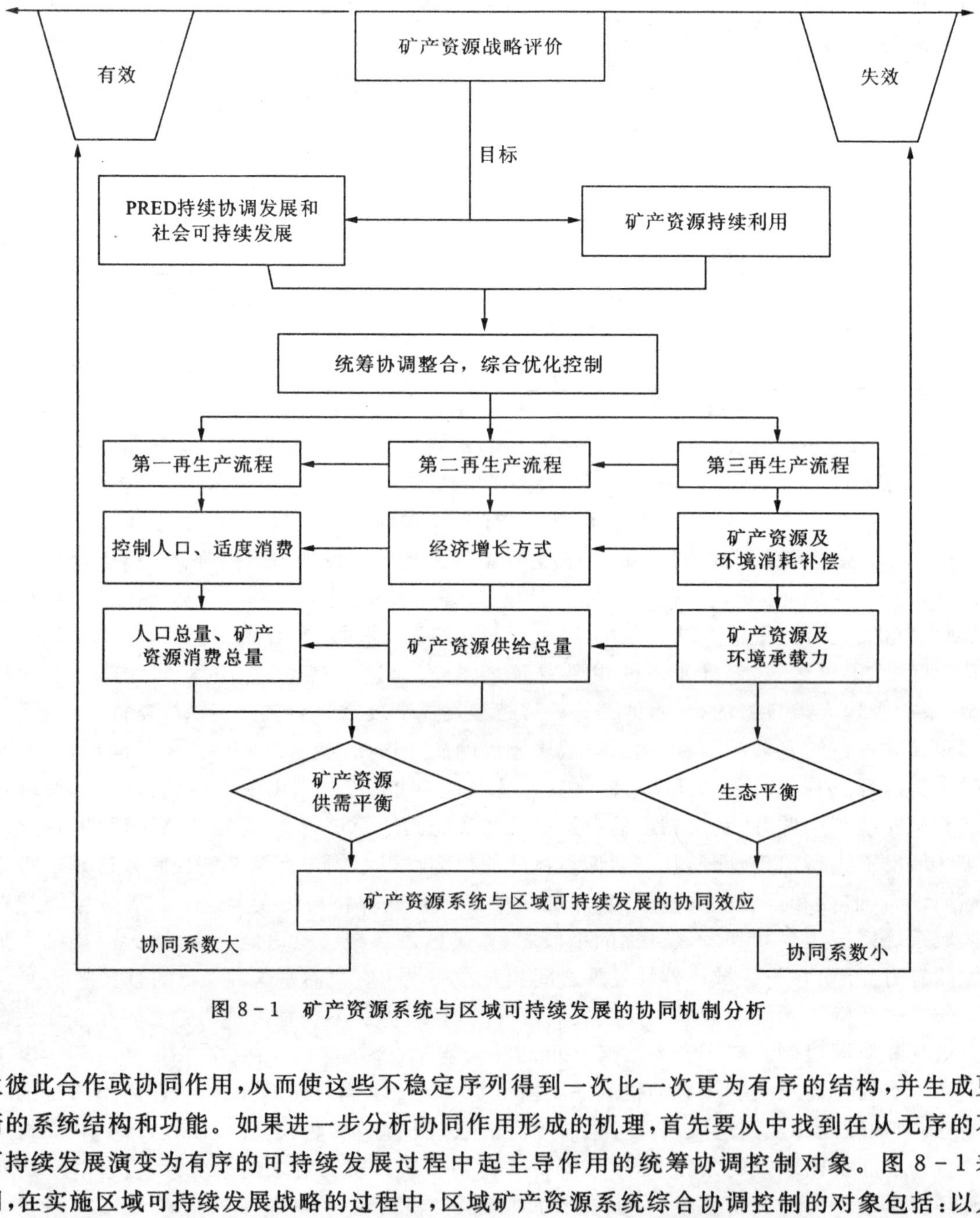

图 8-1　矿产资源系统与区域可持续发展的协同机制分析

生彼此合作或协同作用，从而使这些不稳定序列得到一次比一次更为有序的结构，并生成更新的系统结构和功能。如果进一步分析协同作用形成的机理，首先要从中找到在从无序的不可持续发展演变为有序的可持续发展过程中起主导作用的统筹协调控制对象。图 8-1 表明，在实施区域可持续发展战略的过程中，区域矿产资源系统综合协调控制的对象包括：以人类生产与全面发展为中心的第一再生产过程；以满足人类生存发展的消费需求进行物质资料生产为中心的第二再生产过程；以保护资源持续利用和生态环境恢复良好化为中心的第三再生产过程。三大类再生产过程之间，第一类再生产过程的严重超前，第二类再生产过程的严重扭曲和第三类再生产过程的严重滞后，是引起矿产资源系统与区域可持续发展之间协同错位并导致区域矿产资源系统低效率运行的主要原因，也是区域矿产资源系统协同控制的重点。为此需要按以下思路强化两者之间正向相互作用的协同力。

(1)在实施可持续发展战略的新时期，必须从战略高度考察并设法扭转在三大类再生产过程中大量存在的无序状态以及三者之间反向相互作用的进程；在调控第一和第二再生产过程的消极影响和不良过程的同时，应尽快建立并强化第三再生产过程，努力缩小三大类过程之间协同错位的幅度，逐步形成正向相互作用的协同力，克服或大量减少在非协同状态下出现的一系列负面效果，提高区域矿产资源开发利用在协同中的工作效能。

(2)关键是保证三大类再生产过程形成正向相互作用。一是控制人口总量，提高人口素质，提倡科学的适度消费与符合现代文明要求的生活方式；二是再生产过程必须采取符合可持续发展要求的经济增长方式，即以高效低耗、少污染的集约型经济增长方式取代过去粗放型经济增长方式，实现可持续的内生型经济增长，这也是新型工业化的要求；三是建立并实行以对矿产资源存量、流量及其财富价值进行科学计量并纳入国民经济核算体系为中心内容的矿产资源核算制度及环境损失经济补偿制度；四是提倡大协调经济学指导下的多维统计方法，同时统计生态、环境、资源、人口、经济、社会等多维数据及其相互影响因素。

(3)唯有在三大类再生产过程同向合力、互相协调配合的条件下才能形成它们之间正向有序的相互作用，并产生三者之间的协同共振，也只有在不断的协同共振中才能逐步实现矿产资源消费总量与资源环境承载能力的相对平衡，实现 PRED 持续协调发展和社会可持续发展战略。在这样的协同机制作用下进行矿产资源战略评价，才有利于实现矿产资源的可持续利用。

二、矿产资源战略评价的类型

矿产资源战略评价应是一个动态过程。一般而言，它可分为矿产资源战略需求评价、矿产资源战略控制评价以及矿产资源战略后评价三种类型，如图 8-2 所示。

(一)矿产资源战略需求评价

矿产资源战略需求评价发生在涉及矿产资源调查、勘探、开发利用等方面的战略方案设计阶段，其任务是，识别和量化对矿产资源、环境等信息的目前需求以及预期需求，为国家或地区制定矿产资源规划等提供决策依据，并结合方案的可行性分析和方案优选进行。评价结论作为战略方案可行性分析及优选的主要内容和投资决策依据，最终体现在战略目标制定和战略方案设计上。矿产资源战略需求评价，目的在于尽可能消除或降低战略内容、战略目标、战略方案、战略措施制定的缺陷而造成的各种影响，包括公众等社会影响、环境影响等，并对于战略内容引发的不可避免的相关影响提出相应的减缓、补救措施。

(二)矿产资源战略控制评价

矿产资源战略控制评价是在战略实施过程中对战略组织、战略执行的各种影响进行监测、评价，并将评价结论通过决策者反馈到战略调整上。由于战略问题及社会经济资源环境系统的复杂性，战略实施引发的许多问题(诸如环境问题)是战略制定阶段料想不到的，矿产资源战略控制评价的目的就在于及时解决这些问题，保证战略运行不偏离资源环境社会约束目标。

(三)矿产资源战略后评价

矿产资源战略后评价，也即绩效评价，是对战略实施完成后处于调整中的战略进行的，其主要任务是评价战略执行后已经产生的各种影响。其结论是关于矿产资源战略规划绩效的最终反映，对于战略过程及战略系统的改进具有重要作用。

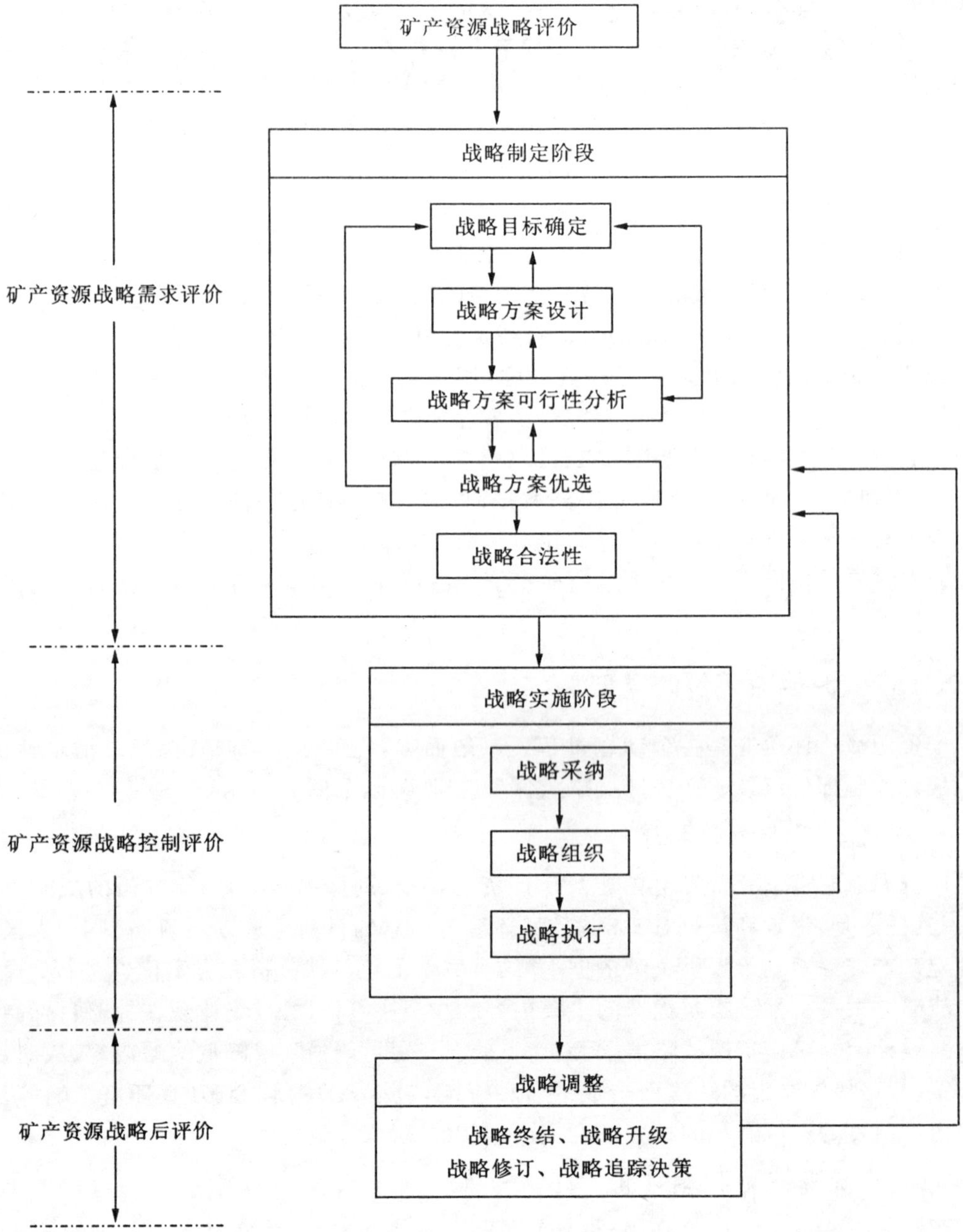

图 8-2 矿产资源战略评价动态过程

第二节 矿产资源战略评价理论

矿产资源战略评价是一项复杂的系统分析过程，所依据的基础理论很多，其中最主要的就是复杂系统理论、协同理论及控制理论。按照科学发展观的要求，优化矿产资源配置是矿产资源战略评价的核心基础。

一、复杂系统理论

矿产资源系统是一个包含资源勘查、资源开发、矿产品生产和消费等众多系统的多层次复杂大系统，而且各子系统中包括很多更小一级的子系统。子系统与大系统之间、子系统之间以及子系统与更小一级子系统之间，都存在着复杂的相关关系。这些子系统之间的相互作用和影响，形成了整个系统运行过程。人类的社会经济活动是改造自然、征服自然的过程，直接作用于矿业系统，改变了矿业系统的运行方式和运行结构，影响着系统的输入和输出。人类的这种干扰作用不断地打破系统的原有平衡，使系统的输出发生着或好或坏的变化。同时，矿业系统又是一个开放的系统，它不断地与外界其他系统发生着复杂的物质和系统的自组织和协同。

从系统科学角度看，矿产资源战略评价实质上是区域经济社会系统和资源环境系统之间的协调问题的评价。区域经济社会系统和资源环境系统都是开放的复杂巨系统，区域经济社会系统和资源环境系统之间是相互关联、相互制约、相互作用并紧密联系在一起的。因此，矿产资源系统更是一类开放的复杂巨系统。所以矿产资源战略评价问题是一个具有高度复杂性的问题，矿产资源战略评价的研究和实践是一项复杂的系统工程。这是矿产资源战略评价研究问题的根本性质。这一性质使得在矿产资源战略评价研究和实践中，必然会遇到以下困难：①由于矿产资源系统内涵本身的多面性和复杂性，使得系统目标难以具体描述和确定，在系统的管理、控制以及评价和决策中，常常不再能够使用单一准则而必须使用多个准则，这些准则有时甚至是互相冲突的；②由于矿产资源系统涉及若干相互关联的因素，具有复杂多变的系统结构，因而难于用传统的建模方法来建立其数学模型，即使模型建立起来，求解也将是十分困难的；③系统分析和研究中，传统的技术、方法和理论，特别是定量分析工具难以运用或无法奏效；④由于问题涉及面广，研究中需要多领域的知识、经验和各种模型；⑤需要大量的信息、数据和资料，而许多信息和数据很难或根本无法得到；⑥需要把知识、经验和模型、数据等进行有效的系统综合和集成才能解决矿产资源系统中的复杂问题。

为了克服和解决以上难题，我们认为：

首先，矿产资源战略评价的研究需要系统理论特别是开放的复杂巨系统理论及其方法论的指导。作为开放的复杂巨系统问题，矿产资源战略评价研究的方法论基础是“从定性到定量综合集成方法”和“从定性到定量综合集成研讨体系”。

其次，矿产资源系统具有一般复杂系统的共同特征，即综合性、系统性和动态性。一方面，矿产资源战略评价的研究需要利用自然科学、社会科学和工程技术领域的科学知识，并且结合人的智慧和经验；另一方面，矿产资源战略评价强调综合、整体、系统地考虑经济、社会、资源、环境、民生多方面的相互关系和协调发展。最重要的是，必须逐步地建立矿产资源战略评价的系统理论和方法，并使之成为矿产资源战略评价问题描述、系统评价、预测、控制、管理、监测、决策等研究及实践的基础和工具。

从系统论的角度，矿产资源战略评价的研究思路可以分为两个方面，一是矿产资源系统分析和评价的过程，二是矿业发展管理和决策的过程。具体研究的内容可概括为对矿产资源系统描述、矿业发展的评价以及管理、控制和决策等。矿产资源系统分析与评价过程：建立一套系统评价的指标体系，运用科学的系统评价方法对矿业发展现状和水平进行评价，对矿业发展趋势、潜力和能力进行预测，在此基础上找出制约因素，为矿产资源战略规划提供决策信息。系统协调、优化和决策过程:通过分析各子系统内部、子系统之间以及系统与外界环境之间的相互作用,建立起区域经济社会系统的协调机制,实现子系统在不同尺度上的协调发展,使整个区域发展系统实现整体优化或次优化。信息反馈机制:根据现状评价和实证分析的结果来调整未来系统的行为,建立各子系统内部以及整个矿产资源系统的反馈机制,包括利用经济、法律、行政和教育等调节手段,使矿产资源系统发展轨迹不偏离经济社会发展目标。

二、协同理论

协同学是由著名学者 H.哈肯于 1969 年创立的。协同学的任务是处理由许多子系统组成的系统,不同系统的子系统可以是性质十分不同的,如电子、原子、分子、细胞、器官、动物乃至人类等。哈肯认为协同学是一门横断科学,它研究系统中子系统之间是怎样合作以产生宏观的空间结构、时间结构或功能结构的。协同学特别关注这些结构以自组织的方式出现的情形,进而研究支配这些自组织过程的原理。在矿产资源战略评价中,运用协同学原理,发现矿产资源系统自组织演化规律,促进系统协同有序发展,具有十分重要的意义。

矿产资源战略评价的目标就是实现区域经济社会发展与人口、矿产资源及其他资源、环境相协调,即从传统的偏重数量增长的经济发展模式转向强调改善发展质量的协调发展模式。这需要通过产业结构的调整、合理布局、开发应用高新技术、实施清洁生产和文明消费、适度控制人口,以提高效益,节约资源,减少废物排放,在区域发展经济的同时,切实保护人类赖以生存的环境和子孙后代发展所需的矿产资源,从而实现人口、社会、经济、矿产资源及其他资源、环境之间协调发展,以达到整体效益最优。

矿产资源系统的协调发展应包括子系统内部的协调发展和子系统之间的协调发展两方面。

(一)子系统内部协调发展

不失一般性,把区域矿产资源系统分为 m 个子系统,设 n_i 为 i 个子系统的目标(指标)个数,O_{ij} 为目标下限值。当对应的发展目标为越小越好型,即所谓逆指标时,O_{ij} 为目标上限值;当对应的发展目标为不大不小型,接近某一值为最佳,即所谓适度指标时,O_{ij} 为最佳目标值。

用 X_{ij} 表示第 i 个子系统第 j 个指标变量的值,这里首先定义 U_{ij} 为第 i 个子系统第 j 个指标的功效系数,由下式给出:

$$U_{ij}=\begin{cases}U_{1ij}=\dfrac{1-e^{k1}(O_{ij}-X_{ij})}{1+e^{k1}(O_{ij}-X_{ij})},\text{当 } X_{ij} \text{ 为正指标时}\\ U_{2ij}=\dfrac{1-e^{k2}(X_{ij}-O_{ij})}{1+e^{k2}(X_{ij}-O_{ij})},\text{当 } X_{ij} \text{ 为负指标时}\\ U_{3ij}=\dfrac{1-e^{k3}\ (X_{ij}-O_{ij})^2}{1+e^{k3}\ (X_{ij}-O_{ij})^2},\text{当 } X_{ij} \text{ 为适度指标时}\end{cases} \tag{8.1}$$

式中,U_{ij} 表示了第 i 个子系统第 j 个指标对矿产资源系统的功效贡献大小。按式(8.1)构造的功效系数具有如下特点:U_{ij} 反映了各子系统指标达到目标的满意程度,$U_{ij}=-1$ 为最不满意,$U_{ij}=+1$ 为最满意。

当 $X_{ij}=O_{ij}$ 时,对于正、逆指标均有 $U_{ij}=0$,表示达到了最基本要求;当 $X_{ij}=O_{ij}$ 时,对于适度指标,$U_{ij}=1$,表示满意地达到了目标要求。U_{ij} 越大,功效越大,越满意,并且 $U_{ij}\in[-1,+1]$。

这里功效表示了矿产资源系统实现其目标所具有的能力或效率，可以用来反映子系统内部协调发展状况。定义子系统内部协调发展系数为：

$$U_i = \sum_{j=1}^{n_i} \lambda_{ij} U_{ij} \qquad i = 1,2,\cdots,m \tag{8.2}$$

式中，λ_{ij} 是指标权重，$\sum_{j=1}^{n_i} \lambda_{ij} = 1$。

（二）子系统之间的协调发展

可以通过分析各子系统指标之间的相互影响，然后计算子系统之间的相互影响，进而考察子系统之间的协调发展情况来加以衡量。具体模型通过以下步骤来说明。

步骤 1：分析各子系统指标之间的相互影响。

设 α_{ij}^{pq} 表示第 i 个子系统的第 j 项指标受第 p 个子系统的第 q 项指标的影响系数，

其中，$i,p=1,2,\cdots,m, j=1,2,\cdots,n_i, q=1,2,\cdots,n_p$

α_{ij}^{pq} 可以通过专家定性分析或关联分析得到，并使 $\alpha_{ij}^{pq} \in [-1,+1]$。

$\alpha_{ij}^{pq} > 0$ 表示正的影响（促进作用）；$\alpha_{ij}^{pq} < 0$ 表示负影响（抑制作用）；$\alpha_{ij}^{pq} = 0$ 表示无影响。

特别地 $\alpha_{ij}^{ij} = 1$，并且 $\alpha_{ij}^{pq} \neq \alpha_{pq}^{ij}$，当 $i \neq p, q \neq j$ 时。

步骤 2：计算各子系统指标受其他子系统的总影响。

用 α_{ij}^{p} 表示第 p 个子系统所有指标对第 i 个子系统的第 j 项指标的影响：

$$\alpha_{ij}^{p} = \sum_{q=1}^{n_p} \alpha_{ij}^{pq} Z_{pq} \tag{8.3}$$

则，其他 $m-1$ 个子系统对第 i 个子系统的第 j 项指标的总影响可表示为：

$$\alpha_{ij} = \sum_{p=1}^{m} \sum_{q=1}^{n_p} \alpha_{ij}^{pq} X_{pq} \qquad i = 1,2,\cdots,m,\ j = 1,2,\cdots,n_i \tag{8.4}$$

步骤 3：子系统指标受其他子系统的综合影响，即子系统指标间协调发展系数。

子系统指标受其他子系统的综合影响，即子系统指标间协调发展系数 C_{ij} 可用下式给出：

$$C_{ij} = \alpha_{ij} / \sum_{p=1}^{m} \sum_{q=1}^{n_p} \alpha_{pq} \qquad i = 1,2,\cdots,m,\ j = 1,2,\cdots,n_i \tag{8.5}$$

步骤 4：子系统之间的协调发展系数。

在求得了 C_{ij} 的基础上，就可以计算子系统之间的协调发展系数 C_i：

$$C_i = \sum_{j=1}^{n_i} C_{ij} X_{ij}, \qquad i = 1,2,\cdots,m \tag{8.6}$$

根据矿产资源系统子系统内部的协调发展系数和子系统之间的协调发展系数，就可以考察整个区域矿产资源系统协调发展的状况。

（三）矿产资源系统的整体协调发展指数

定义矿产资源系统的整体协调发展指数为 C：

$$C = \sum_{i=1}^{m} \beta_i (\mu_{i_1} U_i + \mu_{i_2} C_i) \tag{8.7}$$

权重满足：$\sum_{i=1}^{m} \beta_i = 1, \mu_{i_1} + \mu_{i_2} = 1$

模型说明：模型本身对于数据虽然没有特殊要求，但是对目标值和观测值或预测值均大于 0，并应该进行无量纲化处理；k_1、k_2 和 k_3 为系数，可以取大于 0 的常量。其作用是调整计算结果数据的灵敏度，k 值越大，结果的灵敏性越好。

三、控制理论

认识系统的目的不仅在于了解它的客观规律，更重要的是实现系统控制，使其按照规划的目标运转。矿产资源系统是在区域经济社会发展、经济社会政策、科技进步、生态环境等众多要素条件的约束下，通过人类的矿业经济活动，使系统向着最终规划目标运行。但在实际过程中，由于种种原因，导致实际运行结果与规划目标存在着一定的偏差，这就需要不断调整运行状态，使其运行结果不断接近预期目标，即实现系统的控制。同时，人类的矿业经济活动是一个不断地追求预期目标的过程。一个目标达到了，又有新的目标出现，因此，整个系统控制过程是一个动态的过程。

其控制的步骤如下。

第一步，根据区域矿产资源禀赋、社会经济发展战略规划和实际情况确定系统目标：

$$O = \{O_1, O_2, \cdots, O_m\} \tag{8.8}$$

第 i 个子系统目标可表示为 $O_i = \{O_{i_1}, O_{i_2}, \cdots, O_{in_i}\}, i = 1, 2, \cdots, m$

第二步，根据区域人口、资源、环境、社会经济发展特征，确定系统变量，通过数据的观测和分析预测未来发展的趋势。即得到：

$$X = \{X_1, X_2, \cdots, X_m\}, X_i = \{X_{i_1}, X_{i_2}, \cdots, X_{in_i}\} \tag{8.9}$$

第三步，计算矿产资源系统协调发展指数，分析系统协调发展状况。

第四步，对系统进行协调控制。

四、基于科学发展观的矿产资源系统协调发展模式

矿产资源是人们生活的最基本资源，它的作用渗透到人类社会的各个领域，所构成的矿产资源系统本身就成为一个复杂的巨系统，因此，矿产资源战略评价并不是单独一个产业或者一个行业的问题，而是整个系统相互协调的问题。具体表现在：

第一，矿产资源与经济协调互动。即改变低效粗放型经济生产方式，使有限的矿产资源被充分利用来发展区域经济。

第二，矿产资源与环境协调共容。低水平的矿产资源使用效率不利于生态环境保护，提高生态环境质量反过来要求和促进区域矿业经济的发展，然而这需要一个很长的过程，即使是生态环境的要求很高，也应该考虑到这个过程是需要时间的。因此，生态环境应该能包容这一过程，与区域矿产资源开发利用相容协调发展，互相促进、互相补充，而不是互相限制、互相排挤。

第三，矿产资源与区域稳定协调共存。矿产资源不但成为人类社会发展的必需资料，而且矿业及相关产业已经成为部分国家的经济支柱产业，矿产资源的供给将成为社会稳定的最重要因素之一，因此，矿产资源与区域稳定将是协调共存的。

第四，矿产资源与人本协调共盈。人们生活质量的提高与矿产资源的使用有极密切关系，解决好贫穷端与富裕端的双元资源使用成为矿产资源与人本协调共赢的关键。

矿产资源系统协调发展模式的构建必须综合考虑以上内容，基于科学发展观的基本思想，把效率、环境、稳定、经济和民生协调起来，确保共同达到区域可持续发展，乃至全面小康

社会的顺利实现。基于科学发展观的区域矿产资源系统协调发展，最基本的要求就是区域矿产资源的优化配置，而且验证其是否优化的标准也应该考虑效率、环境、稳定、经济和民生的优化。

五、矿产资源系统协调优化配置模型

可持续发展问题可以用优化控制模型来表述。给定资源存量，选择一个开发矿产资源的经济资源投入量(劳动和资本额投入量)，使无限时间上净收益现值之和最大：

$$\mathrm{MAX}_R\int Y(R,S)e^{rt}\,\mathrm{d}t$$

约束条件：

$$\mathrm{d}S/\mathrm{d}t=-aY(R,S)+h(z-R)+g(S)$$

$$z-R\geqslant 0;R,S\geqslant 0$$

$$S(0)=S_0;S(\infty)=S_{\min}$$

式中，S 为资源总存量向量；R 为用于资源开发利用的经济资源(劳动和资本)投入量；Y 为净收益函数；h 为资源改善函数；g 为资源自我更新函数；r 为贴现率；z 为可用于资源开发的经济资源总量(劳动和资本)；S_0 为资源总存量的初始值；$S_{\min}$ 为资源的终态制约量。低于这一水平，自然界将难以维系各种生态联系与功能，资源将减少以至枯竭。上式表示，在一系列约束条件下，区域可持续资源开发管理问题可以表述为，选择一个开发矿产资源的经济资源投入量(劳动和资本额投入量)，使无限时间上净收益现值之和最大。约束条件包括：资源存量随时间的变化率，可用经济资源量大于或等于实际使用的资源量，资源的初始存量，资源的终态制约量等。

从矿产资源系统出发，基于科学发展观的矿产资源系统优化配置的目标是：通过调整矿产资源生产、消费结构以及区域产业结构，以支撑区域经济社会可持续发展，从而达到保证区域经济增长、社会发展的预定目标，同时保证区域生态环境及矿产资源消费的稳定。

若矿产资源系统有 n 个子系统，在这个总系统所形成的一类协调函数 $\{y(x)\}$ 中的每一个函数 $y(x)$ 都有一个 v 值与之对应，与此同时，总函数还依赖另一个多变量控制函数 $X(x_1, x_2,\cdots,x_n)$，我们称总系统是同时依赖两个未知函数的泛函，记作 $V[y(x),X(x_1,x_2,\cdots,x_n)]$，则总系统的优化配置问题，就是使泛函 $V[y(x),X(x_1,x_2,\cdots,x_n)]$ 达到极值。

建立极小值模型：

$$\min V[y(x),X(x_1,x_2,\cdots,x_n)],$$

$$X=f(X_1,X_2,\cdots,X_n)=\sum_{i=1}^{n}x_i=b$$

引入辅助函数：

$$V=y(x)+\lambda[X-(x_1+x_2+\cdots+x_n)]$$

则：

$$V=\sum_{i=1}^{n}y_i(x_i)+\lambda[X-(x_1+x_2+\cdots+x_n)]=y_1(x_1)+y_2(x_2)+\cdots+y_n(x_n)+\lambda[X-(x_1+x_2+\cdots+x_n)]$$

对上式在 $x_1,x_2,\cdots,x_n$ 点求导，且为零，则在平稳点处存在：

$$\frac{\partial y_1(x_1)}{\partial x_1} = \frac{\partial y_2(x_2)}{\partial x_2} = \cdots = \frac{\partial y_n(x_n)}{\partial x_n}$$

满足上式条件，也即 $y_i(x_i)$ 曲线斜率相等时，泛函 V 有极小值。

$y_i(x_i)$ 共有 n 条曲线，在 $x_1, x_2, \cdots, x_n$ 处斜率相等，且 n 个点 x_i 之和满足给定的目标条件：

$$X = x_1 + x_2 + \cdots + x_n = b$$

则目标 x_i 即为最优配置量。

第三节　矿产资源战略评价模型与指标体系的构建

基于科学发展观的要求，从矿产资源系统协调优化配置理论出发，矿产资源战略评价既要考虑区域矿产资源的稀缺性、可耗竭性和环境外部性，即矿产资源可持续利用的资源一环境一经济技术条件，使资源的价值观真正体现出来，又要考虑区域可持续发展与矿产资源系统作用的内在机理，揭示区域发展对矿产资源的需求及其约束对实现人类持续发展的影响。一般来讲，矿产资源评价战略模型应包括地质属性模型、技术经济评价模型、环境影响评价模型、社会效益评价模型以及在此基础上建立起来的矿产资源综合评价模型。其基本原则包括：①从经济社会发展方向和优化配置的要求出发，有的放矢，最优化开发利用矿产资源，避免盲目性。②在评价时，要注重社会需求、环境与生态问题。③矿产资源战略评价必须综合分析各种条件因素之间相互联系和制约的作用，对影响区域经济社会发展的主导因素要进行重点评价并深入分析。④评价要论证矿产资源开发利用的效率与合理性。

一、矿产资源地质属性模型

矿产资源地质属性模型应考虑的主要内容涉及：①矿产资源的数量和质量。矿产资源要达到一定的储量和厚度才宜于开发。数量评价即包括探明储量、可采储量和远景储量等。矿层厚度、品位分布、矿床埋藏深度、可否露天开采、矿物开采的采剥比、水文地质状况等，属质量评价的内容。矿产资源数量评价，还应包括矿产资源绝对量与社会需要量对比的相对量。②矿产资源的区域分布特点及其相互结合状况。矿产资源价值不仅取决于数量和质量，还取决于分布、相互间结合状况和变化情况。③矿产资源开发利用可能性，有利方面和不利方面，应充分估计开发利用矿产资源可能会引起自然界的生态变化。在矿产资源战略评价中，矿产资源地质属性模型可进一步分为矿产资源潜力评价模型和矿地产价值评估模型。综合考虑两者的复杂性特点，在矿产资源战略评价中重点考虑地质勘查程度及资源潜在价值的估计。

（一）矿产资源潜力评价模型

矿产资源潜力评价主要以成矿的地质条件为基础，并考虑环境和技术经济因素。现有资料的积累和新理论、新技术方法的应用，是建立区域矿产资源潜力评价模型的基础，其中多源地学信息系统的建立是关键。

矿产资源潜力评价是根据已有的地质资料和技术经济发展条件，总结成矿地质条件和成矿规律，建立矿床模型，圈定成矿远景区（带），指出现在还没有发现而将来可能或应当发现潜在矿床的成矿有利空间，并通过定量评价方法系统进行潜在资源量的估算，为研究区内地质找矿提供科学和有效的工作建议。矿产资源潜力定量评价的任务是汇集现阶段地质、矿产、地球物理、地球化学、遥感和专题研究资料，在 GIS 平台上建立空间数据库；对地质、矿产、地球物理、地球化学、遥感和有关数据进行处理，分析区域成矿背景，总结控矿因素，研究成矿规律；编制区域矿产预测的系列图件，指出开展矿产勘查的具体地区。矿产资源潜力定量评价目的是为了提高研究区的矿产资源综合分析研究程度，建立统一的、规范化的找矿信息平台，提高找矿效果，降低找矿成本，为勘查投资决策和勘查工作部署服务。它的评价对象是潜在的（未发现的）矿产资源，主要内容是以远景区和靶区的形式确定未发现的矿产资源的空间分布，并对相应的未发现的矿产资源量进行估算。

矿产资源潜力评价是一项复杂的系统工程，它包括地质、矿产、地球物理、地球化学、遥感科研资料的汇集，空间数据库的建立，成矿信息的提取，信息的综合，成矿理论的应用，预测远景区的圈定和优化，以及远景区内潜在资源量的估算。由于地学数据复杂多样，其自身特征主要表现在：①地学自身具有多个分支学科，地学数据具有跨学科、多领域的性质；②地学数据类型多样，取样方法手段各异；③地学数据自身跨时间和空间；④地学数据具有层次性；⑤地学数据来源多样性。这些特征构成了地学数据的庞杂性和复杂关系。鉴于此，区域矿产资源潜力评价必须汇集多源地学信息，利用不同方法从不同角度提取各种信息，相互补充和相互验证，进行综合分析，提高评价精度。构建地质、矿产、物探、化探、遥感资料的空间数据库，对成矿信息模型进行全面探索，对多源的地学信息综合分析，对不同类别的成矿信息作有机综合分析，应用当代的计算机技术和数学地质方法按信息论的方法对找矿靶区优选和综合评价，提出矿区外围的找矿方向，已经是当代矿产资源预测评价的发展方向。从矿产资源战略评价的角度来讲，就是评价矿产资源系统的资源基础。

（二）矿地产价值评估模型

L. C. Kilburn 认为，矿地产的价值主要受五个基本因素制约，即地质工程、矿产品市场、金融市场、股票市场和矿地产市场，其中后四个因素属市场专家的研究范畴，地质工程则由地质学家负责。而矿产地的技术价值评估主要取决于四个主要矿地产特征，即①相对于任何探矿权以外的有价值矿物迹象的位置或相对于任何有利的地质、物化探异常的位置；②待估矿产地品位和矿化度；③待估矿产地物化探异常及其相对位置；④用以前的经验或可开采矿床对比为基础，认为待估矿产地中对发现可供开采矿床有利的地质型式。

由于地质勘查所处的阶段不同，对矿产地的勘查精度亦不同，地质勘查工程所能获得的矿产资源信息有所差别，其地质要素标志也不相同。按照矿产地的勘查过程可能提供的找矿信息，以及这些信息在由选定找矿范围到缩小找矿靶区，最终到确定矿体位置以及矿石富集程度等整个过程中所起的作用，可将主要地质要素归集为几个部分，每个部分都从低精度到高精度赋予一定的标志，以此作为评判价值的依据。主要地质要素包括：矿产地所处的大致成矿位置——成矿显示，勘查过程中采用的物化探、遥感等手段提供的异常等级及数量——异常显示，勘查工程所采集样品的化验品位——品位显示，矿床成因类型——成因显示，矿床规模的大小——蕴藏规模显示，矿石中富含有用组分的多少——前景显示六部分。每种显示可划分成若干级。

地质要素定性标志只能说明矿产地的地质勘查程度和所获得资源信息的多少及其质量的好坏。要对矿产地进行价值评估，就必须通过对地勘成果进行综合评价，由经验丰富的地质学家根据基本成矿理论与以往的工作经验，分别对它们赋予一定的数值，即价值系数，其值的大小取决于各要素在矿产勘查中找到有经济价值矿床的贡献的高低。根据比较程式化的评估程序，就可得到待评估矿产地的价值大小。

二、矿产资源技术经济评价模型

（一）传统矿产资源技术经济评价及缺陷

传统矿产资源技术经济评价主要针对矿产资源开发利用建设项目进行，一般可分为财务评价、经济评价和社会评价三个层次，归纳为两类评价范畴，其中财务评价属于微观评价，而经济评价与社会评价（在我国统称为国民经济评价）属于宏观评价。即先从微观评价开始，测算矿产资源开发利用项目的经济性，然后，从国家整体的角度，对矿产资源开发利用项目进行宏观的财务、经济与社会分析，考察其对国家财政的影响，对社会总生产和资源利用的影响，最后进行整体综合评价。从微观和宏观两方面，综合权衡项目的成本和效益，得出最终获得的社会净效益，作为投资决策依据。

1.矿产资源开发利用建设项目的财务评价

矿产资源开发利用建设项目财务评价是指按照现行财税制度和规定，根据现行市场价格，仅仅计算项目在财务上的收入和支出，并独立地测算一个项目投入的资金所能带来的利润，不考虑广泛的社会经济效果。一般包括三个部分，即进行矿产资源开发利用建设项目获利性分析、财务清偿能力分析和资金流动性分析。其主要评价指标是：投资收益率、投资利润率、投资利税率、净现值、投资回收期、借款偿还期及资产负债比率、流动比率、速动比率等。

2.矿产资源开发利用建设项目国民经济评价

矿产资源开发利用建设项目国民经济评价是从国民经济整体角度出发，站在国家的立场上，使用影子价格、影子汇率、影子工资和社会贴现率等国家经济参数，计算矿产资源开发利用建设项目需要国家付出的代价和项目对国民经济整体提供的效益，分析矿产资源开发利用建设项目给国家和社会所作出的贡献大小，考察项目投资的经济合理性和宏观可行性，依此评价矿产资源开发利用建设项目在经济上的可取性。矿产资源开发利用建设项目的国民经济评价特别注重项目对整个经济的贡献，审查项目的经济净效益能否全部抵偿项目所耗用的资源，以求达到合理有效地配置和使用国家有限资源的目的。

3.矿产资源开发利用建设项目社会评价

矿产资源开发利用建设项目社会评价是从整个社会角度出发，使用以经济评价的影子价格为基础进行调整的社会价格，考察投资项目对实现社会目标方面的贡献。社会目标主要是指经济增长速度、收入分配、自力更生能力、劳动就业影响、技术进步及其他社会变革等影响，但其中最主要的是经济增长目标和收入公平分配目标。经济增长目标是项目的国民收入增加情况，而收入分配目标是指矿产资源开发利用建设项目所得的国民收入在不同社会阶层、不同地区和时间上分配的合理程度。

由于受传统发展的限制，目前我国矿产资源开发利用建设项目技术经济评价分为两个层次，即财务评价和国民经济评价。对矿产资源开发利用建设项目社会评价尚处于初始理论研究探索阶段，因此，在项目国民经济评价中包括部分社会效果指标的计算与经济分析，建设项目的财务与国民经济评价均采用报表的形式完成。

传统矿产资源开发利用建设项目技术经济评价存在以下弱点或缺陷。

（1）在传统发展观条件下，矿产资源开发利用建设项目的主要目标是为了盈利。矿产资源开发利用建设项目必须面向市场，没有市场，矿产品就无法进行销售。所以，矿产资源开发利用建设项目确立首要任务是市场调查和预测，要调查和预测项目是否适应市场需求、市场潜量、需求量的变化趋势等，在此基础上对矿产资源开发利用建设项目进行分析，研究投资的可行性，并进行技术经济评价，包括财务评价和国民经济评价，以决定是否建设。这说明传统意义上的矿产资源开发利用建设项目技术经济评价排斥了项目可能产生的非市场效益与成本。

传统矿产资源开发利用建设项目技术经济评价的另一方面是注重经济效益，就是对矿产资源开发利用建设项目经济活动的目的性与有效程度进行经济评价。它体现为有效成果同相应劳动耗费的对比关系。只有当比值(有效所得/所费)大于1时才存在经济效益。在有效成果等高的情况下，劳动耗费越少，其经济效益越高，反之亦然。经济效益强调了投资项目的实现，反应了成果的合乎目的性与有效性，排除了尚未实现的或者社会需要承认不能实现的投资项目计入成果中来。只有追求经济效益才能立足于市场。另外，在矿产资源开发利用建设项目评价中还要对项目的经济、规模、组织等方面进行控制。在传统的矿产资源开发利用建设项目评价中基本上都强调项目的直接经济效益，对项目的其他效益尤其是生态环境效益评价重视不够，没有把项目对环境的影响而造成的损失纳入到其评价范围之内，也就是把项目本身的费用转嫁到社会中。由此可见，这种传统的矿产资源开发利用建设项目评价已远不能适应当今社会全面推进可持续发展战略的要求。

(2)在传统发展观条件下，矿产资源开发利用建设项目评价没有充分(或只是局部)考虑经济外部性问题。矿产资源开发利用建设项目经济的外部性分为外部的经济性和外部的不经济性，无论哪一种都与外部影响相关联。外部影响是一种经济力量对于另一种经济力量的“非市场性”的附带影响，是各种经济力量之间的相互作用的结果。这些影响有好的作用，也有坏的作用。外部影响有两个标志：①它们是伴随生产或消费的活动而产生的；②它们或者是积极的影响(即带来利益)，或者是消极的影响(即带来危害)。从这两个标志出发，基本上可以把外部影响分为以下三种。①积极的生产外部影响。它是指矿产资源开发利用建设项目在生产中给其他生产者带来的经济利益。②消极的生产外部影响。它是指矿产资源开发利用建设项目在生产中给其他生产者或居民造成的损害，从而增加他们的外部费用。例如，矿产资源开发利用建设项目在建设与生产中造成空气和水源污染，使附近的生产者和居民的利益遭到损害。③积极和消极的消费外部影响。它是指矿产资源开发利用建设项目产品在消费中给外界带来的利益和消极损害。

(3)在传统发展观条件下，矿产资源开发利用建设项目评价没有充分(或只是局部)考虑区域社会外部性问题。这里的区域社会，是矿产资源开发利用建设项目所处的外部地域，区域社会外部性问题包括以下几个方面。

首先是环境。环境包括自然环境和社会环境。矿产资源开发利用建设项目对自然环境的影响主要是指由于建设该项目而引起的大气、水文、土壤及其作物等的变化。项目对社会环境的影响，主要是指由于建设项目而引起的人口过分集中，住房紧张，交通、用水、蔬菜等物资的供应不足，造成人们的生活水平下降，一些风景区和文化古迹等遭到破坏，等等。

其次是就业。矿产资源开发利用建设项目的建设与生产，都会对所属区域的就业问题产生影响。矿产资源开发利用建设项目属于劳动密集型的项目，将吸收大量就业人员，缓和失业情况。

再次是收入及其分配。由于矿产资源开发利用建设项目会引起项目所属区域其他个人或单位的收入的变化,从而影响收入再分配。一是,对于竞争性矿产资源开发利用建设项目企业和消费者来说,由于本项目的加入,可能会引起收入的变动。因为矿产资源开发利用建设项目产品投入市场后,可能会使产品价格下降,但是这时使用该产品的消费者却得到了好处,也就是消费者剩余。二是前向联系和后向联系。这两个术语是艾伯特·赫希曼在其《经济发展的战略》一书中使用的。前向联系是指某行业(矿产资源开发利用建设项目企业)与它的产品的使用者间的联系。前向联系是指某行业(矿产资源开发利用建设项目企业)与其供应者间的联系。前向联系和后向联系其实是发展经济学家们设计的经济发展模式。

第四是消费和储蓄。这是矿产资源开发利用建设项目外部的一个重要方面。由于项目的建立,可能会影响当前消费,也有可能影响当前储蓄。

第五是与矿产资源开发利用建设项目有关联而产生的一种辅助货物或劳务,它们不但在项目内部有益于本项目产出的价值,而且在外部也有益于其他企业或个人。例如,矿产资源开发利用建设项目修建了一条项目产品和原材料运输道路系统。显然这条运输道路系统不仅服务于本项目,而且有利于整个区域改进交通运输条件并降低运输费用。

(4)在传统矿产资源开发利用建设项目评价中,遇到的另一个难以解决的问题,就是怎么衡量外部效果。有的外部效果,比如由于矿产资源开发利用建设项目的建立而使产品价格下降,从而使其他竞争性企业利润下降等。在竞争市场条件下,可以用市场机制确定矿产品的价格,但更多的是外部效果,例如矿产资源开发利用建设项目排放出来的污染物造成居民的生活质量的降低等,是无法用货币来衡量的。正如《项目经济分析》一书中所指出的那样:“遗憾的是,这些外部效果有时很难识别,即使能够识别,其大小也几乎总是难以衡量”。那么,是否可由于矿产资源开发利用建设项目的外部效果难以衡量而置之不理呢?《项目经济分析》一书中接着指出:“项目的外部效果是令人感到十分棘手的问题,对此还没有一种令人满意的统一处理方法。但是笼统地予以忽略是没有道理的”。正是由于外部效果的这种难以衡量而又不能笼统地予以忽略,致使项目技术经济评价不得不“被迫放过”包括外部效果在内的许多影响。

通过对传统矿产资源开发利用建设项目技术经济评价的分析,我们可以看出对矿产资源开发利用建设项目技术经济评价只是考虑内部经济性问题,在竞争市场条件下有些问题仍然难以解决,对于矿产资源开发利用建设项目的经济外部性总是给予弱化。所以,传统矿产资源开发利用建设项目评价理论已无法适应现代发展的要求,同时,这种仅限于项目层次的评价无法适应区域可持续发展的要求,缺乏系统性和整体性,无法从战略高度对区域矿产资源开发利用整体筹划,因此必须建立符合科学发展观要求(即矿产资源战略评价框架下)的矿产资源技术经济评价模型,既要包括对具体项目层次的技术经济评价,也要从政策层面、区域层面对矿产资源开发利用进行整体评价。

(二)矿产资源战略评价中的矿产资源技术经济评价模型

矿产资源战略评价中的矿产资源技术经济评价的核心是通过区域矿产资源开发利用促进经济增长。矿产资源价格不仅关系到项目的经济合理性,而且还会影响到一系列技术经济指标的确定。在市场经济条件下,掌握未来矿产资源的需求规律及其价格的变化,对于矿产资源政策、规划、计划等的制定和规划矿产资源开发利用项目的投资、规模以及预测未来项目经济效益至关重要。

依据市场需求规律和矿产资源的特点，矿产资源市场定性的需求模型如图8-3所示。

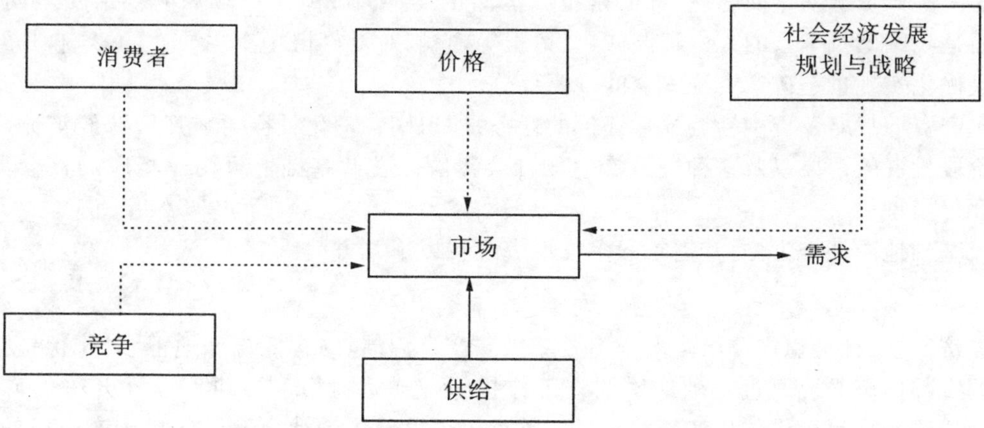

图8-3 矿产资源市场需求模型

由矿产资源市场需求模型图可以看出，消费者决定市场的能力和属性；竞争决定市场的社会特征；社会经济发展规划与战略是市场的制约因素；供给是市场的源泉；价格是市场的调节因素。这五项是市场需求的输入量，而需求则是市场需求模型的输出量。

三、矿产资源环境影响评价模型

矿产资源开发利用对生态环境来说具有双重作用。一方面，资源的勘查、开发和利用，表现为大量的工程活动，直接作用于生态环境，改变了生态环境的要素构成和质量；另一方面，资源的开发利用会产生大量的"三废"，直接对环境造成污染，或资源开发工程活动诱发滑坡、崩塌、泥石流等环境灾害，对环境造成巨大影响。因此，如何在资源开发利用的同时，开展环境影响评价，是实现区域可持续发展的重要内容，也是矿产资源战略评价的核心内容之一。

矿产资源战略评价中的矿产资源环境影响评价是通过对矿产资源开发利用造成的环境影响和整治措施进行分析，确定环境影响的损益和环境整治的效益，为有效控制环境污染和实施区域可持续发展战略提供依据。其主要内涵包括两个方面：一是为矿产资源勘查、开发和利用以及环境保护投资提供可行性分析；二是为制定矿产资源勘查、开发和利用的环境政策、实施环境管理和污染控制提供决策依据。在矿产资源勘查、开发和利用的可行性研究中，不仅要考虑经济上合理，还要考虑环境的可持续性问题，同时预见其经济后果和环境后果。

以采矿为例，矿产资源开采对环境的影响有大有小，性质亦不同。这一切取决于被开采的矿产资源的种类、形式，开采方式、方法及矿山周围的环境特性，矿山所在地的社会经济发展水平等。因此，要对不同的矿种及矿山根据其不同的实际情况采用恰当的环境影响估算模型与方法进行估算，目前尚还存在诸多困难。

四、矿产资源社会效益(需求)评价模型

在矿产资源战略评价中，矿产资源社会效益(需求)评价的任务是，识别和量化社会对矿产资源经济循环过程中各阶段投资的需要以及这种决策产生的社会影响。它以发展贡献论为理论依据，以矿产资源信息流、物质流和经济流的研究为方法论，以矿产资源对区域可持续

发展的贡献为目标，从战略高度，研究矿产资源的社会需求及影响问题，其中包括矿产资源安全问题。矿产资源安全问题，一方面是指我国储量不足的战略矿产资源的供给安全问题；另一方面是我国储量丰富的矿产资源如钨、稀土等，它们对世界市场有主导性的影响，其经济利益的最优化实现也是矿产资源安全的重要部分。

矿产资源战略评价中社会效益评价的任务是，识别和量化社会对矿产资源经济循环过程中各阶段投资的需要以及这种决策产生的社会影响。在此基础上可构建相应的社会需求及影响评价模型。

以基础地质调查为例，其需求的多样性表现在以下几方面。

1. 资源需求

经济发展、社会稳定和国防安全需要新增矿产资源储量（含能源和地下水）作保证。国家地质调查部门有必要通过基础地质调查工作提供成矿远景区和可供商业性开采的矿产地。基础地质调查项目提供的矿产资源信息能够满足国民经济和社会发展寻找矿产资源的需要，我们将基础地质调查工作的这种功能简称为资源需求。长期以来，我国的基础地质调查工作主要是为满足资源需求服务。

2. 工程需求

兴建重大工程如水利枢纽、交通干线、大型工业基地和新建城市等需要基础地质信息，简称工程需求。一方面，重大工程的立项和建设必须有地质信息作为依据；另一方面，重大工程还会对工程所影响的区域产生持久广泛的地质环境影响。例如，由于三峡库区没有做1∶5万的基础地质调查工作，就很难对三峡工程的地质环境影响作出实事求是的评价。又比如，由于工程施工单位对区域地质背景资料了解不够，昆玉铁路玉溪段选线时恰好选在破碎带上，打隧道时接二连三地塌方，导致经费增加了300%，工期延长，同时也增加了以后铁路维护的难度。

3. 规划需求

制定、调整全国或地区国民经济和社会发展规划需要地质信息，简称规划需求。一个地区的发展规划是否合理，在相当程度上取决于拟定的产业结构、城乡布局和基础设施等是否充分利用了当地的地质地理条件，是否有利于将当地的资源优势转化为经济优势，是否有利于回避不利的自然条件并且尽可能减轻对环境的破坏。没有地质信息作为依据的发展规划具有很大的盲目性。有待开发的地区，区域发展规划或涉及到资源环境的发展规划需要充足的地质信息。

4. 环境需求

自然灾害的预警和防治以及维护生态安全等需要地质信息，简称环境需求。自然灾害频发地区，生态环境变化异常和敏感脆弱地区等需要我们掌握充分的地质信息。

5. 科研需求

对地球奥秘的探索需要地质信息，简称科研需求。科研需求主要存在于地质现象复杂，学术争议比较集中的区域。另外，我们将发展和改进地质调查工作本身的需要也归类到科研需要里面。

6. 外交需求

有关国境线和越境水源等的地质信息事关外交政策的制定和调整，简称外交需求。

以上六种需求主要是根据地质信息同经济社会发展的内在联系推断出来的一般情况。显然，相对于某一个具体地质调查项目而言，各种需求的强度是不一样的。需要强度是一个反映不同社会群体和区域对地质信息需求程度差异的概念，即在以上六种需求中，对于不同的社会群体和地区来说，有一些需求更为重要。影响需求强度的因素主要有显示性、紧迫性和区域吻合性。其中，区域吻合性又包括地质吻合性、工作吻合性和经济吻合性等。

就社会影响评价而言，我们一般把社会反应进一步区分为舆论反应、学术反应、决策反应和投资反应四种类型，每一种反应又可以分为地区影响、全国影响和国际影响。

以基础地质调查为例，舆论反应主要是指公众对地质调查工作及其成果的关注，一般通过电视、电台和报纸等新闻媒体表现出来。

学术反应指学术界对目标项目及其新发现、新认识、新技术和新经验所作出的反应，一般通过学术论文、著作、学术会议和学术认证等形式表现出来。如：①国际国内科研机构和部门关注、认可的新地质现象；②一定数量的SCI论文或核心期刊论文；③被国家地质调查部门肯定推广的工作方法、工作经验、新技术和新专利等。

决策反应指以各级政府和部门为代表的行政决策机制对地质调查成果的反应，主要表现为目标区域因为基础地质调查成果而制定、调整和修正国民经济和社会发展思路、战略、规划、计划和政策等。如：①新的地质信息使目标区域乃至全国有了新的发展思路；②新的地质信息使现有发展思路、战略、规划、计划和政策等暴露出严重不足(包括已经不可能修正、调整和充实的情况)；③新的地质信息有助于解决一些有关国民经济和社会发展的争议性或悬而未决的问题；④新的地质信息导致外交关系的调整和变化；⑤新的地质信息导致新的工程动议，或对拟实施和正在实施的项目进行调整；等等。

新资金因为新的地质发现或资源发现而有流向目标区域的兴趣或意向，可以看成是目标项目的投资反应。投资反应是基础地质调查工作最直接也是最强烈的影响。基础地质调查的投资影响主要有以下几种情况：①目标项目的新发现使国外矿业公司、勘查公司或其他企业产生了投资兴趣或合作意向(如函电垂询资料信息、来华考察、商谈合作项目等)；②国内矿山企业、勘查单位或其他企业有商谈矿业权交易的意向或合作勘查和开发意向；③地方政府因为新发现愿意追加投资或配套投资；④新的地质发现使国际合作组织产生了投入研发资金的兴趣和意向；⑤国家科研机构和地质调查部门因为新发现而愿意在目标区域继续进行地质调查投资等。此外，新的地质信息有可能吸引新的投资，如“西气东输”工程就是对新疆油气资源发现的投资反应。

五、矿产资源综合评价模型

在矿产资源战略评价中，矿产资源综合评价的关键在于通过资料处理、专题分析和综合评价，建立地质一技术经济一环境一社会动态评价系统。矿产资源战略评价最终归结为矿产资源的可持续利用，实现资源、环境、经济与社会发展的相互协调。矿产资源综合评价模型即为上述四大模型的集成，区域地质一技术经济一环境一社会系统的基本运行模式可用图8-4表示。它包括四个层次。第一层次是系统的目标层，即实现区域资源、环境与社会经济的协调发展；第二层是系统的表现层，它包括区域地质矿产属性、社会经济发展水平、区域生态系统的稳定性三个方面；第三层次是系统运行层次，该层次包括资源系统、社会经济系统、生态环境系统三个主要过程，其中社会经济系统是核心；第四层次是系统的措施层，主要包括为了提高系统运行效率和质量所采取的措施，如资源管理、环境保护措施等。矿产资源战略评价主要评价资源开发利用与社会经济系统、生态维护之间的协调性和稳定性，需要采用多项指标进行综合评价，目前常用的模型包括矿产资源竞争力评价模型与矿产资源可持续力评价模型。

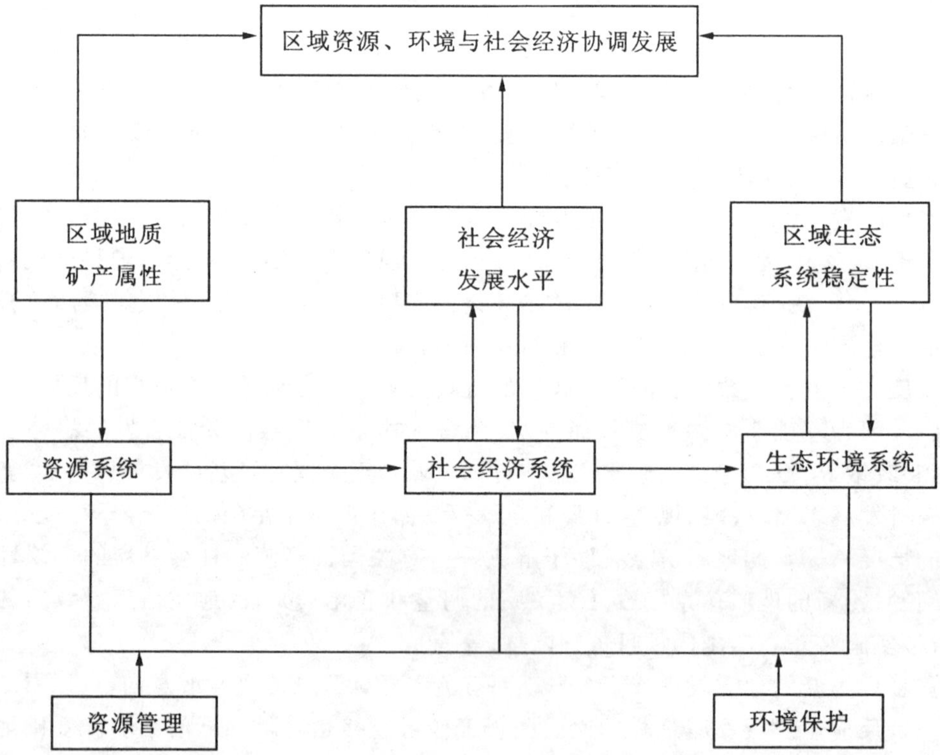

图 8-4　区域资源、环境与社会经济系统运行模式

六、矿产资源战略评价指标体系的构建

基于科学发展观的矿产资源战略评价的主要目标就是，建立与社会经济发展相适应，无害环境的矿产资源供应体系和消费模式。从系统论的角度，矿产资源战略评价的目的也就是着眼于整个矿产资源生命周期，采取系统措施，实现矿产资源开发利用及保护子系统与区域可持续发展系统的协同进化。一个完整的矿产资源战略评价体系，必须充分考虑矿产资源生命周期中各参数的相互关联性，这些要素也就构成了矿产资源战略评价的客体，是矿产资源战略评价体系的评价对象。矿产资源战略评价，既要考虑矿产资源的稀缺性、可耗竭性和环境外部性，即矿产资源可持续利用的资源－环境－经济技术条件，使资源的价值观真正体现出来，又要考虑区域可持续发展与矿产资源系统的内在联系，揭示区域发展对矿产资源的需求及其约束对实现持续发展的影响。

根据上述矿产资源战略评价的分析框架，矿产资源战略评价指标的选取，必须要充分考虑以下几个因素。

第一，矿产资源战略评价的指标选择应与区域发展阶段和发展水平紧密相连，能够体现区域发展的持续性、差异性与阶段性特点。区域发展的阶段、基础、水平与潜力决定了区域经济发展对矿产资源的市场需求，矿产资源的需求又决定了区域矿产资源的地位与战略性。

第二，指标选取能够基本衡量区域矿产资源的主体状况，也就是说，通过这些指标，能反映出区域矿产资源的基本特征，包括空间组合、数量、质量等资源优势特征，勘探开发的成本状况，矿产资源消费特征，等等。

第三，指标值是可以获得的真实测量值或统计值，可以进行区际比较与国际比较。

第四，指标的设置必须反映问题的重要性，具有层次特征，能够充分反映矿产资源的可持续利用问题。

第五，指标分布要较为全面、系统，既要有状态指标，也要有着眼于区域长期发展的潜力指标。

本章参考文献

陈军，成金华，吴巧生. 中国石油安全战略评价：1990—2006[J]. 中国人口、资源与环境，2008(1)：62 - 68

成金华，吴巧生. 中国矿产资源经济研究综述[J]. 中国地质大学学报(社会版)，2003(6)：36 - 40

成金华. 矿产资源规划的理论与方法[M]. 北京：中国环境科学出版社，2002

简新华，向尚琳. 论中国的新型工业化道路[J]. 当代经济研究，2004 (1)：32 - 38

李金发，吴巧生. 矿产资源战略评价体系研究[M]. 武汉：中国地质大学出版社，2006

钱学森，于最元，戴汝为. 一个科学新领域——开放的复杂巨系统及其方法论[J]. 自然杂志，1990 (1)：3 - 10

吴巧生，王华，成金华. 中国可持续发展油气资源安全系统研究[M]. 武汉：湖北人民出版社，2004

吴巧生，王华，成金华. 中国能源战略评价[J]. 中国工业经济，2002 (6)：13 - 21

张锦高. 可持续发展经济学[M]. 武汉：湖北人民出版社，2003

第九章　能源矿产开发利用经济问题

第一节　能源矿产的种类与分布

一、能源矿产的概念、种类及特点

（一）能源矿产的概念

能源矿产又称燃料矿产、矿物能源，是矿产资源中的一个重要类别。它主要指的是蕴含有某种形式的能，并可能转换成人类生产和生活必需的热、光、电、磁和机械能的矿产。它们通常是赋存于地表或者地下的，由地质作用形成的，呈固态、气态或液态的，具有提供现实意义或潜在意义能源价值的天然富集物。

（二）能源矿产的种类

能源矿产的种类主要包括煤、石油、天然气、油页岩、石煤、铀钍以及地热等。这些资源属于可直接或通过转换而获得光、热以及动力能量的载能体资源，是推动人类社会进步、促进经济发展、改善生活条件的不可缺少的生产要素和非常重要的物质基础。现代社会，在相当长的历史时期内，仍然离不开能源矿产的开发和利用。这里所述及的煤炭、石油、天然气、铀以及地热矿产均属一次能源。其中，地热能又是一种新能源。

煤炭、石油、天然气是由太阳辐射能转化而成，属于化石燃料类。煤炭主要是在地史发展过程中多在沼泽环境中生长的高等植物死亡后，在长期的温度和压力作用下，随着含碳量不断增高而形成的固态可燃有机质。石油、天然气主要是地史过程中衍生的低等动物、植物死亡后堆积在海洋、湖沼的淤泥内并始终处于还原环境下，经温度和压力（特别是温度）对有机物质的热催化作用而形成，并据其不同的成熟程度而构成气态（天然气）、液态（原油）和固态（沥青）三种形态。煤、石油、天然气不仅可用作燃料，而且是重要的化工原料。随着技术的发展，其应用领域将更趋广阔。

铀是一种化学性质十分活泼的元素，易与其他元素化合成铀矿物。在地壳演变过程中，在岩浆作用、沉积作用、变质作用以及表生作用下，铀聚集而成不同类型的铀矿床。铀作为核燃料，是实现能量高度密集的核裂变的主要物质。

地热是蕴藏于地球内部的自然资源。地球内部，放射性热源是主要热源，通过水载体在地下空间贮集，也通过某些裂隙通道流出地表形成温泉。地热已被用于农业、工业、人们生活的许多方面。

（三）能源矿产的特点

作为矿产资源的一部分，能源矿产除了具有矿产资源的一般特点外，还具有不可逆性和可替代性的特点。

不可逆性是指过程能重复但不可能返回过去的性质。由于能源矿产主要是以能量转化的方式被利用,遵循热力学第一和第二定律,运动过程不可逆,因此,与其他矿产资源相比,能源矿产在利用过程中既不能再循环也不能被回收,是不可回收的非再生资源,其消费具有不可逆性。显然,它的合理开发和科学利用就更为珍贵。

可替代性是指一种资源在使用上可以用别的资源来代替。一般说来,任何资源都具有一定程度的可替代性。但是,能源矿产之间的可替代性更为显著和直接。因为,不同能源矿产之间都能转化为终端消费能量形态——电能,这样,不仅不同能源矿产之间的可替代性大大增加,而且能源矿产品的替代品选择余地也会因此大大拓宽。

二、我国主要能源矿产的分布

(一)煤矿

我国煤矿主要分布在山西、内蒙古、陕西、新疆等省(区),其次是贵州、宁夏、安徽、云南、河南、山东、黑龙江等省(区)。重点煤矿:山西省有大同、王坪、小峪、平朔、轩岗、西山、太原、寨沟、东山、阳泉、荫营、汾西、霍州、潞安、韩城、晋城等;内蒙古自治区有扎赉诺尔、伊敏、大雁、霍林河、平庄、乌达、海渤湾等;陕西省有铜川、浦白、澄合等;新疆维吾尔自治区有乌鲁木齐、哈密等;贵州省有水城、六枝、林东、盘江等;宁夏有石咀山、石炭井、灵武等;安徽省有淮北、淮南等;河南省有鹤壁、义马、焦作、郑州、平顶山等;山东省有龙口、淄博、新汉、肥城、兖州、枣庄等;黑龙江省有鹤岗、双鸭山、七台河、鸡西等。此外,河北省有开滦、邢台、邯郸、峰峰、井陉等;江苏省有徐州;辽宁省有北票、阜新、铁法、南票、沈阳、抚顺等;江西省有萍乡、丰城、乐平等;四川省有攀枝花、广旺、达竹、华蓥山等;还有北京。

(二)石油、天然气

我国已在24个省、市、自治区和海域发现了可开发利用的油气,进行过资源量估算的盆地共有145个,其中最主要的含油气盆地有:准噶尔、塔里木、焉耆、吐哈、柴达木、酒泉、四川、鄂尔多斯(陕甘宁)、二连、松辽、渤海湾(华北)、南襄、江汉、苏北、百色、三水、东海大陆架、台西、珠江口、北部湾、莺歌海、琼东南。在这些盆地中投产开发的油矿365个,投产开发的气田109个,共形成38个油气矿产地,它们是:新疆(克拉玛依、准东)、焉耆、塔北、塔西南、塔中、土哈、青海、玉江、川中、长庆、延长、陕北、大庆、吉林、松南、长春、二连、科尔沁、辽河、冀东、大港、华北、胜利、中原、河南、江汉、江苏、苏北、安徽、百色、三水、渤海、西湖、南海东部、南海西部、台西、万安、曾西。

全国石油、天然气生产骨干企业有:新疆石油管理局、塔里木石油勘探开发指挥部、吐哈石油勘探开发指挥部、青海石油管理局、玉门石油管理局、四川石油管理局、长庆石油勘探局、延长油矿管理局、大庆石油管理局、吉林省油田管理局、辽河石油勘探局、冀东石油勘探开发公司、大港油田集团公司、华北石油管理局、胜利石油管理局、中原石油勘探局、河南石油勘探局、江汉石油管理局、江苏石油勘探局、安徽石油勘探开发公司、滇黔桂石油勘探局、渤海石油公司、南海西部公司、南海东部公司、西北石油局、西南石油局、华北石油局、东北石油局、华东石油局、广州公司,以及台湾地区的中国石油公司。

(三)铀矿

我国共探明大小铀矿床(田)200多个,主要分布在江西、广东、湖南、广西,以及新疆、辽宁、云南、河北、内蒙古、浙江、甘肃等省(区)。矿床以中小型为主,其中主要的铀矿床有:相山铀矿田、郴县铀矿床、下庄铀矿田、产子坪铀矿田、青龙铀矿田、腾冲铀矿床、桃山铀矿床、小丘源铀矿床、黄村铀矿床、连山关铀矿床、蓝田铀矿床、若尔盖铀矿床、芨岭铀矿床、伊犁铀矿床、白杨河铀矿床。已经建成和新建的厂矿有:衡阳铀矿、郴州铀矿、大浦街铀矿、上饶铀矿、抚州铀矿、乐安铀矿、翁源铀矿、衢州铀矿、澜河铀矿、仁化铀矿、本溪铀矿、蓝田铀矿、伊犁铀矿等。

(四)地热

全国已勘查的地热点(田)共有738处,其中有43处进行了勘探。783处地热田中目前已综合开发利用和部分利用的有434处,其中用于发电的有6处,用于供暖和工业的有39处,用于医疗的有126处,用于洗浴的有266处,用于水产养殖的有47处,用于生产矿泉水的有40处,用于农业温室和灌溉的有117处。这些地热田中最主要的是:河北省怀来后郝窑、北京市昌平小汤山、吉林省安图白头山、西藏自治区噶尔朗久、西藏自治区那曲、西藏自治区羊八井、西藏自治区羊易、陕西省西安市、陕西省长安沣浴、四川省大邑花水乡、北京市东南城区、河北省雄县牛驼镇、天津市王兰庄、天津市滨海、山西省新绛阳王乡、湖北省应城汤池、湖北省英山、山东省招远、西藏自治区昂仁县塔各加、云南省腾冲、云南省昆明、湖南省宁乡灰汤、湖南省汝城、福建省福州市、江西省安远虎岗、福建省漳州市、广西壮族自治区象州、广东省丰顺邓屋、台北宜兰清水、广东省阳江、广东省湛江市、海南省儋州兰洋、海南省二亚南田。

第二节 能源矿产资源评价

矿产的开发规模,产量的增长幅度,受制于各类矿产的资源潜力、品质和探明程度。资源潜力的评价,与勘探程度、研究深度紧密相关。随着勘查程度的提高,技术方法的进步,认识的变化,不同时期进行的矿产资源评价,资源潜力预测和数值的估算也会有很大差异。我国对煤炭、石油、天然气、铀矿、地热资源,也曾采用不同的形式进行了次数不等的评价和预测,对资源“家底”有较系统的了解。我国目前整体上能源矿产资源量是比较丰富的,但人均占有量计又是相对贫乏的。

一、新一轮国土资源大调查启动前的能源矿产资源评价

(一)煤炭

据20世纪80年代进行的资源评价结果,预测我国煤炭总资源量为5.06万亿t。埋深浅于1 800m资源量为4.4万亿t,其中,埋深浅于1 000m的资源量为2.104万亿t。以此数据与世界产煤大国相同深度的资源量对比,低于独联体(6.8万亿t),高于美国(3.6万亿t),居世界第2位。以中国2 299亿t的保有精查储量与世界各国可采储量相比,则位于独联体、美国之后,居世界第3位。

截至1996年底,我国煤炭探明储量10 273亿t,为资源总量的20.3%。其中,精查储量2 510亿t,占24.4%;详查储量1 815亿t,占17.7%;普查与找煤储量5 948亿t,占57.9%。历年已累计采煤248亿t,现保有储量10 025亿t,其中已占用储量2 556亿t,占25.5%;未动用储量7 469亿t,占74.5%,其中精查储量893亿t,仅占未动用储量的12%,对扩大规模、持续发展有相当大的影响。

煤炭资源分布地域广，但不均衡，具有东少西多、南贫北丰、相对集中的特点。绝大多数省(市、区)分布着质量不同、数量不等的资源。以兴安岭—太行山—雪峰山一线为界，以西地区资源量达 4.5 万亿 t，占 89%；以东地区 0.56 万亿 t，仅占 11%。以昆仑山—秦岭—大别山一线为界，以北地区资源量达 4.74 万亿 t，占 93.6%；以南地区仅 0.32 万亿 t，占 6.4%。整个煤炭资源量，相对集中在超过万亿吨的新(16 210 亿 t)、蒙(1 205 万亿 t)以及超过千亿吨的晋、陕、甘、宁、黔、冀、鲁、豫、皖 9 省(区)，其资源量 48 113 亿 t，占总量的 95.10%。

与资源量分布相类似并以上述相同的区划进行比较，已知储量中，西部(8 715 亿 t)占 87%，东部(1 310 亿 t)占 13%；或者说北部(9 070 亿 t)占 90.5%，南部(955 亿 t)占 9.5%。现保有煤炭储量，相对集中在超过千亿吨的晋(2 578 亿 t)、蒙(2 247 亿 t)、陕(1 619 亿 t)以及新、甘、宁、皖、黑、冀、鲁、豫、黔、滇 13 个省(区)，累计储量 9 637 亿 t，占总储量的 96.1%。资源量与储量的相对集中反映了与大型含煤盆地的密切关系，也决定了中国煤炭“北煤南运”、“西煤东调”的发展格局。

煤炭具多时代分布，煤类分带性明显。晚古生代以中变质煤为主；中生代以低、中变质煤为主；第三纪主要形成低变质褐煤，反映了地质时代新、变质程度低的趋势。煤类在地理分布上呈现如下格局：天山—阴山以北，以褐煤与低变质煤为主；天山—阴山以南，昆仑山—秦岭—大别山以北，则分布有各级变质程度的烟煤和无烟煤及少量褐煤；秦岭—大别山以南，以高变质煤为主，中变质煤有分布，低变质煤很少。煤类品种全，但以优质动力煤为最丰，占保有储量的 72.9%；优质炼焦煤、无烟煤比例偏小，占 25.4%。煤田区伴生矿种类多，可综合利用产生新效益。

煤层埋深偏大，是一个不利的因素。埋深大于 1 000m 储量占 53.2%；适于露天开采的煤储量仅占 4.1%，且高变质煤量少。

(二)石油、天然气

我国石油、天然气资源评价，系统进行过两次。资源量的预测随着研究深度也有所变化。据对全国统计的 319 个沉积盆地中所选择的 145 个盆地的系统评价结果，石油常规总资源量为 930 亿 t，最终可采资源量 140 亿 t；常规天然气总资源量 38 万亿 m^3，最终可采资源量 10.5 万亿 m^3。另外，又据其他方面研究结果，属于非常规天然气类型的煤层气，埋深小于 2 000m 的资源量为 32.64 万亿 m^3；以含油率为 6% 的油页岩储量折算，页岩油远景地质储量近 290 亿 t。连同南海南部海域初步预测的资源量在内，表明了中国油气资源具有相当大的潜力。但以人均占有量计，资源并不富裕。

石油、天然气储量探明程度不高。至 1996 年底，累计探明石油可采储量 52.6 亿 t，占迄今计算最终可采资源量的 37.6%，历年已累计采原油 30.36 亿 t，剩余可采石油储量 22.24 亿 t，居世界第 11 位；累计探明天然气可采储量近 1 万亿 m^3，占预测最终可采资源量的 9.5%，累计采出天然气约 3 000 亿 m^3，剩余可采储量 7 000 亿 m^3，居世界第 21 位。

石油、天然气资源量分布不均衡，相对集中在一批大型盆地内。地区上，东部(东北、华北、江淮)石油资源量 363.4 亿 t，占总资源量的 39%；中西部(247.89 亿 t)和大陆架海域(246.75 亿 t)大体相当，分别占 26.7% 和 26.5%；南方区(长江以南)所占比例极小。天然气资源量主要分布在中部(11.36 万亿 m^3)占 29.95%，其次是西部(10.78 万亿 m^3)占 28.4%。中西部天然气资源量占 58.4%；近海大陆架(8.39 万亿 m^3)占 22.1%，构成了天然气分布的基本格局。西藏、南海南部海域的石油和天然气资源再经继续深入、系统评价后，将会使中国总资源量预测发生新的变化。资源量集中于大型盆地具有普遍的规律。统计的渤海湾、松辽、塔里木、准噶尔、珠江口、东海、渤海、琼东南、鄂尔多斯、北部湾、吐哈、柴达木、四川 13 个盆地，占进行评价盆地数的 8.66%，而其资源量：石油 750.4 亿 t，占总资源量的80.7%，天然气 30.7 万亿 m^3，占总资源量的 80.86%。

探明储量的分布特点与资源量相类似。储量集中于大型油田（大于 1 亿 t）和大型气田（大于 300 亿 m^3）内。已探明石油储量，东部地区占 79%，中西部地区占 15.6%，海域占 4.7%，其他地区比重极小。天然气储量，中西部占 67.2%，海域占 16.74%，东部占 15.64%。迄今占油田总数 7.2%的大油田，其储量占石油总探明储量的 58.6%；占气田总数 6.2%的大型气田，其储量占探明储量的 43.9%，反映中国多为中小型油气田，而储量又主要聚集于大型油气田中的特点。

石油形成以陆相沉积为主，产出时代相对较新，中新生代地层中聚集了总资源量的 86.3%；现今探明储量也主要分布于这套层序之中。天然气资源量，中新生界占 49.2%，古生界占 50.8%，资源比例各占一半，反映了天然气形成环境除陆相外，海相所占比重相当大。

地质条件的复杂，确定了资源品质的多样性。在石油资源量中，常规资源占 87.1%，低渗油资源占 6.1%，稠油占 2.0%，低成熟油占 4.8%。地理环境的复杂给勘查工作带来许多困难。石油资源量的 43.3%、天然气资源量的 66.7%是分布在海滩、沼泽、沙漠、山区、黄土塬、高原等地理、地形条件复杂区。石油资源的 23.3%埋深于 3 500～4 500m 范围；还有相当比例的资源埋深超过 4 500m（如塔里木盆地）。

（三）铀矿

铀矿资源分布不均衡，全国已有 23 个省（区）发现铀矿床，已探明大小铀矿 200 多个，但主要集中分布在赣、粤、黔、湘、桂、新、辽、滇、冀、蒙、浙、甘等省（区），尤以赣、湘、粤、桂四省（区）资源为富，占探明工业储量的 74%。

已探明的铀矿床，以花岗岩型、火山岩型、砂岩型、炭硅泥岩型为主。矿石以中低品位为主，0.05%～0.3%品位的矿石量占总资源量的绝大部分。矿石组分相对简单，主要为单铀型矿石，仅在极少矿床有其他金属元素共生，形成铀—钼、铀—汞、铀—铜、铀—多金属、铀—钍—稀土矿床。矿床规模以中小型为主。在一些矿田内，矿床往往成群出现，有的几个，有的几十个，而其中常有 1～2 个主体矿床存在。探明的铀矿体埋深多在 500m 以内。

中国铀矿成矿时期以中新生代为主。成矿的先后顺序是：混合岩型、伟晶岩型、花岗岩型、火山岩型、炭硅泥岩型和砂岩型。据铀矿床矿化类型、成矿时代和大地构造单元中分布特征，划分了东部铀成矿省、天山—祁连山铀成矿省、滇西铀成矿区，并据矿床成因、赋矿围岩和成矿特征将中国主要铀矿床分为内生铀矿床（岩浆型、热液型）、外生铀矿床（成岩型、后生淋积型）和复成因铀矿床三类。

（四）地热

已进行的地热资源评价结果，预测全国埋深小于 2 000m 的地热资源量为 221 900 000×10^{12} kJ，相当于 72 310 亿 t 标准煤的发热量。按 1%计算可采地热资源，相当于 723 亿 t 标准煤的发热量。据对一批主要的沉积盆地进行的评价，预测资源量约 40 184 046×10^{12} kJ，占总量的 18.1%，可采率按 1%计，相当于 1 371 亿 t 标准煤的发热量。

全国已勘查过的地热田 738 处，探明可采热水量 247.02 万 m^3/d，可利用热量 4 318MW，年供热量约相当于464.4万t标准煤。

二、新一轮国土资源大调查启动后的能源矿产资源评价

“新一轮国土资源大调查”是在我国领域和管辖海域范围内，主要对土地资源、矿产资源、海洋资源等自然资源，开展基础性、公益性、战略性综合调查评价工作，为国家进行宏观调控提供基础资料和依据，为政府履行规划、管理、保护和合理利用国土资源的管理职能服务，为社会公众提供公益性国土资源信息。实施周期为1999－2010年，为期12年，总投入120亿元。

“矿产资源调查评价工程”是新一轮国土资源大调查“一项计划、五项工程”的重要组成部分，以实现找矿突破、引导商业性矿产勘查开发、提高矿产资源保障能力为目标，瞄准油气、煤炭、铀、铁、铜、铝、钾盐、金、铅锌、锰、钨、锡等战略性矿种，聚焦全国16个重点成矿区带，按照“区域展开，重点突破”的原则，突出先行性和战略性。

据报道，12年来，围绕紧缺，巩固优势，矿产调查评价工作取得重大突破，新发现大批矿产地，新增一批重要矿产资源量。累计新发现矿产地900余处，其中大型、特大型152处，铁锰等黑色金属70处，铜铅锌等有色金属370多处，金银贵金属250处。新发现矿(化)点1 100多处，化探异常2.6万个，高精度磁探异常2 400多个，揭示了我国铁、铜、铅、锌、铝、锰、钨、锡、金、银等重要矿产的巨大资源潜力。这些矿产地大都转入后续的勘查和开发，为商业性地质找矿工作降低了风险，提供了大量的勘查后备选区。新增资源量(333＋334)：铁矿石50亿t、铜矿3 850万t、铝土矿4.5亿t、钾盐4.6亿t、金矿1 800t、银矿8万t、钨矿75万t、锡矿260万t、锰矿石1.8亿t。后续商业性矿产勘查及时跟进，实现了在资源高消耗的情况下，重要矿产查明资源储量仍然保持较快增长的态势。

从油气资源看，松辽盆地外围、西北银额盆地、西南中上扬子盆地和青藏羌塘盆地四大陆域油气新区，已被证实具有较大勘探远景，新圈定一批战略选区；完成我国油气资源区域评价战略研究，更新一批油气资源基础数据，建立全国油气资源分布及勘查工作程度空间数据库，提出了可供国家组织实施油气资源前期勘查的16个战略选区；海域新区油气资源评价圈定38个重要油气沉积盆地，新发现一批含油气构造。

从煤炭资源看，新疆东部等煤炭资源整装勘查新增资源量超千亿吨，为今后煤炭资源普查和“西煤东运”工程提供了地质依据和资源量支撑。通过省部合作，新疆“358”项目取得重要进展。用了不到一年时间，组织近千人开展煤炭勘查会战，在淖毛湖、库木塔格—沙尔湖、大南湖—野马泉、伊拉湖—艾丁湖、三塘湖5个预查区圈定15个可供进一步普查的煤炭赋存区，面积达4 650km^2，探获煤炭资源量1 927亿t，其中，沙尔湖区钻孔见煤达210m之厚，单煤层最大厚度达151m。

第三节　工业化、社会发展与能源矿产开发利用

一、工业化与能源矿产资源开发利用

工业化需要大规模开发使用矿产资源尤其是能源矿产。工业化的最直接体现就是经济增长。能源等矿产资源在经济增长中的作用与地位，是与人类社会的工业化紧密联系在一起

的。我国正处于工业化中期的重工业化阶段，能源等矿产资源消费在今后30年内将快速增加。

(一)工业化与能源矿产消费的一般理论与实践

步入工业化社会后，以消耗能源等矿产为主要特征的工业化是现代经济增长的主题，加上能源等矿产资源的稀缺性，使得能源矿产成为现代经济增长中一种必不可少的生产要素，并逐渐上升为与资本、劳动同等地位的独立生产要素。

1. 工业化阶段中能源等矿产资源消费总量规律

近100多年来是全球经济体工业化发展的集中期。目前，西方主要发达国家完成工业化，中国、印度、巴西、埃及等发展中国家进入工业化中期阶段，世界经济持续快速增长，人类所消耗的能源等矿产资源数量和所创造的财富大大超过了以往历史的总和。

社会经济对能源等矿产资源需求的变化趋势表现为“初始→增长→成熟→衰落”轨迹，构成一个倒“U”形曲线(图9-1)。在农业经济时期，社会经济对能源等矿产资源需求仅仅维持在较低的水平。进入工业化社会后，社会经济对能源等矿产资源的需求才得以扩张。在前工业社会，主要是以轻工业为主的产业形式，能源等矿产资源消费水平很低，消费增长也很慢。在实现工业化的过程中，人类开发利用资源的能力不断增强，物质财富大量积累，产业迅速发展，产业结构也由主要以轻工业为主向以重化工业为主过渡，能源等矿产资源的消费急剧增加。到后工业化社会，随着科学技术水平的不断提高以及产业结构的逐步升级(服务行业的比例增加)，单位GDP的矿产资源消费总体上缓慢增长甚至下降。可以说，任何经济体要完成工业化，必须以消耗大量的能源等矿产资源为前提。以美国和日本为例，美国以大约300多亿t石油和近50亿t钢及大量其他能源和矿产资源为代价，完成其工业化。日本则消耗了30亿t石油和近11亿t钢及大量其他矿产资源，才完成工业化。

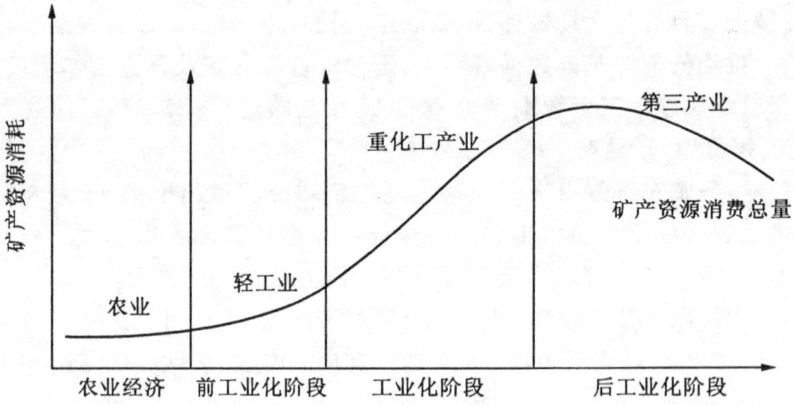

图9-1 工业化不同阶段对矿产资源的消耗

2. 能源等矿产资源消费的人均变动规律

在农业社会，能源等矿产资源消费量与人均GDP增长的关系并不确定。随着人均GDP的增长，经济发展的重点将由农业转向基础工业或制造业，人均能源矿产资源的消费开始增长。人均GDP进一步增长，一旦人均GDP达到一定的水平，能源等矿产资源消费量将会在一定时期内成倍增加。经济发展到成熟期后，消费增长会保持一定水平，之后呈现下降趋势。

这一规律可以表示为人均能源消费量与人均 GDP 之间的"S"形变化规律。这一规律表明，农业社会经济发展缓慢，人均能源矿产资源消费较低；进入工业化经济快速发展阶段，人均能源矿产资源消费持续快速上升；步入后工业化社会，随着经济增长，人均能源矿产资源消费不再增长或呈缓慢下降趋势，进而构成完整的"S"形曲线。

如图 9－2 所示，呈雁行式排列的 3 个处于不同高度的人均能源消费曲线分别代表了高度能耗、一般能耗和节能 3 个不同的人均能耗国家类型，即随着人均 GDP 增长，其人均能耗增长的演化趋势。高"S"形模式，指的是人均能源矿产资源消费高起点、高顶点，曲线顶点大约在人均 GDP22 000～23 000 美元时期能源矿产资源消费达到顶点，如能源消费峰值 8.5～9t 油当量，以美国和加拿大为代表，也称为"美-加"形模式。低"S"形模式，指的是人均能源矿产资源消费起点低、顶点低、工业化历史漫长，在人均 GDP 处于 15 000～16 000 美元时，人均能源矿产资源消费达到顶点，如能源消费达到 4～4.5t 油当量的较低峰值，形成低缓的"S"形曲线，以英国和德国等为代表，也称之为"英-德"型模式。

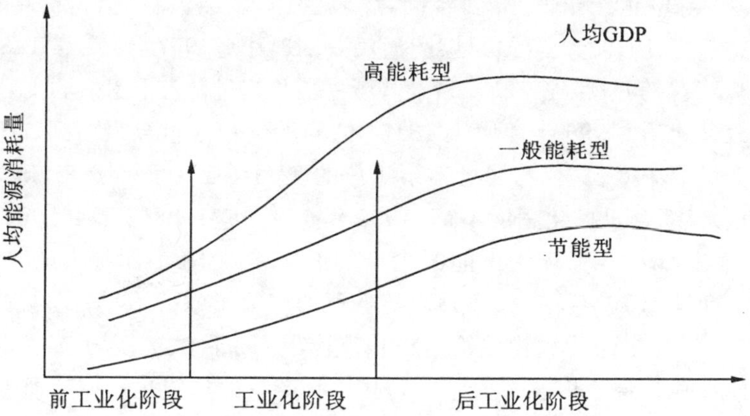

图 9－2　人均能源消费量与人均 GDP 关系

按照工业化时间的长短，工业化过程分为缓慢工业化过程(如英国、德国、法国)和快速工业化过程(如日本、韩国、中国)。由于缓慢工业化过程经历了较长的时间周期，"S"形曲线表现为人均能源矿产资源消费量随 GDP 增加而呈缓慢增长的缓倾斜形状。时间周期较短的快速工业化过程，则表现为人均能源矿产资源消费迅速增加的陡倾形态，其对缓慢工业化过程"S"形曲线跨越说明，快速工业化过程在较短的时间周期内需要更大的能源等矿产资源投入强度。一般来说，经历缓慢工业化过程的先期工业化国家到达"S"形曲线峰值点的时间较早，相应的人均 GDP 较低，人均矿产资源消费量较少。

3. 能源等矿产资源需求的工业化波次性变动规律

经济发展的不同状态与工业化不同时期，对能源等矿产资源的需求类型也表现出不同的演进特征。以工业化进程为时间轴，能源等矿产资源利用可划分为三种类型。

(1)早期工业化过程是以机械化、钢铁化、交通化、电气化为特征(如英国)。这一时期，工业经济开始对煤、铁、铜、铅、锡等矿产资源大规模利用，铜、铝等其他主要金属消费量相继在不同的时间段上达到峰值，呈现出不同种类的主要金属矿产单位 GDP 消耗在不同时间出现峰值的波浪式峰值特征。

(2)进入工业化中期以后，人口城市化和重化工产业的发展带动石化、汽车、建筑、飞机产业的快速发展，工业化中期需要大量消耗石油、天然气、铝、锰、镍、钒等矿产资源。以石油、天然气、铝、锰、镍、钒等矿产资源为主导矿种的消费属于现代类型矿产资源消费。目前我国正处于这一阶段。

(3)后工业化阶段的显著特征是以科技和创新作为经济增长的主要动力，高科技产业的发展依赖于铀、钴、铂、稀土元素以及钛等矿产资源消费，属于新型矿产资源消费。目前，美国、日本、英国、德国等发达国家正处于这一阶段。

(二)中国工业化进程中的能源等矿产资源开发利用

1. 新中国成立至20世纪末的能源矿产开发利用

(1)能源矿产资源生产。

● 煤炭

从新中国成立至20世纪末的40多年间，煤炭生产，多经波折，但持续增长，始终是中国能源矿产的主导矿种。1949年，全国原煤产量仅3 243万t；1957年，产煤1.3亿t，上了一个台阶；1989年原煤产量跨过10亿t(10.54亿t)大关，并超过前苏联和美国，跃居世界第1位。90年代，产量仍逐年上升，1996年产原煤13.74亿t，始终位居世界最前列。但人均占有比例小，仅1 025kg，居世界第8位，仅为居世界第1位的澳大利亚(人均15 151kg)的6.76%。采煤机械化程度和采煤综合机械化程度不高，1995年分别为71.58%和46.66%。中国一次能源生产构成以煤为主，1952年，煤炭占能源生产的94.9%。随着石油产量的快速增长，比例曾逐步下降，最低点是1976年，占68.5%。随着石油产量增幅的缩小，比例又逐年上升，1995年又达75.5%。以煤为主的能源构成给运输和环境带来了巨大的压力。

煤炭，有多种所有制企业从事开采，在不同时期，产量的构成也相应有所变化。1965年以前，国有重点煤矿产量占70%以上，地方国有煤矿占25%，乡镇煤矿占比略大于4%。1980年，按以上顺序产量比例分别为55.5%、26.2%、18.3%，国有重点煤矿产量比例下降。至1995年，出现了明显的变化，三者比例分别为37.3%、16.5%和46.2%，乡镇、私营企业原煤产量分别超过国有重点和地方国有煤矿。

据统计，至1995年，全国从事煤炭开采的企业，包括国有重点煤矿104个；地方国有煤矿1 803个；乡镇集体、个体煤矿、开采点8万多个。其中，特大型企业(年产大于1 000万t)有大同矿务局等17个；大型企业(年产300～1 000万t)有潞安、北京矿务局等32个；中型企业(年产90～300万t)有邯郸、乐平矿务局等38个；小型企业(年产小于90万t)有固庄煤矿等17个。

中国煤炭产量相对集中，省(区、市)间差异大。1995年，最大的煤炭生产基地山西省年产煤33 176万t，占全国产量的25.7%，其次为河南省(年产10 181万t)，占7.9%，第3位为四川省(9 739万t)，占7.5%。海南省仅年产原煤1.5万t，占极小的比例。

● 石油、天然气

石油与天然气开发，发展不够平衡。石油生产规模，在新中国成立后至20世纪末的40年间扩展比较迅速；天然气的发展，相对滞后。

石油生产，在20世纪50年代，开始出现产量明显上升之趋势。1959年，产量达到373万t；六七十年代，由于大庆和东部一系列油田的发现和开发，除个别年份(1967年)外，以

14%～39%的增幅快速上升，因此1978年产量跨过亿t台阶；80年代以来，石油产量保持平稳、持续上升，但增幅明显减小，在0.44%～2.25%之间变化。在能源生产构成中，1970年石油占1.7%，随后比例不断提高，1980年达23%，之后又逐年下降，1995年占16.7%。产量难以大幅增长，主要由于后备接替资源准备不足，东部油区处于高含水期生产，递减明显，不少年份出现探明储量低于产量的"入不敷出"状态，储采比下降(现为14.36：1)，因此严重制约了产量的增长。

天然气生产，受到下游利用和集输条件的制约以及一度曾存在重油轻气的找矿思路的影响，在相当一段时间内，发展缓慢。20世纪80年代以来，随着对天然气的重视和研究、工作力度的加大，新气田不断被发现，获得了突出的进展。反映在天然气产量和产地的变化上，1960年产气10.4亿m^3，基本产自四川省；1976年产气101亿m^3，上了一个台阶，经历了16年，产地仍以四川为主；至1996年，产气201.2亿m^3，又上了一个台阶，但经历了20年，除四川仍占主要地位外，陆地其他地区天然气产量也在逐步增长，而南海莺歌海—琼东南盆地气田开发，使1996年天然气增长率达到14.38%，是20年来增长幅度最大的一年。随着陕甘宁天然气田的开发，又将促进天然气生产格局发生明显的变化。相应地天然气生产在一次能源生产构成上，从1970年的1.2%上升至1980年的3.0%，随后虽逐年下降，1995年仅占1.8%，但1996年以后又有所提高。

20世纪80年代以来，从事石油、天然气开采的有中国石油天然气总公司、中国海洋石油总公司和新星石油公司所属的企业和单位以及一些地方企业。中国石油天然气总公司一直是石油、天然气生产的主体。1996年，原油生产1.414亿t，占全国总产量的90%；天然气产量16.4亿m^3，占全国产量的81.6%。其中所属大庆油田石油年产量从1976年达到5 000万t以后，连续21年产量保持在5 000万t以上，1996年产原油5 600.86万t，占总产量35.68%，是中国最大的石油生产企业。

1996年产原油500万t以上的企业有：大庆(5 600.86万t)、胜利(2 911.61万t)、辽河(1 504.31万t)、南海东部公司(1 184万t)、新疆(830.1万t)。年产天然气10亿m^3以上的企业有：四川(73.83亿m^3，占36.7%)、大庆(23.32亿m^3)、南海西部公司(20.0亿m^3)、辽河(15.92亿m^3)、胜利(11.91亿m^3)、中原(11.05亿m^3)、新疆(10.52亿m^3)。

石油、天然气生产分布不均衡。石油产量以东部(华北、东北、江淮)为主并相对集中在大盆地内。1996年，东部产油1.2049亿t，占总产量的77%，中西部占13.5%，海域占9.5%；两大盆地松辽(5 970.88万t)、渤海湾(5 622.85万t)占总产量的73.8%。天然气产量以中、西部为主，也相对集中于大型盆地。1996年，中西部产气113.22亿m^3，占总产量56.25%，东部产气73.64亿m^3，占36.6%，海域产气25.9亿m^3，占12.87%，其他地区比例甚小；两大盆地，四川(80.49亿m^3)、南海琼东南—莺歌海(25.9亿m^3)占总产量的52.85%，且均属气层气田生产。鄂尔多斯、塔里木两大盆地富集天然气，大大提升国内的天然气供给能力。

● 铀矿

我国铀工业经历了20年的调整和改革，实施军用民用结合和建立适应社会主义市场经济的新体制，基本实现了技术新、队伍精、效益好的技术改造和管理。核电是当今能源利用的发展方向，中国尚处起始阶段，需铀量有限。铀生产按近期核电对核燃料的需要保持了相适应的生产水平，调整了铀产品的生产工艺和标准。至20世纪90年代中期，用地浸、堆浸工艺生产的铀金属，已占年产量的60%。1994年上半年，秦山和大亚湾核电站共三台核电机组相继投入商业运行，1995 年核发电量分别为浙江、广东两省总发电量的 6% 和 20% 左右。1996—1997 年，先后有总装机容量为 600 万 kW 的 4 个核电站，8 个反应堆开始了工程建设或工程的前期工作，核电发展步伐正在加快。

● 地热

至 20 世纪末，地热资源的开发利用地热水总量仅 93.67 万 m^3/d，折合所利用的热能为 1 792.13MW，年利用热量仅相当于 192.74 万 t 标准煤，为储存热量的很小一部分，在能源消费构成上仅占 0.1%。当时地热资源开发利用的深度一般限于 2 000m 以内。

当时已开发的地热田有 434 处。主要用于地热发电(西藏羊八井、那曲等地)，总装机容量 30.4MW；地热供暖面积约 300 万 m^2；医疗保健，利用地热田 126 处，遍及全国各地；洗浴，利用地热田 226 处，估计利用地热水量达 1.3765 亿 m^3，相当于年利用 77.1 万 t 标准煤；水产养殖，利用地热田 47 处，建鱼塘近 200hm^2；矿泉水生产 40 处；农业利用，主要建立地热温室和灌溉，已利用地热田 70 多处，温室面积约 41.09hm^2。

(2)能源矿产资源供需状况。

● 煤炭

新中国成立后，煤炭生产持续增长，但在相当长的时期，供不应求。“七五”以来，煤炭供给虽有波动，但总的供应趋于缓和，基本满足国民经济发展需要。在一次能源生产、消费构成的变化上，煤炭与石油的供给变化有密切的相关关系，但始终是我国能源的主导矿种，也起着重要的“调节”作用。

地区煤炭生产不均衡。全国煤炭生产量大于消费量的山西、河南、内蒙古、黑龙江、陕西、宁夏、贵州、安徽、新疆、四川 10 省(区)，1995 年调出煤炭 2.2745 亿 t，其中统配煤调出 2 090 万 t。其余省(区、市)均需调入煤炭，1995 年调入总量 2.1370 亿 t。“西煤东运”、“北煤南调”的煤炭生产、消费基本格局的长期存在，决定了煤炭运输仍将担负着极其繁重的任务，也是扩大煤炭生产规模的制约因素。

针对煤类差异，煤炭供求有进有出。1949—1995 年，共出口煤炭 2.8675 亿 t，以动力煤为主；进口煤炭 5 784 万 t，主要为无烟煤。1995 年，出口煤炭 2 475 万 t，销售至 20 多个国家和地区，属于世界十大煤炭出口国之一。

● 石油、天然气

在相当长的一段时间，油气的供需关系，尚属协调。石油除自用外，还可出口，换取外汇。20 世纪 90 年代以来，随着经济的快速发展，需求量增多，国内石油生产不能满足消费需求，供需矛盾逐年突出。天然气的供需关系，基本处于平稳发展状态。

我国石油供需，经历了进口(1949—1962)、自给自足(1963—1973)、有进有出(1974—1993)、进大于出(1994 以后)四个阶段。现已成为石油的净进口国。1996 年，石油(包括原油和油品)进口 3 844.11 万 t，出口 2 450.73 万 t，净进口量 1 393.38 万 t，为 1995 年净进口量 850.68 万 t 的 1.6 倍。

天然气的供需，受资源探明状况、下游利用程度和集输等因素制约，曾长期增长缓慢。20 世纪 80 年代中期以来，探明储量增长幅度较大，地域有新扩展，供给范围不断扩大，逐年增加了供应量，年均增长约 6.5 亿 m^3。但总体上仍处于自产自销、以销定产的发展阶段。

油气的供需构成，在能源生产、消费结构中比例长期偏低，1995 年，石油为 16.7%，天然气为 1.8%。人口众多的国情，决定了人均消费量很低，石油为 126kg，为世界平均水平的

20%，大约相当于发达国家的3.7%；天然气的比例更低。由于能源利用效率低，产业结构不合理，产值能耗(1.66kg/美元GNP)高，近于世界平均产值能耗(0.42kg/美元GNP)的4倍，因此尚有较大潜力可挖。

近10年来，石油、天然气以及各种油品需求量以4%～12%的速度增长，而相应时期，石油、天然气产量的增速分别为1.59%和3.9%，明显反映出供不应求。天然气尚可基本持平，但石油缺口已明显扩大。

● 铀矿

铀矿生产按需安排。现已探明铀资源的部分储量动用，为已建成运营的、总装机210万kW的秦山(装机容量30万kW)、大亚湾(装机容量2×90万kW)两座核电站提供了核动力燃料，并可满足正建的四个核电工程对铀燃料的需求。现运营的核电站发电量140亿kW·h，仅占电力总量的1%，在建的核电站建成发电后，核电在电力总量的比重大体占2%，尽管属于一种适当补充，但核电已迅速起步，逐步形成规模。

● 地热

地热开发利用，随地而异，就地利用。现开发利用的地热水总量仅93.67万m^3/d，热能约1 791.13MW。年利用热量相当于192.74万t标准煤，只是储存热量的很小一部分，仅仅占我国常规能耗总量的0.1%，扩大利用，潜力很大。地热开发利用，在北京、天津、福州、漳州、湖北英山、河北雄县等城镇取得明显的社会、经济效益。

2. 中国工业化加速时期的能源矿产开发利用

2010年，中国人均GDP达到了3 400美元，若按购买力平价(PPP)衡量，中国人均GDP达到4 000～5 000美元左右，正处于经济发展对矿产资源需求快速增加的工业化中期阶段。工业化的快速发展对产业结构和社会结构产生显著而深远的影响。重新重工业化、人口城镇化、信息化和电器化的明显趋势代表着工业化正加速推进，而这也在很大程度上形成了对能源等矿产资源快速、大量的消费需求。从国际经验来看，工业化中期的中国对矿产资源的需求正处于这一轨迹的扩张上升期。大多数经济学家认为中国完成工业化大约还需要30年，也就是说在今后的30年，中国经济对能源等矿产资源的需求将扩张30年。

作为世界人口总量第一大国、经济总量第二大国，中国已成为世界矿产资源的主要生产大国和消费大国。由于多煤、少油、缺气的资源禀赋，中国石油进口依存度由2002年的32.8%上升为2006年的47%，2009年已超过50%，接近国际能源"安全警戒线"。中国在2002—2005年期间的能源需求增长量相当于日本2006年的能源消耗总量。仅2006年，中国就新建了多家电厂，其发电装机容量达到105GW，其中绝大多数为燃煤电厂。这样的增长速度在全球是史无前例的。根据《BP世界能源统计2009》，2008年全球1.4%的一次能源消耗增长主要来自于亚太地区等非经合组织国家，其中，约3/4的增长来自中国。2008年，世界天然气需求增长幅度最大的国家是中国，达到15.8%；中国依然是煤炭消费大国，其煤炭需求占全球需求的43%，消费量上升了6.8%。目前，中国已是世界第二大能源消耗国，同时也是世界第二大能源生产国。在未来的工业化进程中，随着经济规模进一步扩大，工业化、城镇化进一步加速，居民消费结构进一步升级，能源矿产需求将会持续增加。

3. 未来中国主要能源矿产需求预测

过去20多年来，随着产量强劲增长，工业一直在推动着中国的终端能源需求急剧增加。

在中国的能源矿产总需求量中，工业占70%左右，高能耗产业占50%左右。根据国际能源署(IEA)的报告《世界能源展望·2007》，2005年中国的工业能源需求量为4.78亿t标准油，占终端能源矿产消耗总量的42%，远高于1990年的水平(36%)和经合组织(OECD)国家的平均水平(22%)。1990－2006年，中国工业行业能源矿产消耗年均增速为6.13%，高于同期全国5.88%的增速水平。这反映出国家和各地方政府采取了促进工业投资和生产的政策。2005年，钢铁、化工(包括石油化工)、非金属矿产这三大行业在中国工业能源消耗中所占的比重为2/3。1990－2002年期间，工业增加值的年均增长率与能源矿产消耗的年均增长率分别为10.5%和2%，而2002－2005年期间分别达到了12%和16%。这反映出能源密集型重工业的产量最近出现了大幅飙升。根据国际能源署(IEA)的预计，在重工业产量快速增长的带动下，到2015年之前工业能源需求预计会继续强劲增长，年均增长率将达到5.7%。

在中国的工业领域中，钢铁行业是能源矿产消耗第一大户，2005年占工业能源消耗总量的28%。2000－2005年期间，钢铁行业能源消耗量的年均增长率为14.5%，而同期钢产量的年均增长率在20%以上。中国目前是全球第一大产钢国，2006年的钢产量占全球钢产量的34%。钢铁生产方面的能源矿产需求量预计将继续增长，但2005－2015年期间的年均增长率将降至7%。到2030年，煤炭在钢铁行业消耗能源构成中仍然居主导地位，所占比重为72%。但随着电弧炉逐渐推广，电力所占的比重将增加7个百分点，从2005年的17%增至2030年的24%。钢铁行业在工业能源消耗总量中的比重近期内将微幅增长，但到2030年将回落至26%。

非金属矿产行业是中国工业领域能源消耗第二大户，占工业能源需求总量的23%。水泥生产占据了非金属矿产行业能源需求量的大部分。中国的水泥产量占世界水泥产量的46%，相当于第二大水泥生产国——印度的8倍(IEA,2008)。1990－2005年期间，非金属矿产行业能源消耗量的年均增长率为4.5%。尽管非金属矿产行业的产量在过去3年内翻了一番，但产量增速预计将明显放慢，在2030年之前不会再翻番。相应地，到2015年之前非金属矿产行业能源消耗量的年均增长率预计将降至3.7%，之后还会继续下降。到2030年之前煤炭在该行业的能源构成中仍然居主导地位，所占比重为77%，而电力在其能源构成中所占的比重仍在12%左右。

在中国的工业领域中，化工(包括石化)行业是第三大能源消耗大户。据统计，作为全球第一大氨生产国，中国在2005年的氨产量达到了4 400万t，占全球总产量的30%。据估计，70%的氨产量是以煤炭为原料，20%以天然气为原料，另外的10%以石油为原料。2000—2005年期间整个化工行业能源消耗量的年均增长率为5.1%。2005—2015年期间的年均增长率预计将降至4.9%，在到2030年的整个预测期内将降至2.2%。目前，在该行业的能源构成中，煤炭所占的比重高达38%，而电力占29%，热力占18%，天然气占8%。而在世界其他国家，使用天然气为原料更为普遍。化工行业在工业能源消耗中所占的比重将从2005年的15%降至2030年的12%。

4. 中国工业化进程中能源矿产消耗变动的长期趋势

虽然中国在20世纪后20年期间单位GDP能耗处于下降趋势，似乎与工业化中能源矿产消耗的一般规律相违背，但是，如果考虑到中国工业化的特殊性，我们就会发现中国工业化进程中能源矿产消耗的长期变动趋势也符合发达工业化国家能源矿产消耗变动的一般规律。工业化国家能源矿产消耗的变化基本上和经济结构的变动是一致的，其经济增长和能源矿产需求关系反映的是工业化过程中生产结构和消费结构演变的内在规律,因而也会体现在中国的工业化过程中,只是因内外部条件的差异而使得具体表现形式有所不同。

中国在20世纪后20年期间,主要采取的是工业结构向轻工业倾斜的工业化战略,使得重工业比重在大部分年份呈现下降趋势,这在很大程度上导致了整体经济单位GDP能耗的下降。这一时期能耗的下降是由多方面因素(主要是政府行为方面)共同作用的短期结果,而并非是经济发展到一定水平后,市场力量促使经济结构自然演进的结果。发达国家在第二产业充分发展、人均收入有相当大提高后,才出现第三产业的大发展,从而使单位GDP能耗长期稳定在较低水平。因此,20世纪末的20年期间中国所出现的低能耗只是暂时现象,并不具有长期规律性。也就是说,这一时期的倒"U"形曲线并非工业化国家的那条长期倒"U"形曲线,在较低收入水平下,能源强度的下降只是暂时现象。而新世纪以来的能源强度增加则是倒"U"形曲线的上升过程,并且还将持续到基本完成工业化。这一时期是中国工业化进程加速时期,与发达工业化国家的该阶段一样,将导致原材料的大量需求和能源矿产的高消耗。工业化基本完成后,能源强度才会真正如已经完成工业化的国家那样处于长期下降趋势。

相对于发达工业化国家,中国的单位GDP能耗变动之所以呈现更复杂的形态,是因为中国的工业化过程经历了从计划经济下扭曲的重工业化,到改革开放后工业结构向轻工业倾斜的工业化,再到市场内生的重工业化过程。虽然有争议,但是主流观点还是认为中国不可能绕过重工业的大发展而完成工业化过程,这个工业化规律决定了今后中国能源经济发展的基本态势。从总体上看,未来中国的能源强度变化不可能完全背离发达工业化国家已经体现的规律,仍然会随着重工业的深入发展而经历不断上升的阶段,但是由于后发优势,能源强度上升的幅度有可能小于发达工业化国家当时的情况,达到峰值后才真正转为长期稳步下降趋势,那时已是基本完成工业化以后。

二、社会发展与能源矿产开发利用

人类发现、开发、利用能源矿产资源历史悠久,近两三个世纪又发展迅速,转变明显。

人类从旧石器时代以火熟食和御寒后,长期使用柴薪作为能源以从事生产和改进物质条件。据考古发现和文字的记载,人类认识和简单利用煤炭、石油、天然气和地热水已有几千年的历史。随着生产实践经验的积累,技术的进步,能源矿产的开采、利用的规模和领域不断扩大。

至18世纪60年代,蒸汽机的发明,英国产业革命的兴起,利用煤炭炼焦以及提供蒸汽机动力燃料量的急迅增加,促进了能源利用的结构从薪炭向以煤炭为主的转变,使煤炭业成为19世纪资本主义工业化的动力基础。1895年在美国宾夕法尼亚州打出第一口机械油井并随之扩大的石油开采,拉开了近代石油业发展的序幕,尤其是内燃机的发明以及各种用油机器的增加,至20世纪20年代,石油需求量增大,也基于石油较之煤炭的利用有许多优势,世界能源矿产利用开始了由煤炭向以石油为主的转变,石油成为20世纪用途广泛而又是影响政治、经济、军事的非常敏感的战略物资,出现了形式多样的争夺,引发过多次战争。天然气以其热值高、污染少、燃用方便和资源潜力大的优势必将继石油之后在相当长的时期内,占据能源消费构成的更大比重。有人预测,21世纪在化石燃料方面是"天然气的世纪"。煤、石油、天然气是不可再生的能源矿产,其利用又对环境有很大的影响,随着科学技术的进步,开拓可再生的、对环境影响小的新能源,对铀、地热这类能源矿产的扩大利用,以求实现新的能源结构的转变，已经是人类面对的一项重大任务。但在21世纪，化石燃料的利用，仍将继续占据重要的地位。

中国是发现、利用煤炭、石油、天然气、地热资源最早的国家之一，铀矿的开采、利用与世界趋近于同步。各类能源矿产，有着不同的发展历史。大规模的资源勘查、开发，是在中华人民共和国成立后进行的。经过40多年的发展，取得了显著的进展。

（一）煤炭

中国2 500年前的《山海经》，最早记载了煤并称之为"石湟"。从辽宁沈阳发掘的新乐遗址内，发现多种煤雕制品，证实了中国先民早在6 000～7 000年前的新石器时代，已认识和利用了煤炭。西汉（公元前206—公元25年）时期，开始采煤炼铁。随后的各个历史朝代，采煤规模陆续扩大，广泛用作冶金、制陶瓷的燃料。唐朝开始用煤炼焦，至明清时期煤炭技术已有相当发展。

近代煤炭业始于19世纪40年代。1840年在台湾省基隆建成了中国第一座采用机械生产的煤矿；后又在河北创办了开平煤矿。近代煤炭业经历了诞生（1840—1895）、发展（1896—1936）、战争（1937—1948）三个阶段。诞生阶段煤矿数量少、产量不高，日产能力仅300t。发展阶段由于外国资本的进入，民族资本也争相办矿，因此建成了开滦、抚顺等32个煤矿，产量逐步提高，1936年生产原煤3 900万t。抗日战争阶段，由于日本占领军掠夺式开采，1942年原煤产量5 928万t，达到高峰。随着战争形势的演变，煤炭生产也随之波动。1948年产煤降至2 596万t。

1949年新中国成立，开始了现代煤炭业发展阶段。通过初期全面恢复生产，扩建老矿区、建设新矿区，不断进行调整和老矿技术改造，引进新技术、装备并注重与国内研制相结合，推进综合机械化，扶持地方煤矿的发展，加大地质勘查力度，重视改善煤炭业的战略布局等一系列措施，特别是20世纪80年代以来深化改革、扩大开放，促进了煤炭工业的迅速发展。尽管不同时期煤炭生产受到各种影响多有波折，但总体是呈上升态势。1989年，我国原煤生产突破10亿t而居世界第1位，之后，产量持续增长，连续保持最前列的地位。

（二）石油、天然气

2000多年前，战国时期的秦国已在四川利用天然气作燃料煮卤获盐。宋朝（公元960—1279年）开始用卓筒井钻井采气，技术上了一个台阶，并通过交流传至国外。有关石油的记载始见于汉书《地理志》，描述现今陕西延安一带的石油显示。随后的各个朝代，发现石油地点增多，用途扩大，称呼不同。石油除常用于照明、润滑、医药和作燃料外，北宋时期，已专设作坊用石油渗于火药用于军事作战。宋朝科学家沈括第一次用"石油"称谓代替古时使用的多种名称（石漆、石脂水、火油、石脑油等），并预言"此物后必大行于世"。

近代石油工业始于1878年，在台湾省苗栗地区使用机械钻探设备（顿钻）和技术钻成中国第一口油井（井深200m）。随后的70多年间，陆续在陕北延长（1907年钻成第一口油井）、新疆独山子（1937年钻成第一口油井）、甘肃玉门（1939年钻成第一口油井）发现了油田。地域偏西北一隅，油田规模小，但也生产了一定数量的原油。1878年至1948年，累计生产天然原油67万t。1949年，全国生产天然原油和人造石油12万t，大大落后于世界其他石油生产国。

1949年新中国成立，开始了现代石油工业发展的新时期。40多年来，经历勘查工作战略展开，勘查重点从西部转向东部，取得了大庆油田的历史性发现和东部油区一系列油气田的突破，在经济发达的东部地区建立了一批石油工业基地，促进了原油产量的快速增长。1978年，年产原油 1.04 亿 t，跨过亿吨大关，进入当时列位世界第 9 的产油大国行列。20 世纪 80 年代以来，随着东部油田多已进入高含水期开采，需采用新技术以延缓递减期和延长稳产期；勘查领域复杂性增大，勘查资金和装备明显的不适应，影响着后备资源接替的准备。在改革、开放的形势推动下，通过实施对外合作以吸收资金、技术和经验开发海洋和部分陆地的油气资源，着手利用国外石油资源。部署安排上，加速有巨大资源潜力的西部地区的勘查和开发，以求缩短石油生产战略性接替的进程；加大了勘探开发天然气的力度。全国油气生产结构正逐步发生变化，形成了稳定东部、发展西部、加速海洋、加强天然气、利用国外石油资源的新格局。

（三）铀矿

中国铀矿业始于 20 世纪 50 年代中期，是极重要的新兴矿业。从 1955 年开始，有计划地在西北、中南、华东地区展开了铀矿区域调查，进行摸底。共发现放射性异常点 2 000 多处，有远景的矿化点 11 处，为组织规模勘查奠定了基础。迄今已对超过 300 万 km^2 的陆地面积进行了放射性测量和相应的地质调查；对 280 万 km^2 的陆地面积进行了航空放射性测量；完成钻、硐超过 3 000 万 m，提供了一批铀矿床。1956 年，创建了铀水冶厂以及其他配套设施后，现已基本形成了完整的铀矿冶体系。

（四）地热

地热属于已有数千年利用历史的能源矿产。公元前 11 世纪—前 771 年的西周时期，已在现今陕西临潼利用地热温泉建“华清池”，秦代（公元 221—206 年）时成为沐浴治病之场所，唐代（公元 618—907 年）变为皇室禁地。中国许多地方的温泉，历史上不同时期多有建池利用之记载。

新中国成立后，扩大了对地热资源的利用领域。20 世纪六七十年代，以温泉点兴办各种疗养院以及用于农业培植；70 年代初，北京、天津率先开展对隐伏地热资源的开发。80 年代初，在西藏羊八井开始利用高温地热资源，建起了中国第一座地热电站。90 年代，地热资源利用已遍及全国大多数省（市、区）。开发利用地热资源的深度已达 3 000 多米。用途已经扩展到地热发电、供暖、医疗保健、水产养殖、矿泉水生产、农业利用等领域。

第四节 能源安全与政策

一、能源安全的重要性

能源是现代人类生存和发展所依赖的基础资源。随着世界经济的发展和工业化、城市化程度的提高，世界对能源的需求不断增多，能源资源的不确定性尤其是能源供给的不确定性，迫使人们必须进行必要的储备，以备将来不时之用。如何保证国家的能源安全成为近年来世界各国政府高度关注的一个问题，是关系到各国生存和发展的关键性战略性问题。

能源安全的概念是由西方发达工业国提出的。20 世纪 70 年代，随着阿拉伯国家石油的禁运，第一次全球石油危机的爆发，给许多工业化国家造成了巨大的经济损失。以美国为首的西方发达国家在 1974 年成立国际能源署(IEA)，正式确立了以稳定石油供应和石油价格为核心的能源安全理念和目标。

在以供应安全为主要出发点的传统能源安全观中，能源储备的主要目的有战略物资储备、国家安全储备、市场风险储备、稳定供求关系和抗御自然灾害等。近年来，能源安全被 不断赋予越来越多的新内涵。《京都议定书》(1997)重新界定了能源安全的概念，在国家能源发展战略中，增加了能源的使用不应对人类自身生存与发展的生态环境构成威胁的要求。能源供应、经济竞争力和环境质量成为保障国家能源安全的三个基本要素。

二、能源供求与国家安全

从现实情况看，能源进口会产生一定的追加成本，但市场往往不能反映出这种成本的存在。能源安全是典型的国家利益问题，而企业做出商品进口决策时，一般很难将国家公共利益考虑在内。因此当由市场决定能源进口量和本国生产量之间的均衡时，一般会导致总消费量过多，国内供给量过少，造成对能源进口的过度的依赖。下面将以图 9－3 对能源储备、国家安全的意义进行具体分析。

图 9－3 中，国内石油进口量不会影响国际石油价格；与国内需求曲线相交的国内长期供给曲线 S_d 向右上倾斜，表示如果有足够开发的时间，国内供应将随价格的升高而增加；两条进口供给曲线为世界市场价格，而 S_{f1} 包括世界市场价格加风险成本或保险费，反映进口造成的附加的国家安全成本；S_{f0}、S_{f1} 与横轴平行，表明保险费是一常数。

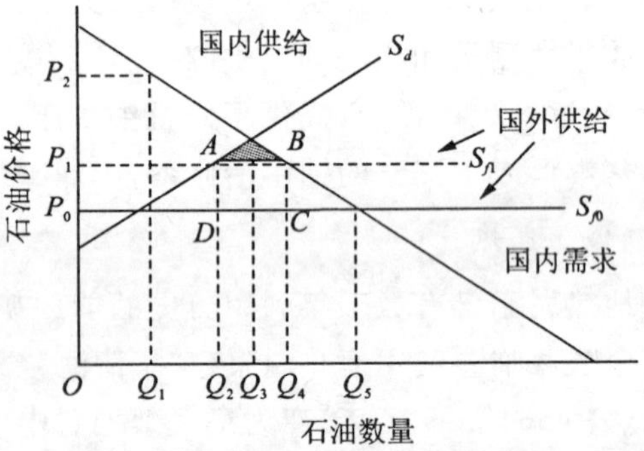

图 9－3　能源供求与国家安全分析

在不考虑国家安全的情况下，市场的需求总量为 Q_5，其中 Q_1 为国内供给，$Q_5 \sim Q_1$ 则依靠进口。然而考虑到国家安全成本，市场需求将减少至 Q_4，其中 Q_2 为国内供给，$Q_4 \sim Q_2$ 为进口，相比于需求，Q_2 的份额太小，这样国家能源安全成本将面临问题。S_d 是在有足够时间来开发资源时的国内供给曲线，当禁运发生时，全部消费量将由国内提供。从长期看，总消费量可能达到 Q_3，但是从短期看，将没有足够时间去开发所需的增加资源，供给曲线会在 Q_1 点垂直，完全没有弹性，市场价格将会上升到 P_2 以维持供求平衡。这就是说，禁运开始时，消费者剩余的损失是巨大的。

能源的自给自足是否是最优，主要取决于考虑国家安全的进口供给曲线 S_{f0} 的位置，如果 S_{f0} 和 S_d 和需求曲线的交点，则完全的自给自足肯定不是最优的，自给自足(即消费 Q_3、进口为 0) 的效率明显小于有效配置水平 Q_4，效益损失为图中阴影部分。

在现实中，即使存在禁运的可能，各国还会进口，因为一般情况下依赖进口的风险成本低于自给自足所增加的成本：一是禁运有一定的偶然性和不确定性，禁运所造成的损失取决于禁运发生的可能性、频繁程度和时间长短，即 S_{f0} 的位置取决于禁运发生可能性的高低；二是国内建立战略性储备以减少由进口引发的国家安全成本，这些措施的成本越低，S_{f0} 的位置越低；三是增加国内生产完全的自给自足虽然减少了短期风险，但也同时减少了可供未来使用者享用的资源产量，增加了长期风险。

对于进口的脆弱性，可以通过政府调控使脆弱性成本降到尽可能低的程度，如从较少利益冲突的国家进口是比较安全的。然而即使建立了战略能源储备，风险租金也不可能为0，即S_{f0}、S_{f1}不会重合。因此，政府需要了解有效的消费水平和进口的有效份额，考虑建立有效率的消费水平与有效率的进口水平之间的均衡，选择一些行之有效的政策。

同时，为了化解风险，节能是常用方法。要完成既定的能源节约，可征收能源使用税，使税后的需求曲线向左移动，以降低消费（所有的能源消费），增加净收益，但不能使进口达到有效水平，因此能源消费税不能作为单独使用的政策手段。

另一种可行战略是对国内供给进行补贴。从图9－3上看，补贴将使国内供给曲线向右移动，结果是减少了总消费中进口份额，但不能减少总消费量，因此补贴手段也不会单独使用。

进口关税和进口配额也是政府可以选择的手段。如果征收$S_{f0}-S_{f1}$数量的进口关税，或者进口数量与Q_4-Q_2相等的进口配额，都将使价格从P_0上涨到P_1，总消费量将减至Q_4，进口为Q_4-Q_2，因此当关税或配额手段使用得当并配合上述各种政策时，可以达到有效配置的状态。

当然关税或配额的使用在提高公共效率的同时也会引起收益再分配现象，关税提高了进口石油的成本，而配额减少了国外石油的进口量，这将导致国内市场石油价格的上升。价格上升促使国内生产者扩大生产，并获取更多的利润。因此对于国内生产者剩余的影响是值得注意的。

三、能源安全及能源经济政策

能源安全及能源经济政策的实施是一个有机的战略体系，科学有效的能源政策能够正确引导全社会的能源消费行为、消费结构、产业结构和技术进步，促进最优战略能源储备规模的建立。

（一）建立能源供应的安全预警机制

在能源日益紧张的情势下，要把能源发展战略、能源经济贸易战略纳入国家经济安全战略的宏观指导下，增强对能源战略的宏观决策能力；强化成品油市场监测、供应预警、应急措施、联动机制、应急预案等机制建设，形成完善的石油供应安全预警体系（如单位时间石油供应低于计划的80％启动预警系统、低于70％采取紧急措施和应急预案等），及时跟踪国际市场石油供需动向信息，跟踪分析各种可能对国家能源安全产生影响的因素，为国家能源安全战略的筹划提供依据；要密切关注国际政治、经济、军事发展趋向和国际安全环境的变化，及时准确地预测并把握非常事态可能发生的时机、方式、区域、规模及影响，控制或削弱其可能对国家构成的风险，减少油荒和国内油价波动的突然性和偶然性因素，使油价波动对国民经济的影响降到最低。

（二）加快国家能源战略储备体系建设

能源战略储备是指用于国家战略之需的能源储备，其目的是缓解能源供应短缺对经济发展的影响，既抵御国际石油市场价格波动的风险，还可防范敌对国家或集团的制约和威胁。

国家能源战略储备应由政府统筹规划，科学论证，合理布局，分步实施，形成符合国情的能源战略储备体系；应制定能源储备的相关法规和优惠政策，加大商业储备，进而提高国家石油战略储备规模；对国家能源战略储备的建设、维护、使用要做出明确规定，健全和完善能源战略储备管理体系；同时，国家应积极参与石油期货交易，用市场手段规避石油价格风险。

（三）石油进口和投资渠道的多元化

能源安全不单单是经济问题，也是政治问题。因此政府应着眼拓展海外能源市场，加强石油进口的风险比较分析，有针对性地增加和减少一些地区的进口量，确保能源进口渠道的全方位、多元性，因此政府必须积极开展能源外交，开展区域性能源合作，通过市场和外交手段规避进口风险；同时，国家要制定相关政策，鼓励、扶助国内石油企业积极参与国际石油资源合作开发，在充分利用海外油气资源市场的同时，与产油国及国际石油财团一起参与石油产品的加工与销售，实现利益共享，风险同担；增加管线石油运输和陆上石油运输在进口总量中的比例，提高本国船运公司的运输能力，提高海军实力，减少石油进口中的风险隐患，降低石油进口风险。

（四）统一管理原油和成品油的出口

在市场经济下，能源生产企业会为了高额利润而增加出口，对此，国家应建立科学合理的能源进出口制度，防止能源过度外流，避免出现本国能源市场供应紧张情况下仍大量出口的反常现象，确保国家能源供应安全。

为保证国内能源供给，国家应制定相应的补贴政策和措施，如利用上游石油生产企业的盈利来补贴下游加工企业的亏损；同时应强制要求下游石油化工企业，在高油价时期不得擅自减产；促进海洋油气资源勘探开发技术水平的提高，保障国家的成品油供应安全。

（五）提高能源利用效率，实现经济转型

目前，在各国能源消费严重失衡的同时，发达国家与发展中国家的能源利用效率也呈现严重失衡的状况，如中国能源和原材料成本在国内产品的生产成本中约占75%，GDP单位能耗量是主要发达国家水平的3～10倍，造成我国国民经济的总体竞争力较低，许多产品缺乏市场竞争力。加入WTO后，随着各国环境保护要求和能效标准的不断提高，国外机电产品已普遍采用“能效标识”制度，形成实际的“绿色贸易壁垒”。因此，提高能源利用效率，实现经济转型关系到我国工业产品的国际竞争力和生存空间。

（六）调整能源消费结构，减轻环境和风险压力

能源消费是造成环境污染的主要原因，尤以发展中国家为重。由于多年来煤炭占我国一次能源消费比重的70%左右，目前每年CO_2的排放量已占全球总排放量的15%以上，全国85%的城市、国土面积的40%出现不同程度的酸雨，57%的城市空气颗粒物超过国家限定值，已成为全世界区域环境污染最严重的国家之一。

由于环境保护和温室气体减排的压力，要实现可持续发展，相对于现在的能源格局和趋势，必须有效调整能源消费结构，大力利用天然气和太阳能、风能和地热能等可再生能源。

国际能源贸易有很多不确定因素，国际能源价格的不断动荡，进口能源的依存度过高，将增加各国能源安全的不确定性和风险。因此，调整能源消费的内外结构，降低能源供应对国际能源市场的依赖程度成为能源安全建设要考虑的重要因素。

（七）推进节能新技术开发，充分利用可再生资源

面对能源强度指标，各国节能降耗的潜力巨大。因此国家要抓好重点行业的节能降耗，

明确各行业节能降耗的标准、目标和政策措施；要积极研制和推广节能技术，鼓励节能技术的开发、应用和推广，发展节能环境保护业务和环境保护设施，促进绿色生产，不断优化终端能源结构；增加节能关键技术的 R&D 投入，加快技术进步的步伐；从税收、价格、产业政策等方面建立完善的激励机制，实行有利于可再生能源发展的优惠政策，促进可再生能源的开发利用。

本章参考文献

国际能源署(IEA). 世界能源展望・2007：中国选粹[DB/CP/EB/OL]. http://www.worldenergyoutlook.com/docs/weo2007/WEO2007_Chinese，2008

金碚. 中国工业化的资源路线与资源供求[J]. 中国工业经济，2008(1)：5－19

李世祥. 中国工业化进程中的能源矿产消耗及其效力研究[M]. 武汉：中国地质大学出版社，2010

刘学敏，金建君，李咏涛. 资源经济学[M]. 北京：高等教育出版社，2008

王安建等. 矿产资源与国家经济发展[M]. 北京：地质出版社，2002

张金萍. 风雨十二载，辉煌谱乐章——国土资源大调查十二年回顾. http://www.mlr.gov.cn/xwdt/jrxw/201101/t20110117_811977.htm

张雷. 矿产资源开发与国家工业化[M]. 北京：商务印书馆，2004

中国矿业网关于能源矿产资源的介绍. http://www.chinamining.com.cn/Resource/index.asp

第十章 金属矿产开发利用的经济问题

第一节 金属矿产开发利用的经济意义

一、金属矿产的技术经济特征

金属矿产是指人们可以通过采矿、选矿和冶炼等工序，从中提取一种或多种金属单质或化合物的矿产。作为经济社会发展的基本原材料来源，金属矿产资源的开发利用已经成为一个国家或地区经济社会发展的基础环节，它所提供的产品作为基本生产资料运用到了各行各业，产生了普遍、持续、深远的影响。当今世界的文明，就是一个金属矿产开发利用与产品生产的文明。

金属矿产是国民经济、日常生活、国防工业、尖端技术和高科技产业必不可缺的重要战略物资，也是生态系统中物质和能量的主要来源之一。钢铁和有色金属的产量往往被认为是一个国家国力的重要体现之一。金属工业是国家重要的原材料工业，它的发展可以有效地推动冶金、军工、国防、航空航天、建筑、机械、电子、农业等相关部门的发展。金属矿产资源在国民经济可持续发展中具有不可替代的重要地位。

（一）金属矿产的分类

根据工业用途及金属性质的不同，金属矿产又可分为如下几类。

黑色金属。它是指一般用于炼铁及铁合金的金属矿物，包括铁、锰、铬、钒、钛等。

有色金属。这类金属是指用于炼铁及铁合金以外的所有金属，分为重金属、轻金属、贵金属和稀有金属四个类别。其中，稀有金属和贵金属常各自成为一类，有色金属包括了重金属和轻金属。目前，重金属主要有铜、钴、铅、锌、镍、锡、锑、铋、钼、汞等，这些金属及其合金广泛用于机械、电工、化工等部门。轻金属主要包括铝、镁、钛、钙、钠、钾、钡、锶等，钛、钙、钠等金属在工业上多用作还原剂，铝、镁、合金广泛用于航空和航天部门。贵金属实际是有色金属的一类，因在地壳中储量很少，曾认为是最贵重的金属，包括金、银和铂族元素，铂族金属指铂、钯、铑、铱、钌、锇等，这类金属多数具有很强的化学稳定性和很好的延展性。稀有金属主要是指锂、铍、铌、钽、铷、铯、锆、铪八种金属，由于在地壳中这些元素少，不易富集成矿，提取比较困难，区域分布又很不平衡，所以人们称这些金属为稀有金属。

稀土金属。主要包括镧系（镧、铈、镨、钕、钷、钐）和钇系（铕、钆、铽、镝、钬、铒、铥、镱、镥、钇）元素。它们的共同特点是化学性质相似，一般不形成独立的矿物，共生于其他矿物之中。

分散元素。一段指镓、锗、铟、镉、碲、铼、铊等，这些元素在地壳中含量很低，很难富集成矿，很多情况下都是呈分散状态伴生在其他矿产中，因此被称为分散元素。

（二）主要金属矿产的技术经济特征

矿产资源的技术经济特征是指人们对其开发与利用过程中矿产资源所展示的社会经济

方面的特征。矿产资源作为天然的生产要素，是人类社会经济系统的有机组成部分。其经济特征首先体现在矿产资源是人类生产和生活资料的基本源泉；其次，各种矿产资源在地理分布上的不均衡状态，对资源的合理配置及生产力的合理布局，对国际矿产品市场、资源形势以至于国际政治、经济关系都有着重大影响；第三，矿产资源的不可再生性决定了矿产资源的相对有限性和稀缺性，决定了人类在社会生产活动中必须十分注意合理地开发、利用和保护矿产资源；第四，矿产资源受地质、技术和经济条件制约而具有动态性，现阶段发现的矿产和探明的储量只能反映现阶段人对自然的认识，随着地质工作的不断深入和科学技术的不断进步，人类对矿产资源开发利用的广度和深度会不断扩展。

主要金属矿产的经济特征如下。

1. 黑色金属矿产

铁：是世界上发现最早、利用最广的金属，是现代钢铁工业的基本原料，按重量计算，铁占所有被利用金属的90%以上。铁矿石经冶炼后，可制造各种生铁、铁合金、熟铁、碳素钢、合金钢、特种钢和工具钢等。铁及其化合物还用于制造磁铁、药物、墨水、颜料、磨料和染料等。

锰：是钢铁工业不可缺少的原料。早期人类利用锰作为陶瓷和颜料的原料。目前世界锰矿产量90%～95%都用于炼钢和炼铁工业的脱氧、脱硫及合金化原料，锰可使钢具有韧性、延展性、坚硬性。此外，锰在化学工业、轻工业、医药、焊接、肥料、国防工业、照相以及水的净化和农业等领域也得到广泛应用。

铬：是钢铁工业重要原料。铬铁合金具有坚固性、耐磨性、耐热性等优点，铬铁合金中含铬越高，上述优点越显著。铬矿用于制作耐火材料，其熔点高达2 200℃以上，在高温下体积稳定，与任何炉渣不起反应。

钒：金属钒熔点高，耐腐蚀性强，加工性能优良。据统计，80%以上的钒用作冶炼低合金钢、工具钢和其他合金钢的原料。产品广泛用于冶金、化工、飞机和汽车制造、原子能动力工程、国防工业和其他技术领域。

钛：目前世界上90%的钛矿用于钛白工业，它是油漆墨、造纸和塑料生产的重要原料。钛金属和钛合金是十分优良的金属构件材料，主要用于航空、航天工业，海水淡化及发电装置的冷凝系统等方面。

2. 有色金属矿产

铜：具有良好的导电和导热性能，延展性好，耐腐蚀性强，并易于铸造，用途十分广泛，是电气、建筑、运输、机械制造、军事等工业不可缺少的金属原材料。

铝：铝是世界上仅次于铁的第二重要金属，由于其密度小、导电导热性能好，易于机械加工，广泛用于国民经济的各个行业。据国外统计，目前世界铝消费量的60%以上用于建筑、交通运输和包装业。铝是电器工业、飞机制造业、机械工业和民用器具不可缺少的原材料。铝土矿也可用作耐火材料、研磨材料、化学制品及高铝水泥原料。

铅锌矿：铅和锌两种金属的地球化学性质和生成的地质条件相同或相似，常在多金属矿床中共生，因此，这两种金属经常放在一起研究。铅具有柔性、韧性和防腐性，因而在电气工业中用于制造蓄电池、电缆包皮和熔断保险丝，在化学和冶金工业中用于制造管材和设备的防腐内衬，在原子能工业中用于核能装置和对核辐射的防护，在建筑工业中用作减音和减震填料等。铅与锡、锑、铜等可制作各种合金。锌具有防腐性，主要用于镀锌、木材的涂料和制作各种合金。锌的化合物广泛用来制造油漆、颜料和染料。

镍:除了化学稳定性、热稳定性及机械安定性都很高外,还具较强的磁性、导电性及导热性能。镍是冶炼高镍合金钢和合金结构钢等的重要材料,广泛用于飞机、舰艇、导弹、雷达、宇宙飞船、坦克、拖拉机、汽车等各种军工制造业和机械制造业。由于镍具有俘获热中子的性能,可制造原子能反应堆中的热中子机械断续器。在化学工业中,镍粉被用作氢化催化剂。近年来,在制造彩色电视机、录音机及其他通讯器材等方面,镍的用量也在不断增长。

钴:是具有较高熔点和良好稳定性的磁性金属;是生产耐热合金、硬质合金、防腐合金、磁性合金和各种钴盐等的重要原料,广泛用于航天、航空、电器、机械、化学和陶瓷等工业。

铀:是常用的放射源,广泛用于工业、医疗和科研中。

钨:具有很高的熔点及很高的硬度、强度和耐磨性能。钨在高温下的抗张强度超过任何金属,其导电及导热性能好,热扩散系数低,还具有抗磁及耐腐蚀等优点。钨用途很广,主要用于生产碳化钨、钨金属及各种钨合金钢等。碳化钨是制造冲压磨具、机械抗磨部件、钻头、穿甲弹等的材料,金属钨是电器工业的重要材料,钨合金钢用于制造高速切削工具和机械中抗磨、抗击、耐腐的结构材料、耐高温阀门、汽轮机、高温容器,此外还用于化学制品、染料、陶瓷制品和石油催化剂等。钨的用途还在日益扩大,其应用领域已广及冶金、机械、航天、核能、造船、电气、军事工业及日常生活。

钼:物理化学性质与钨相似,在高温下钼蒸气压很低,蒸发速度慢,导电及导热性强,膨胀系数小。硬度及强度极限比钨低,加工性能稳定,在无氧化剂的条件下对无机酸具有突出的耐腐蚀性能。

锡:全属为银白色,具强光泽,比重大,熔点低,质软具延展性,抗腐蚀,化学性质稳定。锡盐无毒,易熔,摩擦系数小。金属锡在常温下不氧化,具防锈特性,易与其他金属混熔,制成合金,因而广泛用于食品、汽车制造、航空工业、化学工业、玻璃工业、电气工业等方面。在冶金方面,主要用于生产马口铁及巴比特合金等耐磨合金、焊料等。各种锡盐可用于珐琅、印染、电镀、食品及军工工业。在化工方面,主要用于生产各种化合物和化学试剂。在轻工方面,主要用作牙膏等的软管包装材料、干电池、罐头、灯泡等的焊料及各种电镀材料。在建材方面主要用于浮法玻璃工艺。

锑:一种银白色脆性金属,化学性质稳定,不溶于水和稀酸,只溶于王水及浓硝酸,主要用作合金的添加剂,以增强合金的强度、硬度及抗腐性。在160余种锑合金中,最重要的为巴比特合金(锑铅合金)、不列颠合金(锡锑合金)及铝锑合金等。巴比特合金除用于蓄电池板、轴承、印刷、耐酸及耐磨元件、电缆包皮外,还可用于制造榴霰弹、曳光弹等。不列颠合金可代替白银作餐具及装饰品等。

铋:性脆,熔点低,易挥发。在航空工业上用作制造飞机上的薄质软管及雷达零件材料,也是低熔合金,是制造轴衬及消防和电气安全设备所需的重要低熔合金材料和有色玻璃的原料,其化合物还用于制药业等。

3.贵金属矿产

金:黄金是人类最早发现和使用的贵金属,由于黄金的特殊性能,很早就用来制造货币和装饰品或作为硬通货加以储备,它在工业用途和需求方面日趋广泛。金在宇宙航行及原子能、半导体等工业中有特殊用途,但主要用途仍然是做金器、首饰和储备。

银:最初仅作为一种稀贵的物品被收藏,后来大量用于制造货币、首饰、器皿和宗教物品等。现在，银是重要的工业金属，在电子、计算机、通讯、军工、航空航天、影视、照相等部门得到广泛应用。尽管如此，银在社会经济活动中仍具有一定的硬通货性质。

铂族金属：是对在地球化学性质和物理化学性质上有许多相似之处的铂、钯、锇、铱、钌等种金属的统称。这些金属具有熔点高、耐腐蚀、热电性稳定和良好的催化性能等优良特性，其用途极为广泛，特别是作为国防、化工、仪器仪表、电于、机械制造和医疗等工业所必需的重要材料。此外，也大量用于制作珠宝首饰。

4. 稀有金属、稀土金属和分散元素矿产

稀有金属是指在地壳中含量较少、分布较散、提炼较难的金属，它包含的金属非常广泛。稀土金属由于含量稀少，提取分离困难，不易得到单个元素，因此取名“稀土”。稀有金属：广泛用于航天和航空、核工业、军事和民用等尖端技术。稀土金属在石油、冶金、玻璃和陶瓷、电子、化学工业以及照明和核技术领域等方面都有重要的用途。分散元素广泛使用在电子、航天和军事工业以及其他各种工业部门中，具有很高的战略价值。

二、金属矿产的政治属性

金属矿产最根本的属性应该是其自然属性，这是由金属矿产资源自身形成过程所经历的漫长地质年代导致的稀缺性和不可再生性决定的。金属矿产的自然属性是我们进行金属矿产经济问题分析的前提，也是金属矿产资源开发利用诸多矛盾形成的一个重要原因。为深入研究金属矿产开发利用的经济问题，在对金属矿产资源的自然属性有一定认识基础上，还有必要对金属矿产的其他属性有一个深刻的认识。

从人类发展的历史来看，技术、经济和人口的不断增长，所依靠的就是不断扩大对各种金属矿产资源及矿物燃料资源的开发和利用。而随着人类社会的发展，不可再生的金属矿产也越来越少，因此，金属矿产已经成为关系人类生存发展、影响国家安全的重要战略因素。金属矿产资源的可耗竭性和稀缺性导致金属矿产资源从一种普通的商品演变成一种特殊的政治产品，并最终成为国际关系和地缘政治博弈的重要砝码。

由于金属矿产资源具有经济和政治的双重属性，因此国际贸易市场上的金属矿产资源的价格、供需状况不仅仅决定于市场和经济规律，还决定于国际政治关系状况，所以在分析金属矿产资源的经济问题时，必须要综合考虑到该种金属矿产资源的战略特点和政治因素、金融因素、投资与投机因素。从长期来看，人类社会经济发展对金属矿产资源的消耗量在可以预见的未来将不断增加，这已经是不可扭转的趋势。尽管技术进步会降低相关成本，但地质状况复杂则会增加成本，因此金属矿产资源的价格将会保持上扬的趋势。从这个角度看，金属矿产品仍然是一种符合市场经济规律的、受政治因素影响的、不可再生的特殊商品（冯进城，2010）。

三、金属矿产在国民经济中的地位：基于国家安全的视角

金属矿产资源是人类生存的主要物质来源，是现代化建设的重要物质基础，对于国家经济发展具有导向作用，是影响国家安全的重要因素之一。经济安全问题在国外已引起许多国家的重视。中国人口众多，金属矿产资源相对稀缺，经济社会的发展需要大量的金属矿产资源。根据中国现在的经济状态，金属矿产资源在国家经济安全中的地位表现在：金属矿产资源的优化配置和高效利用能保证国家经济的健康、持续发展；在建立新的经济秩序中，能够抵

御和补偿大的“人祸”造成的非正常干扰；利用后发优势发展，能形成和保持一定的国际竞争力，进行正常的国际经贸往来，不受发达国家的控制，不受其他国家的干扰。由此可以看出金属矿产资源在国家经济安全中的基础地位。金属矿产资源安全的作用表现在三个层面：个人生活的基本需求，社会的稳定，经济的可持续发展。金属矿产资源安全已经对经济安全和社会稳定产生重要的影响(冯进城，2010)。

自英国产业革命开始，惊人的技术和经济发展以及人口增长速度靠的是扩大利用各类矿产资源和矿物燃料资源。这些资源是能源、制造、通讯和建筑工业的基础，也是现代农业的基础。矿产资源的非再生性质，使人类考虑资源的消耗和可能枯竭问题，评估和研究矿产资源的可供性问题。尤其是工业和经济发达的国家，部分矿产具有较强的国际市场依赖性，因而从国家的层面上提出和确定了“战略矿产”和“急缺矿产”。这些关键性矿产资源在有些情况下会因为供应中断而导致国防体系和经济体系变得脆弱，于是，矿产资源供应与国家安全联系了起来。金属矿产资源安全具有持续性、经济性、及时性、安全性、稳定性五个主要特征。从金属矿产资源安全的特征来看，金属矿产资源安全构成了国家安全的一个重要组成部分，是国家经济社会发展的物质源泉，也是国家安全的重要组成部分，与食物安全、生态安全及经济安全有紧密联系(图 10－1)。

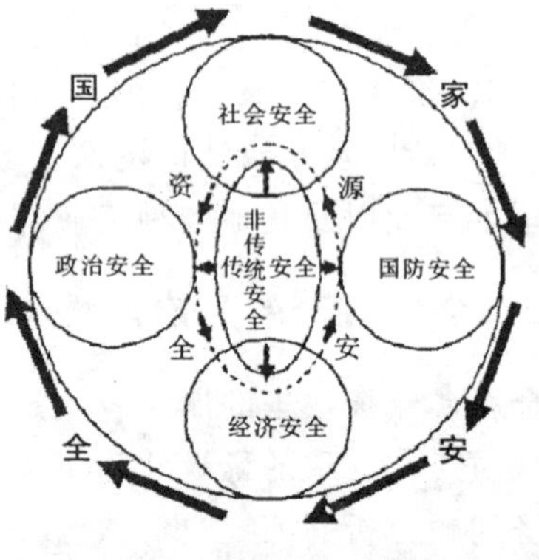

图 10－1　资源安全与国家安全

金属矿产资源安全是一个国家或地区稳定、持续地控制和获取金属矿产资源、保障国民经济发展、参与国际竞争和可持续发展的重要物质基础，影响到一个国家的政治、经济、国防、社会各个方面。在人类社会利用的矿产资源中，70%以上是金属矿产资源。在现代社会中，没有哪一个部门不与金属矿产资源原料及其产品的消费发生关系。在世界经济中，近 80%的能源资源、70%以上的工业原料和 60%以上的农业生产资料来源于矿产资源。有专家认为，如果人类社会没有对金属矿产资源进行广泛的利用，那么世界的人口将会减少 50%。由此可见，金属矿产资源是人类生存和发展的重要物质基础，是国家安全的重要保证。据统计，中国 90%以上的能源和 80%以上的工业原料来源于矿产资源，金属矿产资源产业支撑了占中国 GDP 80%的国民经济的运转。因此，拥有金属矿产资源量的多少尤其是人均金属矿产资源消费量是衡量一个国家综合实力的重要指标之一，反映了一个国家或地区的经济和社会发展水平。

关键金属矿产供应的不稳定，将会严重影响国家经济、社会的稳定性。表 10－1 是近年来世界部分关键金属矿产的供应障碍实例。

此外，金属矿产资源是一种非再生资源，消耗多少，就少多少。金属矿产资源供应来源在地理上受到限制，也就是说，金属矿产资源在地球上分布是极不均匀的，金属矿产资源产在哪儿，就得在哪儿开采。世界上没有一个现代化国家能够做到在所有金属矿产资源和原材料供应上都能自给自足。严重依赖国外资源既成为经济安全问题，又会成为国家安全问题。只有在金属矿产资源安全的基础上，国家安全才有保证。

表 10-1　部分关键金属矿产的供应障碍实例

矿种	供应障碍实例
镍	1. 1967 年新喀里多尼亚因暴雨洪水造成采矿及运输设备毁坏，发货延迟
	2. 由于大企业罢工发货中断(1979 年加拿大鹰桥公司)
铬	1. 南非为反经济制裁暂时停止进口
	2. 1994 年开始的哈萨克斯坦大幅度减产
钨	1. 1976—1977 年苏联大量收购
	2. 由于国际投机商囤积居奇事故频繁发生
钴	1. 1975 年扎伊尔[现刚果(金)]由于安哥拉内战关闭港口
	2. 1978—1980 年扎伊尔[现刚果(金)]种族纠纷
钼	1979—1980 年加拿大矿山罢工
锰	1. 1979 年苏联停止出口
	2. 1973 年加纳发生政变，发货延迟
钒	1. 1980—1981 年南非和美国钒生产企业减产
	2. 南非钒供应量减少以及世界特殊钢产量大增导致世界供给短缺

资料来源：沈镭，何贤杰，张新安(2004)。

尽管从世界范围看，金属矿产资源并不短缺。但从单个国家和地区看，则存在金属矿产资源不足问题。从现有的矿产探明储量上看，有 15 种矿产 3/4 的储量集中在 3 个国家，有 26 种矿产 3/4 的储量集中在 5 个国家；有 12 种矿产一半以上的储量集中在发达国家，有 13 种矿产一半以上的储量分布在发展中国家。正是这种客观规律，决定了任何一个国家不可避免地要进口别国的矿物原料。

四、主要金属矿产的储量分布

矿产资源的量一般用储量基础和储量表示。储量是查明资源的一部分，它能满足现行采矿和生产实践所要求的最低的具体的物理和化学标准，包括对品位、质量、厚度和深度所要求的标准。储量基础除包括那些在已确立的技术和目前经济条件下可以利用的资源外，还包括在一定计划范围内可能具有潜在经济效益的资源，它包括目前经济可行的资源(储量)、经济上处于边界条件的资源和某些目前是次经济的资源。储量是储量基础的一部分，是在进行测定当时可以经济开采提取或生产的一部分查明资源量。矿产资源的储量分布信息，是人们把握矿产资源开发利用情况的重要客观科学资料，也是进行经济分析的基础(朱永峰，2000)。

储量基础是根据物理和化学标准划出的一个概括性的资源类别，分出和评价该类资源的主要目的是为了有助于进行公共事业和商业的长远规划。对于大多数矿种来说，视估算者具体目的的不同，对特定矿床、地区或者国家可具体规定不同品位和储量或其他合适的资源参数。因此，储量基础的下限是可变的，可一直延入次经济类(图 10-2)，其下界的位置视目的不同而异，其意图在于确定这样一些原地矿产的数量，这些原地矿产的任何部分都可能成为具有经济意义的矿产，而这取决于最终采用的开采提取计划和经济前提。当这些标准确定后，最初的储量基础的估算结果可以分为三部分：储量、边界储量和剩下的由次经济资源组成的部分。未发现资源可按照假定资源和假想资源的定义进行细分,或根据产出的相对概率的大小进行细分;推测储量和推测储量基础,是储量和储量基础的推测的外延部分,它们是定量可靠程度较低的查明资源,那些不是根据储量和储量基础的外延而只是根据地质推断推测的资源量应划为未发现资源;在局部地方,有限的矿量也可进行生产,即使经济分析表明该矿床太薄、太贫或太深而不能列为储量。

随着科学技术的进步,金属矿产的种类和勘探开发的产量也不断增长。与此同时,由于新型开发利用设备与节约意识的增强,人们在工业生产中使得金属矿产的单位产值不断升高和单个产品的矿产耗用强度不断下降。另外,由于新材料和代用品开发加强以及一些废品回收利用率提高,在世界对环境要求日益严格的背景下,全世界的金属矿产开发利用发生了一些明显变化。世界主要金属矿产的储量分布见表 10-2。

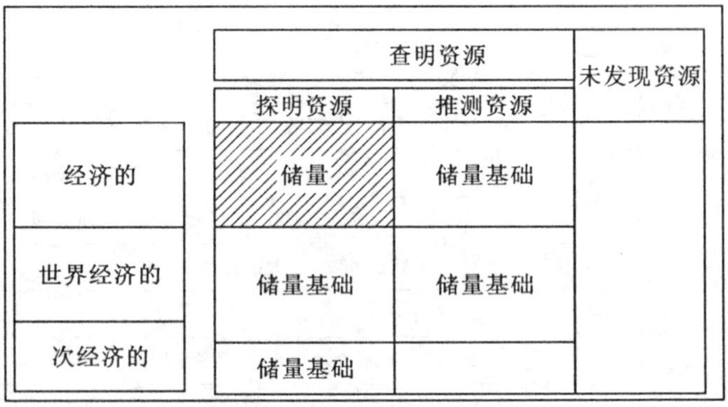

图 10-2 矿产资源储量分类

表 10-2 世界主要金属矿产的储量分布

矿产	单位	储量	储量基础	矿产	单位	储量	储量基础
铁矿石	亿 t	1 500	2 300	锰矿石	t	65 000	49 000
铬矿石	亿 t	16	70	镍	万 t	4 700	11 000
钴	万 t	400	880	钒	万 t	1 000	2 700
钨	万 t	220	330	铜	万 t	31 000	59 000
钼	万 t	550	1 200	铅	万 t	6 300	13 000
锌	万 t	14 000	33 000	菱镁矿	亿 t	25	34
铝土矿	亿 t	230	280	金红石	万 t	3 000	16 000
锡	万 t	700	1 000	锑	万 t	420	470
汞	万 t	13	24	铋	万 t	11	25
金	t	44 000	60 000	银	万 t	28	42
铂族金属	t	56 000	66 000	镉	万 t	54	97
稀土,氧化物	万 t	10 000	11 000	铯	万 t	10	11
铀	万 t	247	1 572	铪	t	450	890
铊	t	380	650	锶	万 t	680	1 200
钽	t	22 000	38 000	钍	万 t	120	140
铼	t	2 500	10 000	铟	t	2 600	5 700

资料来源:国土资源信息中心(2008)。

第二节 中国金属矿产经济的发展形势

一、中国金属矿产资源禀赋与特征

中国是世界上开发利用金属矿产资源历史最为悠久的国家之一，也是世界上金属矿产资源种类较齐全、储量丰富的少数几个国家之一。新中国建国60多年来，地质勘查工作取得了重大成果，截止2007年底，铁矿资源查明储量居世界第4位，铜矿居第3位，铝土矿居第5位，铅、锌、钨、锡、锑等金属矿产查明储量居世界第1位。但是，金属矿产的人均占有量却仅相当于世界人均量的58%（图10-3）。现有金属矿产储量中只有60%可开发利用，仅有35%可采出，可见中国金属矿产资源实际可开发利用的储量明显不足。而中国正处于大力推进工业化的阶段，国民经济对矿产资源将继续保持十分旺盛的需求，尽管党的十六大提出中国要走新型工业化道路，但根据发达国家工业化过程中金属矿产资源的利用经验，预计未来几十年中国金属矿产资源开发利用量将依然十分巨大（冯进城，2010）。

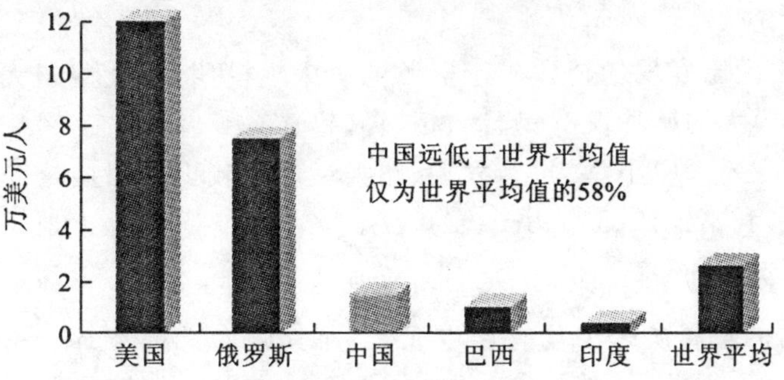

图10-3 世界主要国家人均金属矿产储量（潜在总值）对比

资料来源：中华人民共和国国土资源部.1999年国土资源公报，2000

（一）中国金属矿产资源的总体特征

1.金属矿产资源总量丰富、品种齐全、人均占有量少

中国金属矿产资源总量大，一些矿种的探明储量居世界前列。储量较大的矿种主要有铁、锰、铅、锌、钴、钨、锡、铝、钼、锑、汞、钛、钒、铋、钾、稀土等，其中钨、铋、锑、钛、铝等居世界第1位。已探明金属矿产资源总量较大，约占世界的12%，仅次于美国和俄罗斯，居世界第3位。人均拥有量少，只有世界平均水平的58%，居世界第53位。

2.支柱性金属矿产资源贫矿和难选矿多，部分用量不大的金属矿产储量较多

中国稀土、钨、锡、钼、铌等12种矿产不仅探明储量可观，人均占有量也居世界前列，且资源质量较高，开发利用条件较好，在国际市场具有十分明显的优势。但是在关系到国计民生的用量较大的重要矿产，例如铁、锰、铝、铜、铅、锌等，或贫矿多或难选矿多，开发利用条件较差（图10-4）。中国铁矿石平均品位为30.5%，比世界平均水平低11%以上。铜矿品位大于1.5%的储量只占总量的31%左右，平均品位只有0.87%，远远低于赞比亚、智利等世界主要产铜国的铜矿品位。

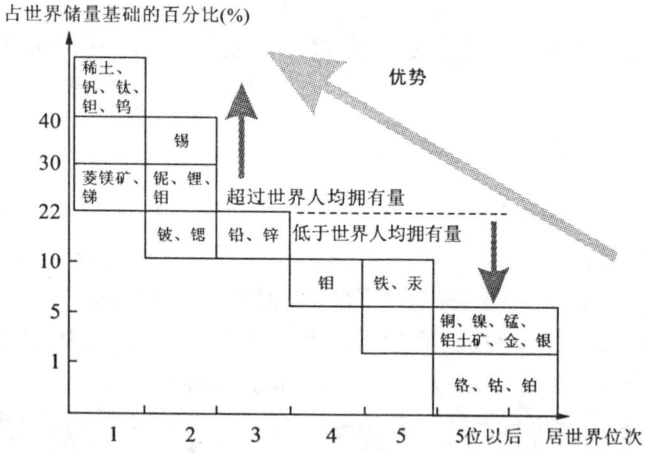

图 10-4　主要金属矿产在国际上的优势比较

资料来源：中华人民共和国国土资源部.1999年国土资源公报，2000

3.中小矿床多、大型特大型矿床少

与世界相比，中国已发现的金属矿产资源的矿床规模偏小，大型超大型矿床不多。金属矿产资源的矿床规模大的矿种仅有钨、锡、钼、锑、铅、锌、镍、稀土、菱镁矿。一些支柱性金属矿产的矿床规模则主要以中小型为主，大型、超大型矿床较少。而且至今还没有发现特大型的富铁矿(5亿t级)和富铜矿(500万t级)矿床。

4.共、伴生矿多，单矿种矿少，开发利用难度大

中国80%左右的金属矿床中均有伴生元素，尤其以铝、铜、铅、锌等有色金属矿床为多。单一型铜矿仅有23%，以共生、伴生产出的锑、钼等矿产资源的储量分别占到各自总储量的20%～33%。在开发利用的129个金属矿种中，有81种金属矿产资源部分或全部来源于共生、伴生矿产，使得中国金属矿产资源的平均品位普遍较低。例如，中国铁矿石的平均品位只有30.5%，比世界平均水平要低10多个百分点；锰矿平均品位也只有22%，与世界商品矿石工业标准48%相差很远。

5.分布广泛，相对集中

中国金属矿产资源分布广泛，如华北主要有铁、稀土、铌等26种矿产；东北有铁、金、镁等18种矿产；华东有铜、钨、金、银、铂等21种矿产；中南区以有色金属为主；西南以铅锌金属矿产为主；西北以有色金属为主，包括镍、钴、钼、铂等30种矿产。同时，在分布广泛的基础上却又相对集中，如铁主要集中于东北、华北和西南；铜则主要分布在长江中下游地区和赣东北；钨、锡、锑等优势金属矿产资源主要分布在湘、赣、桂、滇等地。主要金属矿产产量、规模及产地分布见表10-3。

6.金属矿产资源利用粗放，环境问题突出

主要金属矿产采选回收率较低(表10-4)，矿产资源利用粗放。已开发的矿产资源总回收率只有30%，有色金属的采选回收率比较低，约50%～60%，铁矿的采选回收率约70%，非金属矿的采选回收率为20%～60%。共、伴生矿产资源综合利用率不到20%(国外平均为40%～50%)，有色金属矿山的共、伴生资源综合利用率为30%～35%，而国外平均先进水平

能达到50%以上，其中有色金属资源综合利用率为70%左右。中国稀土矿资源开发的综合利用率仅18.25%。目前中国综合利用做得比较好的国有矿山仅占30%左右，部分进行综合利用的国有矿山为25%，完全没有进行综合利用的占45%。全国20多万个集体、个体矿山基本谈不上综合利用。据专家估算，中国有色金属矿产资源综合回收率为35%，黑色金属矿产资源的综合回收率仅为30%，比发达国家约低20个百分点。

表 10-3 主要金属矿产产量、规模及产地分布

省份	金属矿产产量(万 t)	省份	钢材产量(万 t)	省份	铝材产量(万 t)
河南	199	浙江	121	广东	93
湖南	108	江苏	66	河南	41
甘肃	95	广东	53	江苏	31
云南	88	河南	19	浙江	26
广西	63	辽宁	15		

资料来源：马伟东，古德生(2008)。

表 10-4 中国主要金属矿产采选回收率统计指标

矿种	类别	回收率(全国平均水平,%)	矿种	类别	回收率(全国平均水平,%)
铜矿	矿井回采率	84.63	锡	综合回收率	54.04
	选矿回收率	86.86	锑	矿井回采率	68.66
	综合回收率	73.51		选矿回收率	85.33
铝矿	矿井回采率	74.7		综合回收率	58.59
铅	矿井回采率	71.11	稀土	综合回收率	18.25
	选矿回收率	85.12	金	矿井回采率	76.91
	综合回收率	60.53		选矿回收率	86.19
锌	矿井回采率	71.11		综合回收率	66.29
	选矿回收率	83.84	镍	矿井回采率	95.5
	综合回收率	59.62		选矿回收率	85.42
钨	矿井回采率	58.4		综合回收率	81.58
	选矿回收率	74.5	9种有色金属	矿井回采率	79.36
	综合回收率	43.5		选矿回收率	84.07
锡	矿井回采率	83.06		综合回收率	60.04
	选矿回收率	65.06			

资料来源：国土资源部矿产开发管理司(2002)。

另外，矿产资源利用粗放还体现在矿产品的使用强度上。使用强度即单位GDP所消耗的矿产品及相关原材料的数量，直接反映出社会经济活动中资源节约集约水平。使用强度越低，节约集约利用水平越高，反之越低。近15年来中国单位GDP主要金属矿产消耗量处于上升状态。20世纪90年代，中国单位GDP钢的消费量总体上是在不断下降，钢铁利用效率在提高，但2000年以来，钢铁消费渐显粗放，单位GDP钢的消费量由2000年的1.28t/万美元上升到2003年的1.82t/万美元。又反弹到90年代初期的水平，与发达国家差距进一步拉大。以铜为例，20世纪70年代末以来，中国单位GDP铜的消费量一直处于上升状态，由1979年的13.86kg/万美元增加到2004年的19.4kg/万美元。消费的节约集约水平在下降，同时与主要发达国家的差距在扩大。1979年中国单位GDP铜的消耗与日本相当，但到2004年却是日本的6.62倍、美国的8.25倍。铝与铜情况类似，20世纪80年代初以来，单位GDP的消耗量一直上升，由1980年的18.24kg/万美元增长到2004年的37.53kg/万美元，翻了一番多。同时，与发达国家差距在扩大，1980年中国单位GDP铝使用强度与美国(16.08kg)和日本(1.42kg)相当，但到了2004年却分别是其7.58倍和8.69倍。铅与世界主要国家消费趋势相同，近30年来，中国单位GDP铅的消费量总体在不断下降，差距也在逐步缩小。但2000年以来，单位GDP铅的消费量在快速上升，由1999年的5.3kg/万美元增加到2004年的8.48kg/万美元，增加了60%。中国锌的消费利用还比较粗放，单位GDP锌的消费量还在继续增加，特别是近几年，上升幅度还比较大，如从1997年的8.87kg/万美元增加到2004年的15.47kg/万美元，几乎翻了1倍。

缺乏矿山环境恢复保证措施，"三废"排放达标率低，土地复垦率和生态恢复率低，并诱发地质灾害。许多矿区形成了严重的地面塌陷，已开发地区的废弃物堆放也到了不可忽视的程度。中国发生采矿塌陷灾害的城市近40个，因采矿引起的塌陷180处以上，每年因采矿地面塌陷造成的损失达数十亿元以上。中国每年工业固体废物排放量中，85%以上来自矿山开采。全国各类尾矿累计约25亿t，并以每年3亿t的速度递增，国有煤矿煤矸石历年堆积量达30亿t，占地约5 000公顷。中国对矿产废弃物的回收利用和无害化处理刚刚起步，全国现有2 000多座金属矿山尾矿库，存尾矿约60亿t，每年新增排放固体废弃物约3亿t，而平均利用率只有8.3%。中国的矿业开发每年使约40亿t的岩石物被运移，诱发山体开裂、崩塌、滑坡、泥石流、地面塌陷、水土流失、地震等各种地质灾害。环境污染明显加剧，对大气、江河、农田造成污染。金属矿山排放的很多废渣中含有重金属及有害元素，如砷、铅、镉等。据统计，中国每年因采矿产生的废水、废液排放量占全国废水排放总量的10%以上，处理率仅为4.28%，大量未经处理的废水排入江河湖海，污染严重。与此同时，矿山安全事故居高不下，特别是不具备安全生产基本条件的小矿山，重大、特大事故频繁发生，造成人民生命财产重大损失，也对社会稳定造成危害。此外，还造成生态破坏。中国因采矿而直接破坏的森林面积累计已达106万公顷，破坏草地面积2 613万公顷，因采矿累计占用土地约586万公顷，破坏土地157万公顷，且每年仍以4万公顷的速度递增，矿山复垦率仅为10%，比发达国家低50%。

(二)中国金属矿产资源概况及资源分布

中国已探明储量的金属矿产有铁矿、锰矿、铬矿、钛矿、钒矿、铜矿、铅矿、锌矿、铝土矿、镁矿、镍矿、钴矿、钨矿、锡矿、铋矿、钼矿、汞矿、锑矿、铂族金属(铂矿、钯矿、铱矿、铑矿、锇矿、钌矿)、金矿、银矿、铌矿、钽矿、铍矿、锂矿、锆矿、锶矿、铷矿、铯矿、稀土元素(钇矿、钆矿、铽矿、镝矿、铈矿、镧矿、镨矿、钕矿、钐矿、铕矿)、锗矿、镓矿、铟矿、铊矿、铪矿、铼矿、镉矿、钪矿等。

锰矿。中国锰矿资源较多，分布广泛，在全国21个省(区)均有产出；有探明储量的矿区213处，总保有储量矿石5.66亿t，居世界第3位。中国富锰矿较少，在保有储量中仅占6.4%。从地区分布看，以广西、湖南最为丰富，占全国总储量的55%；贵州、云南、辽宁、四川等地次之。从矿床成因类型来看，以沉积型锰矿为主，如广西下雷锰矿、贵州遵义锰矿、湖南湘潭锰矿、辽宁瓦房子锰矿、江西乐平锰矿等。其次为火山—沉积矿床，如新疆莫托沙拉铁锰矿床；受变质矿床，如四川虎牙锰矿等；热液改造锰矿床，如湖南玛璃山锰矿；表生锰矿床，如广西钦州锰矿。从成矿时代来看，自元古宙至第四纪均有锰矿形成，以震旦纪和泥盆组最为重要。

铁矿。中国是铁矿资源总量丰富、矿石含铁品位较低的一个国家。目前已探明储量的矿区有 1 834 处，总保有储量矿石 463 亿 t，居世界第 5 位。除上海市、香港特别行政区外，铁矿在全国各地均有分布，以东北、华北地区资源最为丰富，西南、中南地区次之。就省(区)而言，探明储量辽宁位居榜首，河北、四川、山西、安徽、云南、内蒙古次之。中国铁矿以贫矿为主，富铁矿较少，富矿石保有储量在总储量中占 2.53%，仅见于海南石碌和湖北大冶等地。从铁矿成因类型来看，根据程裕淇和赵一鸣等的意见，主要有与铁质基性、超基性岩浆侵入活动有关的岩浆型铁矿床，如四川攀枝花铁矿床；与中酸性(包括偏基性与偏碱性)岩浆侵入活动有关的接触交代—热液铁矿床，如湖北大冶、福建马坑、内蒙古黄岗等；与中性钠质或偏钠质火山—侵入活动有关的铁矿，如江苏、安徽两省的宁芜铁矿、云南大红山铁矿等；沉积型赤铁矿和菱铁矿床，如鄂西、赣西、湘东地区的赤铁矿；变质沉积铁矿，如鞍山铁矿、冀东铁矿等；风化淋滤残积型铁矿，如广东大宝山、贵州观音山等。铁矿成因类型以分布于东北、华北地区的变质—沉积磁铁矿为最重要。该类型铁矿含铁量虽低(35%左右)，但储量大，约占全国总储量的一半，且可选性能良好，经选矿后可以获得含铁 65%以上的精矿。从成矿时代看，自元古宙至新生代均有铁矿形成，但以元古宙为最重要。

铬矿。中国铬矿资源比较贫乏，按可满足需求的程度看，属短缺资源。总保有储量矿石 1 078 万 t，其中富矿占 53.6%。铬矿产地有 56 处，分布于西藏、新疆、内蒙古、甘肃等 13 个省(区)，以西藏为最主要，保有储量约占全国的一半。中国铬矿床是典型的与超基性岩有关的岩浆型矿床，绝大多数属蛇绿岩型，矿床赋存于蛇绿岩带中。西藏罗布莎铬矿和新疆萨尔托海铬矿等皆属此类。从成矿时代来看，中国铬矿形成时代以中、新生代为主。

钒矿。中国钒矿资源较多，总保有储量 V_2O_5 2 596 万 t，居世界第 3 位。钒矿主要产于岩浆岩型钒钛磁铁矿床之中，作为伴生矿产出。钒矿作为独立矿床主要为寒武纪的黑色页岩型钒矿。钒矿分布较广，在 19 个省(区)有探明储量，四川钒储量居全国之首，占总储量的 49%；湖南、安徽、广西、湖北、甘肃等省(区)次之。钒钛磁铁矿主要分布于四川攀枝花—西昌地区，黑色页岩型钒矿主要分布于湘、鄂、皖、赣一带。钒矿成矿时代主要为古生代，其他地质时代也有少量钒矿产出。

钛矿。中国钛矿分布于 10 多个省(区)。钛矿主要为钒钛磁铁矿中的钛矿、金红石矿和钛铁矿砂矿等。钒钛磁铁矿中的钛主要产于四川攀枝花地区。金红石矿主要产于湖北、河南、山西等省。钛铁矿砂矿主要产于海南、云南、广东、广西等省(区)。钛铁矿的 TiO_2 保有储量为 3.57 亿 t，居世界首位。钛矿矿床类型主要为岩浆型钒钛磁铁矿，其次为砂矿。从成矿时代来看，原生钛矿主要形成于古生代，砂钛矿则于新生代形成。

铜矿。中国是世界上铜矿较多的国家之一。总保有储量铜 6 243 万 t，居世界第 7 位。探明储量中富铜矿占 35%。铜矿分布广泛，除天津、香港外，包括上海、重庆、台湾在内的全国各省(市、区)皆有产出。已探明储量的矿区有 910 处。江西铜储量位居全国榜首，占 20.8%，西藏次之，占 15%；再次为云南、甘肃、安徽、内蒙古、山西、湖北等省(区)，各省(区)铜储量均在 300 万 t 以上。从矿床类型看，以斑岩型铜矿为最重要，如江西德兴特大型斑岩铜矿和西藏玉龙大型斑岩铜矿；其次为铜镍硫化物矿床（如甘肃白家嘴子铜镍矿），矽卡岩型铜矿（如湖北铜绿山铜矿、安徽铜官山铜矿），火山岩型铜矿（如甘肃白银厂铜矿等）；沉积岩中层状铜矿（如山西中条山铜矿、云南东川式铜矿），陆相砂岩型铜矿（云南六直铜矿）以及少量热液脉状铜矿等。从铜矿形成时代来看，从太古宙至第三纪皆有铜矿形成。但从储量规模和矿床数量来看，则主要集中在中生代和元古宙。中生代铜矿多与侵位浅的中酸性岩浆活动有关，如德兴铜矿；元古宙铜矿多与海相火山岩浆活动有关，如甘肃白银厂铜矿。两者相比，又以中生代斑岩型铜矿为最重要。

汞矿。中国是世界上汞矿资源比较丰富的国家之一。总保有储量汞 8.14 万 t，居世界第 3 位。现已探明储量的矿区 103 处，分布于 13 个省（区），以贵州省为最多，其储量为全国汞储量的 40%，其次为陕西和四川，以上 3 省汞储量占全国的 74%。著名汞矿有贵州万山汞矿、务川汞矿、丹寨汞矿、铜仁汞矿以及湖南的新晃汞矿等。汞矿矿床类型分为碳酸盐岩型、碎屑岩型和岩浆型 3 种。碳酸盐岩型占主要地位，拥有汞储量 90%以上，贵州万山等特大型汞矿皆属此类型。其次为碎屑岩型。中国已知大多数汞矿床产于中、下寒武纪地层之中（占储量 80%以上）。在前寒武纪、中生代、新生代也有汞矿形成，但不占重要地位。

镍矿。中国镍矿资源不能满足需要。总保有储量镍 784 万 t，居世界第 9 位。镍矿产地有近 100 处，分布于 18 个省（区）。其中以甘肃省为最，保有储量占全国的 61.9%，新疆、吉林、四川等省（区）次之。甘肃金川镍矿规模仅次于加拿大的萨德伯里镍矿，为世界第二大镍矿。镍矿矿床类型主要为岩浆熔离矿床和风化壳硅酸盐镍矿床两个大类。从成矿时代分析，从前寒武纪到新生代皆有镍矿产出。岩浆型镍矿主要产于前寒武纪和晚古生代，早古生代、中生代也有镍矿产出。风化壳型镍矿则形成于新生代。

铅锌矿。中国铅锌矿资源比较丰富，全国除上海、天津、香港外，均有铅锌矿产出。产地有 700 多处，保有铅总储量 3 572 万 t，居世界第 4 位；锌储量 9 384 万 t，居世界第 4 位。从省际比较来看，云南铅储量占全国总储量 17%，位居全国榜首；广东、内蒙古、甘肃、江西、湖南、四川次之，探明储量均在 200 万 t 以上。全国锌储量以云南为最，占全国 21.8%；内蒙古次之，占 13.5%；其他如甘肃、广东、广西、湖南等省（区）的锌矿资源也较丰富，均在 600 万 t 以上。铅锌矿主要分布在滇西兰坪地区、滇川地区、南岭地区、秦岭—祁连山地区以及内蒙古狼山—渣尔泰地区。从矿床类型来看，有与花岗岩有关的花岗岩型（广东连平）、矽卡岩型（湖南水口山）、斑岩型（云南姚安）矿床，有与海相火山有关的矿床（青海锡铁山），有产于陆相火山岩中的矿床（江西冷水坑和浙江五部铅锌矿），有产于海相碳酸盐岩（广东凡口）、泥岩—碎屑岩系中的铅锌矿（甘肃西成铅锌矿），有产于海相或陆相砂岩和砾岩中的铅锌矿（云南金顶）等。铅锌矿成矿时代从太古宙到新生代皆有，以古生代铅锌矿资源为最丰富。

钴矿。中国钴矿资源不多，独立钴矿床尤少，主要作为伴生矿产与铁、镍、铜等其他矿产一道产出。已知钴矿产地 150 处，分布于 24 个省（区），以甘肃省储量最多，约占全国总储量的30%。全国总保有储量钴 47 万 t。矿床类型有岩浆型、热液型、沉积型、风化壳型 4 类。以岩浆型硫化铜镍钴矿和矽卡岩铁铜钴矿为主，占总量的 65%以上；其次为火山沉积与火山碎屑沉积型钴矿，约占总储量的 17%。钴矿成矿时代以元古宙和中生代为主，古生代和新生代次之。

铌、钽、锂、铍矿。中国是世界上铌、钽、锂、铍等稀有金属矿产资源比较丰富的一个国家。总保有储量 Nb_2O_5 388 万 t，仅次于巴西，居世界第 2 位。中国铌矿已探明储量的矿区有 99

处，分布于内蒙古、湖北等16个省（区），以内蒙古最多，占全国铌储量的72%；湖北次之，占24%。钽矿分布于13个省（区）的92个矿区，总保有储量 Ta_2O_5 8.4万t，居世界首位。从地区分布看，江西钽矿最丰富，内蒙古、广东次之，三省（区）合计占全国钽储量72.5%。锂矿在9个省（区）有分布。已探明储量的矿区43处，保有氯化锂储量1 667万t，氧化锂237万t，储量居世界第3位。从省（区）分布看，以青海资源为最丰富，湖北、四川等省（区）次之。铍矿在15个省（区）有产出，已探明储量的矿区有77处，总保有储量BeO 23万t，以新疆、内蒙古铍储量最多，分别占全国的29.4%和27.8%；四川、云南次之，各占16%左右。以江西宜春铌钽矿、内蒙古白云鄂博铌钽矿、新疆阿勒泰铍、锂一稀有矿、青海锂矿为最重要。铌、钽、锂、铍矿床类型有内生矿床、外生矿床、变质矿床和叠生矿床4类。内生矿床中主要与酸性岩类和碱性岩一碳酸岩有关，外生矿床中以第四纪盐湖沉积型为主。铌、钽、锂、铍矿床自元古宙至新生代均有形成，但以中生代和晚古生代为主。

锶矿。中国锶矿资源丰富，总保有储量 $SrSO_4$ 3 290万t，居世界第2位。但锶矿分布不广，仅6个省（区）有锶矿产出。已探明储量的矿区13处，以青海为多，占全国锶储量48.3%；陕西、湖北、重庆次之。锶矿矿床类型主要有沉积型、沉积改造型和火山热液型。成矿时代以新生代为主，中生代次之。

钨矿。中国是世界上钨矿资源最丰富的国家，已探明矿产地有252处，分布于23个省（区），总保有储量 WO_2 529万t，居世界第1位。产量也居世界首位，是中国传统出口的矿产品。就省（区）分布来看，以湖南（白钨矿为主）、江西（黑钨矿为主）为多，储量分别占全国总储量的33.8%和20.7%；河南、广西、福建、广东等省（区）次之。主要钨矿区有湖南柿竹园钨矿，江西西华山、大吉山、盘古山、归美山、漂塘等几大钨矿，广东莲花山钨矿，福建行洛坑钨矿，甘肃塔儿沟钨矿，河南三道庄铝钨矿等。在钨矿床类型方面，以层控叠加矿床和壳源改造花岗岩型矿床为最重要，壳幔源同熔花岗（闪长）岩型矿床、层控再造型矿床和表生型钨矿床次之。从成矿时代来看，最早为早古生代，晚古生代较少，中生代形成钨矿最多，新生代钨矿则属罕见。

锡矿。中国是世界上锡矿资源较丰富的国家之一。探明矿产地293处，总保有储量锡407万t，居世界第2位。矿产地分布于15个省（区），以广西、云南两省（区）储量最多，分别占全国的32.9%和31.4%，湖南、广东、内蒙古、江西次之，以上6省（区）共占全国的93%。锡矿矿床类型主要有与花岗岩类有关的矿床，与中、酸性火山一潜火山岩有关的矿床，与沉积再造变质作用有关的矿床和沉积一热液再造型矿床。以第一类矿床为最重要，云南个旧和广西大厂等世界级超大型锡矿皆属此类，这两个锡矿储量占全国锡总储量的33%。从成矿时代来看，锡矿成矿时代比较广泛，以中生代锡矿为最重要，前寒武纪次之。

锑矿。中国是世界上锑矿资源最为丰富的国家。总保有储量锑278万t，居世界第1位。已探明储量的矿区有111处，分布于全国18个省（区），以广西锑储量为最多，约占全国的41.3%；其次为湖南、云南、贵州、甘肃、广东等省（区）。锑矿矿床类型有碳酸盐岩型、碎屑岩型、浅变质岩型、海相火山岩型、陆相火山岩型、岩浆期后型和外生堆积型7类，以碳酸盐岩型锑矿为最重要。世界著名的湖南锡矿山锑矿和广西大厂锡、锑多金属矿皆属此类型。从成矿时代来看，除侏罗纪和白垩纪地层中尚未发现有工业矿床外，目前震旦纪到第四纪都有锑矿分布，但其改造成矿的时代主要集中在中生代的燕山期。

钼矿。中国钼矿资源丰富，总保有储量钼840万t，居世界第2位。探明储量的矿区有

222处，分布于28个省（区、市）。以河南省钼矿资源为最丰富，钼储量占全国总储量的30.1%，陕西、吉林次之，以上3省钼储量占全国56.5%以上。钼矿大型矿床多，是一个重要特点，如陕西金堆城、河南栾川、辽宁杨家仗子、吉林大黑山钼矿均属世界级规模的大矿。矿床类型以斑岩型钼矿和斑岩一矽卡岩型钼矿为最重要，前者如陕西金堆城、江西德兴，后者如河南南泥湖钼矿；矽卡岩型、碳酸盐脉、石英脉型次之；沉积型钼一铀一钒一镍矿床有较大的潜在价值，伟晶岩脉型钼矿无独立工业意义。从钼矿形成时代来看，除少数钼矿形成于晚古生代和新生代之外，绝大多数钼矿床均形成于中生代，为燕山期构造岩浆活动的产物。

金矿。中国金矿资源比较丰富。总保有储量金4 265t，居世界第7位。中国金矿分布广泛，除上海市、香港特别行政区外，在全国各个省（区、市）都有金矿产出。已探明储量的矿区有1 265处。就省（区）论，山东独立金矿床最多，金矿储量占总储量14.37%；江西伴生金矿最多，占总储量12.6%；黑龙江、河南、湖北、陕西、四川等省（区）金矿资源也较丰富。金矿矿床分内生、外生两大类。内主矿床中以岩浆一热液破碎带蚀变岩型和石英脉型为最重要，前者如山东焦家金矿，后者如小秦岭地区；沉积改造微细粒型金矿具有较大找矿潜力（如贵州黔西南金矿）；砂金矿亦占有重要地位。金矿成矿时代的跨度很大，从距今约28亿年左右的太古宙开始，一直到第四纪都有金矿形成。但56%的金矿储量集中在前寒武纪，其次为中生代和新生代金矿储量，占总储量的36%，古生代的金矿相对较少，只占5.7%。

银矿。中国是银矿资源中等丰度的国家。总保有储量银11.65万t，居美国、加拿大、墨西哥、澳大利亚、秘鲁等国家之后，约处世界第6位。中国银矿分布较广，在全国绝大多数省（区）均有产出，探明储量的矿区有569处，以江西银储量为最多，占全国的15.5%；其次云南、内蒙古、广西、湖北、甘肃等省（区）银资源亦较丰富。银矿成矿的一个重要特点，就是80%的银是与其他金属，特别是与铜、铅、锌等有色金属矿产共生或伴生在一起。中国重要的银矿区有江西贵溪冷水坑、广东凡口、湖北竹山、辽宁凤城、吉林四平、陕西柞水、甘肃白银、河南桐柏银矿等。矿床类型有火山一沉积型、沉积型、变质型、侵入岩型、沉积改造型等几种，以火山一沉积型和变质型为最重要。从成矿时代分析，除太古宙和新生代没有发现具工业意义的银矿床外，自元古宙到中生代都有大中型银矿床产出，其中以中生代形成的银矿最多。

稀土矿物。稀土是门捷列夫化学元素周期表中镧系（镧、铈、镨、钕、钷、钐、铕、钆、铽、镝、钬、铒、铥、镱、镥）15个元素和39号元素钇的总称。中国是世界上稀土资源最丰富的国家，素有“稀土王国”之称，总保有储量TR_2O_3约9 000万t，居世界第1位。全国稀土矿探明储量的矿区有60多处，分布于16个省（区），以内蒙古为最，占全国的95%，湖北、贵州、江西、广东等省（区）次之。中国稀土矿产不仅储量大，而且品种多、质量好，矿床类型独特，如内蒙古白云鄂博沉积变质一热液交代型铌一稀土矿床和南岭地区的风化壳型矿床，在世界上均居独特地位。中国稀土矿产多与其他矿产共生，南方以重稀土为主，北方以轻稀土为主。稀土矿自元古宙至新生代均有矿床形成，尤以中生代的燕山期为盛。

铂族元素矿物。中国铂族金属矿产资源比较贫乏，总保有储量铂族金属310t。中国已探明铂族金属的矿区有35处，分布于全国10个省（区），其中以甘肃为最多，占全国总储量57%；其次为云南、四川、黑龙江等省（区）。铂族金属矿产矿床类型主要为岩浆熔离铜镍铂钯矿床、热液再造铂矿床和砂铂矿床，以前者为最重要，如甘肃白家嘴子矿床即属此类。铂族金属成矿时代主要为古元古代和古生代。

二、中国金属矿产资源供给与需求分析

(一)金属矿产资源消耗与经济发展的一般关系

一般来说,金属矿产资源发展是经济增长的内在需求和动力源泉,经济增长为金属矿产资源发展创造条件。金属矿产资源发展推动经济增长,经济增长为金属矿产资源发展提供物质条件或经济基础。经济增长在产生金属矿产资源需求的同时,又为满足金属矿产需求提供了手段。

根据马林鲍姆(W. Malenbaum)的金属矿产资源需求生命周期理论和克拉克(A. L. Clark)和杰奥恩(G. J. Jeon)的金属矿产资源消费结构理论,经济增长对金属矿产资源的需求(消费)呈现倒"U"形关系(图 10-5)。

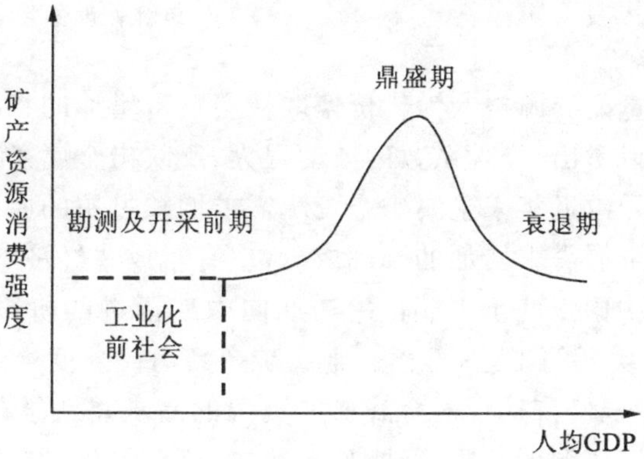

图 10-5 金属矿产资源需求生命周期

金属矿产资源始终是人类社会发展的物质基础,经济增长方式演变的任何一个阶段都是以金属矿产资源的开发利用为基础,所不同只是在不同的阶段利用的金属矿产资源不同。工业化前期土地是人类主要的生产资料,工业化社会对金属矿产资源的需求呈缓慢上升的趋势。工业化社会中期,随着人类对金属矿产资源的认识逐步加深,金属矿产资源被越来越多地开发和利用,金属矿产资源的大量采用使得社会经济取得长足发展,而社会经济进一步发展的趋势又引发了金属矿产资源的更大需求。在这个阶段,工业化社会对金属矿产资源的需求快速上升。在后工业社会、信息社会阶段,新技术和新的生产方式极大地提高了金属矿产资源的开发利用效率,新的金属矿产替代资源不断被发现,第三产业在整个经济结构中所占的比例逐步上升,教育产业、信息产业和旅游业的快速发展使得金属矿产资源的需求强度呈现下降趋势,并出现了多元化发展格局。由此可以看出,随着社会的进步和社会需求的变化,金属矿产资源在经济发展的各个阶段的重要程度有很大的不同,并且处于不同历史发展阶段的国家或地区有不同的金属矿产资源需求和消费特点。社会经济对金属矿产资源需求的变化趋势表现为初始→增长→成熟→衰落轨迹,构成一个倒"U"形的生命历程。

经济增长与金属矿产资源的关系也可以用金属矿产资源的需求/消费弹性来描述,其公式为:金属矿产资源需求(消费)弹性系数=金属矿产资源需求(消费)增长速度/国民经济增长速度。弹性系数大于 1,说明金属矿产资源需求(消费)的增长速度高于经济增长速度,国民经济的增长是以金属矿产资源的大量消耗为代价的外延式增长;系数小于 1,表示国民经济发展的物耗水平低,经济发展的质量也就比较高。图 10-6 是中国部分金属矿产消费弹性系数在 1980—1995 年之间的变化图。

由图 10-6 可以看出,中国部分金属矿产的消费弹性系数在绝大多数年份是小于 1 的,并且从总体上呈现下降趋势,这充分说明在 1980—1995 年期间,这些金属矿产的消费年增长速度小于同时期国民经济的增长速度,这与改革开放以来中国经济运行进入良性轨道,过去

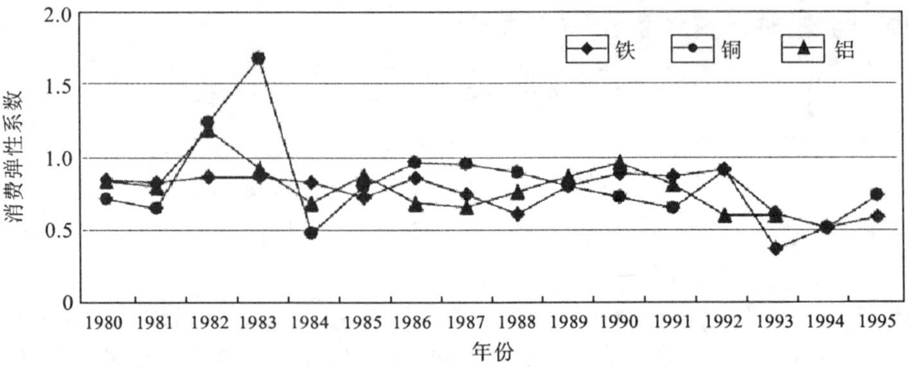

图 10－6　1980—1995 年中国部分金属矿产消费弹性系数变化

资料来源：卜善祥(2000)。

以大量的资源投入为代价换取社会财富增加的状况有所改善有很大的关系。但是从图 10－6 还可以看出，弹性系数的波动很大，反映出金属矿产资源利用效率的不稳定。

导致近年来金属矿产资源需求增长过快的原因比较复杂，既有重化工业化加速导致金属矿产资源需求增加的合理成分，也有粗放式经济增长方式导致金属矿产资源浪费的不合理成分。中国正处于工业化由初期向中期迈进的阶段，世界各国的发展过程表明，在人均 800—3500 美元的工业化阶段，金属矿产品消耗强度会迅速增长。因此，在今后相当长的一个时期内，中国经济建设对金属矿产资源的需求将继续处于高峰阶段，这就势必造成中国的多种金属矿产资源的严重短缺，使金属矿产资源成为制约中国经济可持续发展的重要因素。

但是，同时我们也应该看到，中国近年来经济的快速增长主要是依靠资金、劳动力和金属矿产等矿产资源的粗放投入实现的，是靠消耗大量物质资源实现的。第一，建国 60 年来，中国 GDP 增长了 10 多倍，金属矿产资源消耗增长了 40 多倍，单位产出的金属矿产资源消耗水平高于国际先进水平。第二，从金属矿产资源消耗强度看，中国单位 GDP 所消耗的钢材、铜、铝、铅、锌分别是世界平均水平的 5.6 倍、4.8 倍、4.9 倍、4.9 倍和 4.4 倍。第三，金属矿产资源利用效率普遍较低。据统计，中国金属矿产资源开发利用的总回收率只有 30%～40%，比工业发达国家低 10%～20%。

从总体上看，目前中国的经济增长仍然没有摆脱依赖大量金属矿产资源消耗的高投入、高消耗、高排放、低效率的粗放型经济增长方式，经济增长的推动主因是靠各种金属矿产资源等大量投入，因此在经济增长的同时，付出了巨大的金属矿产资源环境代价，加剧了金属矿产资源安全的压力。据中国地质科学院全球金属矿产资源战略研究中心“未来 20 年中国金属矿产资源的需求与安全供应问题”的报告，今后 20 年，中国对铜、铝等金属矿产资源的累计需求总量至少是目前金属矿产资源储量的 2～5 倍。未来 20 年，铜的缺口总量将超过 5 000 万 t，精炼铝缺口 1 亿 t，甚至目前供应较丰富的煤炭也将出现短缺。

在技术不变的条件下，投资和劳动力只有通过全新组合或追加的方式来推进经济发展，而投资和劳动力总量的增加，在全社会范围内又是极为有限的，这就会造成经济发展由于生产要素稀缺造成的瓶颈制约，技术创新则可以为资本和劳动力提供更为有利的投资出路，提高生产要素的使用效率，实现集约式经济增长，从根本上改善金属矿产资源供需状况。

（二）中国金属矿产资源供给分析

金属矿产资源供给的影响因素需要分两个方面：一是国内金属矿产资源供给；二是国外金属矿产资源的获取。

1.国内金属矿产资源供给

国内金属矿产资源供给意味着对国内自有金属矿产资源的开发和利用，一个国家为了获得经济建设和社会发展所需要的金属矿产资源，对国内金属矿产资源储量进行开发和利用是最为直接的一种方式。但是开发利用国内金属矿产资源要受到国内金属矿产资源的可供性、利用水平、储备的制约和影响。

国内金属矿产资源可供性主要有金属矿产资源禀赋条件、金属矿产资源勘查开发水平两个因素。金属矿产资源禀赋是金属矿产资源本身所固有的自然特征，是国内金属矿产资源可得性的根本，包括金属矿产资源储量规模、金属矿产种类及质量、金属矿产资源的聚集程度、金属矿产资源的开采条件、选冶加工条件及金属矿产资源的配套程度等因素。金属矿产资源禀赋直接决定了国内金属矿产资源可得性的程度。金属矿产资源的禀赋将直接影响国内金属矿产资源的可供给量。金属矿产资源勘查开发水平是将国内固有金属矿产资源转化为现实金属矿产品的能力。显然，金属矿产资源勘查开发水平越高，就意味着能够增加金属矿产资源的可采储量，能够提供越多的现实金属矿产品，反之即使国内金属矿产资源禀赋再好也无法变成现实的矿产品，对国内金属矿产资源供给量也没有任何贡献。

国内金属矿产资源的开发利用水平包括金属矿产资源综合利用水平、金属矿产资源利用效率以及非传统金属矿产资源和替代资源的开发利用水平等因素。金属矿产资源综合利用水平高，金属矿产资源利用效率高，就能够增加金属矿产资源利用程度和效率；非传统金属矿产资源开发利用水平高，金属矿产资源替代资源开发种类多、数量大，将会极大地增加国内金属矿产资源的可供给量。

国内金属矿产资源储备是一种国家安全保障战略储备，其目的是为了保障国家安全和经济安全。金属矿产资源的持续、有效供给会受到诸多因素限制，政治因素、经济因素、投机因素等都会影响金属矿产资源的持续性供给。而金属矿产资源储备就是为了应对意外情况下的金属矿产资源供给中断（或者其价格居高不下）而采用的一种应急手段。当然，金属矿产资源储备种类和数量将直接决定金属矿产资源储备对其可供给的影响程度。

2.国外金属矿产资源获取

国外金属矿产资源的获取意味着利用本国之外的金属矿产资源来弥补国内金属矿产资源供给量的不足。随着全球经济一体化的推进，合理利用全球金属矿产资源配置，实施全球金属矿产战略，获取国外金属矿产资源，可以有效提高国内金属矿产资源的供给量，从而提高国家金属矿产资源安全的保障程度。国外金属矿产资源的获取将受国外金属矿产资源可得性、国外金属矿产资源运输和金属矿产资源价格三个主要因素的影响。

国外金属矿产资源可供性主要包括目标地金属矿产资源可得性、目标地集中度、国家资源外交能力和金属矿产资源企业的竞争能力几个因素。目标地金属矿产资源可得性是指目标地的金属矿产资源禀赋和所在国家及地区的政治局势。目标资源地的金属矿产资源禀赋是外部金属矿产资源可得性的前提，如果目标地本身金属矿产资源匮乏，那就谈不上开发利用的问题了；政治局势是目标地金属矿产资源可得性的外部保证条件，政局稳定显然有助于对目标地金属矿产资源的开发和利用。目标地集中度是衡量金属矿产资源供应来源多元化的一个指标，是减小获取外部金属矿产资源脆弱性的一个保证，是分散供给风险、保证供给安全的重要举措。目标地集中度低将有助于提高外部金属矿产资源获取的可靠性和安全性。国家金属矿产资源外交能力主要与国家的综合国力以及与金属矿产资源地国家的政治关系密切相关。通常来说，一国的综合国力强、与金属矿产资源地国家良好的政治关系会有助于从金属矿产资源地获得更多的金属矿产资源。金属矿产资源企业竞争力主要包括金属矿产资源企业技术水平、企业规模、企业资金规模和企业竞争策略四个因素。

国外金属矿产资源运输因素包括金属矿产资源运输方式、路线、距离以及对运输路线的军事控制与保障能力。在国外取得了金属矿产资源之后，采用何种方式运输，走什么线路运输，运输距离的远近，对运输线路的军事控制和保障能力如何，以及与金属矿产资源运输路线所经过的国家或地区的政治关系如何等，是决定能否安全将国外金属矿产资源运抵国内的重要影响因素。

国外金属矿产资源价格因素是一国能否经济地获取外部金属矿产资源的重要影响因素，金属矿产资源供给的经济性也正是金属矿产资源安全的本质特征之一。为了能以合理的价格从金属矿产资源地或者金属矿产品贸易市场获取足够的金属矿产资源，就有必要提高国家(企业)对目标金属矿产资源价格的影响和控制能力，对于从金属矿产资源贸易市场购买产品来说，金属矿产资源价格谈判的能力和策略也至关重要。

3. 中国金属矿产资源的可供性

对于不同矿产，矿产资源可得性不尽相同。

铁矿。世界铁矿石资源丰富，2000 年铁矿石世界储量为 1 400 亿 t，基础储量为 3 000 亿 t，现有储量可满足世界上百年的需求。全球铁矿石资源可供中国进口的机会较多，特别是中国周边及亚太国家。铁矿石也是中国最早到海外经营金属矿业的矿种。1999 年中国铁矿进口量占国内铁矿消费量的 30%以上(按含铁量)，占世界铁矿石总进口量的 11.6%。可供铁矿石贸易和投资的国家主要有澳大利亚、秘鲁、巴西、委内瑞拉、印度、乌克兰、俄罗斯等。目前，中国在澳大利亚、秘鲁、巴西等国都有成功的铁矿石合作开发项目，为中国铁矿石的供应提供了较为有利的保障。

锰矿。世界锰矿储量极其丰富，2000 年世界陆地锰矿储量为 6.6 亿 t(金属)，基础储量 50 亿 t(金属)，保障程度较高，但金属矿产资源相对集中在少数几个国家(特别是富锰矿产资源)。全球锰矿产资源对中国的可供性较高。近年来，中国优质富锰矿产资源的进口量增长迅速，由 1990 年的 36.7 万 t 增加到 2000 年的 126.4 万 t，成为世界最大的富锰矿进口国。同期，中国成为最大锰系合金生产国之一，特别是国内出口的硅锰对国际贸易市场冲击很大，已成为许多国家实施反倾销制裁的重点，由此引起全球最大的锰矿生产商限制向中国出口锰矿石。由于未来中国钢铁工业处于结构调整时期，对锰矿的需求也将会保持现有水平，而其他方面对锰的需求则将会增长迅速，特别是电池生产。可供中国进行锰矿资源贸易和投资的国家主要有南非、澳大利亚、加蓬、加纳、格鲁吉亚等。

铬矿。世界铬铁矿资源极其丰富，2000 年世界储量 36 亿 t(金属)，对世界的可供性非常高。但铬铁矿资源分布极不平衡，绝大部分铬铁矿资源分布在东半球，而且主要集中在南部非洲，尤其是集中在南非和津巴布韦。南部非洲的铬矿储量占世界总储量的 92%以上。随着中国未来 20 年对不锈钢需求的迅猛增长，中国对铬铁矿及铬铁合金的需求将会逐渐增长。

2000年中国进口铬铁矿砂为111.8万t，占中国消费量的80%以上。在未来的经济发展中，一些富藏铬铁矿资源的国家特别是南非、印度为维护自己的优势，都将限制高品位铬铁矿出口，而以出口铬铁合金为主。为此，中国将相应地调整国内经济结构，尽可能扩大铬铁合金的利用，满足国内需求，并尽量与这些国家开展广泛合作，来保证国际铬铁矿资源对中国的可供性。未来中国还可选择在哈萨克斯坦、津巴布韦、印度、巴基斯坦等国进行铬矿的贸易和投资。

铜矿。2000年世界铜矿储量为3.36亿t，基础储量为6.5亿t，完全可以满足2020年前世界经济发展的需求。1999年中国铜精矿进口量占世界铜精矿贸易量的18%，其中1/3的贸易量来自于蒙古，各类铜矿产品进口量占世界相应贸易总量的7.8%。可供中国从国际市场购买的铜矿产品数量较为充足；可供中国购买铜矿产品的周边国家主要有蒙古、哈萨克斯坦和印度尼西亚，其他国家主要有澳大利亚、巴布亚新几内亚、智利、赞比亚、波兰和俄罗斯等；可供中国投资铜矿的重点国家主要有赞比亚、哈萨克斯坦、蒙古、秘鲁、菲律宾、澳大利亚等。

铅锌矿。全球铅锌矿资源非常丰富。根据美国地调局统计，2000年，世界铅储量为65 400万t，基础储量1.5万t；锌储量为1.5亿t，基础储量4.5亿t：完全可以满足2020年世界经济发展的基本要求。1999年世界矿山铅产量300万t，矿山锌产量800万t，分别占总产能的65.1%和93.25%。这表明现有铅矿山的开工率较低，仍有较大的供给潜力，而锌矿山的开工率则较高。在未来发展中，由于中国巨大的铅锌矿冶炼能力，使得铅锌矿山的生产能力难以满足冶炼能力的需要，所以铅锌精矿的进口将会长期存在，而且进口量也有进一步扩大的趋势。从世界铅锌矿的储量、生产和贸易情况看，世界铅锌矿完全可以满足中国经济发展的需求。可供中国的国家主要有澳大利亚、加拿大、秘鲁、墨西哥、哈萨克斯坦、伊朗等。

铝土矿。世界铝土矿资源极其丰富，储量巨大，估计全球铝土矿资源量在550亿～750亿t。铝土矿生产主要集中在几个大型公司，其中主要是澳大利亚、几内亚、巴西和牙买加等国。目前，世界氧化铝的生产能力过剩，贸易量充分，而且主要以长期合同进行贸易，所以在贸易上对中国的氧化铝是可供的。中国1999年铝土矿产品进口量占世界铝进口总量的3.8%。中国相关公司与美国氧化铝生产公司Alcoa签订了为期35年的铝土矿购货合同，每年进口40万t氧化铝。

镍。世界镍矿资源分布广泛且相对均衡，有20多个国家发现具有工业价值的矿床。2000年储量为5 800万t(金属)，基础储量16 000万t(金属)。目前世界镍矿开采能力远远大于消费。镍在世界贸易中多采用与生产厂家订货的方式进行，1999年交易所的贸易量仅占世界镍消费总量的12.8%。世界镍矿资源对中国的可供性较高，可供中国贸易和投资的国家有澳大利亚、印度尼西亚、菲律宾、加拿大、新喀里多尼亚、哥伦比亚、巴西、古巴等。

钴矿。世界钴矿资源保障程度较高。以2002年储量和产量计，钴矿储量静态可供年限为160年。2010年，中国国内市场原生钴产量约为3.4万t，加上回收、进口的钴盐和金属钴等，总体钴供应非常充足，约为4.1万t。中国对钴矿的进口逐年增加，从20世纪90年代起，钴完全自由市场化，使之对中国的可供程度提高。可供中国进行钴矿贸易和投资的国家主要有印度尼西亚、菲律宾、澳大利亚、古巴、加拿大、俄罗斯、刚果(金)以及赞比亚等国。据中国海关统计，2010年中国进口钴矿实物量约为35万t，创历史新高。

钾矿。2000年世界钾盐矿储量为84亿t，其基础储量170亿t，世界钾盐矿资源对未来需求的可供性较高，是大宗矿产中可供程度最高的金属矿种之一。1999 年，中国进口钾肥 539 万 t，对进口的依赖程度约为 49%。未来 20 年通过国内开发利用、国外风险开发、进口等途径，可保证中国钾矿的需求。目前，中国周边的泰国、老挝、俄罗斯、乌兹别克斯坦、土库曼斯坦等国钾矿资源十分丰富，地质工作程度也相对较低，可作为中国合作勘查开发并建立长期稳定供矿基地的选择目标。

（三）中国金属矿产资源的需求分析

1. 影响金属矿产资源需求的因素

金属矿产资源需求影响因素主要有两个方面：一是国内金属矿产资源需求的增长；二是金属矿产资源需求结构的变化趋势。

国内金属矿产资源需求的增长主要与国家经济增长速度有关，一个国家经济增长速度越快，对金属矿产资源的需求量就越大。当然，经济增长与金属矿产资源需求的相关性，还与国家经济增长的方式以及国家经济发展所处阶段有关。但是经济增长方式和经济发展阶段只会影响金属矿产资源需求的弹性，即经济增长对金属矿产资源需求的强度，而不会改变经济增长与金属矿产资源需求的正相关性，更不会改变经济增长对金属矿产资源存在现实需求的事实。因此，从这层意义上来看，金属矿产资源需求的增长取决于经济增长的速度。

金属矿产资源需求结构的变化趋势主要受以下因素的影响：经济结构（产业结构）、技术对金属矿产资源的替代率、国家宏观政策导向、金属矿产资源消费观念。产业结构对金属矿产资源需求结构以及需求量的影响是非常直接的。金属矿产资源消耗产业在国民经济中所占的比例，直接影响到金属矿产资源的需求强度和需求种类。因此，保障金属矿产资源安全，必须在产业结构（经济结构）的调整上下功夫。技术对金属矿产的替代率，是经济增长中技术贡献率与金属矿产资源贡献率的比值。技术进步是减少金属矿产资源消耗的根本途径，是由粗放型经济增长方式向集约型经济增长方式转变的核心，也是提高经济增长质量的一个主要途径。在金属矿产资源投入有限的情况下，提高技术水平可以通过增加替代金属矿产资源的运用，减少对特定金属矿产资源的需求；可以通过提高金属矿产资源的利用效率，减少金属矿产资源浪费，弥补金属矿产资源供给的不足；可以拓展金属矿产资源储量，增加可再生金属矿产资源量、开发非传统金属矿产资源，等等。国家宏观政策导向与金属矿产资源消费观念也会影响金属矿产资源的需求结构。国家通过制定政策，广泛宣传，引导金属矿产资源消费结构的调整，转变金属矿产资源的消费观念。目前，西方发达国家循环经济、替代资源、可再生资源产业的蓬勃兴起与国家宏观政策的引导是分不开的。

2. 中国金属矿产资源消费现状及趋势分析

金属矿产资源是不可再生的可耗竭资源，是国家的宝贵财富。新中国成立 60 年来开展了大规模矿产地质勘查工作，取得了巨大成就，现已发现的矿产有 171 种，探明资源储量的矿产有 158 种，其中金属矿产 54 种，非金属矿产 91 种，水气矿产 3 种，探明储量潜在价值仅次于美国和俄罗斯，居世界第三位，是世界上金属矿产资源最丰富、矿种齐全配套的少数几个国家之一。金属矿产是中国矿产资源的重要组成部分。由于金属矿物在一次资源消费中占有主导地位，对国民经济和社会发展有特别重要的战略意义。

中国虽然金属矿产资源丰富，但人均占有量仅为世界人均水平的 58%，且金属矿产资源保有储量严重不足。据测算，45 种主要金属矿产资源中，能保证 2010 年需要的只有 24 种，能保证2020年需要的仅有6种。当前中国金属矿产资源供需矛盾较为突出，金属矿产资源瓶颈已经成为中国经济社会发展中长期存在的问题和深层次矛盾。特别是一些关系国计民生的重要金属矿产资源，如铁、铝等现在已成为我们经济社会发展的一个非常重要的方面。我们在节流的同时，要做好开源工作，这对地质勘查工作提出了新的要求。与此同时，当前中国粗放经济增长方式所造成的金属矿产资源大量消耗和浪费现象还极其严重。例如，中国在一年内创造了占世界4%的国内生产总值，却消耗了全球钢铁总产量的40%。众所周知，金属矿产资源是不可再生的，而现在的这种大量生产、大量消耗、大量浪费的粗放型经济模式，毫无疑问将使中国金属矿产资源供需紧张雪上加霜。

今后一段时期，中国将成为世界重要金属矿产资源消费第一大国。有学者认为，世界150年，美、日、中40年以及包括德、韩和中国台湾在内的6个国家或地区20年来的经济发展与金属矿产资源消费关系的经验模式表明，经济增长与金属矿产资源消费同步增长的趋势一直没有变，这就意味着未来世界经济的发展与快速增长仍需要以大量消费金属矿产资源作为支撑。中国国土资源部发布的《中国矿产资源报告2011》显示，"十一五"期间，我国已成为矿产品生产和消费大国，中国的钢、十种有色金属产量和消费量均居世界第一。以较大的金属矿产消耗支撑了国家快速的经济增长。金属矿产资源储量保证年限锐减，国内供应能力日降，国民经济发展的物质支撑严重不足，所以必须对中国未来一段时间内金属矿产资源需求量进行预测，只有这样才能够做到未雨绸缪。通过对未来中国主要金属矿产资源需求量的预测，可以指导我们更好地平衡国内主要金属矿产品的供应与需求的关系，表10-5列出了中国近些年来主要金属矿产品的需求量情况。

表10-5　近些年来主要金属矿产品的需求量情况　　(单位：万t)

年份	钢	铜	铝
2000	14 617	166	340
2001	17 316	221	369
2002	21 110	273	430
2003	23 194	316	459
2004	24 617	364	483
2005	27 316	415	520
2006	31 110	462	566

数据来源：冯进城(2010)。

表10-6列出了未来几年中国主要金属矿产资源消费量预测值。数据显示，2020年中国钢消费量为2006年的8.03倍，铜消费量为2006年的13.75倍，铝消费量为2006年的5.79倍。到2020年，中国铜可供137万t，铝可供405万t。根据预测结果，如果中国不采取相关保障矿产资源安全的措施，界时铜的缺口将达到6 284万t，铝的缺口将达到3 184万t，中国主要矿产品安全形势不容乐观。矿产作为经济、社会赖以发展的生产要素和原料来源，具有举足轻重的基础地位。到2020年中国工业基本实现工业化，建设现代农业，对各种类矿产资

源的需求出现较大幅度的增长，如不采取切实可行的措施，矿产资源安全势必成为制约中国经济健康、快速发展的阻力。

表 10-6 中国主要金属矿产资源消费量预测 (单位:万 t)

年份	钢	铜	铝
2012	85 577	1 653.8	1 417.5
2013	98 347	1 970.2	1 592.2
2014	112 920	2 342.2	1 788.7
2015	129 470	2 779.9	2 007.9
2016	148 390	3 295.7	2 252.7
2017	169 950	3 901.8	2 525.8
2018	194 480	4 612.9	2 831.2
2019	223 800	5 446	3 171.9
2020	254 100	6 421.6	3 551.6

数据来源：冯进城(2010)。

(四)中国金属矿产资源的进口依赖性

伴随着国内经济的迅速增长，中国主要金属矿产资源的国内供应都出现了不同程度的短缺，而不得不转向国际市场进口。由此问题就随之而来，在国际金属矿产资源市场呈现寡头垄断的格局下，中国如何既能保证国内金属矿产资源的供给，又能为自己争取一个好的贸易条件。为此，我们需要考察中国金属矿产资源进口与世界上主要金属矿产资源出口国之间的依赖关系。

1.国际金属矿产资源市场依赖关系的衡量方法

为了探讨中国在国际经济、政治问题面前可能出现的金属矿产资源供应风险及其大小，我们不仅要考察中国对各种金属矿产资源进口来源地的依赖程度，也要考察这些国家对中国金属矿产资源进口市场的依赖程度。要准确分析国际金属矿产资源贸易中有关各国的相互依赖程度无疑是十分困难的，但如果不确定某种尺度，就无从判断一国或地区对国外或区外金属矿产资源的依赖程度。

一般来说，中国从某国进口的某种金属矿产资源占进口总量的比重越大，对该国的依赖性越强。反过来，如果该国出口总收入中由中国为进口这种金属矿产资源支付的比重越大，该国对中国金属矿产资源市场的依赖性就越强。

如果中国对某国的依赖性较强而该国对中国的依赖性却不强，就表明中国明显依赖该国金属矿产资源的出口。反之，如果中国对某国金属矿产资源依赖不强而该国对中国依赖较强，则说明中国不依赖该国金属矿产资源出口，而该国却依赖中国市场。因此，应综合考察中国从某国进口金属矿产资源的数量占进口总量的比重和中国为进口金属矿产资源而支付的外汇占该国出口总额的比重。此外，如果该国这种金属矿产资源的出口量占世界总出口量的份额低，我们就可以比较容易地从其他国家得到供应，因此，该出口国这种金属矿产资源的出口量占世界总出口量的份额越大，中国对该国该种金属矿产资源出口的依赖性也越强。根据这一逻辑，我们可以按下面四个步骤来估算中国各种金属矿产资源进口对主要进口金属矿产资源来源地的依赖程度。

第一，用中国从一个国家进口的某种金属矿产资源的重量除以中国进口的该种金属矿产资源的总重量，这一数值越高，说明中国对该国该种金属矿产资源的依赖性越强。

第二，用中国为进口这种金属矿产资源所支付的款额除以该出口国出口这种金属矿产资源所获得的总出口收入，这一数值越大，说明该国对中国金属矿产资源进口市场的依赖性越强。

第三，用第一步的得数除以第二步的得数，该数值大，既说明中国依赖该国金属矿产资源的出口，又说明该国金属矿产资源不依赖对中国出口。因此，中国金属矿产资源进口的依赖性更明显。

第四，用卖主的该种金属矿产资源的出口额除以世界该种金属矿产资源的总出口额，然后再把其结果与第三步的结果相乘，通过结合卖主在世界市场上的重要程度进一步综合评估中国金属矿产资源对这一进口来源地的依赖性。

2. 中国金属矿产资源的进口依赖性

由上述计算方法最后得出的系数在一定程度上可以说明中国某种金属矿产资源进口对某一主要出口国的依赖程度。这一系数的大小只表明中国对不同国家金属矿产资源依赖性的相对大小，对其绝对值很难作具体判断。需要注意的是，这一系数没有考虑出口国该种金属矿产资源出口数量占总产量的比重，即没有考虑其国内金属矿产资源生产对世界市场的依赖性，因而忽略了生产者对政府限制出口可能作出的反应。事实上，如果某国某种金属矿产资源的生产主要依赖国际市场，该国政府决不敢轻易限制金属矿产资源出口，否则金属矿产资源生产者将受到极大伤害，反应必然十分激烈。如果该国因此而强烈依赖国际市场，进口国的地位就相应加强，即对该出口国金属矿产资源的依赖性降低。此外，使用这一系数时还要参考有关国家的总体实力和地缘政治关系以及其他因素。不过，尽管有不足之处，这一系数仍然可以作为分析中国金属矿产资源国际贸易依赖程度的参考。

按照上述方法，本节分别计算了中国铁矿、锰矿和铜矿等金属矿产资源的分年度的进口依赖系数。2006 年中国从新西兰、马来西亚进口铁矿石资源，从摩洛哥、马来西亚进口锰矿石资源，从坦桑尼亚、赞比亚进口铜矿石资源最不容易受到伤害；而从澳大利亚进口铁矿石和锰矿石资源、从美国进口铜矿石资源最容易受到打击。

利用表 10－7 的计算结果对铁矿石资源进口的依赖性所作的分析表明，哈萨克斯坦、马来西亚、新西兰、秘鲁、委内瑞拉和越南是中国进口铁矿石资源最不容易受到冲击的市场，而澳大利亚、巴西则是中国进口铁矿石资源最容易遭到供应中断打击的市场。

考察锰矿石资源进口市场的稳定性发现(表 10－8)，如果只考虑贸易因素，澳大利亚、南非、巴西和印度是中国锰矿石资源进口最容易受到冲击的市场，而从印度尼西亚、马来西亚、摩洛哥、菲律宾和泰国等进口锰矿石则最为安全。

对中国铜矿石资源进口依赖关系的分析结果表明(表 10－9)，只从贸易经济的角度看，中国从巴西、蒙古、秘鲁、坦桑尼亚、越南、赞比亚等国进口铜矿石资源最不容易受到打击，而从加拿大、智利、美国、澳大利亚等国进口铜矿石最不牢靠。

表 10－7　中国铁矿进口依存度　　（单位：%）

国家	年份								
	1998	1999	2000	2001	2002	2003	2004	2005	2006
澳大利亚	11.00	12.60	10.90	8.37	7.10	4.81	2.52	2.12	2.20
巴西	11.20	11.84	9.46	6.83	6.14	4.18	2.07	1.61	1.60
加拿大	10.40	19.60	8.95	5.99	4.75	2.66	0.58	0.53	0.644 4
印度	1.00	0.97	1.01	0.86	1.64	1.08	0.85	0.68	0.72
哈萨克斯坦	0.04	0.00	0.02	0.02	0.03	0.04	0.04	0.03	0.03
马来西亚	0.02	0.02	0.01	0.01	0.01	0.00	0.00	0.00	0.00
新西兰	0.01	0.03	0.01	—	—	0.00	0.00	0.00	0.00
秘鲁	0.03	0.03	0.02	0.02	0.02	0.01	0.01	0.01	0.01
瑞典	1.93	—	—	—	0.82	0.59	0.19	—	—
委内瑞拉	0.25	0.22	0.21	0.11	0.08	0.03	0.00	0.00	0.00
越南	—	—	—	0.00	0.00	0.01	0.01	0.00	0.00

资料来源：根据联合国商品贸易统计数据库数据整理；冯进城(2010)。

表 10－8　中国锰矿进口依存度　　（单位：%）

国家	年份								
	1998	1999	2000	2001	2002	2003	2004	2005	2006
澳大利亚	0	0	42.66	66.33	0	0	31.66	46.52	62.51
巴西	97.93	65.86	71.62	63.31	46.98	42.79	18.42	19.35	13.76
加蓬	5.27	4.48	2.89	1.68	1.84	0.1	0.69	1.02	1.54
加纳	—	—	—	—	—	1.34	0.06	0	0.06
印度	0	7.55	15.99	9.18	18.7	12.44	3.7	3.21	3.17
印度尼西亚	1	0	—	0.06	0.02	0.03	0.01	0.1	0.25
日本	0	0	—	0.06	0	0.29	8.37	4.4	0.35
哈萨克斯坦	0	—	—	—	—	—	4.36	3.43	3.32
马来西亚	0	—	—	—	—	—	0.26	0.12	0.0
摩洛哥	—	—	—	—	0.41	—	—	0.02	0.04
菲律宾	—	—	—	—	—	—	0.04	0.14	0.17
南非	—	—	89.38	54.58	43.05	45.48	12.5	13.22	20.83
泰国	—	—	—	—	—	—	0	0.04	0.03
越南	—	—	—	0.12	0.37	1.17	0.73	0.29	0.38

资料来源：根据联合国商品贸易统计数据库数据整理；冯进城(2010)。

表 10 - 9 中国铜矿进口依存度 (单位:%)

国家	年份								
	1998	1999	2000	2001	2002	2003	2004	2005	2006
澳大利亚	16.98	12.70	7.48	6.89	8.15	6.64	3.72	3.23	2.15
巴西	0	—	—	—	—	—	0.57	0.54	0.33
加拿大	23.16	12.95	11.91	11.10	10.60	8.0	14.6	15.30	3.13
智利	8.32	10.05	7.88	6.53	5.83	4.81	5.31	3.64	3.30
印度尼西亚	22.29	20.28	17.26	15.77	12.60	7.20	3.19	3.15	2.23
墨西哥	1.45	—	4.29	1.12	1.30	0.82	0.97	0.31	0.21
蒙古	0.02	0.02	0.02	0.01	0.02	0.01	0.01	0.01	0.01
秘鲁	0.25	0.26	0.19	0.28	0.64	0.38	0.50	0.43	0.38
南非	—	—	0.00	0.06	0.03	0.02	0.06	0.14	0.04
坦桑尼亚	—	0.00	—	—	—	0.00	0.00	0.00	0.00
美国	25.78	—	29.47	12.44	7.39	5.39	4.70	6.20	5.05
越南	—	—	—	0.01	0.01	0.01	0.01	0.01	0.02
赞比亚	—	0.00	0.00	0.00	0.00	0.00	0.00	0.00	0.01

资料来源:根据联合国商品贸易统计数据库数据整理;冯进城(2010)。

第三节 中国金属矿产开发利用战略

根据金属矿产资源的禀赋状况和消耗状况,可以将发达国家分为以下三类:第一类是那些金属矿产资源储有量极为丰富,同时又消耗大量金属矿产资源的国家。总体来说,这些国家的金属矿产资源对外依赖性较强,以美国为代表。第二类是本国金属矿产资源极度匮乏,同时对金属矿产资源的消耗又极大的国家,以日本为代表。最后一类是那些金属矿产资源储有量极为丰富,同时国内对金属矿产资源的消费量并不大的国家,以澳大利亚和加拿大为代表。这些国家的金属矿产资源开发战略为中国矿产资源的开发利用提供了经验借鉴(冯进城,2010)。

一、发达国家金属矿产开发利用战略

(一)美国金属矿产开发利用战略

美国是世界上第一大金属矿产资源大国,且居于世界前列的矿种大多是大宗、支柱性金属矿产。例如,美国的铜、铅、锌、金、银、铂族金属、稀土等金属矿产储量居世界前三位,铁矿石、钨、钒、锂、锆等金属矿产居世界前五位。同时,美国又是世界第一大金属矿产消费国,1999 年美国消费量居世界首位的金属矿种有铜、铅、锡等,居世界第二位的有镍等,居世界第三位的有铁矿石等。美国人口不足世界人口 6%,但铅、镁、铬铁矿、稀土、铝、铜、镍等金属矿产品的年消费量分别占世界总消费量的 35%、13%、19%、45%、30%、21%和 14%。铜、铅、

锌、铝、镍等主要金属矿产，美国每人平均消费量为世界平均水平的4～6倍。

因此，美国更加注重和强调对全球范围金属矿产资源的开发利用，着眼于对全球金属矿产资源的勘查、开发和利用，以保证美国国民经济发展对金属矿产资源的需求。据统计，美国对外有净进口依赖的金属矿产资源共有54种，其中，12种完全依赖进口（如锰、铝土矿和氧化铝、铋、钇等），依赖程度在65%～99%之间的达15种（如铂、钯、锡、锑、钾盐、铬、钨、锌等），依赖程度在21%～60%之间的共11种（如镍、铅等）；依赖程度在13%～18%的共12种。

作为金属矿产资源大国的美国，其金属矿产资源开发利用大致经历了以下发展阶段。

第一阶段：19世纪到20世纪初。在19世纪，美国为了满足本国经济发展需要就开始到海外进行金属矿产资源的勘查和开发利用，受当时运输条件等因素制约，其金属矿产勘查和开发利用活动主要集中在其近邻国家。20世纪前期，美国凭借其技术革命成果，在大力开发利用本国铜等金属矿产资源的同时，逐步控制了智利的铜矿山，苏里南和圭亚那的铝土矿矿山以及加拿大萨得伯里的镍矿山，后来还在一定程度上控制了非洲等地区的金属矿产资源，从而在根本上保证了20世纪初美国实现工业化所必需的铜、铝等战略金属矿产的供应。总之，这一时期美国的势力范围还主要集中在拉美和加拿大等邻近国家，重点开发利用的矿种则主要为铜、铝和镍等。

第二阶段：第一次世界大战后到第二次世界大战前。第一次世界大战后的1919—1928年间，美国继续加大海外的金属矿业投资，金属矿业投资总额从8.76亿美元上升到12.27亿美元。与此同时，美国的势力范围除继续关注拉美和加拿大外，还积极向非洲和远东地区渗透，其重点开发利用的金属矿种除铜、铝和镍外，还包括钨、铁矿石等。

第三阶段："二战"后到"冷战"结束前。1947—1948年间美国的工业产值已经达到资本主义世界总量的64.62%，其主要金属矿产量已占全世界的50%，成为名副其实的金属矿产超级大国。但其国内金属矿产资源的日益短缺和环境污染的日趋严重，使得美国加大了对国外金属矿产资源的开发利用。到20世纪70年代初，美国的垄断资本在非洲控制了扎伊尔[即刚果（金）]95%的钴、50%的锂；控制了委内瑞拉全部的铁矿石；控制了拉丁美洲60%的铝土矿、67%的铁矿石、50%的锰和锌、45%的铅；控制了澳大利亚的铁矿石、锰矿石、铜、铀等金属矿产资源。这一阶段，美国在继续立足于拉美和加拿大的基础上，一是进军澳大利亚，将澳大利亚的铁矿石、富锰、铀、铜、铅、锌等纳入其势力范围，二是进入中东、近东和北非，控制西方国家金属矿产资源储量。开发利用的重点也发生了明显的变化，那就是铀、铁矿石、富锰、铬铁矿、钴、铂族金属等受到特别重视，此外，继续关注铜、铅、镍、钨等金属矿产资源。

第四阶段："冷战"后到目前。"冷战"后，美国的跨国矿业公司向国外投资迅猛增长，特别是在世界上的发展中国家投资金属矿产勘查和开发利用的活动日益增多。例如，在固体金属矿产勘查方面，1999年美国公司70%的金矿勘查工作在海外，2001年为75%；美国铝公司在澳大利亚、巴西、几内亚、苏里南和牙买加从事铝土矿等金属矿产资源的开发利用。总之，这一阶段，美国充分利用世界经济和金属矿业全球化的趋势，继续加强对加拿大和墨西哥金属矿产资源的控制，同时还与加拿大公司携手建立拉美金属矿产资源供应基地，通过政治、经济、外交行动促使南非等盛产铬铁矿、锰、铂族金属、金等重要金属矿产的国家重新"回到自由世界怀抱"，渗透俄罗斯等前苏联国家。在具体矿种方面，逐渐将金、铜及贱金属列为重点。

通过对美国金属矿产资源开发利用战略的研究，我们发现，美国金属矿产资源开发利用战略的主要特点是，在国家层次上全盘考虑全球金属矿产战略问题，并将其作为国家全球战略的一个重要组成部分；依托其超级大国的地位，实施其金属矿产资源大国战略，利用其突出的综合实力和科学技术优势，在政治、经济和技术上开展全方位的“金属矿产资源外交”；利用经济和技术手段，为美国跨国金属矿业公司打开通道，打开市场，为其跨国公司的投资创造良好的市场环境和政策环境，并为其跨国公司的投资和经营决策提供充分的信息服务；通过跨国金属矿业公司在世界范围内对矿业权市场的角逐，对主要金属矿产资源国的金属矿产资源进行强有力的资本及技术控制。

（二）日本金属矿产开发利用战略

作为一个岛国，日本的金属矿产资源极为匮乏。按照日本通产省资源厅数据，日本仅有9种金属矿产资源，除硅砂等非金属矿产资源储量较大外，其余重要金属矿产资源储量均较少。尽管其本国几乎无金属矿产资源，但作为经济强国，日本金属矿产品的需求量均居世界前列。如，金属矿产位居第二，铜、铅、锌、铝、镍等金属矿产的需求量占全球的比例分别为9.7%、7.1%、9%、11%和17%。可以说，日本主要依赖进口金属矿产资源以维持其经济的正常运转，其中铁矿石、锰矿石、镍、铜、铅、锌、铬铁矿、贵金属、稀土、钛铁矿和金红石、钴、铝、镉、镓、锆以及金刚石、萤石、钾盐、磷等非金属矿产都是世界第一大或第二大进口国。因此，日本的金属矿产资源开发利用战略只能通过对全球范围金属矿产资源的开发利用，着眼于对全球金属矿产资源的勘查、开发和利用，以保证其国民经济发展对金属矿产资源的需求。

日本实施全球金属矿产资源开发利用战略的主要措施是：政府、企业、事业单位共同努力，各自发挥自己的作用并加强三者之间的良好互动，建立全球金属矿产资源开发利用系统，培育具有国际竞争力的金属矿业跨国公司，形成一大批海外金属矿产资源基地，确保金属矿产资源的长期、稳定的开发利用。具体包括：

第一，将促进开发利用海外金属矿产资源、保障金属矿产资源的安全供应列为国家矿业政策的首要目标，通过财政、金融、税收等多种手段全方位鼓励矿业公司跨国经营，从政治、外交等不同角度支持和促进在海外建立金属矿产资源开发利用基地。主要采取以下具体措施：建立海外金属矿产资源风险勘查补助金制度；对矿业公司跨国经营给予优惠贷款和贷款担保以及其他融资便利条件；对金属矿业公司跨国经营实行税收优惠；通过“金属矿产资源外交”手段，为企业的金属矿产矿业跨国经营扫清障碍；鼓励金属矿产原矿进口，限制深加工产品进口等。

第二，组建专门机构，包括“金属矿业事业团”（1963年），大力推行“技术援助、经济援助及合作计划”，建立全球金属矿产资源信息网络，为企业的金属矿业跨国经营提供全方位支持。主要采取以下具体措施：建立全球金属矿产资源信息网络，特别是针对金属矿产资源国潜力和金属矿业投资环境的信息，重要勘查开发项目的信息，国际金属矿业走势追踪，跨国金属矿业公司动态分析，金属矿业权市场状况和金属矿产品市场等方面的信息；通过技术合作和经济援助与合作，降低金属矿业企业在海外勘查开发的风险。据不完全统计，日本金属矿业事业团已在40多个国家开展了140多个金属矿产资源调查评价、勘查等方面的技术和经济援助项目；在海外开展金属矿产基础地质调查，承担金属矿产项目前期风险，引导企业选点等。

第三，跨国金属矿业公司通过不同方式参与全球金属矿产资源勘查开发，特别是通过“以协作求发展”的战略，与国际投资机构、有欧美背景的跨国金属矿业公司及资源国公司加强合作，在全球金属矿产资源开发利用中占据有利位置。主要采取以下具体措施：以协作求发展，注意加强与国际性金融机构、有欧美背景的跨国金属矿业公司及金属矿产资源国当地公司合作，通过这种经营战略，不仅进一步熟悉和掌握金属矿业跨国经营的经验，而且增加了金属矿产项目的安全性(例如政治风险等)；对海外有前景的金属矿产地，加强直接投资(股权)，签订长期稳定的开发利用合同；实行财团方式经营；通过金属矿产战略联盟、联合金属矿产经营协议、选择权协议等，积极角逐金属矿业权市场。

可见，日本政府通过强有力的扶持政策，形成了政府、社会和企业三者之间的良好互动，使日本实现了通过全球金属矿产资源的开发利用保证本国经济社会可持续发展的目的。

(三)澳大利亚金属矿产开发利用战略

澳大利亚的金属矿产资源极为丰富，是西方发达国家中仅次于美国、加拿大的第三大金属矿产国。拥有的金属矿产主要包括铁矿石、铝矾土矿、铜矿、铅矿、锌矿、镍矿、金矿、银矿、锡矿、锰矿、钨矿和金红石矿、锆石矿、独居石矿等稀土矿砂。在已探明的金属矿产储量中，澳大利亚的多种金属矿产资源居世界前五位，其中，铀矿、铁矿、铅矿、锌矿、金红石矿、钛铁矿、钽矿和镉矿居世界首位；铝土矿、金刚石矿、铋矿、锆矿和铪矿居世界次席；钴矿居世界第三；稀土居世界第四；金矿、银矿、锂矿、锰矿、钒矿和镍矿居世界第五。

作为金属矿产资源大国的澳大利亚，其金属矿产资源开发利用大致经历了三个发展时期。

第一时期大约在20世纪60年代末至70年代初。这一阶段，澳大利亚发现了许多重要金属矿床，又恰逢世界市场对金属矿物原料需求增长的有利时机，澳大利亚加速引进国外资本和先进技术，加大开发利用本国的铁矿和铝土矿的力度，从而使得澳大利亚成为世界上铁矿、铝土矿和氧化铝的最大生产国和出口国之一。例如，1964年铁矿石产量只有687万t，3年后则迅速增加到2 000万t；1984—1985年度，铁矿石产量已达9 112万t，出口量为9 017万t；铝土矿的年产量也随世界市场需求而成倍增长，如1964年产量大概有40万t，但到1979—1980年度，铝土矿年产量则达到2 785万t，约占世界总产量的41%。可以说，这一阶段的澳大利亚金属矿产资源开发利用战略以世界市场需求为导向，处于加速开发利用本国金属矿产资源的原始阶段。

第二时期是20世纪70年代末至80年代初。针对能源危机后西方国家开始重新重视金属矿产，并减少或转移高耗能工业的新形势，澳大利亚大力开发金属矿产，大力发展耗能大的炼铝工业。充足廉价的能源和丰富的铝土矿相结合，为澳大利亚的铝矿冶炼提供了极为有利的条件，使得澳大利亚精炼铝的产量不断增长。1983—1986年度为42万t，1993—1994年度增加到76万t，到1999年铝产量达183. 39万t，出口量达146.76万t，成为继俄罗斯、加拿大之后的世界第三大电解铝出口国。由此，一个以能源矿产开发和铝土矿开采、冶炼为重点的金属矿产资源发展战略，成为"第二次金属矿业景气"的主要内容。可见，这一时期的澳大利亚金属矿产资源开发利用战略，还是继续以世界金属矿产资源市场需求为导向，不断调整本国金属矿产资源的产业结构，提高金属矿产品的附加价值，实现金属矿产资源的最佳开发利用。

第三时期是20世纪90年代初至今。澳大利亚在逐步放宽吸引外资的政策，以便更有效地对本国金属矿产资源进行开发利用的同时，还加速了对其他国家金属矿产资源的勘探开发。有关资料显示，设在全球67个国家、在90多个国家进行金属矿产资源勘查开发的全世界3 400家矿业公司(包括有色金属、贵金属、金刚石、高价值工业金属矿产)中澳大利亚公司数量占7.9%，位列加拿大(38%)和美国(19%)之后。

通过对澳大利亚金属矿产资源开发利用不同发展阶段的分析，我们可以得出如下结论。

第一，不论任何发展阶段，都十分重视金属矿产勘查，以增加金属矿产资源开发利用的总量，尤其是最近20多年，澳大利亚成为世界上金属矿产资源勘查费用投入最多的国家，使得新金属矿产矿床不断被发现，金属矿产资源储量大幅增加。1989年到1999年，澳大利亚对其金属矿产资源勘查的投资约154亿澳元，同时期所发现的地下金属矿产资源价值高达2 134亿澳元。20世纪90年代以来，澳大利亚的金属矿产资源勘查费用稳步上升，十年就翻了一番。

第二，金属矿产资源的开发利用一直以世界金属矿产资源市场需求为导向，市场需要什么金属矿产资源，政府就去主动开发利用该种金属矿产资源，即金属矿产资源的开发利用重点随金属矿产资源市场变化而变化。

第三，通过调整金属矿产资源的产业结构，提高金属矿产品的附加价值，努力实现金属矿产资源的最佳开发利用和利润的最大化。

第四，金属矿产资源的开发利用逐渐从以本国金属矿产资源开发利用为主的模式，转向全球范围内寻求金属矿产资源并加以开发利用的模式。

第五，在全球化的趋势影响下，为实现金属矿产资源储量的增加，更好利用国外先进技术和经验，实现最佳的金属矿产资源开发利用，澳大利亚政府希望更多地引进国际长期性开发资本，重点是发展出口外向型金属矿产企业，以提高本国金属矿产企业国际竞争力和为本国创造就业机会，由此放宽了对外国资本的限制，并逐步实行外国投资在金属矿产资源领域的自由化政策。

除了上述的金属矿产资源开发利用战略之外，发达金属矿业大国还无一例外地选择了对重要金属矿产资源进行战略储备。据调查，目前以下几个国家制定了较为完善的金属矿产战略储备制度，他们是美国、日本、法国、德国、瑞典、瑞士、挪威、芬兰、英国、韩国。除这10个发达国家外，一些发展中国家也建立有不同形式的金属矿产资源储备制度。但从另一方面看，世界金属矿产资源分布极为不均衡。据2005年统计数字，在40个主要矿种中，13种金属矿产全球储量的50%以上集中在4个国家，在30多种主要金属矿产中，储量排在前3位的国家，其总储量和占全世界总储量的比例为30.7%～99.5%，前5个国家的储量所占比例为45.8%～100%。储量的不均衡性决定了世界上没有一个国家的金属矿产资源可以实现自给自足。因此金属矿产资源消费大国建立金属矿产资源战略储备是其必然选择，实质上也是其金属矿产资源全球战略的一个必要组成部分，其根本目的就在于保障国家金属矿产资源供应安全。

二、中国金属矿产开发利用问题

中国金属矿产资源开发利用的总体概况，一是金属矿产储量的最终开采利用率极低。根据统计，我国3 498个金属矿山的金属矿产资源总回收率比发达国家要低15%～25%，仅有色金属矿山每年因开采利用率低就损失有色金属近21万t。二是金属矿产资源综合利用率低。我国金属矿产资源成分极其复杂，伴生有大量有益的组分，但在开采和冶炼过程中，伴生组分大多被当做废物遗弃。而遗弃的伴生组分或金属矿物的价值往往高于金属主矿好几倍。据统计，1 845个应进行金属矿产资源综合利用的矿山中，只有2%的金属矿山综合利用率在70%以上，而75%的金属矿山综合利用率不到2.8%。

(一)共、伴生金属矿产综合开发利用

中国在已开发利用的金属矿产资源中，部分或者全部来源于共、伴生金属矿产约占总数的72.6%，占总数1/4的共、伴生金属矿产被综合开发利用，综合利用率接近18%，金属矿产资源的总回收率大约为20%。其中，攀枝花钒钛磁铁矿、金川多金属共生矿、包头白云鄂博多金属共生及稀土矿等六大共、伴生金属矿的矿产资源综合开发利用情况较好。如攀枝花钒钛磁铁矿可以将其铁精矿的品位提高至53%，回收率可以达到73.8%；钒的回收率为80%～90%；钛矿则可从选铁尾矿中回收钛铁矿石，经冶炼、加工后制取钛白粉、海绵钛，并能从中回收钴、镍等金属矿产。

相比之下，国外共、伴生矿综合利用率和回收率则均在50%以上，中国与国外的差距分别为25%和30%。在金属矿产品种上，中国综合利用的金属矿种只占可以开展综合利用金属矿种总数的25%左右。在金属矿产数量上，铜铅锌矿产伴生金属冶炼回收率平均只有50%左右，而发达国家平均水平在80%以上，差30%；中国伴生金的选矿回收率一般只有50%～60%，伴生银的选矿回收率也只有60%～70%，均落后国外先进水平约10%。

(二)金属矿产工业固体废弃物综合利用

据统计资料，1996年全国金属矿产工业固体废弃物综合利用率达43.0%，全国金属矿产工业固体废弃物综合利用量28 364万t。其中，冶炼金属矿产废渣利用量5 605万t，利用率达85.7%；粉煤灰利用量为5 560万t，利用率达48.9%；煤矸石利用量6 500万t，利用率为39%；炉渣利用量为5 754万t，利用率达72.9%。

与国外相比，中国金属矿产尾矿的综合利用率仅有8.4%，与国外综合利用率为70%的先进水平相距很远；中国钢铁工业中的含铁尘泥平均回收利用率大约为89.5%，而日本该数字则是95%；高炉渣利用率我国是92%，日本为100%；钢渣利用率我国是79.4%，日本则达到了89.9%。

(三)主要金属矿产资源的开发利用

中国国土资源部曾组织相关单位对与中国国民经济和社会发展关系较为密切的金属矿产，包括铁、锰、铬、铜、铅、锌、钨、锡、锑、铝、镍、黄金等矿种，进行了一次大规模的系统抽样调查。这次调查结果，既为我们科学地认识中国金属矿产资源开发利用现状和存在的主要问题奠定了良好的基础，也为制定合理的开发利用政策，以推动中国金属矿产资源开发利用整体水平的提高，以及实施可持续发展金属矿产利用战略铺垫了必要的技术条件。调查显示，中国上述金属矿种中的多数金属矿产资源的开发利用水平比1990年和1995年有极为明显的提高。各主要金属矿种的开发利用水平具体如下。

铁矿：中国铁矿资源储量丰富，但多为低品位矿，共、伴生组分较多，平均品位只有43%，与澳大利亚、巴西、南非、印度的富矿相比，缺乏成本竞争优势。由于钢铁工业的发展和成本劣势，中国进口的高品位铁矿石总量逐年增加，导致近年国内低品位矿产量有所减少。1999年铁矿石产量为2.372亿t。1999年的“三率”指标较1991年好，但比1995年稍差，主要原因可能是随着铁矿资源的逐年开采，易采矿石逐渐减少，逐步转入深凹或地下开采，使开采回采率和采矿贫化率指标变差，但选矿回收率基本维持在1995年水平。

有色金属矿：调查的10种主要有色金属矿种铜、铅、锌、钨、锡、铝、镍、锑、镁、钛是中国有色金属的大宗矿产，且在世界上具有优势。其中，产量占世界第一位的有钨、锑，占世界第二位的有锡，进口量较大的大宗有色金属矿产是铜和氧化铝。我国矿产管理部门抽样调查的结果表明，近年来我国有色金属矿山开采回采率、选矿回收率、采选综合回收率、采选冶综合回收率都有显著提高。

硫铁矿：中国硫铁矿储量丰富，居世界第五位，是世界上主要以开采硫铁矿获得硫资源的国家，开采量位居世界第一。2011 年，中国硫铁矿石的产量达 1 583.76 万 t，同比增长 8.73%。在产量增长的同时，由于技术进步，我国硫铁矿资源的回采率、选矿回收率都有所提高，贫化率不断降低。

黄金：1997 年以后，由于对黄金勘查、黄金科技的重视（中国固体矿产的勘查费用半数投向黄金），使得中国黄金储量迅速增长，保有储量由 1978 年的 1 325.1t 增加到 2011 年的 6 328.6t。1978 年，中国黄金产量仅为 19.67t，2007 年达到 270.5t，首次超过南非，成为全球第一产金大国。2010 年中国黄金产量达 340.88t。

三、中国金属矿产开发利用战略

从对世界主要国家金属矿产资源开发利用战略分析来看，先进国家的经验主要包括以下几个方面。第一，加强对国家金属矿产资源的宏观管理；第二，加强金属矿业权管理；第三，提高金属矿产品出口附加值，增强出口竞争力；第四，发展金属矿产技术，提高金属矿产储量、产量；第五，加强金属矿产地建设。在综合分析发达国家金属矿产资源开发利用先进经验的基础上，结合中国金属矿产资源开发利用现状，中国金属矿产资源开发利用战略要继续突出资源储备、境外开发、科技发展与循环经济等战略。

（一）储备战略

金属矿产资源的长期、稳定、安全供应是任何一个国家的政府都必须优先考虑的问题，落实国民经济长期、稳定、安全运行的矿产资源保障是一项艰巨的任务。已有的研究显示，到 2020 年，我国金属产品的消费量预计要超过美国，由金属矿产品第三消费国而成为金属矿产品第一消费国。矿产品的供应，金属矿产资源的供应一旦出现大问题，经济就会受到极大影响。中国必须居安思危，把矿产资源尤其是金属矿产资源的储备问题放到重要的地位，这是可持续发展战略的要求，是关系到中国第三步战略目标能否实现的问题。因此，当务之急是要从社会主义市场经济的角度，从改革开放的角度，从利用全球资源角度，从可持续发展的角度来认识和研究中国金属矿产资源储备问题。从战略储备的需要、经济安全保障储备的需要和市场安全储备的需要出发，建立中国金属矿产资源储备体系和管理体系。

（二）境外开发战略

一国在全球政治中的胜负兴衰，不单纯地决定于它所表现出的经济财富总量，而且决定于能否保证这些财富不断得以产出从而使生产稳定、持续、健康发展的资源占有量；决定于海外资源供应线路的安全与否。到国外进行矿产资源的勘探开发和利用，建立一套行之有效的全球资源供应保障体系，是保证中国国民经济健康快速发展的必然选择。

中国开发利用海外金属矿产资源是一项系统工程，相当复杂而又极端重要，必须坚持“谋发展、求互利、促多元”的原则。同时，应当充分发挥各相关主体的作用，形成合力，取得最佳效益。在境外资源开发利用战略中，政府起着非常关键的主导作用，要特别注重宏观环境的改善。首先，制定相应的产业、税收和技术政策，鼓励境外资源开发利用。其次，积极推动多、双边的合作谈判，在国家外交战略中进一步突出资源外交的地位，从更高层次上为“走出去”提供更为有利的条件和环境。第三，完善金融服务体系，建立与国际接轨的有效的矿业投资、融资机制，制定相应的优惠政策；建立国外矿产资源风险勘查专项基金，对符合国家产业政策的境外勘探项目给予一定比例的补贴等。最后，要对具体项目进行支持(王玉梁，2006)。

（三）科技发展战略

科技进步推动人类文明不断向前发展，金属矿产资源作为构成整个人类经济活动的物质基础，它的勘查开发和开采利用的每一环节都离不开科学技术的支持与指导。现代科学技术的进步主导着金属矿产资源的勘查供应，由此也决定着地矿产业的可持续发展。反之，地矿产业的兴旺发达也推动科学技术的不断进步。同时也促进传统经济向循环经济的过渡，使传统的粗放型资源开发方式转变为生态经济下的集约型资源开发方式，从而实现新世纪绿色矿业的崛起以及矿业文明与循环型矿业经济的振兴，并进一步从根本上推进中国的可持续发展(王瑞廷、余岳峰、任小华，2008)。

金属矿产资源开发利用必须依靠科学技术进步。要加大科技投入，积极研究新技术，应用新工艺，开发新设备，为矿山企业调整经济结构，改变经济增长方式，实现集约型矿业经济发展提供技术支撑。国家要加快金属矿产资源开发利用高效研发中心的建立，组织重大示范项目，以解决经济发展中的共性和关键技术为重点。选择具有标志性目标和有广泛推广前景的先进适用技术，组织实施一批重大示范工程，加快先进适用技术的推广。在国家各类基础研究基金、国家科技攻关等资助项目中加大对金属矿产资源开发研究经费的投入。在国民经济仍快速增长的形势下，加大科技投入，更加依靠科技创新、体制创新和经济转型，树立整体资源观，切实加强金属矿产资源的勘查开发、综合利用与节约保护，是实现中国可持续发展的关键，需要全社会的共同关注与行动。

（四）循环经济战略

发展循环经济已成为中国国民经济发展的一项基本国策。作为国民经济发展基础原料的金属矿产资源不仅严重短缺，而且矿山开发引起的环境污染、固体废弃物等问题突出，作为传统的工业，金属矿产资源开发发展循环经济具有重要的战略意义。

为保证金属矿产资源循环经济的发展，政府要加快制定金属矿产资源开发循环经济评价指标体系，制定复杂难采、难选矿开发的评价标准。同时，制定矿产资源开发固体废物、水污染治理、大气污染治理和土地生态恢复的监督管理条例，明确各种处理应达到的标准要求，处理的技术规范，处理企业的责任、权利以及责权利的监督保障机制，监督部门的权利责任、失职行为的处罚等，使矿产资源开发企业和监管部门的所有行为都置于法律的规范之下。同时，要完善国家对矿产资源综合利用的优惠政策，充分发挥优惠政策的鼓励、引导和扶持作用。研究制定适应新形势的政策体系，包括财政、税收、金融、投资、技术等促进循环经济发展的经济技术政策。

循环经济发展实际上涉及全体公民的利益，因此公众应当是进行资源综合利用、实现循环经济的中坚力量。要普及资源综合利用的科学与法律知识，增强公众合理利用资源的意识和责任感，动员和正确引导公众参与资源综合利用；要提高全社会对资源合理开发和利用重要性的认识，使全民都来理解、支持和自觉参与资源综合利用事业，从而使循环经济步入良性发展的轨道(王运敏，2005)。

本章参考文献

卜善祥. 中国金属矿产资源经济预警研究[D]. 北京:中国地质大学,2000

冯进城. 中国金属矿产资源安全评价[D]. 武汉:中国地质大学(武汉),2010:12-82

国土资源部矿产开发管理司. 中国矿产资源主要矿种开发利用水平与政策建议[M]. 北京:冶金工业出版社,2002

国土资源部信息中心. 世界矿产资源年评:2006—2007[G]. 北京:地质出版社,2008

康静文等. 矿产资源学[M]. 北京:煤炭工业出版社,2002:29-37

马伟东,古德生. 中国有色金属矿产资源安全现状及对策[J]. 矿冶工程,2008,3

沈雷,何贤杰,张新安. 中国金属矿产资源安全战略研究[J]. 矿业研究与开发,2004,(9):6-12

王瑞廷,佘岳峰,任小华. 科技进步与金属矿产资源供应——兼论我国可持续发展的资源基础[J]. 矿产与地质,2008(6):573-574

王玉梁. 境外资源开发利用战略研究[J]. 研究与探索,2006(2):4-7

王运敏. 我国金属矿产资源开发循五经济的发展方向[J]. 金属矿山,2005(9):21-22

朱永峰. 矿产资源经济学[M]. 北京:中国经济出版社,2000:17-19

第十一章　非金属矿产开发利用的经济问题

第一节　非金属矿产开发利用的经济意义

一、非金属矿产在国民经济中的地位

非金属矿产是金属矿产和燃料矿产以外，自然产出的一切可供提取有用非金属元素，或可供选取有某种功能而为人类利用的矿物与岩石，技术经济上有开发利用价值的矿产资源。非金属矿产资源伴随着人类的生存、发展与社会的进步，得到不断的开发与利用。当前，由于科技进步和世界快速兴起的工业化、城市化进程，非金属矿产作为重要的生产原料，已经被广泛运 用到工业、农业、国防、建筑、交通以及美术工艺等众多行业，体现出了重要的经济社会价值。

非金属矿产资源的开发和利用与文明发展和科技进步息息相关。从五六十万年前的北京猿人使用打制石器到5 000多年前仰韶文化时期的磨制石器、陶器和制陶窑场，均已表明人类从诞生开始就已经在使用和加工岩石、黏土等天然非金属物质。随着社会的演进，尤其是18世纪中期开始的以机器生产逐步取代手工劳动、以大规模工厂化生产取代个体工场手工生产为标志的工业革命，推动了采掘、冶金、机械、化工等工业的发展，社会所需要的原料已从石材、珠宝、天然颜料、少量贵金属，快速扩展到多种多样的非金属矿产资源领域。

20世纪50年代以来，世界上已有一些国家非金属矿产的消费和产值超过了金属矿产，有的发达国家甚至超过金属矿产的1～2倍。非金属矿产值与金属矿产值的比例关系，已成为衡量一个国家发达程度的标志之一。近年来，世界非金属矿产的开发利用迅猛发展，非金属矿产及其制品在航天、激光、光导、新能源、高新技术和人们日常生活领域得到了广泛的应用。在中国，随着国家工业化战略的实施，非金属工业在20世纪50年代开始起步发展。然而，由于加工工业落后，非金属矿产开发利用发展比较缓慢。进入20世纪80年代后，许多非金属矿产品在国内外市场获得了巨大的需求，非金属矿工业受到人们的关注。迄今，中国的非金属矿产产值已经接近金属矿产产值，非金属矿产品的国际贸易额长期保持顺差，非金属矿物原料及其制品已成为中国出口创汇的重要商品之一。

世界经济发展的进程是包括非金属矿产在内的各种矿产资源不断投入开发利用并进行产品生产的过程。作为具有特殊性能的生产要素，非金属矿产由于其所具有的不可替代的自然物理属性，已经成为诸多国家矿业发展中新的经济增长点，并在国民经济发展中产生着重要作用。

第一，非金属矿产是形成社会产品的物质基础之一。物质财富是社会财富的基本形式，是人类劳动作用于矿产资源的结果。人类世界已经迅速进入到了信息时代，但创造和积累物质财富的制造业的规模和水平仍然是衡量一个国家综合国力和现代化程度的主要标志。非

金属矿产作为制造业发展的重要原材料来源，对制造业的发展起着重要的支持作用。因此，一定程度上，非金属矿产开发利用的水平决定了社会产品的生产与发展。一个显著的例证：美国的强大依赖于其世界领先的航天器、飞机、船舶和电子信息设备的制造，而这些工业部门除了拥有先进的科学技术支持之外，还依托并消耗了数量巨大、种类繁多、品质优越的各类非金属矿产资源。这些具有很强竞争力的技术密集型的制造业体系，使得美国大规模出口附加值高的制造业产品，在国际分工体系中形成了具有竞争优势的贸易条件。经过了 60 年的建设和发展，特别是改革开放以来的持续快速增长，中国的社会产品的生产尤其是制造业内各项物质产品的生产已经形成了完整的工艺、技术体系，总规模已经进入世界前列，许多工业产品如钢铁、水泥、平板玻璃、彩色电视机、家用电冰箱、各类纺织品及日用轻工业品等已经居世界第一位。非金属矿产作为构成产品的物质要素，对于产品的品质、种类和规模有着重要的影响。

第二，非金属矿产资源已经成为制约产业结构和生产力布局的重要因素。作为矿产资源的重要组成部分，非金属矿产对产业结构产生的制约作用通过矿产资源的结构状况影响和制约具体劳动的结构、规模和产生方式得以实现。在既定的矿产资源条件下，不同的资源结构，导致不同国家、地区的专业化生产和社会分工以及产业结构，形成不同的生产力水平和布局。世界上众多的矿产资源富集的国家和地区，其非金属矿产的分布都有其不同的区域差异，这种资源禀赋差异的存在很大程度上控制了这些地区生产力布局的总体框架，是影响生产力布局目标和发展水平的关键性因素。世界经济发展的历史表明，符合矿产资源区域分布的生产力布局能够有效地促进经济社会的发展，反之亦然。

第三，非金属矿产资源开发利用状况是影响工业劳动生产率高低的重要因素。提高劳动生产率是增加产品生产和发展工业的重要途径。劳动生产率的提高离不开两大条件的支持。一方面，劳动者需要具备较高的知识水平和熟练的劳动技能、科学水平及其在生产工艺上的应用程度，具备一定的生产专业化分工协作关系、生产设备的规模和效能以及劳动所需的矿产资源条件。因此，一般情况相同而资源条件不同，劳动生产率将会有所区别。在具有广袤国土和辽阔幅员的国家，由于非金属矿产资源时空分布的非均衡性，其在区域分布中存在显著的差异，进而依赖其成长的相关产业劳动生产率也存在差异。另一方面，不同非金属矿产具有的特性不同，即使同种资源在不同地区、不同时间也具有不同的时空特性。因此，对非金属矿产的开发利用强调因地制宜、因时制宜。在资源开发利用中，若能够以社会需求为前提，充分利用资源的有利条件并发挥其生产潜力，作出适于资源合理利用的生产选择，将对提高劳动生产效率产生积极的影响(中国社会科学院工业经济研究所，2005)。

二、非金属矿产的用途

随着社会科技进步与认识水平的不断提高，人们对非金属矿产的了解也不断深化，非金属矿产的用途也在不断拓展。至 20 世纪初，人类所利用的主要非金属矿产约有 60 种，现在已经达到 200 种以上[①]。随着现代工业的发展，可供工业利用的矿物和岩石种类还将继续增长。

① 中国已发现非金属矿产 102 种，其中已探明有储量的矿产 91 种，储量居世界前列的矿产 10 余种。非金属矿产品与制品如石墨、萤石、重晶石、滑石、菱镁矿、水泥等的产量多年来居世界之冠。

非金属矿石的利用方式与金属矿石不同。工业上只有少数非金属矿石是用来提取和使用其中非金属元素或其化合物，如硫、磷、钾、硼等等，其价值主要取决于有用元素的含量和矿石的加工性质，而大多数非金属矿石则是直接利用其中的有用矿物、矿物集合体或岩石的某些物理、化学性质和工艺技术特性。例如金刚石利用的是其硬度和光泽，云母是利用其绝缘性和透明度，水晶是利用其光学和压电性能等。

非金属矿产在中国利用得比较广泛，主要集中在以下几方面(张乾，2009)。

工业生产：在玻璃、化工、造纸、橡胶、食品、医药、电子电气、机械、飞机、雷达、导弹、原子能、尖端技术工业，以及光学、钻探等方面采用了有特殊工艺技术特点的非金属矿产。如硅石和长石是制造玻璃的主要原料；石墨在火箭、导弹的装置中用作耐热材料和机械运转的润滑剂；云母是电气、无线电和航空技术中不可缺少的电气绝缘材料；明矾是炼铝、制造钾肥和硫酸的原料，也可用于印刷、造纸、油漆工业。

陶瓷制造：陶瓷制品是工业和民用中不可或缺的产品，其应用数量之多、范围之广，为其他器皿所不及。陶瓷的制造原料就是高岭土、叶蜡石和硅灰石等非金属矿物。

建筑材料：建材用矿物原料占整个非金属矿产量的90%，仅石灰岩一项，一年的消耗量就达数十亿吨。随着现代化城市建筑业的发展，人们正在研究和寻找具有轻质、高强、隔热、隔音和防震等性质的非金属原料。

冶金工业的辅助材料：冶金工业需要大量的非金属矿产，如熔剂石灰岩、硅石、熔剂白云岩、菱镁矿、耐火黏土、萤石等，用作制造耐火材料、熔剂的原料。

农业方面：为了提高并保持农作物的产量，大量使用由磷、钾矿石生产的磷肥和钾肥，以及农用轻稀土。

非金属矿产及其所支持的工业已经成为向中国国民经济各部门提供原料和配套产品服务的现代原材料工业，在未来的时期，将为建筑、汽车、机电和化工四大支柱产业以及农业、高新技术、环境保护、节能减排等领域作出更大的贡献。这是中国非金属矿产开发利用的战略目标和主攻方向。非金属矿产在整个国民经济中占有相当重要的地位，是现代化建设的重要物质基础。世界各国都十分重视非金属矿产的科学研究和普查勘探，以期扩大非金属矿产的种类和利用领域，造福人类。

三、主要非金属矿产的储量分布

硫：硫以自然硫、硫化氢、金属硫化物、硫酸盐等多种形式存在于地壳中，资源十分丰富。目前可经济利用的硫资源有如下四种来源：一是从石油、天然气中回收的硫；二是金属硫化物矿床共生、伴生的硫；三是煤、油页岩和富含有机质的页岩中所含的硫；四是硫铁矿和自然硫矿。其中，以前两种来源的硫最有工业和商业利用价值，是世界工业用硫的主要来源，所占比重逐年提高。中国目前虽然还是以硫铁矿为主要工业硫源，但其比重已呈现逐年下降趋势。在可以预见的未来，仅依靠油气和金属硫化物矿床中的硫就可保障世界工业对硫的需求。

综合美国地调局(2002年)和中国有关部门(2005年)的统计，世界各种形式的硫储量约为14亿t，储量基础约为36亿t。中国各种硫储量合计约2.1亿t，居世界首位。其次是加拿大(1.6亿t)、波兰(1.0亿t)、沙特阿拉伯(1.0亿t)(表11-1)。

表 11－1 世界硫储量和储量基础 (单位:万 t)

国家或地区	储量	储量基础	国家或地区	储量	储量基础
中国	20 900	38 141	西班牙	5 000	30 000
加拿大	16 000	33 000	法国	1 000	2 000
波兰	10 000	30 000	日本	500	1 500
沙特阿拉伯	10 000	10 000	其他	63 000	180 000
美国	8 000	23 000	波兰	7 500	12 000
世界总计	141 900	359 641			

资料来源:中国的数据来源于国土资源部《全国主要矿产资源储量通报》(2005),其他国家和地区的数据来源于美国地质调查局《Mineral Commodity Summaries》(2002)。

磷:世界磷矿资源十分丰富,几乎所有国家都有,但具有工业开采和商业开发价值、经济意义较高的优质磷矿床,80%以上都集中在中国、摩洛哥和西撒哈拉、南非、美国等国家或地区(表11－2),分布相对不均。据美国地调局不完全统计,2005 年世界磷矿储量约为 180 亿 t,储量基础约为 500 亿 t,按当前的开发利用水平,全球磷矿资源可保障供应世界 100 年以上。

表 11－2 世界磷矿石储量和储量基础 (单位:亿 t)

国家或地区	储量	储量基础	国家或地区	储量	储量基础
中国	66	130.0	埃及	1.0	7.6
摩洛哥和西撒哈拉	57.0	210.0	突尼斯	1.0	6.0
南非	15.0	25.0	澳大利亚	0.77	12.0
美国	12.0	34.0	塞内加尔	0.5	1.6
约旦	9.0	17.0	多哥	0.3	0.6
巴西	2.6	3.7	加拿大	0.25	2.0
俄罗斯	2.0	10.0	其他	8.9	22.0
以色列	1.8	8.0	叙利亚	1.0	8.0
世界总计	180.0	500.0			

钾盐:世界钾盐资源极为丰富,可利用的资源主要有钾石盐、光卤石、硫酸钾、混合钾盐及液态钾盐 5 种类型。从经济利用的角度讲,以钾石盐类型最为重要,其 K_2O 含量也最高,通常为 15%～20%,次为混合钾盐、光卤石和硫酸钾,K_2O 含量小于 15%。液态钾盐主要是现代盐湖的表层卤水和晶间卤水,K_2O 含量约 2%～3%。美国地调局统计,当前世界钾盐储量约为 83 亿 t,储量基础约为 170 亿 t。按目前的生产水平,现有探明储量可供世界开采 300 年以上。但世界钾盐的分布很不均衡,绝大部分在北半球,目前已发现的 33 个世界级钾盐盆地和著名大型矿床都在北纬 40°～60°之间。按储量,加拿大排第一,占世界的 53%,俄罗斯第二,占世界的 22%,白俄罗斯和德国分别列第三和第四位,各占世界的 9%,上述四国合计占世界总储量的 93%。另外,巴西占世界储量的 3.61%,美国占世界总量的 1.00%,以色列和约旦各占 0.50%,乌克兰占 0.30%。上述 9 国合计占世界总储量的 98.41%。中国的探明储量不多,折成氧化钾为8 291.6 万 t,约占世界的 1%(表 11－3)。

表 11-3 世界钾盐储量和储量基础 (单位:万 t)

国家或地区	储量	储量基础	国家或地区	储量	储量基础
加拿大	440 000	1 100 000	乌克兰	2 500	3 000
俄罗斯	180 000	220 000	英国	2 200	3 000
白俄罗斯	75 000	100 000	西班牙	2 000	3 500
德国	71 000	85 000	智利	1 000	5 000
巴西	30 000	60 000	中国	800	45 000
美国	9 000	30 000	其他	12 500	87 500
以色列和约旦	4 000	58 000	世界总计	830 000	1 800 000

资料来源:美国地质调查局《Mineral Commodity Summaries》(2008)。

硼:世界硼矿集中分布在环太平洋向地中海构造带内。矿床类型主要为火山沉积型、古代盐湖沉积型和现代盐湖型。世界硼矿储量约 17 亿 t,储量基础约 41 亿 t。土耳其、俄罗斯、美同和中国硼矿资源丰富,四国的储量约占世界总储量的 97%(表 11-4)。

表 11-4 世界硼储量和储量基础 (单位:万 t)

国家或地区	储量	储量基础	国家或地区	储量	储量基础
土耳其	6 000	15 000	秘鲁	400	2 200
美国	4 000	8 000	阿根廷	200	900
俄罗斯	4 000	10 000	伊朗	100	100
中国	2 500	4 700	世界总计	17 000	41 000

资料来源:美国地质调查局《Mineral Commodity Summaries》(2006)。

天然碱:目前,全世界探明的经济可利用天然碱矿仅有美国、墨西哥、土耳其、中国、南部非洲等少数地区,其中以美国的格林河天然碱矿最有名。世界天然碱折合成碳酸钠的储量和储量基础分别为 240 亿 t 和 400 亿 t,其中,美国天然碳酸钠的储量和储量基础分别为 230 亿 t 和 390 亿 t,分别占世界总量的 95.8%和 97.5%(表 11-5)。中国天然碱查明资源储量共计 10 536.1 万 t,主要分布于河南、内蒙古两地。其中,内蒙古的天然碱矿具有储藏深度浅、易开采的特点,其储藏深度在地表下 300~500m 之间。而河南吴城、安棚的固体天然砿埋藏较深,均在地表下 2 000m 左右,开采较难。河南省桐柏县是"中国天然碱都",总储量达 1.5 亿 t,远景储量 3 亿~5 亿 t,占全国天然碱储量的 80%,位居亚洲第一、世界第二位,原矿价值超过 2 000亿元。

表 11-5 世界天然碱储量和储量基础① (单位:亿 t)

国家或地区	储量	储量基础	国家或地区	储量	储量基础
美国②	230.0	390.0	土耳其	2.0	2.4
博茨瓦纳	4.0	—	乌干达	0.2	—
肯尼亚	0.07	—	其他	2.6	2.2
墨西哥	2.0	4.5	世界总计	240.0	400.0

注:①含天然碱的统计,1.8t 天然碱可折合成 1t 碳酸钠;②包括天然碱、重碳酸钠(苏打石)和片钠铝石。

资料来源:美国地质调查局《Mineral Commodity Summaries》(2008)。

重晶石:世界上可开发利用的重晶石资源不多,主要有沉积型、低温热液型和风化残积型三种矿床类型,储量总计 20 000 万 t(表 11-6),集中分布在中国、印度、美国、摩洛哥、泰国、土耳其等 20 多个国家或地区,静态保障年限仅为 32 年。据国外机构统计,中国重晶石储量居世界首位,为 6 200 万 t,占世界总储量的 31%。国内统计为 3 898 万 t,低于国外机构的估计,这是由于对"储量"的理解不一所致。实际上.在当前经济和技术条件下,中国经济可用的重晶石"基础储量"为 9 852 万 t,各类"查明资源储量"总计为 36 525.2 万 t,中国重晶石资源较世界其他国家丰富。

表 11-6 世界重晶石储量和储量基础 (单位:万 t)

国家或地区	储量	储量基础	国家或地区	储量	储量基础
中国	6 200	36 000	墨西哥	700	850
哈萨克斯坦		15 000	巴西	210	500
印度	5 300	8 000	俄罗斯	200	300
美国	1 500	4 500	法国	200	250
土耳其	400	2 000	德国	100	150
阿尔及利亚	900	1 500	英国	10	60
泰国	900	1 500	其他	1 400	16 000
摩洛哥	1 000	1 100	世界总计	19 000	888 000

资料来源:美国地质调查局《Mineral Commodity Summaries》(2008)。

石墨:近年来石墨加工技术不断创新,使得石墨不但用于钢铁等传统工业中,还广泛应用于清洁能源产品和电子产品等高新技术产品中。石墨在未来世界工业发展中将发挥越来越重要的作用。世界石墨地理分布比较广,已发现的大型石墨矿床主要集中在中国、印度和巴西。中国特大型石墨矿位于黑龙江省萝北县,优质大鳞片石墨主要赋存在内蒙古兴和石墨矿和山东南墅石墨矿。巴西石墨矿主要分布在米纳斯吉拉斯州,印度石墨矿主要分布在奥瑞萨邦。据 2007 年美国地调局资料,世界石墨储量为 8 600 万 t,中国石墨储量为 7 400 万 t,占世界总储量的 86%,居世界首位。其次为捷克,其储量为 1 300 万 t,其他主要的石墨资源国还有墨西哥、马达加斯加、朝鲜、斯里兰卡、印度等(表 11-7)。

表 11-7 世界石墨储量和储量基础 (单位:万 t)

国家或地区	储量	储量基础	国家或地区	储量	储量基础
中国	7 400	14 000	巴西	36	100
捷克	1 300	1 400	美国	—	100
墨西哥	310	310	其他	510	4 400
马达加斯加	94	96	印度	80	380
世界总计	8 600	2 100			

资料来源:美国地质调查局《Mineral Commodity Summaries》(2008)。

石膏:世界各国已探明的石膏储量丰富。俄罗斯石膏储量 32 亿 t,伊朗石膏储量 24 亿 t,中国石膏储量 16 亿 t,巴西石膏储量 13 亿 t,美国石膏储量 7 亿 t,加拿大石膏储量 4.5 亿 t,

其他石膏资源丰富的国家还有墨西哥、西班牙、法国、泰国、澳大利亚、印度和英国等。中国石膏资源相当丰富，但是分布不均，探明石膏资源储量相对集中于内蒙古、山东、江苏、安徽、湖北和湖南等省(区)。美国石膏资源也十分丰富而分布不均，其储量主要分布在俄克拉荷马等17个州。

石棉：截至2006年底，世界石棉查明资源量2亿t左右，推测资源量约4 500万t。世界石棉产地近150处，分布于40多个国家和地区。俄罗斯、哈萨克斯坦、加拿大、中国、巴西、南非和津巴布韦石棉资源比较丰富。俄罗斯乌拉尔地区和加拿大魁北克地区的石棉资源量占世界的一半以上。美国有石棉资源，但大部分是短纤维石棉。中国查明石棉资源储量高度集中分布在西部地区，四川、云南、陕西、甘肃、青海和新疆6个省(区)石棉资源储量占全国的99%，中国石棉主要是短纤维石棉。

滑石：世界滑石类矿产资源比较丰富，分布比较广泛，已发现经济可采滑石矿主要分布在中国、美国、巴西、印度、澳大利亚、法国和芬兰等国家。叶蜡石矿主要分布在中国、日本和韩国等国家或地区。据美国地调局的资料，美国滑石类矿产储量为1.4亿t，其他滑石类矿产的储量和储量基础主要集中在巴西等国(表11－8)。中国滑石矿产资源丰富，滑石质量好。据中国国土资源部统计，中国滑石基础储量11 706万t，储量6 032万t。

表11－8　世界主要国家滑石类矿产储量和储量基础　(单位：万t)

国家或地区	储量	储量基础	国家或地区	储量	储量基础
美国①	14 000	54 000	韩国	1 400	1 800
巴西	18 000	25 000	印度	400	900
中国②	6 032	11 706	日本③	10 000	16 000

注：①不包括叶蜡石；②中国国土资源部统计；③日本全是叶蜡石。

资料来源：美国地质调查局《Mineral Commodity Summaries》(2007)。

硅灰石：迄今为止，世界上已发现的硅灰石矿床分布于20多个国家，资源总量估计在8亿t以上，主要分布于中国、印度、美国、墨西哥、加拿大和芬兰。哈萨克斯坦、乌兹别克斯坦、塔吉克斯坦、土耳其、纳米比亚、南非、苏丹等国也有小规模硅灰石矿床。

美国、中国、墨西哥和印度硅灰石资源比较丰富，矿石质量优良。美国是最早发现硅灰石矿产的国家之一，已发现硅灰石矿床分布在亚利桑那州、纽约州、加利福尼亚州、爱达荷州、内华达州、新墨西哥州和犹他州。经过长期开发，目前该国的硅灰石储量已经不多。中国已探明硅灰石资源储量相对集中分布在辽宁、吉林、江西、云南和青海，上述5省拥有的硅灰石资源储量占全国的90%。印度硅灰石资源分布在拉贾斯坦邦。

高岭土：世界高岭土资源比较丰富，分布比较广泛，但是已发现的大型优质高岭土矿床分布在美国、英国、巴西和中国等少数国家。世界闻名的大型高岭土矿床分布在美国佐治亚州、巴西亚马孙盆地、英国康沃尔和德文郡。据美国地调局资料，美国佐治亚州和南卡罗来纳州高岭土资源还有14亿t，巴西亚马孙盆地高岭土储量至少5亿t。中国优质高岭土主要分布在江西、广东、福建和广西等21个省(区)，查明资源约18.3亿t(表11－9)。中国煤系硬质高岭土主要分布在山西、内蒙古和安徽。

表 11-9 世界部分国家或地区高岭土查明资源量 (单位:亿 t)

国家或地区	查明资源量	国家或地区	查明资源量
美国	71.75	中国①	18.30
英国	18.15	独联体②	14.00
巴西	13.00	西班牙	1.50
印度	10.00	加拿大	1.50
保加利亚	7.00	坦桑利亚	1.00
澳大利亚	4.55	其他	69.00
南非	2.55	世界总计	222.00

注:①数据来源于中国国土资源部矿产储量通报;②数据来源于《工业矿物》,2006(2)。

资料来源:Mineral Handbook,1994－1995。

膨润土:世界膨润土资源丰富,但分布不均衡,主要分布在环太平洋带、环印度洋带和地中海—黑海带,主要资源国有中国、美国、俄罗斯、德国、意大利、日本及希腊等。据美国前矿业局统计,世界膨润土查明资源量为 14.52 亿 t(不包括中国)。钠基膨润土资源不足 5 亿 t,主要产地为美国的怀俄明州等地,储量 6 800 万～12 000 万 t;俄罗斯、意大利、希腊和中国也有分布。天然白膨润土主要产地为美国得克萨斯州和内华达州、土耳其的安卡拉地区、意大利的萨丁岛和摩洛哥等。美国膨润土开发时间较长,怀俄明州已有 80 年的开采史,资源渐趋枯竭;其他一些国家,如意大利,膨润土已开采殆尽;日本和东南亚各国产地也很有限,每年都需大量进口原矿石;中国膨润土资源居世界前列,探明储量多,主要分布在广西、新疆、内蒙古、江苏、河北、湖北、山东和安徽等省(区)。

硅藻土:硅藻土作为世界上分布范围广泛的矿种之一,资源十分丰富。据美国地质调查局估计,全球 122 个国家和地区都有硅藻土资源,储量约为 9.2 亿 t(表 11-10),其中美国 2.5 亿 t、中国 1.1 亿 t(全国矿产资源储量通报统计为 0.69 亿 t)、捷克 450 万 t、秘鲁 200 万 t。在可预测的未来,世界硅藻土资源可以充分满足全球的需求。但就矿石质量而言,全球仅有 3 个矿床可以不经过选矿直接加工生产硅藻土助滤剂,一处是美国加利福尼亚州的罗姆波克矿床,另两处是中国吉林省长白县的马鞍山矿床和西大坡矿床,这 3 处矿床的一级品原土非品质 SiO_2 品位都在 80%以上,属少有的世界级优质硅藻土矿床。

表 11-10 世界硅藻土储量和基础储量 (单位:万 t)

国家或地区	储量	储量基础	国家或地区	储量	储量基础
美国	25 000	50 000	秘鲁	200	500
中国	11 000	41 000	墨西哥	—	200
独联体	—	1 300	法国	—	200
捷克	450	480	世界总计	92 000	巨大

资料来源:美国地质调查局《Mineral Commodity Summaries》(2008)。

金刚石:世界上至少有 35 个国家发现了天然金刚石资源。据美国地质调查局估计,2006 年世界工业级金刚石储量 5.8 亿 ct,储量基础 12.5 亿 ct (表 11-11)。宝石级(包括近宝石级)金刚石储量基础估计有 3 亿 ct。世界金刚石主要集中在南非、俄罗斯、博茨瓦纳、刚果(金)和澳大利亚等国。

20 世纪 90 年代以来,世界金刚石勘查和开发投入不断增加,在俄罗斯、加拿大、澳大利亚、巴西、委内瑞拉和非洲的许多国家探明了一批金刚石资源远景地区,相继发现了一批含金刚石金伯利岩岩管,有的已证明有工业价值。

表 11-11 世界工业级金刚石储量和储量基础 (单位:亿 ct)

国家或地区	储量	储量基础	国家或地区	储量	储量基础
刚果(金)	1.50	3.50	俄罗斯	0.40	0.65
博茨瓦纳	1.30	2.30	中国	0.10	0.20
澳大利亚	0.90	2.30	其他	0.85	0.20
南非	0.70	1.50	世界总计	5.80	13.00

资料来源:美国地质调查局《Mineral Commodity Summaries》(2008)。

四、非金属矿产的需求与供给

(一)非金属矿产的需求

1. 非金属矿产需求的制约因素

非金属矿产是重要的工业生产资料。一般地,和其他矿产资源一样,非金属矿产很少直接作为消费品进入消费领域,而是作为工业生产资料进行加工并通过多次加工环节的延续与转移之后,改善了矿产自身的自然物理属性与功能用途,最后形成人们生产生活所需的最终产品。从这一角度而言,非金属矿产一般不属于最终产品,而是用作生产最终产品的生产要素投入。由此,人们对非金属矿产的需求属于中间需求或导出需求。这种类型的需求具有鲜明的过渡性和间接性,并受到终端需求、生产技术、投入要素比例、其他要素价格等因素的制约。主要表现在以下几个方面。

首先,与中间产品如某种具体的矿产有关的最终产品需求的增减,将会相应地引起该中间产品需求的增减,即,在最终产品生产规模不断提高的前提下,非金属矿产作为生产这一产品的中间产品,其需求也相应增加,反之则减少。非金属矿产需求的变化直接受到最终产品的引导和制约。

其次,生产技术的变化,对中间需求有着较大的影响。当生产技术使某投入要素的生产率得到改善时,该要素的需求就会增加,而当生产技术使某投入要素的替代要素的生产率得到提高时,则对该要素的需求就会减少。

再次,当某种要素对其他投入要素的比例增加时,生产成本亦会增加,产量会随之减少,对该要素的需求也会相应减少。

最后,某投入要素的互补要素价格的变化会引起对该要素需求的减小或增大。同时,替代要素价格的升降,也会引起对该要素的需求相应地减小或者增大。

非金属矿产作为中间产品,其需求弹性受到矿产资源占最终产品成本的比例、最终产品的需求弹性以及矿产资源的可替代程度等因素的影响。若某矿产占最终产品总成本的比例较大,则该矿产的需求倾向于富有弹性。反之,若某种矿产占最终产品总成本的比例较小,则该矿产的需求趋向于缺乏弹性。通常,最终产品的需求弹性越大,有关的矿产的需求弹性也越大。但是,最终产品的需求弹性对矿产的需求弹性的影响程度取决于矿产占最终产品总成本的比例。矿产的可替代性对其需求弹性也有较大影响,矿产的替代品越多,则该矿产的需求弹性越大,反之,某种矿产的替代品越少,则该矿产的需求弹性越小。非金属矿产的可替代性取决于生产工艺技术、生产成本、技术规程、产业政策等诸多因素。

2. 非金属矿产品的市场需求

21世纪是非金属矿产开发应用进一步推广的世纪,除传统的建筑材料、耐火材料领域外,新型材料、农业技术、环境保护等领域对非金属矿产原料的需求量将保持较高的增长速度。一些资料显示,从世界范围来看,2010年以前,非金属矿产的需求量保持了3%～5%的增长率,同时销售价格也呈现了上扬趋势。

第一,重要消费领域。

未来世界对材料的需求向重量轻、成本低、强度高的由非金属矿产制成的材料转变。陶瓷、造纸、塑料、橡胶、涂料等无机非金属材料或有机、无机复合材料的生产将会持续较快地发展,因此,用于这些领域的非金属矿原料或矿物填料,如高岭土、滑石、硅灰石、云母、碳酸钙等的需求量将有一定幅度增长。

农业生产的发展与未来人们的生活密切相关,依靠科技进步来提高农业生产率是世界各国极为关注的问题。新型农用矿产,如沸石、石灰岩、泥炭、膨润土等非金属矿必将在未来农业生产中发挥更大的作用,消费量也呈快速增长态势。

随着人们对环境保护的重视,为消除废气、废水、废渣中有害物质对环境的污染,世界各国都在采取有效措施进行防治。许多非金属矿产,如沸石、膨润土、硅藻土、珍珠岩等在防治环境污染中将发挥重要作用。一些新的非金属矿产品也会随着研究开发进展应用到环境保护中去。

另外,建筑装饰石材(大理石、花岗石、板石)等的消费量将随着人们居住条件的改善而提高。保温节能矿产,如珍珠岩、硅藻土、硅灰石、霞石正长岩、透辉石、透闪石等也将在降低能源消耗方面为人类作出新的贡献。

第二,非金属矿产品的主要消费地区。

21世纪前期,世界对非金属矿产原料的需求将集中在5个地区:美国仍将保持非金属矿产消费的领先地位,而且对滑石、石墨、萤石、重晶石、镁砂等进口的依赖程度将会更大;西欧是第二个巨大消费中心,其需求量的很大一部分如滑石、石墨、镁砂等仍需要靠进口来满足;日本是矿物原料的第三需求中心,其90%以上的需求仍需要依靠进口,日本仍将是中国非金属矿产品出口的主要市场;独联体国家是世界上第四需求中心,如果其间协调得好,预计未来不会从独联体以外进口矿产品;环太平洋发展中国家是第五需求中心,也将是非金属矿产品消费增长最快的地区(毛履平,2003)。

(二)非金属矿产的供给

1. 制约供给的主要因素

矿产资源的非可再生性或可耗竭性决定了非金属矿产的有限性和稀缺性。矿产供给是因矿业对矿产资源需求的响应引起的。可供矿业实现这种响应的时间越短,对矿产供给的影响就越为明显。在短期内(如2～3年),非金属矿产的采选冶能力不会超过已有的生产能力,因此,其供给能力在短期内不会增加;在中期内(如3～10年),矿业的生产能力可以通过对已知矿床建设新矿山而得到提高；在长期内（如 10 年以上），矿业的生产能力还可以通过开发新勘查项目所发现的矿床而得到扩大。

和其他矿产一样，非金属矿产的供给在短期内具有低价时弹性大、高价时弹性小的特点。当矿产供给达到矿业生产能力时，供给接近于完全缺乏弹性。对于能够废旧利用并且具有较大二次市场的某些金属矿产，上述规律不复存在，原因在于废旧利用趋于使矿产价格下降。

非金属矿产的供给在长期内是累计产量的函数。一方面，随着累计产量的增大，资源可能变得稀缺，由此导致矿产供给减少，矿产价格上升。另一方面，地质勘察与技术进步对长期矿产供给的影响作用刚好相反。矿产资源价格上升，将引导地质勘察工作进一步加强，资源存量得到补充，产量增加；勘探、开发、生产与利用的技术水平提高，会使非金属矿产利用效率得到提高，矿产替代品增多，对某些矿产的需求减少。进而，矿产地质勘察工作与生产技术进步，将导致矿产资源价格下降。

2. 未来世界矿物原料的供给趋势

未来世界矿物原料的生产供应者将集中在以下 4 个地区：美国、加拿大、墨西哥以及巴西。美国高岭土、硅藻土、石膏将继续保持世界领先地位，加拿大的钾盐、石棉，墨西哥的萤石、重晶石有较大的生产量。该群体矿产品将首先供应美国、保证美国经济的需要；澳大利亚、南非在矿物原料生产供应中仍占有重要地位。南非的金刚石、红柱石，澳大利亚的滑石、金刚石在保障发达国家需求方面具有重要作用；独联体国家是一个巨大的矿物原料生产中心，除内部消费外，石棉、金刚石、钾盐有出口能力；亚非发展中国家传统的优势矿产品，如镁砂、萤石、滑石、矾土、重晶石、鳞片石墨、金刚石等在国际市场上垄断和主导地位将保持到 21 世纪前 20 年以后，该地区对保障世界对矿物原料的需求有巨大的生产潜力（毛履平，2003）。

（三）非金属矿产供求关系的影响因素

1. 影响非金属矿产需求的因素

非金属矿产是工业生产的主要原材料来源，其需求与工业生产的发展速度、相关工业产品生产开发的结构与规模等有着密切的关联。这种关联通过如下作用表现出来。

第一，矿产新应用领域的研究成果，例如新的合成材料的研制成功将会对相关非金属矿产产生新的资源需求。第二，加工工艺技术的改进会降低有关非金属矿产的消耗比重，技术水平的提高会减少关联产业对某种矿产的需求。第三，资源替代会影响不同种类非金属矿产消耗的总量，其替代品的出现会降低对矿产资源的需求。第四，消费者的消费习惯对某些矿产需求会产生影响。尤其是随着生活质量的提高，人们对环保健康型日常用品或生活设施的需求不断增大，有关非金属矿产的需求也会相应地增长。第五，一些法规和政策的实施也会对非金属矿产需求产生影响。

2. 影响非金属矿产供给的因素

影响非金属矿产供给的重要因素是生产成本，而生产成本又受到地质条件、技术水平和社会经济运行等诸多因素的制约。地质因素主要包括储量、矿床产状、赋存深度、规模、地质构造、矿岩力学性能、矿石品位及选冶性质、矿产共生情况等。技术因素主要包括采选技术水平、效率、技术密集程度、生产能力等。社会经济因素包括资金来源、矿区基础设施、法律政策及政治经济形势等。

同时，影响非金属矿产供给的另一个重要因素就是矿产资源储备，包括商业储备和战略储备。商业储备可以处于生产和交换的各个阶段。在采选企业,常有精矿储备;在冶炼企业,可能储备精矿也可能储备矿产品,或是兼而有之;在加工制造工厂,一般都具有一定规模的成品储备。商业储备的原因,可以是生产对原材料的需求,也可以是交通运输能力不足,也可能是生产者基于高收益预期而展开的阶段性经营策略。

需要强调的是,矿产交易市场也是一种重要的非金属矿产商业储备场所。这一交易市场的建立与运行所导致的中转性储备,对矿产市场起着重要的调节与稳定作用。当然,非金属矿产储备与其他矿产储备一样,其数量与规模受到货币利率的影响,高利率会引导生产者减少矿产储备,反之则增加储备。另外,对于特定的矿产生产与销售环节,常有一个技术要求的最小储备量,当储备总量超过这个最小量时,才会对矿产市场及其价格产生影响。

矿产战略储备是国家政府出于政治干预、国防等因素的考虑而实施的储备。美国、日本等发达国家对一些非金属矿品种建立了战略储备。其中,美国战略性非金属矿产储备品种中包括了工业金刚石、萤石、石墨、蓝晶族矿、片状云母、滑石、叶蜡石等多种非金属矿。战略储备的规模一定程度上影响了非金属矿产的市场供给量,在需求变化时,矿产价格也会产生波动。

此外,矿产废旧利用水平也是影响矿产资源供给的重要因素,废旧利用的水平越高,就越能从资源回收和循环反复利用的路径上增加非金属矿产的供给水平。

五、非金属矿产市场与国际贸易

(一)非金属矿产市场

1. 市场特征

非金属矿产市场是为买卖双方进行非金属矿产品交换以及确定商品价格的场所,是一个抽象的范畴。非金属矿产市场的出现,是社会分工和商品经济发展的必然产物。同时,在其发育和壮大过程中,这一市场也推动着社会分工和商品经济的进一步发展。非金属矿产市场通过信息反馈,直接影响着人们生产什么、生产多少,以及上市时间、矿产品销售状况等;联结商品经济发展过程中与之相关的产、供、销各方,为产、供、销各方提供交换场所、交换时间和其他交换条件,以此实现矿产品生产者、经营者和消费者各自的经济利益。

现代的非金属矿产市场是矿产经济运行的载体或现实表现。矿产经济越发达,市场的范围和容量就越扩大。非金属矿产市场具有相互联系的四层含义:首先,它是非金属矿产品交易的场所和领域,各种非金属矿产品的买卖以及由此导致的价值转移与价值实现均在这一市场里实现。其次,它是矿产品生产者和消费者之间各种经济关系的汇合和总和,这些经济关系包括了基于经济利益的合作与竞争、谈判与妥协等各种形式。然后是有购买力的需求。作为市场形成的基本构成条件,有购买意愿和支付能力的矿产品需求是引导矿产开发与产品生产,进而促进非金属矿产市场发展的关键因素。最后是现实顾客和潜在顾客。市场是社会分工和商品经济发展的必然产物,人们在既定的产业分工与专业化生产体系内,对生产资料的需求以及所形成的产品消费,为非金属矿产市场的循环发展提供了动力。

随着现代市场经济的不断发展,非金属矿产市场日益呈现了如下一些显著的特征。

第一,统一性。在现有的非金属矿产市场内,矿产生产与消费的各方构成了一个相对统一的整体,不因为依赖的社会制度和经济集团并存甚至是对立而被割裂,商品和资本可以自由转移,一种商品一个价格的规律经常存在。这不仅使矿产消费者在商品的价格、品种、服务上能有更多的选择，也使企业在购买生产要素和销售产品时有更好的选择。

第二，开放性。在开放的市场体系中，非金属矿产作为生产要素、产品可以较自由地跨国界流动，从而实现最优资源配置和最高经济效率。一般而言，一国经济发展水平越高，市场化程度越高，其矿产经济运行模式越接近于开放经济。在经济全球化的趋势下，开放经济已成为各国的主流选择。市场开放性的不断加强，能使矿产企业之间在更大的范围和更高的层次上展开竞争与合作，促进经济发展。非金属矿产市场是生产资料市场。由于矿产规格简单，谈判容易，非金属矿产市场具有较强的国际开放性。

第三，竞争性。竞争是指各矿产经济主体为了维护和扩大自己的利益而采取的各种自我保护的行为和扩张行为，努力在矿产品质量、价格、服务、品种等方面创造优势。非金属矿产生产与流通领域所出现的充分的市场竞争，使全球的矿产经济活动充满生机和活力。

第四，有序性。这主要体现在各国政府矿产管理部门通过不断建立与完善行政执法、行业自律、舆论监督、群众参与相结合的市场监管体系，维护非金属矿产开发利用中的平等、自由、互信和高效交易，保护生产经营者和消费者的合法权益。

2.市场结构

非金属矿产的市场结构是指某一矿产品市场中各种要素之间的内在联系及其特征，包括市场供给者之间、需求者之间、供给和需求者之间以及市场上现有的供给者、需求者与正在进入该市场的供给者、需求者之间的关系的总和。市场结构有狭义和广义之分。狭义指买方构成市场，卖方构成行业。广义是指非金属矿产开发行业内部买方和卖方的数量及其规模分布、产品差别的程度和新企业进入该行业的难易程度的综合状态，或是某一矿产品市场中各种要素之间的内在联系及其特征。非金属矿产的市场结构主要是由非金属矿产品的供求关系特征来决定的。

在西方经济学中，市场结构通常用来说明某种产品在市场中所面临的竞争程度。现代产业组织理论依照市场上厂商的数量、厂商所提供产品的差异、对价格的影响程度以及进入障碍等特征，将市场结构划分为完全竞争、完全垄断、垄断竞争和寡头垄断四种类型(表 11－12)(苏东水，2000)。决定非金属矿产品市场结构的主要因素有以下四个方面(陈建宏、古德生，2007)。

市场集中度。市场集中是厂商追求规模经济邻产品市场规模有限所共同作用的结果。主要包括买者与卖者的集中。非金属矿产行业具有较大的利用规模经济的可能性，且属于国民经济的基础产业，拥有较大的市场，所以，非金属矿产行业的市场集中程度相对较高。

产品差异化。非金属矿产品生产厂商在形成其产品实体的要素上，或者在提供产品过程的诸条件上，造成与其他同类产品相比足以吸引购买者的特殊性，降低同类产品对该厂商的产品替代，在争夺市场的竞争中占据有利地位。造成产品的差别化的主要手段有改善产品质量和外观、降低产品成本、宣传广告等。现在，非金属矿产品生产大都已经标准化，因此，矿产品差异化已经不是影响非金属矿产市场结构的主要因素。

进入壁垒。进入壁垒是产业内既存企业对于潜在进入企业和刚刚进入这个产业的新企业所具有的某种优势的程度。换言之，是指潜在进入企业和新企业若与既存企业竞争可能遇到的种种不利因素。进入壁垒具有保护产业内已有企业的作用，也是潜在进入者成为现实进入者时必须首先克服的困难。通常，受到矿产储量和生产技术的制约，非金属矿产品生产企业的最小有效规模同市场规模相比，常占有很大的比重，产业的市场集中度与垄断程度较高，造成新企业进入相同产业的困难。从现有各国非金属矿产开发行业来看，成本投入、法律规范、矿权制度等因素是形成行业进入壁垒的重要制约。

市场需求的价格弹性。市场需求的价格弹性是指某一产品价格变动时，该种产品需求量相应变动的灵敏度。商品本身的价格、消费者的收入、替代品价格，以及消费者的爱好等因素都会影响对商品消费的需求。在需求有弹性的情况下，降价会引起购买量的相应增加，从而使消费者对这种商品的货币支出增加；反之，价格上升则会使消费者对这种商品的货币支出减少。非金属矿产品的需求弹性大多较小，这是因为非金属矿产作为中间产品，占与其有关的最终产品生产成本的比例小，以及由于生产开发工艺与技术等方面的原因，而使矿产具有较小的可替代性。

表 11－12　市场结构的划分及相应的市场特征

市场类型	厂商数目	产品差异化程度	价格控制能力	进入与退出壁垒	接近的商品市场
完全竞争	很多	完全无差别	没有	很容易	一些农业品
垄断竞争	很多	有差别	有一些	比较容易	一些轻工产品、零售业
寡头垄断	几个	有差别或无差别	相当程度	比较困难	石油、矿产
安全垄断	唯一	唯一的产品，且无相近的替代品	很强，常受到管制	很困难，几乎不可能	公用事业，如水、电

（二）非金属矿产的国际贸易

随着社会的发展和科技的进步，基于满足非金属矿产品供需协调的以矿产品交换为核心内容的非金属矿产贸易得以产生与发展。在国际间经济交往不断深化的背景下，非金属矿产品贸易的主体、市场等要素逐渐拓展到世界范围之内，不同国家（或地区）之间的矿产品交换活动不断兴起，非金属矿产的国际贸易成为了资源供给与需求国之间各取所需、互利互惠的重要经济交往形式，并以矿产品的出口和进口作为主要途径得以展开。

1. 出口与进口

矿产出口。矿产出口是资源富集国家获取外汇的重要源泉。通过矿产贸易获得的外汇收入，可以有效地支持其他矿产资源的开发，可以购买机械设备和生产资料，提升生产技术水平，促进国民经济的发展。对于工业基础薄弱、制成品出口有限的发展中国家，矿产出口显得尤为重要。例如，摩洛哥作为世界最大的磷矿出口国，其磷矿有一半供于出口，一半用于生产磷酸，而所产的磷酸又有一半或 2/3 供于出口，剩余在国内生产磷肥，为国家经济的发展创造了大量收入。一些非金属矿产的出口，对维持工业化国家的经济增长有重大作用。如，美国不仅出口大量煤炭、钢铁和有色金属，而且出口磷盐岩、化肥产品以及硫产品；加拿大不仅出口硫磺，还出口石膏、钾盐等非金属矿产。这些矿产的出口为出口国提供了大量的源于国际市场的外汇收入（表 11－13）。

矿产进口。非金属矿产进口对维持工业化国家的经济增长有着重要的作用。许多发达国家的非金属矿产不能自给自足，主要依赖于进口，这些进口的矿产品和矿产资源有效弥补了进口国资源利用的缺口。例如，美国就是世界上最大的重晶石进口国。2006 年，美国共进口重晶石原矿 253 万 t，其中，从中国、印度和摩洛哥进口的原矿数量分别占进口总量的 94%、5%和 1%。同时，美国的天然石墨也完全依赖进口，2006 年美国进口天然石墨 52 600t，贸易额为 2 910 万美元。非金属矿产的进口活动为资源进口国家经济社会的发展创造了条件。

表 11－13　全世界与中国 2006 年主要非金属矿产品统计

产品	世界产量（万 t）	世界贸易量（万 t）	中国产量（万 t）	中国出口量（万 t）	中国出口金额（万美元）	出口平均价（美元/t）
滑石	830	130	271	26.5	4 292.5	162.2
石墨	212	76	165	46.6	7 806.5	167.7
高岭土	4 254	321	312	128	7 214.3	56.3
萤石	377	96	213	64.3	10 992.9	171
重晶石	787	386	506	359.3	13 772	38.3
膨润土	1 050	132	311	28.6	2 607.5	91.3
石膏	14 887	2 233	3 224	34.7	1 154.5	33.3
硅藻土	183	35	37	6.5	825.9	127.1

资料来源：根据《世界经济年鉴 2007》和《中国海关 2006 年统计》整理。

2. 发展趋势

由于世界矿产分布极不均衡，随着经济全球化进程的加快，未来世界矿产品贸易量将继续增加。其增长速度将高于生产量和消费量的增长速度。未来很长一段时间，发达国家仍将是世界矿产品市场上的主要买主，但是广大发展中国家作为矿产品供应者和购买者的作用将会增强（毛履平，2003）。

一方面，工业发达国家对进口矿产原料的依赖程度将进一步增大。世界矿物原料的最大需求者是西欧、北美和日本，目前，这三个地区矿物原料的消费总量约占世界总消费量的 2/3。虽然除日本之外，北美、西欧的非金属矿产资源相当丰富，并具有很高的开发利用水平，例如：美国的优势矿种有硅藻土、高岭土、珍珠岩、膨润土，这些矿产开采量在世界总产量中所占份额均超过 30%；欧洲的优势矿种有长石、硅藻土、硅砂、高岭土、天青石、石膏、珍珠岩等，这些矿种在世界总产量中所占份额在 25%以上，美国的非金属矿深加工技术水平在世界上处于领先地位，但是由于长时间的大量开发，这些国家矿产资源的保有量已有不同程度的下降，有些矿山由于资源枯竭已关闭。20 世纪中期以来，发达国家的矿业已沦为夕阳产业。进入 90 年代更处于萧条和萎缩状态，继续在低谷徘徊，矿业生产呈下降趋势，许多矿产的国内开采量小于需求量而转向进口。例如：美国曾是重要的萤石生产国，20 世纪 80 年代以来萤石生产仅维持在年产 6 万 t，需求的 85%依靠进口；世界驰名的美国怀俄明膨润土，经过 70 多年的大规模开采，资源渐告枯竭，目前，正在寻求从中国进口膨润土。21 世纪西欧、美国、日本对进口非金属矿产原料的依赖程度将进一步加大，仍是世界非金属矿产品的主要买主。

另一方面，发展中国家非金属矿生产和消费增速加快。广大发展中国家矿产资源丰富，劳动力便宜，正处在经济高速发展的起步阶段，开发本国优势矿产，不仅可以满足国内经济发展的需求，而且发展出口可换回国家急需的外汇。同时，随着经济全球化进程的加快，发达国家矿业萎缩，资本开始流入发展中国家矿产开发领域，促进了发展中国家矿业生产的快速增长。目前，世界萤石生产主要集中在中国、墨西哥、蒙古、南非、肯尼亚等发展中国家，萤石产量占世界总产量的 80%以上，绝大部分销往西欧、北美、日本等工业发达国家；重晶石生产国主要有中国、印度、摩洛哥、土耳其、墨西哥、泰国、巴西等，而发达国家美国、德国、意大利、英国、法国的重晶石产量之和仅占世界总产量的 15%，远不能满足国内需求；中国、伊朗、泰国等发展中国家石膏生产发展很快。中国、印度、墨西哥硅灰石生产增速远高于美国、芬兰，在国际市场上占据一定的地位。总之，发展中国家在世界非金属矿生产和贸易中的作用日趋重要。

第二节 中国非金属矿产经济的发展形势

一、中国非金属矿产业发展现状

(一)资源状况

中国是世界上已知非金属矿产资源品种比较齐全、资源比较丰富、质量比较优良的少数国家之一。中国非金属矿产资源及相关工业在世界非金属矿业中占有举足轻重的地位。总体具有以下特点(胡勤、周伟，2008)。

1. 矿产资源种类比较齐全

迄今，中国已发现非金属矿产130种，其中已探明储量的矿产91种，菱镁矿、萤石、重晶石、石墨、滑石、硅灰石、高铝黏土等产量居世界首位。按工业用途可分为冶金辅助原料用、化工原料用和建筑原料用与其他用四类。

2. 矿产资源总体丰富，矿种储量有丰有欠

中国非金属矿产资源探明储量总体上丰富(表11-14)，大部分矿产可以满足当前国民经济建设发展的需要。储量丰富的矿产有萤石、菱镁矿、重晶石、芒硝、石墨、滑石、硅灰石、石膏、膨润土、盐矿、水泥灰岩、玻璃硅质原料、花岗石和大理石等，不仅可满足国内需求，还有大量出口。

表11-14 中国主要非金属矿产资源概况(2005)

矿种	资源类型	矿区数(个)	探明储量(万t)
石墨	矿石	12	3 453.5
滑石	矿石	53	6 203.9
萤石	矿石	205	1 598.3
菱镁矿	矿石	26	81 491.8
重晶石	矿石	120	6 262.0
膨润土	矿石	100	44 713.8
硅藻土	矿石	45	6 930.8
硅灰石	矿石	39	4 653.9
高岭土	矿石	229	22 711.0
石膏	矿石	195	162 110.0
石棉	矿物	50	2 359.3

资料来源：中国矿业年鉴编辑部(2006)。

3.矿产地分布广泛，相对不平衡

非金属矿产地大多分布广泛，如萤石、耐火黏土、硫、重晶石、盐矿、云母、石膏、水泥灰岩、玻璃硅质原料、高岭土、膨润土、花岗石、大理石等矿产地分布覆盖面广至全国2/3以上的省(区、市)，其中水泥灰岩、玻璃硅质原料、花岗石和大理石等大宗矿产的矿产地遍及全国各省(区、市)。同时大多数矿产储量相对集中在中国经济比较发达的东部和中部地区，特别在东南沿海一带，如硫、石英砂、高岭土、石材、石墨、滑石、萤石、重晶石等，为开发利用和国际贸易提供方便的地理条件。唯磷矿相对集中在云、贵、川、鄂等省，形成南磷北运的不利布局；而钾盐、芒硝、盐矿、天然碱等盐类矿产则大量分布在青海柴达木盆地，地处边远高原，开发难度大。

4.矿石质量不一，冶辅建材矿产优质居多

不少冶辅用、建材用矿种质地优异，深受国际、国内市场欢迎。如鳞片状晶质石墨、隐晶质石墨；质量稳定、品位高、杂质少的滑石、菱镁矿和耐火黏土矿；质地纯正的萤石矿和重晶石矿；膨胀倍数高的珍珠岩矿；以矿物品种见优的沸石矿(斜方沸石和丝光沸石)；纤维状优质低铁的硅灰石矿；豪华典雅的汉白玉(大理石)和贵妃红(花岗石)等。但化肥矿产硫和磷以及硼矿等矿石品位偏低或矿石难选。全国硫铁矿矿石的平均品位仅为18.18%；磷矿储量中，富矿($P_2O_5>30\%$)仅占总量的7.4%，且磷矿矿石类型以难选的胶磷矿型为主；约90%的硼矿储量属难选的硼镁铁矿型矿石。

(二)开发利用现状

1.生产现状

国土资源部统计数据显示，中国共有各类非金属矿山企业10万个左右，从业人员300多万人。近年来，非金属矿产品生产取得了较快发展。2007年采、选产品的产值达到1 293亿元，重要非金属矿产品，如石墨、石膏、滑石、高岭土、硅灰石、膨润土、菱镁矿、萤石、重晶石等产量稳定增长，基本上满足了传统产业发展和产品更新换代对非金属矿产品的需求，为国民经济和社会发展作出了重要贡献。表11-15列出了中国主要非金属矿产品的产量情况，从该表可以发现中国非金属矿产品生产的稳定态势。另外，长期以来，中国非金属矿企业以中小型为主，企业数量多、规模小。图11-1的数据显示，2003—2007年间，中国非金属矿物制品行业的企业数量呈现了不断增加的趋势。

表11-15　中国主要非金属矿产品产量统计　(单位：万t)

产品名称	2007年	2008年	产品名称	2007年	2008年
鳞片石墨	53	65	硅灰石	74.5	65
高岭土	317	320	菱镁矿	1 600	1 500
滑石	200	200	石英砂(平板玻璃用)	1 800	1 900
石膏	4865	4533	石棉	39.6	38
萤石	300	360			

资料来源：中国矿业年鉴编辑部(2009)。

矿产经济学

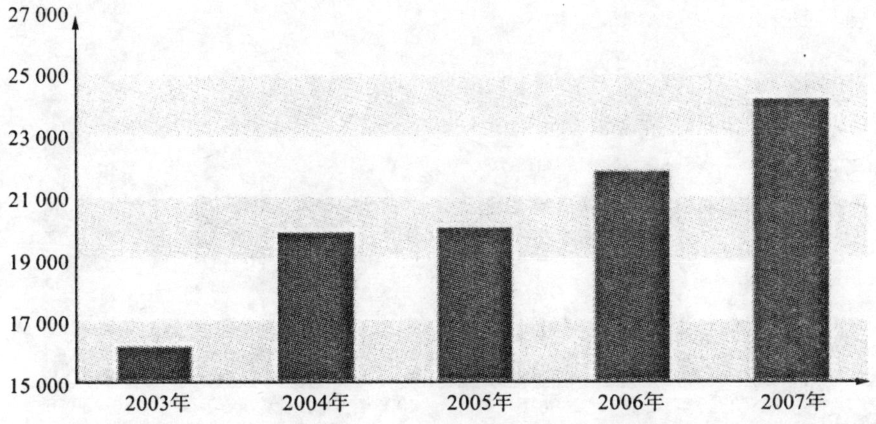

图 11-1 中国非金属矿物制品行业企业数量变化(单位:个)

资料来源:中华人民共和国国土资源部信息中心.2008 中国非金属矿物制品行业发展报告,2009

非金属矿产业产品的发展空间巨大,市场需求旺盛。近年来,世界各国的非金属矿工业迅速发展,在信息技术、微电子科学、航空航天等高科技领域得到了成功运用。作为非金属矿产开发利用的重要领域,中国非金属矿产制品的加工应用不断拓展,取得良好的发展成果。2003—2007 年,非金属矿物制品行业总体规模保持高速增长,行业的利润总额呈现爆发式增长,达到 1 037.19 亿元,同比增加 67.67%(图 11-2)。销售收入从 2003 年的 5 314.38 亿元增加到 2007 年的 14 987.46 亿元,年均复合增长率达到 29.59%。2007 年,销售收入同比增长 32.08%(图 11-3)。

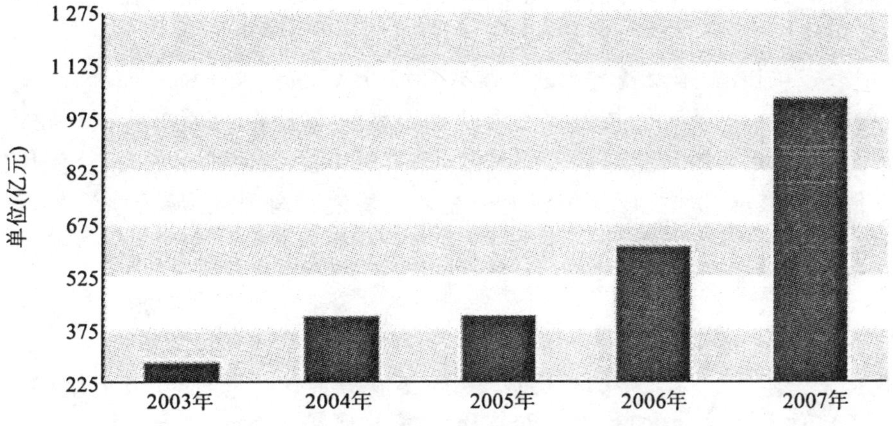

图 11-2 非金属矿物制品行业利润变化

资料来源:中华人民共和国国土资源部信息中心.2008 中国非金属矿物制品行业发展报告,2009

2.矿产品进出口状况

非金属矿产品不仅在数量上和品种上能满足国内生产发展的需求,而且部分非金属矿产品还远销世界各地。主要出口的非金属矿产品有 45 种之多,其中菱镁矿(镁砂)、石墨、滑石、萤石、重晶石、硅灰石、高铝黏土等非金属矿产品出口量居世界首位。非金属矿产品出口金额从 2000 年的 24.29 亿美元增加到 2007 年的 77.16 亿美元，增长 2 倍多。表 11-16 列出了

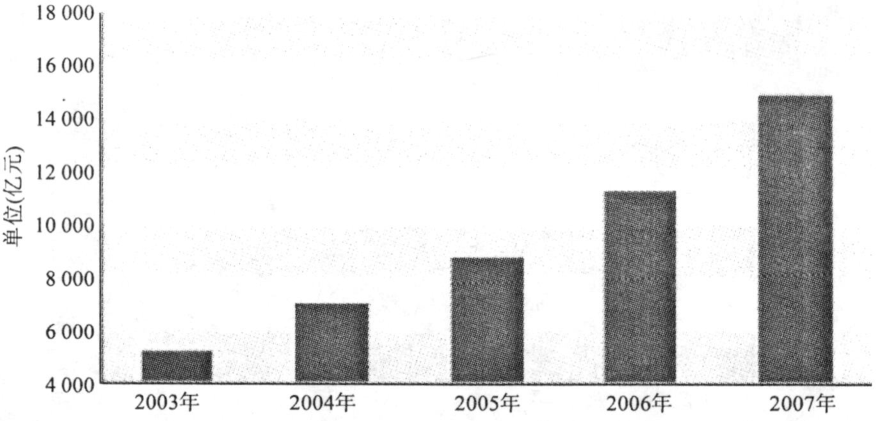

图 11－3　非金属矿物制品行业销售收入变化

资料来源：中华人民共和国国土资源部信息中心. 2008 中国非金属矿物制品行业发展报告，2009

2007 年中国非金属矿产品的进出口情况。该表的数据显示，中国非金属矿工业已形成相当规模，部分非金属矿产品，如石墨、滑石、萤石、重晶石等出口量较大，在国际市场占有较大份额，对国际市场有重要影响。同时，与现代高技术和新材料发展相关的非金属矿物深加工产品依赖进口，鳞片石墨、膨润土、云母粉、蓝晶石类、高岭土等产品的进口量增长均较快。

3. 生产技术水平

科技进步始终是中国非金属矿工业发展的原动力，技术开发和研制取得了长足的发展。当前，中国非金属矿业与世界先进水平的差距逐步缩小，已拥有比较成熟的加工高纯石墨、石英、硅藻土、高岭土、膨润土、云母制品、重质碳酸钙等生产技术；依据非金属矿物成矿及应用的特点，主要用磁选、重选、浮选、风选、电选、摇床分选、水选等方法进行提纯加工。已能生产各种破碎、细磨、超细磨设备及各种干式和湿式精细分级设备，设备的性能和技术水平有了显著进步，一些设备的性能及工艺技术接近或达到国际先进水平；能对非金属矿物进行表面处理或表面改性，目前主要的非金属矿表面改性采用的方法是表面化学包覆、沉淀反应包膜、插层改性等。能生产汽车、机电、环保等行业所需的石墨密封材料，石墨导电涂料，石墨润滑材料，石棉摩擦材料，防火隔热材料，催化、吸附与过滤材料，分子筛，防辐射、高硬、高耐磨材料等。

（三）产业发展比较优势

比较优势是指生产一种产品的机会成本（用其他产品来衡量）低于其他生产者生产该产品的机会成本所拥有的优势，目前中国非金属矿行业在资源、劳动力、市场、地缘以及供货等方面有着比较优势（何金祥，2003）。

1. 资源与品质优势

主要非金属矿产探明储量在世界所占的比例依次为：硅灰石 43 ％，石墨 32％，菱镁矿 30％，重晶石 20％，硼矿物 16％，高岭土 7％。与国外同类矿产相比，中国的滑石、菱镁矿和耐火黏土品位高，杂质少，质量稳定；萤石和重晶石矿质地纯正；珍珠岩的膨胀倍数高；鳞片状晶质石墨、隐晶质石墨质量稳定。

表 11-16 中国主要非金属矿产品进出口情况(2007)

商品名称	进口数量(万 t)	进口金额(万美元)	出口数量(万 t)	进口金额(万美元)
鳞片石墨	0.039	298.67	18.68	4 902.42
土状石墨	0.02	51.37	44.78	4 939.17
硅砂及石英砂	7.18	3 946.58	231.96	588.38
其他天然砂	0.19	83.06	876.86	2 384.4
石英和石英岩	2.26	895.52	33.35	1 390.03
高岭土	33.71	6 967.26	119.63	7 016.46
膨润土	4.87	1 083.6	31.95	3 319.22
耐火黏土	0.66	255.31	108.98	11 411.32
其他黏土	1.24	1 076.44	5.16	410.23
红柱石、蓝晶石及硅线石	1.06	356.38	0.44	46.19
富铝红柱石	0.63	214.15	4.68	571.56
重晶石	0.089	41.81	311.03	13 510.11
硅藻土	0.15	153.57	2.39	388.58
大理石及石灰	436	69 994.6	9.25	1 218.03
花岗岩	262.81	50 538.82	91.02	2 888.81
菱镁矿	0.009	1.84	0.000 175	0.007
重烧镁	1.44	315.84	95.64	15 241.45
轻烧镁	1.31	173.18	22.88	2 592.87
石膏	1.42	497.29	38.69	1 570.58
石灰石	0.076	32.27	97.29	941.4
石棉	25.04	5 491.8	4.26	109.79
云母	4.93	1 570.99	9.287	1 367.64
滑石	2.6	1 265.28	65.88	9 354.1
长石	1.53	394.45	102.17	1 440.1
萤石	3.42	396.17	53.55	10 156.82
蛭石、珍珠岩石	1.57	465.6	23.47	2 096.94
碳酸钙	3.2	1 326.52	10.61	1 561.22
云母制品	0.099	1 161.31	0.55	1 945.22
合计	797.552	149 049.68	2 500.687 2	106 835.36

资料来源:中国矿业年鉴编辑部(2008)。

2. 劳动力成本优势

在发达国家中，劳动力成本平均占产品生产成本的15%～20%，而中国劳动力成本平均为发达国家劳动力成本的10%。因此，在劳动力的价格和由此导致的非金属矿产品的生产成本方面有一定的比较优势。

3. 市场优势

中国经济正处于高速发展时期，市场潜力巨大。据粗略估计，每年需耗费各种非金属矿产品约20亿t。未来几年，中国非金属矿产品需求将以年均5%～8%的速度增长。在国际市场上，中国出口的石墨、滑石、萤石、重晶石、花岗岩板材等产品信誉好。多年来，这些矿产品的出口量一直占据世界首位，出口贸易量占世界贸易量的30%～40%。

4. 矿产分布与地缘优势

中国的许多非金属矿如高岭土、石墨、滑石、萤石、重晶石等主要分布在较发达的东部地区，交通方便，基础设施好，与东南亚这一世界上最大的非金属矿及其产品需求地区相距最近，运输成木低，有利于竞争国际市场。

二、中国非金属矿产开发：机遇与挑战

（一）发展机遇

1. 经济全球化有利于非金属矿产开发利用

经济全球化和贸易自由化步伐的加快，有利于中国引进国外资金、先进技术和管理经验，促进非金属矿产业的发展。同时，国际市场非金属矿产品的余缺，为中国非金属矿产结构调整带来了机遇。国际市场钾盐、硫产品价格较低，长期呈现买方市场，为中国充分利用两个市场、两种资源、转变矿业增长方式、提高资源效率、优化矿产结构和优化资源配置提供了较大的回旋余地和发展空间。

中国的重晶石、萤石、磷矿石等非金属矿产具有比较优势和较强的国际竞争力。特别是重晶石、萤石等矿产，资源质量较好，开发便利，具有一定的价格优势，是中国参与国际竞争的基础。中国重晶石和萤石在国际市场具有60%的市场份额，磷矿石在国际市场也具有较强的竞争力，目前已占领了东南亚市场。随着市场的进一步开放，磷矿石出口将具有更加广阔的前景。同时，中国的石灰石、石膏、石材等矿产，不仅储量大，而且品种多、质量好、价格低、开发便利，这些非金属矿产资源具有一定的比较优势和国际竞争力。

随着世界经济联系的不断加强，非金属矿产在世界范围内的优化配置步伐也不断加快。非金属矿产开发由发达国家向发展中国家转移，跨国矿业公司的并购和重组以及非金属矿产国际贸易的大幅度增长，是非金属矿产在全球化进程中优化配置的具体体现。国外著名的Imerys、Omya、Lafarge、Luznac等大型同行公司，近年来通过兼并、合资和收购等手段，已经在中国建立了众多较大工业矿物企业和其下游成品企业。大规模的资金投入，使非金属矿行业规模化已经有了较大进展，产业集中度逐步提高。

在发达国家，近年来非金属矿产开发缓慢，甚至萎缩。而中国非金属矿产资源开发得到了较大的发展。这种产业转移，虽然有发达国家环境保护的内在要求，却也是经济全球化导致初级产品产业在世界范围内转移的结果，对中国非金属矿产工业的发展是一个重要机遇，

这推动了中国引进国外的资金及先进的生产技术与管理手段，促进石墨、滑石、高岭土、膨润土、硅灰石、菱镁矿等非金属矿产的开发，增加产品的技术含量，提高经济效益（周宏春、王瑞江、陈任一，2005）。

2. 全面建设小康社会将拉动非金属矿产业的高速发展

小康社会是一个社会生产力发展，人均国民生产总值和人民生活水平不断提高，国家的综合国力特别是经济实力显著增强的社会发展阶段。中国共产党第十六次全国代表大会明确提出了在中国建设小康社会的目标。在建设小康社会的过程中，中国不断加速的工业化、城市化进程发挥了丰富物质产品、提高人民生活水平与生活质量的巨大作用。然而，工业化、城市化进程的深入，必将加大对重晶石、硼矿、萤石等非金属矿产的需求，拉动重晶石、硼矿、萤石等矿产业的发展。

非金属矿产既是生产资料，又是生活资料。有研究显示，中国到2015年的建筑物，将有一半是2000年后建设的。城市化进程的加快，对建筑材料的需求必然越来越大。人们生活水平的提高，对各类建筑材料的功能要求也越来越高。这需要建材工业有一个较大的发展。这种强大的市场需求将带动石灰岩、硅质岩（砂）、石膏等重要矿产及大理石、花岗石、硅钙板等装饰材料业的发展。以石膏为例，与传统建材和其他新型建材相比，无论节能、节地还是环保、防火、防震，都被国际公认为是节约型材料。因此，只有加快这些产业的发展，才能满足人民群众小康生活的需要。

在今后很长一段时期，中国经济将保持持续稳定快速发展的势头，这必定消费更多的非金属矿产。可以预见，石墨、滑石、高岭土、膨润土、硅灰石、菱镁矿等非金属矿产在冶金、石化、轻工、机械、建材等传统应用领域将保持稳步增长的态势。同时，由于国家重点支持汽车工业、电子工业、石化工业、建筑业等支柱产业的发展，这必将对非金属矿产形成新的需求。如，建筑业需求的防水堵漏材料，会造成膨润土需求的增长；作为建筑涂料填料的高岭土、滑石、硅灰石、纳米复合膨润土等，将拓展新的应用市场。总之，随着高新技术和新材料的迅速发展，非金属矿产的用途与需求将会快速发展，以满足人们小康生活的需求。

3. 新技术革命对矿物材料的需求将促进重要非金属矿产的开发利用

随着信息时代的到来，全球范围内的技术革命正在全球范围内展开，这不但将推动世界各国经济的发展，也将改变人们的生产、生活与工作方式。非金属矿物原料是非金属矿产深加工的产品，其发展与高新技术和新材料产业的发展紧密相关，这使得非金属矿产业有了更加广阔的前景。例如，随着中国核能工业的发展，核电站需求低硫含量密封材料，柔性石墨密封材料作为新型密将会得到大量应用。中国已经研制出了含硫量低的低硫柔性石墨板材。同时，高温膨化得到的膨化石墨具有丰富的孔结构，以其优良的对有机、生物大分子的吸附特性，也将在医学领域产生重要作用。

4. 企业发展与行业协会服务功能不断增强

活跃在非金属矿业的有近百家较大公司，如西部矿业、紫金矿业、国邦公司、国风集团公司，以及即将进入非金属矿行业的神农矿业有限公司等。随着企业的规模化，企业的设备现代化得到进一步发展。面对新的发展形势，这些企业不断改进装备，提高市场竞争力。例如，广东的国邦公司，研制了具有自主知识产权的先进的大型节能的研磨机；辽宁艾海滑石有限公司除了自己研制大型设备外，还从欧洲引进了最新的先进的超微细粉加工设备；广西龙广滑石开发有限公司采用了世界先进的生产机械和检测化验仪器；龙岩高岭土有限公司为了做强做大、持续快速发展，确定了依托资源和品牌优势，目标是把公司建设成为具有闽西特色的现代非金属矿企业集团。

同时，行业协会的服务功能也不断增强。中国非金属矿产领域的相关行业协会在整顿规范矿产资源开发活动、建立和维护良好开发秩序中，积极配合政府部门，参与全面整顿和规范矿产资源开发秩序工作。包括针对某些非金属矿产参加行业调查活动，制订整顿治理方案，组织行业内专家提出行业规范开发的技术经济指标——技术准入门槛，组织对新开发矿山企业开发方案和资格的审查，组织协调各专业委员会制订行业自律条例等，共同维护非金属矿行业矿产开发秩序。

（二）面临的挑战

随着经济社会的不断发展，中国的非金属矿工业虽然取得了不少的成绩，但仍然面临相对资源不足、开发利用水平低、产品初级化和产业结构小型化等很多问题。与西方先进国家相比，中国非金属矿工业现在仍处于初级发展阶段。

1. 非金属矿产资源相对匮乏

从总量上看，中国的非金属矿产种类比较齐全，资源比较丰富。但是，从资源量的增长趋势、人均资源拥有量、矿产资源的地理分布和有效利用率等方面考虑，中国的非金属矿产资源相对不足。

第一，在矿产资源量的增长趋势方面，近年来由于矿产资源勘查投入相对降低等多种原因，优势非金属矿产资源总量增长缓慢，滑石、菱镁矿和金刚石等重要非金属矿资源总量正在减少。第二，从矿产资源的储量构成和储量的有效利用率方面考虑，许多非金属矿种可供直接开发利用的有效资源量远远小于公开的储量或资源量的数字。第三，从非金属矿产资源的特点及其地理分布、工业格局上考虑，东部发达地区的非金属矿产资源利用率普遍较高，具备开采条件的矿山几乎全部被开发利用。而中国西部地区因为交通及地方工业发展水平等原因，许多非金属矿产资源一时不能有效地利用。第四，从人均资源量上考虑，中国有13亿多人口，即使是储量居于世界前列的优势非金属矿种，人均资源拥有量也十分之少，这是不可置疑的客观现实。

2. 应用基础研究投入严重不足，生产工艺落后，产品质次价低

中国非金属矿深加工技术总体上来说较先进工业化国家仍有较大的差距。而且更大的差距在于对基础理论的研究和技术开发与创新的重视程度非常不够。中国的非金属矿业公司大多为单纯的生产型企业，很少有真正过硬的先进技术。由于企业的短期行为以及多年累积的研发欠账，大中型非金属矿企业普遍不重视技术开发与新技术的投入与应用。众多的小型非金属矿企业更不可能在技术上投入更多的费用。国内从事非金属矿开发的大专院校和科研院所在非金属矿深加工方面确实做了很多工作，也取得了相当多的成果或进展，但是大部分成果被束之高阁。所生产的非金属矿产品只能以原矿和粗加工产品为主，深加工产品所占比例远低于发达国家，产品质次价低，造成非金属矿的产量和出口量连年增加，而产值和创汇额却增长缓慢。

3. 乱采滥挖，资源浪费严重，生态环境问题突出

非金属矿业的开发相对比较简单，因此也最易产生乱采滥挖、采富弃贫、掠夺式开采的问

题。当前，中国正处在工业化发展的初级阶段，对矿产资源的消耗需求增长远高于国民经济的增长率。近年来，国家对非金属矿产资源的勘查投入又相对减少，使中国非金属矿产资源储量总量增长缓慢，非金属矿山开采回收率低，资源浪费严重。造成资源消耗速度过快，保证程度下降。同时，非金属矿山企业分散、规模小、数量大。近年来通过整顿治理，矿山生产秩序虽有所改善，但是，无证开采、无开采设计方案、采富弃贫、采厚丢薄、大矿小开等现象仍然较普遍存在，造成资源的严重浪费和破坏，非金属矿产资源的平均利用率只有20%～30%。由于经济利益的驱使，许多企业重生产、轻环保，大量废石、尾矿随意堆放，占用了大量耕地，一些选矿厂尾矿水未经处理随意排放，对河道和土壤造成污染。由于地下和露天开采诱发的地层塌陷、滑坡、泥石流等地质灾害时有发生。

4. 竞相压价，外贸秩序混乱

由于非金属矿产品在出口方面缺少有效的协调管理，各部门、各地区相互抬价收购，竞相压价出口。本来中国的非金属矿产品技术附加值很低，再加之市场竞争无序，使得非金属矿外贸秩序非常混乱，低价倾销现象极为严重。硅灰石、滑石、石墨等矿产品的出口价格近年来一直低于国际市场的正常价格，造成大量非金属矿资源低价外流，多家开采加工企业亏损或破产(苏德辰、王维，2003)。

三、中国非金属矿产可持续发展的未来方向

由于世界经济继续快速发展，国内外各经济部门对非金属矿物的需求继续增长，作为世界非金属工业矿物主要供应国家，中国的非金属矿工业将会在目前的基础上继续发展。在未来的一段时间内，重点发展具有高新技术含量、高附加值的产品，特别是环境保护、环境友好材料，节约能源、减少排放材料，促进循环经济材料，以及支援“三农”、支援城镇发展所需的各种非金属矿物材料。这些领域的开拓，主要体现在如下方向。

第一，高技术和新材料产业是中国非金属矿深加工技术和产业发展的关键领域。人类在进入21世纪后产业结构将进行调整，以信息、生物、航空航天、海洋开发以及新材料和新能源为主的高技术和新材料产业将逐渐壮大。这些高技术和新材料产业将与非金属矿物原料或矿物材料密切相关。

第二，传统产业的技术进步和产业升级是中国非金属矿深加工技术和产业发展的主要途径。化工、机械、能源、汽车、轻工、冶金、建材等传统产业将引入新技术和使用新材料，进行技术革新和产业升级。这些技术进步与产业升级与非金属矿深加工产品密切相关。

第三，环保产业是中国非金属矿深加工技术和产业发展的重要内容。环境保护是人类21世纪面临的重大挑战之一，它直接关系到人类的生存和经济社会的可持续发展。随着人类环保意识的增强和全球环保标准及要求的提高，环保产业将成为21世纪最重要的新兴产业之一。许多非金属矿，如硅藻土、沸石、膨润土、凹凸棒石、海泡石等经过加工(提纯、表面处理和复合)，具有选择性吸附有害及各种有机和无机污染物的功能，而且具有原料易得、单位处理成本低、本身不产生二次污染等优点。

第三节　资源安全与中国非金属矿产发展战略

一、资源安全视角下的非金属矿产开发

随着开发程度的加深，矿产资源的经济社会价值也不断凸显。一个国家或地区如何持续、稳定、及时、足量和经济地获取所需矿产资源，即如何有效保障国家存在与社会发展所需的资源安全，已经构成了世界各国所面临的新问题。按照矿产资源稀缺性在不同资源类别中的表现，人们已将资源安全的视角投入到了水、能源、土地、矿产、生物、海洋、环境等众多领域。目前，资源安全在国家安全中占据了基础地位。

（一）矿产资源安全概述

作为资源安全的重要组成部分，矿产资源安全是满足国家生存与发展正常需求的矿产资源供应保障的稳定程度，以及矿产资源开发及使用不应对人类自身的生存与发展环境构成威胁，即供应的稳定性和开发使用上的安全性。从上述定义可以看出，国家矿产资源安全必须具备五个特征：一是资源供给的持续性，即在任何情况下，对于国家经济建设和人民生活所需要的各类资源，都能够保障持续供给。这是矿产资源经济安全的最基本特征。二是资源获得的经济性，即以合理价格获取需要的资源，这是矿产资源安全的一个必要因素。同时，针对开发利用矿产资源对环境造成的负外部经济性，资源获得的经济性还意味着对资源的可持续利用。三是资源供给的及时性。矿产资源的供给能够满足国家经济建设和人民生活对矿产资源的即时需求。四是资源供给的安全性。资源需求国通过特定运输渠道、方式保证资源的安全运输，对于影响资源有效供给的各种突发事件，如战争、经济封锁、自然灾害等能够进行有效控制或防御。五是资源需求的稳定性。这主要是指可预测的、稳定的需求能够极大提高矿产资源安全的可靠性。

上述矿产资源安全的五个主要特征决定了一个国家矿产资源安全必须满足以下几个条件：首先，国内自有资源丰富，开发利用水平高，资源利用效率高，国内需求在可预测的一段时间内保持稳定；其次，短期内国内资源不能满足需求，能够从国外及时、安全、经济地获得足量资源；再次，国内资源不能满足国内需求，国外供给保障也有限，但可通过调整资源需求结构、提高资源利用效率、开发替代资源等方式减少对特定矿产资源的需求；最后，非常时期（战争、政治风波或自然灾害等）有充足的储备满足矿产资源需求（邓光君，2009）。

（二）非金属矿产开发在矿产资源安全中的地位与作用

非金属矿产与能源矿产、金属矿产一起，构成了人类物质生产中的三大矿物原料支柱。世界发展的历史经验表明，非金属矿产是国民经济和社会发展的重要组成部分，是人们生活不可缺少的、消费量最大的物质资料。要保障国家矿产资源安全，非金属矿产安全必然不可或缺。

当前，中国已经步入全面建设小康社会的关键时期，同时也进入了建立并完善社会主义市场经济体制、实现现代化建设第三步走战略目标、逐步向中等发达国家迈进的战略机遇期。随着中国经济融入世界进程的加快，以及自身快速实施的工业化过程，中国非金属矿产需求将呈现强有力的势头，无论是资源需求总量、类别、人均需求量还是需求增长的速度与规模，

都将发生系列重大而深刻的变化。作为新兴的市场国家，如何持续、稳定、及时、足量和经济地获取所需非金属矿产资源，有效保障国家存在与社会发展所需的各类非金属矿产品的供给，并结合社会进步与人类发展的需要，在维持经济稳定发展的同时，兼顾矿产资源开发利用的资源环境影响，这是矿产资源安全在新的时代背景下理应赋予的新内涵、新使命。

因此，出于保障非金属矿产安全的考虑，资源管理部门要在可持续发展思想的指导下，科学构建非金属矿产资源安全的系统框架，坚持世界与中国经济和资源发展的实际，从非金属矿产自身发展的规律出发，以国家安全的高度，从影响矿产资源发展的储备、贸易、技术与外交等角度，精心构思实施中国非金属矿产资源的发展战略。

二、中国非金属矿产的发展战略

（一）储备战略

1.制定国家矿产资源储备法，为矿产资源储备工作的顺利开展提供法律保障和依据

要明确矿产资源储备的法律地位，将矿产资源储备的相关问题，如储备的目标、调整和动用、管理机构和管理模式、资金来源、储备方式与储备类型、储备的购进与抛售等问题，用法律的形式严格界定下来，确保实施非金属矿产资源储备的有效性。当前，应尽快建立国家战略性非金属矿产资源储备管理机构，制定与发布有关战略性非金属矿产资源储备的法律、法规、政策及实施细则，尽早开展对重点矿产，如滑石、萤石、晶质石墨等的全面储备。

2.加强非金属战略性矿产资源勘查

根据国家经济建设与社会发展需要，以及矿产资源供需关系，围绕战略性矿种开展资源勘查活动，它将维系着国家经济安全，提高对经济社会可持续发展的保障能力，为国家对非金属矿产资源规划、管理、保护与合理利用服务。因此，需要对非金属矿产资源重新进行评估，摸清家底。在科学研究和调查的基础上，进一步明确中国非金属矿哪些是具有世界性优势矿种、较丰富矿种、不足矿种和严重短缺矿种。以此基础，为规划和利用两种资源、两个市场和实现可持续供应提供科学依据。结合中国的资源现状，矿产管理部门要加强对优势滑石、石墨、萤石等资源的找矿规律的研究，区分不同情况，在不同的地区寻找紧缺矿种。

3.建立并完善全国非金属矿产资源储备动态信息数据库，为资源储备提供信息支持

随时监测全国各地的资源储备情况，并根据各区域的储备动态，对全国储备情况进行调控。同时，矿产管理部门要与非金属矿产领域的各类行业协会保持密切联系，随时关注国内外的非金属矿产资源相关的市场信息，包括国内供给需求状况、国际供给需求状况、贸易市场的贸易情况等，把握矿产资源实际供需状况，利用信息化手段监控国家非金属矿产资源安全状况的变动。

（二）贸易战略

1.制定非金属矿产品出口战略，保障非金属矿产品出口的可持续发展

虽然中国是非金属矿产资源大国，多数矿种可以满足国民经济发展需要，石墨、滑石、重晶石、萤石、菱镁矿、石材具有出口优势，但是从人均资源占有量来看，超过世界人均拥有量的矿产只有石膏、膨润土、石墨、重晶石、菱镁矿、石棉等几种。近年来，中国大宗出口的非金属矿如镁砂、滑石、重晶石、萤石、鳞片石墨等，年出口量已占国内生产总量的50%。然而，中国

矿产资源的总回收率只有30%，由于多年的大量开采出口及资源浪费，重要非金属矿产探明储量已经利用一半以上，萤石、菱镁矿已利用较大的比重，可利用保有储量已经较低，因此，为贯彻“在保护中开发、在开发中保护”的总原则，保障国民经济对非金属矿的需求及出口的可持续发展，制订非金属矿产品出口发展战略，对一些重要非金属矿实行保护性开采和限量出口已经刻不容缓。

2.制定政策和措施支持高附加值的深加工产品出口，进一步改善出口商品结构

中国非金属矿出口商品结构虽然在逐步优化，但是，从总体上看并未改变原矿及初加工产品等资源型出口为主的格局。这条“以量取胜”的道路已不能再继续走下去了。在新的发展时期，非金属矿出口应当贯彻“科技兴贸”战略，转向“以质取胜”。大力发展高附加值深加工产品出口。非金属矿深加工产品与原矿及初加工产品比较，技术含量极大提高，出口价格会有数倍甚至数十倍的增长。同时，发展非金属矿深加工产品出口，更充分地开发矿物原料的功能和新的应用领域，也是顺应国际市场需求变化和现代材料科学的发展，更加合理地利用有限矿物资源的必然趋势，有关部门应尽快制订相应的政策和措施，用经济杠杆支持非金属矿高新技术产品出口，把中国资源型出口的优势逐步转化为高附加值产品的出口优势（毛履平，2003）。

3.建立合理的资源价格体系，规范市场秩序

造成中国资源浪费普遍、利用率低、竞相压价、恶性竞争、开发和建设资金来源不足的根本原因是整个矿产品价格体系扭曲，即“产品高价，原料低价，资源无价”。要保障资源的可持续供应，就需要在对市场供求关系准确把握的基础上，合理确定资源及其产品价格，建立符合市场经济要求的非金属矿产资源价格体系。

（三）技术战略

1.加强非金属矿产品技术研发，提高产品附加值，实施产品专一化

针对高技术、新材料产业和环保产业的需求，大力开发具有高附加值的非金属矿深加工产品。如新能源、信息等技术领域应用的锂离子电池负极材料、电子信息设备的涂层材料等；信息技术领域应用的塑封材料和抛光材料；精细化工领域应用的新型吸附材料；耐高温的云母绝缘材料及高档涂料用的珠光云母材料等；用于油污吸附、重金属离子吸收、污水、废气净化、垃圾填埋、防止核辐射及核废料处理等方面的非金属矿物环境保护功能材料。

2.加强装备技术研发，实施科研产业化

中国很多市场需求大、应用前景广或储量居世界前列的优势非金属矿种如煤系高岭土、碳酸钙、膨润土、石墨、滑石、硅灰石等的生产和加工普遍缺少大型和专用加工设备，尤其缺乏能提升产业整体水平的成套装备综合集成技术，导致生产企业的生产规模小，产品品种和规格难以系列化，产品档次偏低，质量不稳定，缺乏国际竞争力，总体经济效益低。通过技术、装备研究，将现有的非金属矿加工设备的研发、生产实现工程化转化，提升非金属矿大型、专用设备的研究开发以及成套装备的制造能力。此外，还应加强对优势非金属矿深加工新技术和新工艺的研究成果的产业化转化。

3.发展适合非金属矿产特点的开采技术，保障矿产品生产的清洁化

非金属矿开采除具有采掘业露天开采、地下开采方法的一般共性外，由于许多非金属矿

产赋存特点、矿物晶体结构、矿石性质以及产品应用的不同，而对开采技术有一些特殊的要求，使非金属矿的开采具有某些特殊性。为了节约资源，鼓励发展先进的非金属矿开采技术，应根据非金属矿产的矿床赋存条件和开采的特殊要求，采用适当的开采方法和技术装备，如菱镁矿的分级开采，石膏矿安全高效地下开采，低品位非金属矿选矿提纯等，做到贫富兼采，提高开采回收率，降低矿石贫化率，坚持开发高附加值非金属矿物材料新产品，合理地利用资源，保障非金属矿产开发利用过程的清洁化(胡勤、周伟，2008)。

(四)外交战略

1.将利用国外非金属矿产资源纳入国家外交发展战略体系

充分利用市场优势和当前良好的国际投资环境，积极开展资源外交战略，与世界大的资源国建立良好的政府关系，争取签订政府间的资源勘查开发合作与贸易协议，并运用包括外交手段在内的政治经济措施，影响有关国家政府的资源政策。这需要充分运用中国在世贸组织中的权利，加强多边或双边经贸磋商和经贸合作，减少和排除境外各种贸易投资壁垒，为本国企业“走出去”创造良好的对外投资环境。积极与有关国家签订投资保护协定、避免双重征税协定、司法协助协定、经济合作协定等政府间协定，使中国的大型矿产资源企业的海外子公司能够享受东道国的国民待遇。

2.发挥地缘政治的优势，积极参与区域经济合作，为保障中国非金属矿产品进口的稳定供应，争取一个持久稳定的地缘政治环境

进一步加强与中亚和非洲的合作，要主动行动把握先机，采取风险勘探、购买油田、合资合作、参股控股等方式，在中亚建立海外油气供应基地。中国要继续保持并加强与东盟自由贸易区、东北亚经济圈以及欧盟和南美的经济合作，巩固中国的地缘政治优势，确保中国矿产资源来源多元化战略的顺利实施。

三、中国非金属矿产发展战略实施的保障机制

第一，加大勘探资金投入，增加后备矿源。

真正认识到中国非金属矿资源的严峻形势，切实加强非金属矿产资源的勘查投入，加强对优势滑石、石墨、萤石等资源的找矿规律的研究，区分不同情况，在不同的地区寻找紧缺矿种。非金属矿产勘查与开发属基础性产业，是国民经济发展与社会建设的重要基础，国家应给以重点扶持，应大幅度加强非金属矿产勘查工作。在目前矿业市场尚未形成的过渡时期，勘查工作一刻也不能停顿。建议中央财政加大对非金属矿产勘查工作的年投入，安排资源危机矿山接替资源的勘查。尽快实现大部分国民经济建设所需的非金属矿产资源后备储量持续增长，提高可供程度。

第二，发挥经济杠杆作用，完善节约资源开发的环境保护政策。

矿产管理部门应进一步完善非金属矿工业的资源税和资源补偿费政策，按资源开发利用程度来划分不同的税率，建立与资源利用率相挂钩的浮动税费率制度，使其体现对行业资源开发利用的水平、资源利用价值的具体要求，鼓励低品位资源的开发利用，鼓励高效开发利用和综合利用，落实深加工产品和资源综合利用产品的税收优惠政策，以政策支持节约资源、能源和减排。

非金属矿产可持续发展战略的实施离不开有效的金融与投资政策的支持。金融政策要

能更好地帮助中国矿产资源企业在国际市场上实现套期保值、价格锁定，规避经营风险，增加中国参与国际市场竞争的实力，同时赋予大型企业在融资方面的自主权，增加大型企业的筹资和投资功能。因此，金融机构应与矿产资源企业开展全面合作，建立战略合作伙伴关系，扩大合作范围和合作深度，支持矿产资源企业投资开发前景看好的矿产资源项目；在投资领域，政府要形成有利于非金属矿产开发国际合作的政策体制，建立“国外风险勘探基金”，支持矿产资源企业开展投资高、风险大、有潜力的勘探项目，与企业共同承担对外投资的风险，推动国外风险勘探工作的良性循环发展。

矿业生产地区或企业要调整产业目标和产品结构，以转变经济发展方式为契机，淘汰、改造一批落后的矿山，彻底改变单一开矿卖原料的格局。矿产资源不能再生，对一些特殊矿种实行保护性开采；合理利用资源，开源与节约并重，综合利用伴生、共生矿产，开发利用再生资源。为保护环境，制止破坏生态环境的无序开采，非金属矿产业结构应由单一的采矿业转变为矿物加工制品业，从卖原料转变为卖矿物材料。这一过程中，要积极发挥行业协会的作用，调动全行业的积极性，形成全行业齐抓共管的氛围，共同推动行业节能减排工作的发展和目标的实现。

第三，建立非金属矿产资源利用评价体系和环境指标评价体系。

切实加强科技开发工作，增加科技投入，重点支持应用基础研究、新产品新技术开发。建立一整套科学的、定量的、可操作的矿产资源利用体系。在体系中明确“乱采滥挖”、“采富弃贫”和“环境污染”的定义及指标。从技术经济指标明确判断出矿业企业的矿产资源利用水平，为今后科学地管理指明方向；为政策决策机构从宏观上和全局角度出发合理地调整非金属矿产业结构，制定符合中国实际的矿产资源战略。

非金属矿企业环境指标评价体系，是中国非金属矿业走“绿色矿业”的发展道路，确立相应的技术经济指标评价体系，最大限度地解决矿业开发与环境保护的矛盾，为矿业行政执法部门、环境保护部门提供有科学依据的、可操作的指标体系。主要包括开采、选矿及深加工，非金属矿产品标准以及综合利用等的技术经济指标。具体指标如：矿产资源利用率、采矿回采率、贫化率、损失率、选矿回收率、精矿最低品位、伴生矿物综合利用率、采矿企业最小规模、选矿厂最小规模、加工厂最小规模、非金属矿企业制品指标，非矿企业必须具备的环保措施及允许排放废弃物指标等(唐靖炎、何保罗，2005)。

第四，推动建立有国际竞争力的大型矿业集团，增强企业“走出去”的竞争实力。

打破地区、部门和所有制的限制，清除地方保护主义，对矿业企业进行跨部门、跨地区、跨行业的联合、兼并、重组，培育核心能力强的大型矿业公司和企业集团，提高产业集中度，扩大企业规模，提高产业整体竞争力和抗风险能力。

同时，加快企业重组改造的步伐。通过对企业的改组、改造，精简企业机构，提高企业运作效率，减轻社会负担，精干主业，集中力量使其成为核心业务，提高市场竞争能力。逐步剥离社会化服务部分，对非主营业务部分的经营业务，制定相关政策，鼓励其参与市场竞争，使企业真正实现从管理模式和运行机制上的专业化、社会化、市场化、现代化。

本章参考文献

陈建宏，古德生. 矿业经济学[M]. 长沙：中南大学出版社，2007：64－65

邓光君. 国家矿产资源安全的经济学思考[J]. 中国国土资源经济，2009(1)：26－27

国土资源部信息中心. 世界矿产资源年评:2006—2007[G]. 北京:地质出版社,2008:265-351
何金祥. 中国非金属矿产业前景展望[J]. 建材工业信息,2003(3):7-8
胡勤,周伟. 试论中国非金属矿工业发展战略[J]. 中国非金属矿工业导刊,2008(1):3-4
胡勤,周伟. 试论中国非金属矿工业发展战略[J]. 中国非金属矿工业导刊,2008(1):6
李祥仪,李仲学. 矿业经济学[M]. 北京:冶金工业出版社,2001:50-64
刘学敏,金建君,李咏涛. 资源经济学[M]. 北京:高等教育出版社,2006:233-236
毛履平. 中国非金属矿产品出口的现状与展望[J]. 中国非金属矿工业导刊,2003(2):56
毛履平. 中国非金属矿产品出口的现状与展望[J]. 中国非金属矿工业导刊,2003(2):57
毛履平. 中国非金属矿产品出口的现状与展望[J]. 中国非金属矿工业导刊,2003(2):58
苏德辰,王维. 中国非金属矿工业主要问题与对策分析[J]. 中国矿业,2003(10):5-6
苏东水. 产业经济学[M]. 北京:高等教育出版社,2000:121
唐靖炎,何保罗. 中国非金属矿开发利用可持续发展对策[J]. 中国建材,2005(12):36-37
张乾. 非金属矿产资源及其用途. http://www.gyig.ac.cn/kxcb/kpwz/200908/t20090831_2454708.html
中国社会科学院工业经济研究所. 2005中国工业发展报告——资源与环境约束下的中国工业发展[R]. 北京:经济管理出版社,2005:25-26
周宏春,王瑞江,陈任一. 中国矿产资源形势与对策研究[M]. 北京:科学出版社,2005:118-119
中国矿业年鉴编辑部. 中国矿业年鉴(2005)[G]. 北京:地震出版社,2006
中国矿业年鉴编辑部. 中国矿业年鉴(2007)[G]. 北京:地震出版社,2008
中国矿业年鉴编辑部. 中国矿业年鉴(2008)[G]. 北京:地震出版社,2009